Schriftenreihe

Studien zur Rechtswissenschaft

Band 169

ISSN 1435-6821

Verlag Dr. Kovač

Katrin Henrichs

Der energierechtliche Netzzugang in der gerichtlichen und kartellbehördlichen Praxis

Verlag Dr. Kovač

Hamburg
2005

VERLAG DR. KOVAČ

Leverkusenstr. 13 · 22761 Hamburg · Tel. 040 - 39 88 80-0 · Fax 040 - 39 88 80-55

E-Mail info@verlagdrkovac.de · Internet www.verlagdrkovac.de

Bibliografische Information Der Deutschen Bibliothek
Die Deutsche Bibliothek verzeichnet diese Publikation
in der Deutschen Nationalbibliographie;
detaillierte bibliografische Daten sind im Internet
über http://dnb.ddb.de abrufbar.

ISSN 1435-6821
ISBN 3-8300-2027-9

Zugl.: Dissertation, Universität Osnabrück, 2005

Gedruckt auf holz-, chlor- und säurefreiem Papier Munken Book. Munken Book ist alterungsbeständig und erfüllt die Normen für Archivbeständigkeit ANSI 3948 und ISO 9706.

Inhaltsverzeichnis

A) Einleitung

Am 29. April 1998 ist nach jahrelangen Reformbemühungen und vielfältigen Diskussionen und Änderungen des Regierungsentwurfes[1] bekanntlich das Gesetz zur Neuregelung des Energiewirtschaftsrechts 1998 (EnWG) in Kraft getreten[2]. Den entscheidenden Anstoß hatte die am 19. Februar 1997 in Kraft getretene Elektrizitätsbinnenmarktrichlinie (EltRL)[3] gegeben, die bis zum 18.02.1999 in nationales Recht umzusetzen war.

Durch die Energierechtsnovelle wurde das Energiewirtschaftsgesetz von 1935 abgelöst, das von einem Unwerturteil über den Wettbewerb ausging, eine möglichst sichere und preisgünstige Versorgung anstrebte[4] und durch die kartellrechtlichen Freistellungsregelungen der §§ 103, 103a GWB sowie vielfältige Kontrollmechanismen zu einer weitgehend monopolistisch strukturierten und regulierten Energiewirtschaft führte[5]. Nach dem Energiewirtschaftsgesetz 1935 war der Kunde ohne Ausweichmöglichkeiten auf die Belieferung durch das für sein Gebiet zuständige Energieversorgungsunternehmen angewiesen. Sowohl in der Strom-, als auch in der Gaswirtschaft existierte bis dahin kein bzw. kaum Wettbewerb[6].

Grundgedanke des Energiewirtschaftsgesetzes 1998 ist eine Liberalisierung und Deregulierung der Stromwirtschaft. Durch Wettbewerb soll zu konkurrenzfähigen Preisen für Strom und Gas beigetragen werden[7]. Neben die schon nach altem Recht verfolgten Gesetzesziele einer sicheren und preiswürdigen Energieversorgung ist zudem das Ziel einer umweltverträglichen Versorgung mit Energie getreten[8].

Entscheidend für die Verwirklichung des Wettbewerbs war hierbei zunächst die Einfügung des § 103 b S. 1 GWB. Dieser schränkt den Anwendungsbereich der § 103, 103 a GWB ein,

---

[1] BT – Drs. 13/7274; 13/9211.

[2] BGBl. 1998 I, 730.

[3] Richtlinie 96/92/EG des Europäischen Parlaments und des Rates vom 19.12.1996 betreffend gemeinsame Vorschriften für den Elektrizitätsbinnenmarkt, Abl. Nr. L 27/20 vom 30.01.1997.

[4] Präambel des EnWG 1935, BGBl. 1977 I, 2750.

[5] Eickhoff, Wirtschaftsdienst 1998, S. 18 (19); Eickhof/Kreikenbaum, WuW 1998, S. 666; Kühne/Scholtka, NJW 1998, S. 1902 (1903).

[6] Theobald/Zenke, Grundlagen der Strom- und Gasdurchleitung, S. 5/7.

[7] Cronenberg, RdE 1998, S. 85 (86); Lukes, BB 1998, S. 1217; Ungemach/Wissmann/Cameron/Styles, ET 1997, S. 364.

[8] Art. 1 § 1 EnWG.

nach dem bis dahin Demarkationsverträge und ausschließliche Wegerechte in Konzessionsverträgen vom allgemeinen Kartellverbot ausgenommen waren. Das Einfügen des § 103 b S. 1 GWB hat somit zur Beseitigung der früheren Freistellung des energiewirtschaftlichen Systems geschlossener Versorgungsgebiete vom Kartellverbot geführt, so dass die §§ 1, 15 und 18 GWB seither uneingeschränkte Anwendung auf die systembegründenden ausschließlichen Konzessionsverträge sowie auf Demarkations- und Verbundabsprachen finden[1].

Ein weiteres Kernstück des Energiewirtschaftsgesetzes 1998 war der in den §§ 5 – 8 EnWG geregelte Zugang zu den bestehenden Elektrizitätsversorgungsnetzen durch Dritte gegen ein angemessenes Entgelt[2]. Hier lag auch der Hauptstreitpunkt im Zuge der Novellierung des Energiewirtschaftsgesetzes. Der ursprüngliche Regierungsentwurf sah eine Durchleitungsregelung nicht vor. Die Bundesregierung ging vielmehr zunächst davon aus, dass es einer gesetzlichen Durchleitungsregelung nicht bedürfe, weil es ausreichenden Anreiz dafür gebe, dass sich die Marktbeteiligten über Durchleitungsfragen auf freiwilliger Basis einigen. Ferner ging sie davon aus, dass das allgemeine kartellrechtliche Missbrauchs- und Behinderungsverbot bereits eine ausreichende Grundlage schaffe. Auch sollten deutsche Energieversorger gegenüber ihren europäischen Konkurrenten nicht benachteiligt werden, die, da die Binnenmarktrichtlinie Strom noch nicht in Kraft getreten war, bis zu diesem Zeitpunkt einer solchen Verpflichtung noch nicht nachkommen mussten[3]. Das deutsche Gesetzgebungsverfahren wurde allerdings vom europäischen Richtliniengeber überholt. Alle EU-Mitgliedstaaten entschlossen sich für eine Netzöffnung in Gestalt des Netzzugangs für Dritte[4], die Gefahr von Wettbewerbsverzerrungen war somit entfallen. Aufgrund dessen und aufgrund des Berichts und der Beschlussempfehlung des Bundestagsausschusses für Wirtschaft vom 25.11.1997[5] unterstützte die Bundesregierung daher schließlich die Einfügung des Durchleitungstatbestandes[6].

---

[1] Uldall - Bericht, BT-Drs. 13/9211, S. 22 (23); Lukes, BB 1998, S. 1217; Schneider, Liberalisierung der Stromwirtschaft, S. 443; Ungemach/Wissmann/Cameron/Styles, ET 1997, S. 364; Walter / v. Keussler, RdE 1998, S. 190.

[2] Cronenberg, RdE 1998, S. 85 (86); Salje, NVwZ 1998, S. 916 (918); Walter / v. Keussler, RdE 1999, S. 190.

[3] BT-Drs. 13/7274; dazu auch Theobald/Zenke, Grundfragen der Strom- und Gasdurchleitung, S. 15f.; Obernolte/Danner, EnWG, § 5 Rn. 4/5.

[4] Theobald/Zenke, Grundfragen der Strom- und Gasdurchleitung, S. 16; Lutz, RdE 1999, 102 (104f.).

[5] Beschlussempfehlung und Bericht des Ausschusses für Wirtschaft, BT-Drs. 13/9211.

[6] Theobald/Zenke, Grundfragen der Strom- und Gasdurchleitung, S. 16.

Der bundesdeutsche Gesetzgeber hat sich allerdings, obwohl die EU-Kommission davon ausging, dass das Modell des „single buyer“ keine größere Bedeutung erlangen würde[1] und anders als die übrigen EU-Mitgliedstaaten, nicht für einen regulierten Netzzugang, sondern für das System des verhandelten Netzzugangs entschieden, das in den §§ 5 und 6 EnWG normiert ist[2]. Gem. § 6 Abs. 1 EnWG müssen Netzbetreiber ihre Netze anderen Unternehmen für Durchleitungen unter Bedingungen zur Verfügung stellen, die nicht ungünstiger sind, als diejenigen, die für Lieferungen des Netzbetreibers innerhalb seines Unternehmens oder an verbundene oder assoziierte Unternehmen gelten. Die Netze sind Dritten also diskriminierungsfrei zur Verfügung zu stellen[3]. Der Zugang darf nur verweigert werden, wenn der Netzbetreiber nachweist, dass ihm die Durchleitung aus betriebsbedingten oder sonstigen Gründen unter Berücksichtigung der Ziele des § 1 EnWG nicht möglich oder nicht zumutbar ist. Ergänzt wird die Regelung durch das in § 7 EnWG vorgesehene Alleinabnehmersystem, das als befristete Netzzugangsalternative zugelassen wurde[4]. Grund hierfür war insbesondere die Befürchtung der Kommunen, im Modell des verhandelten Netzzugangs dem Wettbewerb schutzlos ausgeliefert zu sein[5].

Neben den Netzzugangsregelungen des Energiewirtschaftsgesetzes hat die ursprünglich aus dem amerikanischen Recht stammende „Essential-facilities-Doktrin“ durch Einfügung des § 19 Abs. 4 Nr. 4 GWB im Rahmen der 6. GWB-Novelle Eingang in das deutsche Wettbewerbsrecht gefunden[6]. Diese kartellrechtliche Sonderregelung, die aus § 22 GWB a.F. hervorging und in einen unmittelbar geltenden Verbotstatbestand umgestaltet wurde[7], bestimmt im wesentlichen, dass sich ein marktbeherrschender Netzbetreiber missbräuchlich verhält, wenn er sich weigert, einem anderem Unternehmen gegen angemessenes Entgelt Zugang zu den eigenen Netzen zu gewähren und ergänzt somit die energiewirtschaftliche Regelung.

---

[1] 2. Bericht der Kommission an den Rat und das Europäische Parlament vom 4. Mai 1999, KOM 1999, S. 7.

[2] Lippert, Energiewirtschaftsrecht, S. 511; Theobald/Zenke, Grundlagen der Strom- und Gasdurchleitung, S. 25.

[3] Schneider, Liberalsierung der Stromwirtschaft, S. 454; Eickhof, Wirtschaftsdienst 1998, S. 18 (22); Kühne / Scholtka, NJW 1998, S. 1902 (1905).

[4] Obernolte/Danner, EnWG, § 7 Rn. 5; Eickhof, Wirtschaftsdienst 1998, S. 18 (22); Walter / v. Keussler, RdE 1998, S. 190 (192).

[5] Cronenberg, RdE 1998, S. 85 (87); Kühne/Scholtka, NJW 1998, S. 1902 (1906); Säcker/Busche, ET 1998, S. 18 (20).

[6] Lutz, RdE 1999, S. 102 (106); Walter / v. Keussler, RdE 1999, S. 190 (191).

[7] Schneider, Liberalisierung der Stromwirtschaft, S. 471; Kühne, RdE 2000, S. 1 (4).

Das Energiewirtschaftsgesetz 1998 hat nun nach wenigen Jahren bereits weitere Veränderungen erfahren. In Umsetzung der Erdgasbinnenmarktrichtlinie (EGRL)[1] ist der in § 6 EnWG normierte Zugang zu den Elektrizitätsversorgungsnetzen novelliert worden, zudem wurde der Zugang zu den Gasversorgungsnetzen in § 6a EnWG geregelt. Der Zugang zu Strom- und Gasnetzen ist nach der Neuregelung nicht mehr nur frei von Diskriminierungen zu gewähren, sondern hat zusätzlich „guter fachlicher Praxis" zu entsprechen, was wiederum bei Einhaltung der Verbändevereinbarung vermutet wird[2]. Diese Novelle war insbesondere wegen der Verrechtlichung der Verbändevereinbarung verzögert worden. Sie wurde vom Bundestag bereits am 17. Mai 2002 beschlossen[3]. Der Bundesrat hat dem Gesetz jedoch zunächst nicht zugestimmt, sondern mit Beschluss vom 25. Juni 2002 den Vermittlungsausschuss angerufen. Wie auch die Monopolkommission in ihrem 14. Hauptgutachten[4] hielt der Bundesrat die „Verrechtlichung" der Preisfindungsprinzipien der Verbändevereinbarungen Strom und Gas durch die in den §§ 6 Abs. 1 Satz 5, 6a Abs. 2 Satz 5 EnWG ausgesprochene Vermutung, dass bei Einhaltung der Verbändevereinbarungen die in §§ 6 Abs. 1 Satz 4, 6a Abs. 2 Satz 1 EnWG genannten „Bedingungen guter fachlicher Praxis" erfüllt sein sollen, für verfehlt[5]. Gleichwohl hat der Deutsche Bundestag der Beschlussempfehlung des Vermittlungsausschusses, der an dieser Fassung festhielt,[6] mehrheitlich zugestimmt[7]. Der Bundesrat hat dem Gesetzesbeschluss sodann erneut widersprochen. Zur verfassungsrechtlich möglichen Zurückweisung des Einspruchs des Bundesrates ist es in der 14. Legislaturperiode schließlich nicht mehr gekommen. Das Gesetz ist am 17.12.2002 sodann erneut in den 15. Deutschen Bundestag eingebracht worden und ist schließlich am 24. Mai 2003 in Kraft getreten[8].

Die kartellrechtlichen Regelungen sind durch die erste Änderung des Energiewirtschaftsgesetzes grundsätzlich nicht verändert worden. Diesbezüglich sollte es in § 6 Abs. 1 EnWG zunächst heißen, dass die §§ 19, 20 GWB 1990 nicht uneingeschränkt, sondern „im übri-

---

[1] Richtlinie 98/30/EG des Europäischen Parlamentes und Rates vom 22.06.1998 betreffend gemeinsame Vorschriften für den Erdgasbinnenmarkt, ABl. EG Nr. L 204/1 vom 21.07.1998.

[2] BT-Drs. 14/9081; 14/5969.

[3] BT-Drs. 14/9081.

[4] 14. Hauptgutachten 2000/2001 der Monopolkommission, Netzwettbewerb durch Regulierung, Rn. 122ff.

[5] BT-Drs. 14/9534.

[6] BT-Drs. 14/9634.

[7] BR-Drs. 611/02.

[8] BGBl. 2003, Teil I, 686. Angesichts der neuen Richtlinien Strom und Gas der Europäischen Union wird die Novelle jedoch nur eine kurze Lebensdauer bis zum 01. Juli 2004 haben; vgl. hierzu genauer S. 18ff.

gen" unberührt bleiben[1]. Zu dieser zunächst geplanten Änderung ist es aber letztendlich nicht gekommen. Jedoch hat der Gesetzgeber die neu eingefügte Vermutung durch eine Änderung des § 64 GWB konzeptionell ergänzt[2]. Eine Beschwerde gegen eine Untersagungsverfügung i.S.d. § 32 GWB hat nach der Neufassung jetzt keine aufschiebende Wirkung mehr[3]. Diese soll bewirken, dass Netzbetreiber, die sich missbräuchlich verhalten, nicht allein durch langjährige Rechtsstreitigkeiten Wettbewerber erfolgreich vom Marktzutritt abhalten können[4].

Der folgende Beitrag setzt soll sich genauer mit den geltenden energierechtlichen Netzzugangsregelungen und der gerichtlichen und kartellbehördlichen Praxis im Zusammenhang mit dem Netzzugang auseinandersetzen. Dargestellt werden sollen die bislang im Zusammenhang mit den geltenden energie- und kartellrechtlichen Netzzugangsregelungen ergangenen Entscheidungen der Gerichte und Kartellbehörden. Insoweit sollen zunächst die Grundlagen und Voraussetzungen des § 6 Abs. 1 EnWG genauer erläutert werden, wobei sowohl auf den Inhalt, als auch auf die Rechtsnatur und die tatbestandlichen Voraussetzungen des Durchleitungsanspruchs eingegangen werden soll. Es sollen insbesondere auch die hierzu von den Gerichten und Kartellbehörden vertretenen Ansichten sowie die von diesen geforderten Voraussetzungen dargestellt und bewertet werden. Den Schwerpunkt bildet sodann die Möglichkeit der Durchleitungsverweigerung gem. § 6 Abs. 1 EnWG. Insoweit soll genauer auf die einzelnen Durchleitungsverweigerungsgründe eingegangen werden, wobei eine Darstellung und Auswertung der Rechtsprechung zu den explizit ins Gesetz aufgenommenen Durchleitungsverweigerungsmöglichkeiten – also zur sog. KWK-Klausel des § 6 Abs. 3 EnWG sowie zu den befristeten Schutzklauseln des Art. 4 § 3 und § 2 EnWG – und vor allem auch zu den nicht weiter konkretisierten Durchleitungsverweigerungsmöglichkeiten wegen Unmöglichkeit oder Unzumutbarkeit der Durchleitung gem. § 6 Abs. 1 Satz 2 EnWG erfolgen soll. Der Gesetzgeber hat die Reichweite des § 6 Abs. 1 Satz 2 EnWG bekanntlich nicht weiter fixiert oder konkretisiert, die Verweigerungsmöglichkeiten des § 6 Abs. 1 Satz 2 EnWG sind vielmehr ungenau und lediglich anhand der unklaren und interpretationsbedürftigen Rechtsbegriffe der „betriebsbedingten Unmöglichkeit und Unzumutbarkeit der Durchleitung" ausgestaltet worden. Dementsprechend wird insbesondere auf die sich nach Ansicht der Gerichte und Kartellbehörden aus dieser unklaren Gesetzesfassung

[1] BT-Drs. 14/9081, S. 3.

[2] BGBl. 2003, Teil I, 689.

[3] Hierzu genauer Salje, RdE 2003, S. 205 (209).

[4] BT-Drs. 14/9081, S. 17.

ergebenden weiteren Verweigerungsmöglichkeiten eingegangen. Die bislang von den Gerichten und Kartellbehörden im Rahmen des § 6 Abs. 1 Satz 2 EnWG anerkannten bzw. zurückgewiesenen Durchleitungsverweigerungsgründe sollen dargestellt und die ergangenen Entscheidungen sollen einer eigenen Einschätzung unterzogen werden. Im Anschluss an die Darstellung der Durchleitungsverweigerungsgründe soll zudem untersucht werden, wie die Gerichte und Kartellbehörden im Rahmen der Entscheidungsfindung mit dem unklaren Rechtsbegriff der Unzumutbarkeit methodisch umgehen. Insoweit soll dargestellt werden, welche Hilfestellungen der Gesetzgeber den Entscheidungsorganen gegeben hat und ob sich anhand dieser Hilfestellungen Argumentationsmuster bzw. herrschende Rechtsprechungsansichten entwickeln konnten, oder ob es in der Rechtsprechung wegen der fehlenden Gesetzeskonkretisierung zu Diffusionen gekommen ist. Untersucht werden soll somit, ob die Hilfestellungen des Gesetzgebers zur Entwicklung einer weitgehend übereinstimmenden Entscheidungspraxis ausreichen oder ob und gegebenenfalls wie der Gesetzgeber den Gerichten und Kartellbehörden die Entscheidungsfindung hätte erleichtern können und sollen. Ferner soll auch auf die geplante Änderung des § 6 Abs. 1 EnWG durch Einfügung des Vermutungstatbestandes eingegangen werden sowie darauf, ob diese die Arbeit der Gerichte und Kartellbehörden vermutlich erleichtern oder eher zusätzlich erschweren wird. Abschließend sollen noch ausgewählte Folgeprobleme im Zusammenhang mit dem Netzzugang, die bereits mehrfach Gegenstand gerichtlicher bzw. kartellbehördlicher Verfahren gewesen sind, dargestellt und erläutert werden. Zudem soll im Rahmen eines Exkurses die Problematik der Wirksamkeit der Altlieferverträge, die zumindest in mittelbarem Zusammenhang mit dem Netzzugang steht und ebenfalls immer wieder die Gerichte beschäftigt, dargestellt und bewertet werden (Teil B).

Anschließend soll auch auf die im Zuge der 6. GWB-Novelle eingefügte kartellrechtliche Regelung des § 19 IV Nr. 4 GWB n.F. eingegangen werden, die neben den Regelungen des EnWG eine kartellrechtliche Grundlage für den Durchleitungspetenten begründet und vor Einführung des § 6a EnWG zur Durchsetzung von Durchleitungsbegehren in der Gaswirtschaft heranzuziehen ist. Neben einer Darstellung der tatbestandlichen Vorraussetzungen der Norm soll insbesondere auf ihr Verhältnis zu den energierechtlichen Vorschriften und die insoweit bestehenden Möglichkeiten der Durchleitungsverweigerung eingegangen werden, wobei auch insoweit vor allem eine Auswertung der hierzu bereits ergangenen Rechtsprechung erfolgen wird (Teil C).

Abschließend soll sodann noch auf die verfahrensrechtlichen Probleme im Zusammenhang mit dem Netzzugang eingegangen werden. Die Verfahrensfragen bilden bei den Durchleitungsbegehren einen wesentlichen Schlüssel. Dementsprechend soll untersucht werden, welche prozessualen Möglichkeiten dem Durchleitungsinteressenten zur Durchsetzung seiner Netzzugangsansprüche im Falle einer rechtswidrigen Durchleitungsverweigerung zur Verfügung stehen. Insoweit soll eine genaue Auseinandersetzung mit den prozessualen Möglichkeiten der Durchsetzung von Netzzugangsbegehren erfolgen, wobei insbesondere die von den Gerichten und Kartellbehörden insoweit aufgestellten Voraussetzungen, vor allem auch für den Eilrechtsschutz, dargestellt und bewertet werden sollen. Die angerufenen Gerichte und Kartellbehörden haben sich nämlich neben den materiellrechtlichen Aspekten des Netzzugangs auch bereits vielfach zu verfahrensrechtlichen Fragen im Zusammenhang mit der gerichtlichen Durchsetzung von Netzzugangsansprüchen geäußert (Teil D).

B) Zugang zu Strom- und Gasnetzen gem. §§ 5 ff. EnWG

Die Regelung des Netzzugangs bildete – wie oben bereits dargestellt[1] – im Zuge der Novellierung des Energiewirtschaftsgesetzes den Hauptstreitpunkt. Während bei der Neuregelung des Gesetzes im Jahr 1998 insbesondere Streit darüber herrschte, ob und in welcher Form ein Durchleitungstatbestand ins Gesetz aufgenommen werden sollte, ist bei der ersten Änderung des Energiewirtschaftsgesetzes – die unter anderem zur Aufnahme des Gasdurchleitungstatbestandes in § 6a EnWG geführt hat – vor allem die in §§ 6, 6a EnWG aufgenommene Vermutung einer „guten fachlichen Praxis“ bei Einhalten der Kriterien der Verbändevereinbarung umstritten gewesen.

Bevor auf die Netzzugangsregelungen der §§ 5 – 8 EnWG genauer eingegangen wird, soll zunächst eine kurze Darstellung der europäischen Vorgaben und Grundlagen der Elektrizitäts- und Gasbinnenmarktrichtlinien erfolgen.

I) Die Vorgaben der Binnenmarktrichtlinien Strom und Gas

Da die Neufassung des Energiewirtschaftsgesetzes im Jahre 1998 in Umsetzung einer Richtlinie der Europäischen Union erfolgte, waren bei der Novellierungen insbesondere die europäischen Vorgaben zu beachten. Grundlage des Energiewirtschaftsgesetzes 1998 war die Elektrizitätsbinnenmarktrichtlinie[2], die geplante Änderung des Gesetzes soll durch Einfügung eines speziellen Tatbestandes für Gasdurchleitungen insbesondere auch zur Umsetzung der EU – Binnenmarktrichtlinie Gas[3] erfolgen. Diese Grundlagen des Energiewirtschaftsgesetzes, die auch für die Praxis – insbesondere im Rahmen der Auslegung unbestimmter Rechtsbegriffe von Bedeutung sind – sollen daher kurz dargestellt werden.

---

[1] vgl. hierzu Seiten 2ff.

[2] Richtlinie 96/92/EG des Euroäischen Parlaments und des Rates vom 19.12.1996 betreffend gemeinsame Vorschriften für den Elektrizitätsbinnenmarkt, Abl. Nr. L 27/20 vom 30.01.1997.

[3] Richtlinie 98/30/EG des Europäischen Parlaments und des Rates vom 22. Juni 1998 betreffend gemeinsame Vorschriften für den Gasbinnenmarkt, Abl. EG 1998 Nr. L 204, S. 1 ff.

1. Die Vorgaben der EU – Binnenmarktrichtlinie Elektrizität

Die Elektrizitätsbinnenmarktrichtlinie wurde vom Europäischen Parlament am 11.12.1996 verabschiedet und trat am 19.02.1997 in Kraft. Sie war bis zum 19.02.1999 in nationales Recht umzusetzen. Ziel der Richtlinie ist eine Stärkung des Wettbewerbs sowie eine Harmonisierung der rechtlichen Rahmenbedingungen für die Elektrizitätswirtschaft in den europäischen Mitgliedstaaten[1].

Die zentralen Regelungsbereiche der Richtlinie umfassen die gemeinsamen Vorschriften über die Organisation der Energieversorgung und -erzeugung, den Betrieb der Netzsysteme (Übertragungs- und Verteilungsnetz) sowie die Organisation des Netzzugangs und des freien Leitungsbaus[2]. Zentrales Wettbewerbsinstrument soll die Gewährleistung eines offenen Netzzugangs sein[3].

a) Netzzugangsregelungen

Die Regelungen über den Zugang zum Netz bilden dementsprechend den „Dreh- und Angelpunkt" der Richtlinie[4].

Die Mitgliedstaaten konnten insoweit zwischen verschiedenen Netzzugangsmodellen wählen. Die Richtlinie räumt in den Art. 16ff. ein Wahlrecht zwischen dem verhandelten Netzzugang, dem geregelten Netzzugang und dem Alleinkäufersystem mit oder ohne Abnahmeverpflichtung ein. Beim verhandelten Netzzugang gem. Art. 17 I EltRL stellen die Mitgliedstaaten die entsprechenden Rahmenbedingungen auf, unter denen die Stromerzeuger Lieferverträge aufgrund freiwilliger kommerzieller Vereinbarungen treffen können. Beim geregelten Netzzugang gem. Art. 17 IV EltRL wird auf der Grundlage von veröffentlichten Tarifen den Kunden der Zugang zu den Übertragungs- und Verteilungsnetzen gestattet. Im Alleinkäufersystem des Art. 18 EltRL benennen dagegen die Mitgliedstaaten einen Alleinkäufer, der grundsätzlich allein für die Versorgung in einem bestimmten Gebiet zuständig ist. Dabei

---

[1] Horstmann, Netzzugang in der Energiewirtschaft, S. 1ff.; Lippert, Energiewirtschaftsrecht, S. 506.

[2] Kühne/Scholtka, NJW 1998, S. 1902 (1903); ausführlich zu den einzelnen Regelungen Horstmann, Netzzugang in der Energiewirtschaft, S. 3ff.

[3] Erwägungsgrund 12 der Richlinie 96/92/EG; Kuxenko, DÖV 2001, S. 141 (154).

[4] Lippert, Energiewirtschaftsrecht, S. 506; Kühne/Scholtka, NJW 1998, S. 1902 (1903).

hat der Mitgliedstaat die Wahl zwischen einem Alleinkäufersystem mit oder einem in sich nochmals differenzierten System ohne Abnahmeverpflichtung. Bei sämtlichen Alleinkäufervarianten soll sichergestellt bleiben, dass die Alleinkäufersysteme zu gleichen wirtschaftlichen Ergebnissen führen wie der Netzzugang auf Verhandlungs- oder Regelungsbasis[1].

In allen drei Fällen kann der Netzbetreiber gem. Art. 17 Abs. 5, 18 Abs. 4 EltRL eine Durchleitung nur verweigern, wenn seine Netzkapazitäten hierfür nicht ausreichen. Er ist hierbei verpflichtet, die Verweigerung unter Berücksichtigung des Art. 3 EltRL zu begründen. Aus der EltRL ist daher zu entnehmen, dass der Netzzugang die Regel und die Zugangsverweigerung die Ausnahme ist[2]. Der Betreiber des Übertragungs- bzw. Verteilernetzes unterliegt zudem gem. Art. 7 und Art. 11 EltRL einem Diskriminierungsverbot. Er darf insbesondere seine Tochter- und Muttergesellschaften nicht gegenüber anderen Durchleitungspetenten bevorzugen.[3].

Art. 21 EltRL sieht neben dem grundsätzlich vorrangigen Wettbewerbsinstrument des Zugangs zu bereits bestehenden Netzen zudem eine weitere – in der Realität jedoch nur selten praktikable – Wettbewerbsoption vor, den Direktleitungsbau[4].

b) Regelungen zur Entflechtung

Die Elektrizitätsbinnenmarktrichtlinie enthält verschiedene Regelungen zur Entflechtung im Rechnungswesen und in der Organisation. Diese sollen einen effektiven brancheninternen Wettbewerb und somit einen diskriminierungsfreien und wirkungsvollen Netzzugang erleichtern und dazu beitragen, Wettbewerbsverzerrungen und Diskriminierungen offen zu legen. Zudem sollen sie die Kartellbehörden in die Lage versetzen, missbräuchliche Ausnutzungen einer marktbeherrschenden Stellung aufzudecken[5].

---

[1] Horstmann, Netzzugang in der Energiewirtschaft, S. 8ff.; Lippert, Energiewirtschaftsrecht, S. 506/507; Eikhof/Kreikenbaum, WuW 1998, 666 (668); Kühne/Scholtka, NJW 1998, S. 1002 (1903); Schneider, Liberalisierung der Stromwirtschaft, S. 421 ff.; Walter / v. Keussler, RdE 1999, S. 190 (192).

[2] Horstmann, Netzzugang in der Energiewirtschaft, S. 9.

[3] Eikhof / Kreikenbaum, WuW 1998, S. 666 (668); Walter / v. Keussler, RdE 1999, S. 190 (192).

[4] Von Burchard, Netzzugang im Bereich der Gasversorgung, in: Schwarze, Der Netzzugang für Dritte im Wirtschaftsrecht, S. 191 (196); Horstmann, Netzzugang in der Energiewirtschaft, S. 19; Schneider, Liberalisierung der Stromwirtschaft, S. 430.

[5] Horstmann, Netzzugang in der Energiewirtschaft, S. 24.

Um das Diskriminierungsverbot gem. Art 7 und Art. 11 EltRL kontrollieren zu können, die Kosten des Netzbetriebs sichtbar zu machen und Quersubventionen bei der Erzeugung, Übertragung und Verteilung der Elektrizität zu vermeiden, enthält die Elektrizitätsbinnenmarktrichtlinie dementsprechend zunächst besondere Vorschriften über eine buchführungsmäßige Entflechtung und Transparenz der Elektrizitätsversorgung[1]. Die Entflechtung des Rechnungswesens bezieht sich sowohl auf horizontal, als auch auf vertikal integrierte Elektrizitätsversorgungsunternehmen. Ein vertikal integriertes Elektrizitätsversorgungsunternehmen verfügt über mindestens zwei der Funktionen „Erzeugung, Übertragung oder Verteilung“ von Elektrizität[2]. Ein horizontal integriertes Elektrizitätsunternehmen nimmt von den genannten Funktionen mindestens eine wahr und übt außerdem eine weitere Tätigkeit außerhalb des Elektrizitätsbereichs aus[3]. Art. 14 Abs. 3 EltRL verpflichtet diese vertikal und horizontal integrierten Elektrizitätsversorgungsunternehmen dazu, in ihrer internen Buchführung getrennte Konten für die Erzeugungs-, Übertragungs- und Verteilungsebenen so zu führen, als ob die Tätigkeiten von getrennten Unternehmen ausgeübt würden – sog. „Unbundling“. Für jede Aktivität ist eine Bilanz sowie eine Gewinn- und Verlustrechnung in den Anhang des Jahresabschlusses aufzunehmen[4].

Neben der Entflechtung und Transparenz des Rechnungswesens vertikal und horizontal integrierter Elektrizitätsversorgungsunternehmen ist in der Elektrizitätsbinnenmarktrichtlinie auch eine organisatorische Entflechtung vorgesehen. Die organisatorische Entflechtung ist in Art. 7 Abs. 6 und Art. 15 EltRL geregelt. Bei vertikal integrierten Elektrizitätsversorgungsunternehmen muss gem. Art. 7 Abs. 6 EltRL das Übertragungssystem unabhängig von der Erzeugung und Verteilung organisiert werden. Für Alleinkäufer sieht Art. 15 EltRL zudem vor, dass die Alleinabnehmerfunktion in einer organisatorisch von den Aktivitäten Erzeugung und Verteilung getrennten Einheit zu verwalten ist. Zudem dürfen keine Informationen ausgetauscht werden, die nicht für die Erfüllung der Aufgaben des Alleinabnehmers erforderlich sind[5].

---

[1] Eickhof / Kreikenbaum, WuW 1998, S. 666 (671); Kuxenko, DÖV 2001, S. 141 (145); Kühne / Scholtka, NJW 1998, S. 1902 (1903); Walter / v. Keussler, RdE 1999, S. 190 (192).

[2] Art. 2 Nr. 18 EltRL.

[3] Art. 2 Nr. 19 EltRL.

[4] Horstmann, Netzzugang in der Energiewirtschaft, S. 24ff.; Lippert, Energiewirtschaftsrecht, S. 507.

[5] Horstmann, Netzzugang in der Energiewirtschaft, S. 24/25.

2. Die Vorgaben der EU – Binnenmarktrichtlinie Gas

Auch die EU – Binnenmarktrichtlinie Gas stellt gemeinsame Vorschriften für die Fernleitung, Verteilung, Lieferung und Speicherung von Erdgas auf. Sie regelt ferner die Organisation und die Funktionsweise des Erdgassektors, den Marktzugang, den Netzbetrieb und die Verfahren für die Vergabe von Genehmigungen[1]. Auch hier bilden die den Zugang zum Netz betreffenden Regelungen einen Kernpunkt der Verwirklichung des Wettbewerbs, die bei der Umsetzung zu beachten sind. Es ergeben sich aber einige Unterschiede zwischen der Gas- und Stromrichtlinie, auf die hier kurz eingegangen werden soll.

a) Netzzugangsregelungen

Die Gasrichtlinie sieht – anders als die Elektrizitätsbinnenmarktrichtlinie – insbesondere in den Instrumenten des Netzzugangs und des Direktleitungsbaus gleichberechtigte Wettbewerbsinstrumente[2]. In Art. 14 EGRL ist zudem eine Wahlmöglichkeit betreffend den Netzzugang vorgesehen. Die Mitgliedstaaten können hier zwischen dem System des verhandelten Netzzugangs, Art. 15 EGRL, und des regulierten Netzzugangs, Art. 16 EGRL, wählen. Diese Wahlmöglichkeit wurde eingeräumt, um den unterschiedlichen Strukturen und den besonderen Merkmalen der Systeme in den einzelnen Mitgliedstaaten Rechnung zu tragen[3]. Der Netzzugang nach dem Alleinabnehmersystem ist – anders als in der Stromrichtlinie – nicht vorgesehen.

Der Netzzugang kann nach Art. 17 Abs. 1 EGRL wegen fehlender Kapazität sowie wegen ernsthafter wirtschaftlicher und finanzieller Schwierigkeiten aus Zahlungsverpflichtungen im Zusammenhang mit „take or pay" – Verträgen verweigert werden. Art. 25 EGRL sieht bezüglich dieser „take or pay" - Verpflichtungen detaillierte Sonderregelungen vor[4]. Die Gasrichtlinie nimmt im Zusammenhang mit dem Netzzugang somit Rücksicht darauf, dass im europäischen Gasmarkt langfristige Erdgaslieferverträge zwischen Gasproduzenten und

---

[1] Art. 1 EGRL; Horstmann, Netzzugang in der Energiewirtschaft, S. 5f.

[2] von Burchard, Netzzugang im Bereich der Gasversorgung, in: Schwarze, Der Netzzugang für Dritte im Wirtschaftsrecht, S. 191 (196); Horstmann, Netzzugang in der Energiewirtschaft, S. 13.

[3] 24. Erwägungsgrund der EGRL.

[4] Von Burchard, Netzzugang im Bereich der Gasversorgung, in: Schwarze, Der Netzzugang für Dritte im Wirtschaftsrecht, S. 191 (193); Lippert, Energiewirtschaftsrecht, S. 509.

Gasversorgungsunternehmen mit einer unbedingten Zahlungsverpflichtung („take or pay“) verbreitete Praxis sind[1].

Im Gegensatz zur Stromrichtlinie werden in der Gasrichtlinie zudem die gemeinwirtschaftlichen Verpflichtungen im Allgemeininteresse ausdrücklich als Grundlage für eine Ablehnung des Netzzugangs anerkannt. Nach Art. 17 Abs. 1 Satz 1 EGRL können die Netzbetreiber die Netzzugangsverweigerung damit rechtfertigen, dass der Netzzugang sie daran hindern würde, die ihnen auferlegten gemeinwirtschaftlichen Verpflichtungen gem. Art. 3 Abs. 2 EGRL zu erfüllen[2].

Die Netzzugangsverweigerung ist vom Netzbetreiber gem. Art. 17 Abs. 1 Satz 2 EGRL – wie auch in der Stromwirtschaft – zu begründen. Auch aus der Gasrichtlinie ergibt sich somit, dass der Netzzugang die Regel und die Zugangsverweigerung die Ausnahme ist[3]. Die Regelungen über den Netzzugang gelten hierbei allgemein für die Fernleitungs- und Verteilernetze, nicht aber für die sog. vorgelagerten Rohrleitungsnetze[4].

b) Regelungen zur Entflechtung

Um auch in der Gaswirtschaft Diskriminierungen, Quersubventionen und andere Wettbewerbsverzerrungen zu vermeiden, fordert auch die Gasrichtlinie Transparenz in der Buchführung und schreibt – wie auch die Stromrichtlinie – eine Entflechtung im Rechnungswesen vertikal und horizontal integrierter Erdgasunternehmen vor, Art. 13 EGRL. Die Anforderungen entsprechen im wesentlichen den Anforderungen an die Rechnungslegung nach der Stromrichtlinie[5].

---

[1] 30. Erwägungsgrund der EGRL.

[2] Von Burchard, Netzzugang im Bereich der Gasversorgung, in: Schwarze, Der Netzzugang für Dritte im Wirtschaftsrecht, S. 191 (198 f.); Horstmann, Netzzugang in der Energiewirtschaft, S. 16; Lippert, Energiewirtschaftsrecht, S. 509.

[3] Horstmann, Netzzugang in der Energiewirtschaft, S. 16; Lippert, Energiewirtschaftsrecht, S. 509.

[4] Von Burchard, Netzzugang im Bereich der Gasversorgung, in: Schwarze, Der Netzzugang für Dritte im Wirtschaftsrecht, S. 191 (193).

[5] Horstmann, Netzzugang in der Energiewirtschaft, S. 27.

Im Gegensatz zur Elektrizitätsbinnenmarktrichtlinie sieht die EGRL allerdings keine verwaltungsmäßige Entflechtung der Erdgasversorgungsunternehmen vor. Es muss also nur ein rechnungsmäßiges, hingegen kein organisatorisches „Unbundling" stattfinden[1]. Die Fernleitungs- und Verteilertätigkeiten der vertikal integrierten Erdgasunternehmen sind daher nicht unabhängig von den übrigen Tätigkeiten zu verwalten und die Tätigkeiten der Gewinnung, der Fernleitung, der Verteilung, der Lieferung, des Kaufs oder der Speicherung von Erdgas müssen nicht in organisatorisch getrennten Betriebsabteilungen durchgeführt werden. Anstelle der organisatorischen Entflechtung besteht gem. Art. 8 Abs. 1, 2 und Art. 11 Abs. 1, 2 EGRL lediglich eine Verpflichtung dazu, keine wirtschaftlich sensiblen Informationen zu missbrauchen und diese vertraulich zu behandeln[2].

3. Novelle des EU-Energierechts: die Richtlinien zur Änderung der Elektrizitäts- und Gasbinnenmarktrichtlinien

Mit den Umsetzungen der Elektrizitäts- und Erdgasbinnenmarktrichtlinie in den einzelnen Mitgliedstaaten und der Schaffung eines einheitlichen Binnenmarktes für Elektrizität und Gas hat sich die EU – Kommission zunehmend unzufrieden gezeigt und dementsprechend im Juni 2003 Änderungen der Richtlinien beschlossen. Hiernach stehen einschneidende Veränderungen zur Beschleunigung der Öffnung und Fortentwicklung des Wettbewerbes an. Die neuen Richtlinien Elektrizität und Erdgas des Europäischen Parlaments und des Rates vom 26. Juni 2003 sind am 15. Juli 2003 im Amtsblatt der Europäischen Union veröffentlicht worden und 20 Tage später in Kraft getreten[3]. Beide Richtlinien müssen von der Bundesrepublik Deutschland bis zum 01. Juli 2004 in nationales Recht umgesetzt werden. Ebenfalls am 15. Juli 2003 ist für die Herstellung des einheitlichen Binnenmarktes Strom die Verordnung über die Netzzugangsbedingungen für den grenzüberschreitenden Stromhandel im Amtsblatt der Europäschen Union veröffentlicht worden und drei Tage später in Kraft getreten. Diese Regelungen gelten unmittelbar. Ziel der Verordnung ist eine Verbesserung der Netzzugangssituation für den grenzüberschreitenden Stromhandel. Durch die neuen Richtlinien wird die Bundesrepublik Deutschland verpflichtet, das System des verhandelten Netzzugangs durch einen regulierten Netzzugang zu ersetzen. Die am 24. Mai 2003 in

---

[1] Lippert, Energiewirtschaftsrecht, S. 510.

[2] Horstmann, Netzzugang in der Energiewirtschaft, S. 28; Lippert, Energiewirtschaftsrecht, S. 510/511.

[3] Richtlinien 2003/54/EG und 2003/55/EG vom 26.06.2003, Amtsblatt der Europäischen Union vom 15.07.2003 L 176/37 und L 176/57.

Kraft getretene Novelle des EnWG zur sog. Verrechtlichung der Verbändevereinbarungen Strom und Erdgas und zur Umsetzung der alten Erdgasbinnenmarktrichtlinie 98/30/EG wird aufgrund der neuen europäischen Richtlinien somit nur eine kurze Lebensdauer haben[1].

Wesentlicher Kernpunkt der neuen Richtlinien ist für die Bundesrepublik Deutschland die Verpflichtung, das System des verhandelten Netzzugangs mit freiwilligen Verbändevereinbarungen im Strom- und Gasbereich bis zum 01. Juli 2004 durch einen regulierten Netzzugang zu ersetzen. Es sind Regulierungsbehörden einzurichten, denen dauerhafte Überwachungskompetenzen, Berichtspflichten, ex-ante-Genehmigungsaufgaben für Tarife und/oder Tarifmethoden sowie ex-post-Eingriffsbefugnisse zuzuweisen sind. Zugleich sollen die Regulierungsbehörden die Funktion von Streitbeilegungsstellen für Streitigkeiten zwischen Netzzugangsanfragenden und Netzbetreibern mit vorgeschriebenen Rechtsschutzverfahren übernehmen. Zur besseren Transparenz und Gewährleistung der Diskriminierungsfreiheit enthalten die neuen Richtlinien zudem weitreichende Vorgaben zur Entflechtung der Netzsparte von anderen Sparten der netzbetreibenden Energieversorgungsunternehmen. Vorgeschrieben wird ein informelles, organisatorisches, buchhalterisches und gesellschaftsrechtliches Unbundling[2].

Die weitreichenden Handlungsvorgaben der neuen Richtlinien sind in den nächsten Monaten in einen normativen Ordnungsrahmen umzusetzen[3]. Wie bereits im Telekommunikationsrecht wird es zur Verbesserung des Wettbewerbs auch im Energiewirtschaftsrecht zu einer Regulierung von Entgelten für den Netzzugang kommen. Die Entwicklungen bleiben insoweit abzuwarten.

II) Umsetzung der Vorgaben: die Rechtsgrundlagen für die Benutzung fremder Netze im EnWG

Die oben dargestellten Vorgaben der alten Richtlinien waren bei der Umsetzung der Elektrizitätsbinnenmarktrichtlinie vom bundesdeutschen Gesetzgeber zu beachten.

---

[1] Hierzu ausführlicher Becker/Riedel, ZNER 2003, S. 170.

[2] Becker/Riedel, ZNER 2003, S. 170 (171), ausführlich zu den Vorgaben der Richtlinien auch Theobald/Hummel, ZNER 2003, S. 176ff.

[3] Vgl. hierzu insbesondere de Wyl/Neveling, ZNER 2003, S. 182ff.

Im Zuge der Novellierung des Energiewirtschaftsgesetzes im Jahre 1998 hat der Gesetzgeber sich für den Bereich der Stromwirtschaft nach vielfältigen Änderungen des Regierungsentwurfes für die Schaffung eines Durchleitungstatbestandes entschieden und das System des verhandelten Netzzugangs gewählt. Daneben wurde zum Schutz der Gemeinden das Alleinkäufersystem als befristete Netzzugangsalternative zugelassen[1]. Entsprechend den europäischen Vorgaben wurden zudem die Entflechtungsvorschriften in das nationale Recht umgesetzt[2].

Auch die Gasrichtlinie wurde zwischenzeitlich, nachdem die Umsetzungsfrist lange abgelaufen war und bereits ein Vertragsverletzungsverfahren eingeleitet wurde, umgesetzt. Auch insoweit kam es zur Einfügung eines speziellen Durchleitungstatbestandes[3], der sich an der Regelung für die Stromwirtschaft orientiert hat. Zuvor waren für Gasdurchleitungsbegehren ausschließlich die kartellrechtlichen Vorschriften maßgeblich.

Die stromwirtschaftliche Netzzugangsregelung ist nunmehr – ebenfalls nach vielfältigen Diskussionen – im Rahmen der ersten Änderung des Energiewirtschaftsgesetzes 1998 dahingehend verändert worden, dass neben der Nichtdiskriminierung eine gute fachliche Praxis gefordert wird[4]. Auch auf die erfolgten Änderungen soll später genauer eingegangen werden.

1) ***Vorschriften über Organisation des Netzbetriebes und Entflechtung***

Der bundesdeutsche Gesetzgeber hat die Vorgaben der Elektrizitätsbinnenmarktrichtlinie, die in den Art. 14 und 7, 15 EltRL eine buchhalterische und verwaltungsmäßige Entflechtung vorsieht, durch die Vorschriften zum rechnerischen und organisatorischen „Unbundling“ in den §§ 4 IV, 7 und 9 EnWG umgesetzt[5].

---

[1] BT-Drs. 13/7274; 13/9211; BGBl. 1998 I, 730.

[2] §§ 4, 9 EnWG.

[3] BT-Drs. 14/5969; 14/9081; 14/9534; 14/9634; BR-Drs. 611/02.

[4] BT-Drs. 14/5969; 14/9081; 14/9534; 14/9634; BR-Drs. 611/02.

[5] Eikhof / Kreikenbaum, WuW 2001, S. 666 (671).

a) ***Die organisatorische Entflechtung***

Die organisatorische Entflechtung ist in den §§ 4 IV und 7 EnWG geregelt.

Das Übertragungsnetz ist gem. § 4 IV EnWG als eigene Betriebsabteilung, getrennt von Erzeugung und Verteilung sowie von den übrigen Tätigkeiten, die nicht mit ihnen zusammenhängen, zu führen[1]. Von Elektrizitätsversorgungsunternehmen, die nicht nur ein Übertragungsnetz für die allgemeine Versorgung betreiben, sondern gleichzeitig Elektrizität in eigenen Kraftwerken erzeugen oder Verteilernetze betreiben, wird also eine organisatorische Trennung der Übertragungsnetzabteilung von den anderen Betriebsabteilung, nicht aber eine rechtliche Verselbständigung der Übertragungsnetzabteilung gefordert[2]. Das organisatorische „Unbundling“ macht somit deutlich, dass der Netzbetreiber bei der Beurteilung eines Netzzugangsbegehrens nur eigene berechtigte Interessen berücksichtigen darf, hingegen nicht auch solche anderer Betriebsabteilungen oder Unternehmen[3]. Insoweit besteht eine Wechselbeziehung zu den Vorschriften über den Netzzugang, die auch im praktischen Umgang mit den Netzzugangsbegehren von Bedeutung ist.

Einen Sonderfall der organisatorischen Entflechtung bildet die Tätigkeit des Alleinabnehmers. Diesbezüglich fordert § 7 Abs. 4 EnWG eine getrennte Verwaltung und Unterbindung des Informationsaustausches, also auch eine informationelle Entflechtung[4].

Daneben sehen die Vorschriften des § 4 Abs. 2 und Abs. 3 EnWG im Interesse eines effektiven brancheninternen Wettbewerbs besondere Verpflichtungen für die Übertragungsnetzbetreiber vor. Diese werden gem. § 4 Abs. 2 EnWG verpflichtet, technische Mindestanforderungen für den Anschluss an das Netz festzulegen und zu veröffentlichen, die der Aufsichtsbehörde und der Europäischen Kommission mitzuteilen sind. Hierdurch sollen die

---

[1] Kuxenko, DÖV 2001, S. 141 (145); Theobald, WuW 2000, S. 231 (239); Theobald/Zenke, Grundlagen der Strom- und Gasdurchleitung, S. 20.

[2] Horstmann, Netzzugang in der Energiewirtschaft, S. 50; Schneider, Liberalisierung der Stromwirtschaft, S. 453; Eikhof, Wirtschaftsdienst 1998, S. 18 (23).

[3] Horstmann, Netzzugang in der Energiewirtschaft, S. 50/51.

[4] Theobald, WuW 2000, S. 231 (239); Schneider, Liberalisierung der Stromwirtschaft, S. 453; Schulte – Beckhausen, RdE 1999, S. 51 (58/59).

objektiven Voraussetzungen für einen sicheren Netzzugang geschaffen werden[1]. Die Übertragungsnetzbetreiber sind gem. § 4 Abs. 3 EnWG zudem verpflichtet, objektive Kriterien für die Einspeisung aus Erzeugungsanlagen und die Benutzung von Verbindungsleitungen festzulegen sowie diskriminierungsfrei anzuwenden und zu veröffentlichen. Die diskriminierungsfreie Anwendung der veröffentlichten Einspeisungs- und Benutzungskriterien soll den Netznutzungsanspruch von Dritten erleichtern und sichern[2]. Auch § 4 Abs. 3 EnWG ergänzt daher die Regelungen betreffend den Zugang zu den Netzen.

b) ***Die rechnerische Entflechtung***

Entsprechend den Vorgaben des Art. 14 EltRL normiert § 9 EnWG zudem die Verpflichtung des Netzbetreibers zur Entflechtung im Rechnungswesen und in der Rechnungslegung. Die organisatorische Entflechtung des § 4 IV EnWG wird somit durch eine rechnerische Entflechtung ergänzt[3]. Zur Vermeidung von Diskriminierungen, Quersubventionen und Wettbewerbsverzerrungen sieht § 9 Abs. 2 EnWG dementsprechend eine vertikale und horizontale Entflechtung im Rechnungswesen vor[4]. Gem. § 9 Abs. 2 EnWG haben die Elektrizitätsversorgungsunternehmen für die Bereiche Erzeugung, Übertragung und Verteilung sowie für die Aktivitäten außerhalb des Elektrizitätsbereichs in der Buchführung getrennte Konten zu führen. Darüber hinaus sind für die einzelnen Aktivitäten gesonderte Bilanzen und Gewinn- und Verlustrechnungen in den Anhang des Jahresabschlusses des Unternehmens aufzunehmen. Unabhängig von Größe, Rechtsform und Eigentumsverhältnissen der Elektrizitätsversorgungsunternehmen verpflichtet § 9 Abs. 1 Satz 1 EnWG die Versorgungsunternehmen zudem dazu, einen Jahresabschluss gem. §§ 264 ff. HGB aufzustellen und zu prüfen[5].

---

[1] Horstmann, Netzzugang in der Energiewirtschaft, S. 51/52; Schneider, Liberalisierung der Stromwirtschaft, S. 452.

[2] Horstmann, Netzzugang in der Energiewirtschaft, S. 51; Schneider, Liberalisierung der Stromwirtschaft, S. 452.

[3] Horstmann, Netzzugang in der Energiewirtschaft, S. 52.

[4] BT-Drs. 13/7274, S. 34; Horstmann, Netzzugang in der Energiewirtschaft, S. 53.

[5] Theobald/Zenke, Grundlagen der Strom- und Gasdurchleitung, S. 21f.; Theobald, WuW 2001, S. 231 (240f.); Horstmann, Netzzugang in der Energiewirtschaft, S. 53.

Auch diese rechnerische Entflechtung verdeutlicht somit, dass der Netzbetreiber bei der Beurteilung eines Netzzugangsbegehrens nur eigene berechtigte Interessen berücksichtigen darf, nicht auch solche anderer Betriebsabteilungen oder Unternehmen[1]. Auch hier wird ein Wechselspiel mit den Netzzugangsregelung deutlich, denn auch die rechnerische Entflechtung dient unmittelbar dem Erfordernis des § 6 Abs. 1 EnWG, nach dem die Betreiber von Elektrizitätsversorgungsnetzen diese für Durchleitungen zu Bedingungen zur Verfügung zu stellen haben, die nicht ungünstiger sind, als sie von ihnen in vergleichbaren Fällen für Leistungen innerhalb ihres Unternehmens oder gegenüber verbundenen oder assoziierten Unternehmen tatsächlich oder kalkulatorisch in Rechnung gestellt werden.

Die Vorschriften über die rechnerische und organisatorische Entflechtung sind daher auch im Rahmen der Netzzugangsregelung von entscheidender Bedeutung und spielen insbesondere bei der Frage nach der Zulässigkeit einer Durchleitungsverweigerung eine nicht unbedeutende Rolle.

2. *Der verhandelte Netzzugang gem. §§ 5, 6 EnWG*

Die Vorgaben der Elektrizitätsbinnenmarktrichtlinie zum Zugang zu den bestehenden Stromnetzen hat der bundesdeutsche Gesetzgeber in den §§ 5ff. EnWG umgesetzt.

a) Einfügung eines Durchleitungstatbestandes

Während der Regierungsentwurf des Energiewirtschaftsgesetzes 1998 zunächst von der Einfügung eines Durchleitungstatbestandes absah und, vor allem auch um eine Sektorialisierung zu verhindern, auf die Anwendung der allgemeinen kartellrechtlichen Missbrauchsregeln vertraute[2], wurde schließlich aufgrund vielfältiger Kritik und nach weiteren Streitigkeiten um die Ausgestaltung[3] eine spezielle Netzzugangsregelung, die das System des verhandelten Netzzugangs vorsieht, in das Energiewirtschaftsgesetz 1998 eingefügt. Daneben wurde, vor allem um einer Gefährdung des kommunalen Selbstverwaltungsrechts und der

[1] Horstmann, Netzzugang in der Energiewirtschaft, S. 53.

[2] BT-Drs. 13/7274, S. 11.

[3] Stellungnahme des Bundesrates, BT-Drs. 13/7274, S. 27 (28); s. hierzu auch Markert, BB 1997, S. 1421 (2435); ders., WuW 1995, S. 560 (571); Ungemach / Wissmann / Cameron / Styles, ET 1997, S. 364 (365).

kommunalen Finanzen entgegenzuwirken[1], eine befristete Netzzugangsalternative in Form des Alleinabnehmersystems in das Gesetz aufgenommen[2].

Der bundesdeutsche Gesetzgeber hat sich damit, anders als die übrigen EU – Staaten[3], gegen das System eines regulierten Netzzugangs entschieden und sich lediglich in § 6 Abs. 2 EnWG den späteren Erlass einer Rechtsvorschrift vorbehalten. Das System des verhandelten Netzzugangs nach § 6 EnWG und das Alleinabnehmersystem nach § 7 EnWG sollen als elektrizitätsspezifische Netzzugangstatbestände in Umsetzung der Binnenmarktrichtlinie den diskriminierungsfreien Zugang zu Stromnetzen und den Wettbewerb sicherstellen, wobei der verhandelte Netzzugang gem. § 5 EnWG den Vorrang genießt[4].

Nach dem System des verhandelten Netzzugangs des § 6 Abs. 1 Satz 1 EnWG haben die Betreiber von Elektrizitätsversorgungsnetzen anderen Unternehmen das Versorgungsnetz für Durchleitungen zu Bedingungen zur Verfügung zu stellen, die nicht ungünstiger sind, als sie von ihnen in vergleichbaren Fällen für Leistungen innerhalb ihres Unternehmens oder gegenüber verbundenen oder assoziierten Unternehmen tatsächlich oder kalkulatorisch in Rechnung gestellt werden. Dies gilt gem. § 6 Abs. 1 Satz 2 nicht, soweit der Betreiber nachweist, dass ihm die Durchleitung aus betriebsbedingten oder sonstigen Gründen unter Berücksichtigung der Ziele des § 1 EnWG nicht möglich oder nicht zumutbar ist. Der Netzbetreiber muss die Ablehnung des Netzzugangs gem. § 6 Abs. 1 Satz 3 EnWG schriftlich begründen.

Damit hat der deutsche Gesetzgeber die Netznutung als Regelfall und die Verweigerung als diesbezügliche Ausnahme vorgesehen was insbesondere auch verschiedene Gerichte im Rahmen ihrer Entscheidungsfindung betonen[5] - und insofern eine Umkehrung der früheren Regelung des § 103 Abs. 5 Satz 2 GWB a.F. und somit geradezu einen wettbewerbsrechtli-

---

[1] Uldall – Bericht, BT-Drs. 13/7274, S. 22 (24).

[2] Art. 1 § 7 EnWG.

[3] Theobald / Zenke, Grundlagen der Strom- und Gasdurchleitung, S. 14/15.

[4] Obernolte / Danner, EnWG, § 5 Rn. 6; Eikhof, Wirtschaftsdienst 1998, S. 18 (22); Eickhof / Kreikenbaum, WuW 1998, S. 666 (668); Salje, NVwZ 1998, S. 916 (919); Walter / v. Keussler, RdE 1999, S. 190 (191).

[5] LG Hamburg, RdE 2000, S. 213 (232); LG Potsdam, RdE 2000, S 203 (205).

chen Paradigmenwechsel vorgenommen[1]. Etwaige überwiegende Interessen des Netzzugangspetenten sind für eine Durchleitung nicht mehr erforderlich[2]. Nach der Novellierung des Gesetzes müssen die Durchleitungsverweigerungsgründe vielmehr ein derartiges Gewicht haben, dass ihnen trotz des besonderen Interesses an einer durch Wettbewerb erreichten preisgünstigen Versorgung der Vorrang einzuräumen ist[3].

Die Tatsache, dass der bundesdeutsche Gesetzgeber sich, anders als die anderen EU-Mitgliedstaaten, zunächst nicht für einen regulierten Netzzugang entschieden hat und keine konkreten und abschließenden Vorgaben bezüglich der Reichweite der Durchleitungsverweigerung getroffen hat, wirft in der Rechtsanwendung vielfältige Probleme über das „ob" und „wie" der Durchleitung auf und hat die Durchsetzung der Vorgaben der Strombinnenmarktrichtlinie aus der Legislative in die Judikative verlagert[4]. Probleme bereitet insoweit insbesondere die Einzelfallabhängigkeit sowie die den Zugang erschwerende Offenheit der Regelung[5]. Angesichts der Novellierung des Energiewirtschaftsgesetzes, das den Anspruch auf Durchleitung nunmehr als Regelfall ansieht und dessen Ziel die Verwirklichung des Wettbewerbs ist, kann auch die alte Rechsprechung des BGH zur Durchleitungsproblematik keinen Bestand mehr haben[6].

Die ursprüngliche Formulierung des § 6 EnWG 1998 hat im Rahmen der ersten Änderung des Energiewirtschaftsgesetzes zudem eine höchst umstrittene[7] weitere Änderung erfahren. Die Versorgungsnetze sollen nunmehr gem. § 6 Abs. 1 Satz 1 EnWG nicht mehr nur diskriminierungsfrei, sondern auch zu Bedingungen zur Verfügung zu stellen, die guter fachlicher Praxis entsprechen. Die Bedingungen guter fachlicher Praxis sollen gem. § 6 Abs. 1 Satz 4 EnWG der Erreichung der Ziele des § 1 EnWG und der Gewährleistung wirksamen Wettbewerbs dienen. Ihre Erfüllung wird bei Einhaltung der Verbändevereinbarung über Kriterien zur Bestimmung von Netznutzungsentgelten für elektrische Energie und über

[1] Die Vorschrift enthielt die gesetzliche Regelung, wonach grundsätzlich die Nutzung eines im Eigentum eines Dritten stehenden Elektrizitäts- oder Gasnetzes erlaubt war. Tatsächlich kam diese Vorschrift so gut wie nie zur Anwendung. Vgl. hierzu auch Theobald / Zenke, Grundlagen der Strom- und Gaswirtschaft, S. 25/26.

[2] Theobald / Zenke, WuW 2001, S. 19 (20).

[3] Uldall – Bericht, BT-Drs. 13/9211, S. 24f.; Theobald / Zenke, Grundlagen der Strom- und Gaswirtschaft, S. 26.

[4] Theobald / Zenke, Grundlagen der Strom- und Gaswirtschaft, S. 25/26; dies., NJW 2001, 797.

[5] Schneider, Liberalisierung der Stromwirtschaft, S. 455.

[6] Theobald / Zenke, Grundlagen der Strom- und Gaswirtschaft, S. 26..

[7] BT-Drs. 14/9081, S. 10; 14/9534, S. 1f.

Prinzipien der Netznutzung vermutet[1]. Auf die Änderungen wird später genauer eingegangen.

Im Folgenden soll zunächst eine Darstellung der Anspruchsvoraussetzungen des § 6 Abs. 1 EnWG, insbesondere auch unter Berücksichtigung der insoweit bereits ergangenen gerichtlichen und kartellbehördlichen Entscheidungen, erfolgen.

b) Der Begriff der Durchleitung

Der in § 6 EnWG zugrunde gelegte Begriff der Durchleitung ist gesetzlich nicht definiert. Eine Legaldefinition des Begriffs befindet sich weder in § 6 EnWG selbst, noch in der Elektrizitätsbinnenmarktrichtlinie[2].

In der Praxis versteht man unter „Durchleitung" allgemein die Einspeisung elektrischer Energie, gleich welcher Herkunft, in definierte Einspeisepunkte des Netzsystems und die damit verbundene zeitgleiche Entnahme der eingespeisten elektrischen Energie an räumlich davon entfernt liegenden Entnahmepunkten der Netzsysteme[3]. Die Durchleitung setzt dementsprechend einen Netzanschluss an zwei Stellen voraus, also zwei Leistungsverbindungen zum Netz. Die Netzbenutzung erfolgt dann in der Weise, dass der Einspeiser den Strom einspeist und der Kunde die elektrische Energie entnimmt[4].

Der eingespeiste Strom ist mit der vom Kunden entnommenen Energie allerdings tatsächlich nicht identisch. Die eingespeiste Strommenge fließt nämlich nicht über einen bestimmten Leitungsweg an die Abnahmestelle, sie ist also keinem bestimmten Pfad zuzuordnen, sondern sucht sich vielmehr im Netz zwischen Einspeise- und Entnahmepunkt den Weg des geringsten Widerstandes. Der Strom wählt also auch nicht notwendigerweise den kürzesten Weg. Ein fester Durchleitungsweg zu bestimmten Abnehmern besteht dementsprechend –

---

[1] BT-Drs. 14/9081, S. 3.

[2] Horstmann, Netzzugang in der Energiewirtschaft, S. 33; Obernolte / Danner, EnWG, § 6 Rn. 8; Giermann, RdE 2000, S. 222 (224); Walter / v. Keussler, RdE 1999, S. 190 (191).

[3] Obernolte / Danner, EnWG, § 6 Rn. 5; Lukes, RdE 1998, S. 49 (52); Walter / v. Keussler, RdE 1999, S. 190 (191).

[4] Walter / v. Keussler, RdE 1999, S. 190 (191).

wie auch von der Rechtsprechung zutreffend erkannt – nicht[1]. Tatsächlich sind Einspeisung und Entnahme somit auch grundsätzlich unabhängig voneinander. Der Verbraucher kann jederzeit Strom in beliebiger Menge aus dem Netz entnehmen, und zwar unabhängig davon, ob das liefernde Versorgungsunternehmen zum Zeitpunkt der Entnahme gerade die erforderliche Energiemenge einspeist oder nicht. Voraussetzung ist selbstverständlich, dass die Gesamtenergiemenge ausreicht[2]. Der juristische Begriff der Durchleitung gibt demnach die technisch-physikalischen Gegebenheiten nicht exakt wieder, sondern dient vielmehr als wirtschaftlich-juristische Fiktion dazu, die zwei technisch getrennten Vorgänge der Einspeisung und Stromentnahme rechtlich zusammen zu fassen[3].

Mit dem Transport und der Verteilung des Stroms sind zudem vielfältige Dienstleistungen seitens des Netzbetreibers verbunden, wie z.B. Frequenz- und Spannungshaltung und Bereitstellung von Regelenergie. Der Netzbetreiber schließt dementsprechend mit dem Einspeiser einen umfassenden Vertrag über die Zurverfügungstellung des Netzes und die jeweilige Anbindung, in dem die Vertragsparteien Regelungen über alle mit der Durchleitung zusammenhängenden wirtschaftlichen und technischen Fragen treffen[4]. Der Netzbetreiber wird hierbei allerdings nicht Partner des Versorgungsvertrages, dieser besteht allein zwischen dem Einspeisenden und dem entnehmenden Dritten[5].

Der Durchleitungstatbestand des § 6 Abs. 1 EnWG umfasst schließlich alle Arten von Durchleitungsvorgängen[6]. Das Gesetz enthält keine Restriktionen, die bestimmte Nutzungswünsche von dem verhandelten Netzzugang ausklammern. Zunächst gilt § 6 Abs. 1 EnWG daher für den klassischen Wettbewerbsfall, in dem ein Konkurrent des bisherigen Versorgers dessen Kunden mittels Durchleitung abwirbt. Die Norm gilt aber auch für bloße Transportvorgänge, bei denen fremde Stromnetze ohne Wettbewerbsprozesse genutzt werden. Dies betrifft also den Energietransport des Unternehmens A über das Netz des B in

---

[1] LG Berlin, NJWE – WettbR 2000, S. 270 (271); Horstmann, Netzzugang in der Energiewirtschaft, S. 34; Walter / v. Keussler, RdE 1999, S. 190 (191).

[2] Horstmann, Netzzugang in der Energiewirtschaft, S. 34.

[3] Horstmann, Netzzugang in der Energiewirtschaft, S. 35.

[4] Hierzu genauer: Obernolte / Danner, EnWG, § 6 Rn. 10. Auf die einzelnen vertraglich zu treffenden Regelungen wird im übrigen unter dem Stichwort „ Der Durchleitungsvertrag“ näher eingegangen werden.

[5] Horstmann, Netzzugang in der Stromwirtschaft, S. 34; Obernolte / Danner, EnWG, § 6 Rn. 9/10.

[6] Ausführlich zu den verschiedenen Durchleitungsvorgängen: Büdenbender, Materialien zu §§ 103, 103a GWB, VEnergR 47, 1981, S. 193 (196) und Missbrauchsaufsicht und „Durchleitung“ in der Elektrizitätswirtschaft, VEnergieR 48, 1981, S. 129 (139).

dasjenige des C, um erst dort Wettbewerb gegen C zu entfalten, ferner aber auch von A über B in räumlich getrennte Netzteile von A. Erfasst ist zudem die Belieferung räumlich getrennter Betriebstätten durch Eigenanlagenbetreiber oder die Bündelung der Energienachfrage, indem sich viele Betriebstätten oder Filialen eines Unternehmens (Kaufhäuser, Handelsketten, Banken, Versicherungen), aber auch rechtlich verschiedene Unternehmen zur Bündelung ihrer Stromnachfrage zusammenschließen[1]. Da § 6 Abs. 1 Satz 1 EnWG insoweit keine Restriktionen anordnet, wurde der Inhalt des Netzzugangsrechts auch von der Rechtsprechung bisher nicht auf bestimmte Netzzugangs- bzw. Netznutzungsvorgänge beschränkt.

Der Rahmen des § 6 Abs. 1 EnWG gilt hierbei für sämtliche Versorgungs- und Spannungsstufen, also für Höchst-, Hoch-, Mittel- und Niederspannungsnetze[2] und setzt – wie auch in der Rechtsprechung betont wurde – weder eine marktbeherrschende Stellung von Netzbetreibern noch eine Tätigkeit derselben auf dem nachgelagerten Belieferungsmarkt voraus[3].

Der Wortlaut des § 6 Abs. 1 EnWG, nach dem die Netzbetreiber ihr Versorgungsnetz „zur Verfügung zu stellen“ haben, verdeutlicht, dass die Pflicht des Netzbetreibers tatsächlich über die bloße Durchleitung hinausgeht[4]. Dem Netzzugangspetenten wird zwar keine freie zivilrechtliche Verfügungsmacht oder Verfügungsgewalt über das Elektrizitätsversorgungsnetz gewährt, aber ihm wird ein echtes Mitbenutzungsrecht an den fremden Elektrizitätsversorgungsnetzen eingeräumt[5]. Diese Mitbenutzung des Netzsystems ist das eigentliche hinter § 6 Abs. 1 EnWG stehende Konzept, das einen effektiven Wettbewerb ermöglichen soll. Der Netzzugangsanspruch umfasst dementsprechend nicht nur den Transport bzw. die Verteilung von Strom durch vorhandene fremde Leitungsnetze, sondern auch die hierzu erforderlichen Netz- und Systemdienstleistungen des Netzbetreibers. Auch dies ist in der Rechtsprechung bereits ausdrücklich anerkannt[6].

---

[1] Büdenbender, RdE 1999, S. 1 (2); Giermann, RdE 1000, S. 222 (224); Lippert, Energiewirtschaftsrecht, S. 522.

[2] Lippert, Energiewirtschaftsrecht, S. 522; Büdenbender, RdE 1999, S. 1 (2).

[3] OLG Dresden, RdE 2001, S. 144 (146).

[4] OLG Dresden, ZNER 2001, S. 168 (169).

[5] Horstmann, Netzzugang in der Energiewirtschaft, S. 35.

[6] OLG Dresden, RdE 2001, S. 144 (146); KG Berlin, WRP 2002, S. 564 (569); so auch Frank / Ziller, RdE 2002, S. 91 (96/96); Horstmann, Netzzugang in der Energiewirtschaft, S. 35/41f..

Hieraus ergeben sich weitere, über die bloße Durchleitung hinausgehende Verpflichtungen des Netzbetreibers. Entsprechend dieser weitergehenden Verpflichtung des Netzbetreibers und dem Mitbenutzungsrecht des Netzzugangspetenten beinhaltet der Anspruch des § 6 Abs. 1 EnWG dementsprechend auch die Nutzung des Netzes zur Ermittlung der Abrechnungsgrundlagen. Wie das Oberlandesgericht Dresden[1] in der ersten oberlandesgerichtlichen Entscheidung zur Durchleitungsproblematik zutreffend ausführt, ergibt sich dies sowohl aus dem Wortlaut des § 6 Abs. 1 EnWG, als auch aus der Ratio dieser Norm. Denn Zielrichtung des Durchleitungstatbestandes ist die Gewährleistung des Netzzugangs und die Öffnung des jeweiligen lokalen Marktes. Dies würde aber konterkariert, wenn der Durchleitungspetent zur Ermittlung der zur Abrechnung gegenüber seinen Vertragsparteien erforderlichen Daten nicht auf die durch das Netz des jeweiligen Betreibers zur Verfügung stehenden Möglichkeiten zurückgreifen könnte. Er ist nämlich de facto zur Umsetzung seines Durchleitungsbegehrens nicht nur auf die Möglichkeit der Durchleitung, sondern zur Durchführung des Vertrages mit dem abnehmenden Kunden gerade auch auf die Rechnungsdaten angewiesen. Nur wenn auch diese dem Durchleitungspetenten zur Verfügung gestellt werden, wird dementsprechend auch ein effektiver Wettbewerb ermöglicht. Richtigerweise geht das Oberlandesgericht Dresden daher davon aus, dass § 6 Abs. 1 EnWG neben der Durchleitung auch die Zur Verfügung Stellung von Abrechnungsgrundlagen durch den Netzbetreiber umfasst[2]. Entsprechendes führt auch das Landgericht Magdeburg in seiner Entscheidung vom April 2000 zutreffend aus. Hier wird insbesondere auch klargestellt, dass die Einrichtung einer Messeinrichtung an der Abnahmestelle des Kunden in den Verantwortungsbereich des Netzbetreibers fällt. Dieser hat zur Sicherstellung einer ordnungsgemäßen Abrechnung auch die zur Kontrolle erforderlichen Einrichtungen zu schaffen und dem Durchleitungspetenten, dem als bloßer Nutzer die Installation derartiger Messinstrumente gar nicht möglich ist, zur Verfügung zu stellen[3].

Büdenbender weist in diesem Zusammenhang zu Recht noch auf einen weiteren Punkt hin. In der ersten Zeit nach In – Kraft – Treten der Energierechtsnovelle haben manche Netzbetreiber versucht, Durchleitungswünsche durch Androhung des Zählerausbaus zu unterlaufen. Hier geht Büdenbender zu Recht davon aus, dass, auch wenn der Zähler im Eigentum des Netzbetreibers steht und damit an sich umfassende Dispositionsbefugnisse nach § 903

[1] OLG Dresden, ZNER 2001, S. 168 (169).

[2] So im Ergebnis auch Büdenbender in seiner Anmerkung zur Entscheidung des OLG Dresden, RdE 1999, S. 149 (151) und Horstmann, Netzzugang in der Energiewirtschaft, S. 42.

[3] LG Magdeburg, NJWE – WettbR 2000, S. 199 (200).

BGB eröffnet sind, ein derartiges Vorgehen jedenfalls gegen das Schikaneverbot des § 226 BGB a.F. und das Verbot unbilliger Behinderung nach §§ 19 Abs. 4 Nr. 1, 10 Abs. 1 GWB verstieße und damit rechtswidrig wäre[1].

Dementsprechend ist dem Transportkunden bei der Durchleitung also nicht nur ein „Leitunsgrohr zur Verfügung zu stellen", sondern es ist eine komplexe Gesamtleistung zu erbringen[2].

c) Durchleitungsberechtigte und Durchleitungsverpflichtete

Die Durchleitungspflicht gilt gem. § 6 Abs. 1 EnWG für die Betreiber von Elektrizitätsversorgungsnetzen.

Nach § 2 Abs. 3 EnWG sind Betreiber von Elektrizitätsversorgungsnetzen auch Elektrizitätsversorgungsunternehmen, da auch der bloße Betrieb eines Netzes für die allgemeine Versorgung für die Begründung der EVU-Qualität genügt[3]. Die Eigentumsverhältnisse sind hierbei unerheblich. Durchleitungspflichtig ist daher nicht nur, wer sein eigenes Netz betreibt, sondern auch der obligatorisch Berechtigte, also auch der Pächter oder Betriebsführer[4]. Nicht erforderlich ist – wie bereits erwähnt – im Gegensatz zu § 19 Abs. 4 Nr. 4 GWB eine marktbeherrschende Stellung des Netzbetreibers auf dem relevanten Durchleitungsmarkt bzw. eine Tätigkeit des Netzbetreibers auf dem nachgelagerten Belieferungsmarkt. Dies macht § 6 Abs. 1 EnWG nicht zur Voraussetzung der Netzzugangsverpflichtung, wie auch das OLG Dresden zutreffend ausführt[5].

Wenn auch bislang nur Elektrizitätsversorgungsunternehmen, die ihr Versorgungsnetz zum Zwecke der Belieferung anderer einsetzen oder als reine Kraftwerksbetreiber auftreten, nicht aber reine Netzbetreiber ohne eigene Lieferaktivitäten bekannt sind, ist es energierechtlich nicht ausgeschlossen, dass sich Unternehmen allein auf den Betrieb ihres Netzes beschränken, indem sie das Netz anderen gegen Entgelt zur Nutzung überlassen, ohne selbst

---

[1] Büdenbender, Anmerkung zur Entscheidung des OLG Dresden, RdE 2001, S. 149 (151).

[2] Franke / Ziller, RdE 2002, S. 191 (197).

[3] Lippert, Energiewirtschaftsrecht, S. 523.

[4] Büdenbender, RdE 1999, S. 1; Obernolte / Danner, EnWG, § 5 Rn. 6.

[5] OLG Dresden, RdE 2001, S. 144 (146); vgl. auch Horstmann, Netzzugang in der Energiewirtschaft, S. 46.

andere mit Hilfe des Netzes zu versorgen, denn der Netzbetrieb i.S.d. §§ 2 Abs. 3, 6 Abs. 1 EnWG stellt eine zusätzliche Aktivität dar. Für die EVU-Definition in § 2 Abs. 3 fallen daher Produktion ohne eigenes Netz, Einsatz des Netzes zum Zwecke der Belieferung anderer sowie reiner Netzbetrieb zusammen[1].

Durchleitungsberechtigt sind gem. § 6 Abs. 1 EnWG „andere Unternehmen". Auch diesen im Gesetz weit definierten Kreis der Netzzugangspetenten hat die Rechsprechung bislang nicht weiter eingeschränkt. Als Durchleitungspetenten kommen daher prinzipiell alle Unternehmen mit Durchleitungsinteressen in Betracht, so dass grundsätzlich sämtliche Nachfrager Zugang zum Netz haben. Dies gilt sowohl für inländische, als auch für ausländische Unternehmen. Ausgenommen sind lediglich private Verbraucher, die eine - im Kartellrecht allerdings weit gefasste - Unternehmensqualität nicht besitzen[2]. Bei den Durchleitungspetenten kann es sich dementsprechend sowohl um einen unabhängigen Erzeuger, als auch um ein Elektrizitätsversorgungsunternehmen oder einen regionalen Weiterverteiler bzw. einen Endkunden handeln. Ebenso kommt als Durchleitungsberechtigter ein Eigenerzeuger in Betracht, der Strom über das Elektrizitätsversortungsnetz eines Dritten vom Kraftwerk zum unternehmenseigenen Verbrauchsort transportieren möchte[3].

In Abweichung von der Elektrizitätsbinnenmarktrichtlinie sieht das Gesetz keine Beschränkung auf „zugelassene Kunden"[4] vor. Um den Wettbewerb um alle Abnehmer zu sichern, geht § 6 Abs. 1 EnWG über die Vorschriften der Richtlinie hinaus und ermöglicht allen Nachfragegruppen, mit Ausnahme der erwähnten privaten Verbraucher, den Zugang zu Elektrizitätsversorgungsnetzen[5]. Eine stufenweise Öffnung des Zuganges zu den Netzen, wie sie in Art. 19 EltRL vorgesehen ist, wurde von der Bundesregierung und vom Bundesrat als wettbewerbsverzerrend abgelehnt[6].

---

[1] Lippert, Energiewirtschaftsrecht, S. 523/524.

[2] Micklitz / Rott, VuR 2000, S. 389 (394); Lippert, Elektrizitätswirtschaft, S. 521; Büdenbender, RdE 1999, S. 1.

[3] Büdenbender, RdE 1999, S. 1; Harms, RdE 1999, S. 165 (166); Walter / v. Keussler, RdE 1999, S. 190 (192/193); Horstmann, .Netzzugang in der Energiewirtschaft, S 43.

[4] Zum Begriff der zugelassenen Kunden genauer: Kumkar, ZNER 1998, S. 26 (31).

[5] Harms, RdE 1999, S. 165 (166); Salje, NVwZ 1998, S. 916 (919); Walter / v. Keussler, RdE 1999, S. 190 (192); Lippert, Elektrizitätswirtschaft, S. 521.

[6] BT-Drs. 13/7274, S. 27/35.

d) Der Durchleitungsvertrag

Nach dem System des verhandelten Netzzugang gem. §§ 5, 6 EnWG müssen die Netzbetreiber ihre Netze anderen Unternehmen für Durchleitungen unter Bedingungen zur Verfügung stellen, die nicht ungünstiger sind, als diejenigen, die für Lieferungen des Netzbetreibers innerhalb seines Unternehmens oder an verbundene oder assoziierte Unternehmen gelten. Dem Wesen dieses verhandelten Netzzugangs ist immanent, dass ein Vertragsschluss über die Nutzung des Netzes zwischen Durchleitungspetent und Netzbetreiber zustande kommt[1].

(1) Der Inhalt des Durchleitungsvertrages

Der Durchleitungsvertrag ist dementsprechend ein Vertrag zwischen Netzbetreiber und Durchleitungspetent über die Zurverfügungstellung des Netzes und die damit zusammenhängenden wirtschaftlichen und technischen Einzelheiten des durchzuleitenden Kontingents in sachlicher, räumlicher und zeitlicher Hinsicht. Der Netzbetreiber wird hierbei allerdings nicht Vertragspartner des gesondert zwischen Durchleitungspetent und entnehmendem Kunden geschlossenen Versorgungsvertrages[2].

Inhaltlich sind für den Durchleitungsvertrag Regelungen darüber, dass das betreffende fremde Netz unter den gegebenen wirtschaftlichen und technischen Bedingungen genutzt werden kann, dass der eingespeiste Strom dem am vereinbarten Übergabepunkt entnommenen entspricht, wobei die Frage der Leitungsverluste durch Zukauf oder Mehreinspeisung gelöst werden muss, dass ein Durchleitungsentgelt zu zahlen ist und dass ein eigener Anspruch des letztlich zu versorgenden Abnehmers gegenüber dem Netzbetreiber auf Belieferung besteht, charakteristisch[3]. Im Übrigen besteht für die Vertragsparteien eines Durchleitungsvertrages Inhaltsfreiheit bei der Festlegung der vertraglichen Rechte und Pflichten sowie des rechtlichen Schicksals des Durchleitungsvertrages bei Eintritt späterer Unstände, die die Grundlagen des Vertrages in Frage stellen. Zu diesen Fragen gehören etwa die Festlegung der Geltungsdauer der Durchleitungsvereinbarung, die Reservierung von Durchlei-

---

[1] Rosin, ET 2001, S. 390 (391).

[2] Obernolte / Danner, EnWG, § 6 Rn. 9.

[3] Obernolte / Danner, EnWG, § 6 Rn. 10; Salje, RdE 1998, S. 169 (172).

tungsrechten für erst künftig entstehenden Durchleitungsbedarf, des Vorbehaltes von Kündigungsrechten für Eigenbedarf des Netzbetreibers oder etwa Festlegungen für den Fall des Eintritts von Umständen, welche den Kontrahierungszwang nach § 6 Abs. 1 Satz 2 EnWG ausschließen[1].

Mit Ausnahme der in erster Linie auf das Durchleitungsentgelt zielenden Maßgabe, dass das Netz zu Bedingungen zur Verfügung zu stellen ist, die nicht ungünstiger sind, als sie vom Netzbetreiber unternehmensintern oder im Verbund gestellt werden, enthält § 6 Abs. 1 EnWG somit keine weiteren Vorgaben[2]. Aus dem Durchleitungstatbestand selbst ergibt sich daher nur, dass der Netzbetreiber vorbehaltlich eines sachlichen Grundes einen anderen Lieferanten in toto so behandeln muss, wie den Vertrieb seines eigenen Unternehmens. Abgesehen davon bleiben die weiteren Vereinbarungen der Privatautonomie der Vertragsparteien überlassen. Die Regelung gibt daher den an einer Durchleitung beteiligten Parteien auch keine weiteren Hilfestellungen für die Inhalte der abzuschließenden Verträge[3].

Nach § 6 Abs. 2 EnWG kann das Bundeswirtschaftsministerium, soweit dies zur Erreichung der Ziele des § 1 EnWG erforderlich ist, die Gestaltung von Zugangsvereinbarungen und Kriterien zur Bestimmung von Durchleitungsentgelten durch Rechtsverordnung mit Zustimmung des Bundesrates festlegen. Von dieser Gestaltungsmöglichkeit hat der Gesetzgeber jedoch bislang keinen Gebrauch gemacht[4] und wird dies voraussichtlich auch zukünftig nicht. Das „Wie“ einer Durchleitung ist exemplarisch lediglich in drei Verbändevereinbarungen von VIK, VDEW und BDI – der VV I, VV II und VV II (plus)[5] konkretisiert worden, bei denen es sich um sogenannte Verbandsverträge handelt, die die an einer Durchleitung beteiligten Parteien allerdings nicht binden, sondern lediglich Empfehlungscharakter haben, dies insbesondere im Hinblick auf die Entgeltfindung[6].

---

[1] Kühne, RdE 2000, S. 1 (2).

[2] Kühne, RdE 2000, S. 1 (2).

[3] Rosin, ET 2001, S. 390 (391).

[4] Dies wird vielfach als wettbewerbshindernd und nicht sachgerecht kritisiert, so beispielsweise Eikhoff, Wirtschaftsdienst 1998, S. 18 (24); Eikhoff / Kreikenbaum, WuW 1998, S. 666 (675).

[5] Zu den Verbändevereinbarungen genauer Rosin, ET 2001, S. 390ff.; Schneider, Liberalisierung der Stromwirtschaft, S. 485ff.; Scholtka, NJW 2002, S. 483ff.; Horstmann, Netzzugang in der Energiewirtschaft, S. 54ff. sowie die Mitteilungen verschiedener IHKen im Internet, z.B. der IHK Wiesbaden oder Nord – Westfalen.

[6] Rosin, ET 2001, S. 390 (391); Schneider, Liberalisierung der Stromwirtschaft, S. 460.

(2) Rechtliche Einordnung des Durchleitungsvertrages

Unklar und teilweise noch umstritten ist die rechtliche Einordnung des Durchleitungsvertrages zwischen Netzzugangspetent und Netzbetreiber.

Bislang hat erst eine gerichtliche Entscheidung zu dieser Frage Stellung genommen, und auch insoweit wird ohne weitere Argumentation lediglich eine Einordnung des Vertrages als Geschäftsbesorgungsvertrag (§ 675 BGB) mit werkvertraglichen und dienstvertraglichen Elementen vorgenommen. Das Gericht hat ohne weitere Auseinandersetzung mit der Problematik schlicht auf die ausführliche Argumentation von Salje[1] verwiesen[2].

In der Literatur werden verschiedenste Ansätze vertreten. Teilweise wird eine Einordnung als Kauf-, Miet- oder Werkvertrag vorgenommen[3]. Teilweise wird angesichts der verschiedenen Vertragselemente auch von einem Vertrag sui generis ausgegangen[4].

Am überzeugendsten ist hingegen tatsächlich die von Salje vorgenommene und auch vom OLG Dresden übernommene Einordnung des Durchleitungsvertrages als Geschäftsbesorgungsvertrag mit werkvertraglichen Elementen (§ 675 i.V.m. § 631 BGB). Salje arbeitet in seiner Darstellung insbesondere die verschiedenen Elemente und Hauptcharakteristika des Durchleitungsvertrages überzeugend heraus, nämlich Nutzung einer fremden Sache (Übertragungs- oder Verteilungsnetz), Elektrizität gegen Elektrizität (eingespreister Strom entspricht – in der Menge – dem am vereinbarten Übergabepunkt entnommenen Strom, wobei Leitungsverluste zu berücksichtigen sind, und zwar durch Zukauf oder Mehreinspeisung), Zahlung eines Durchleitungsentgelts sowie bei Inanspruchnahme eines Verteilungsnetzes ein eigener Anspruch des zu versorgenden Abnehmers auf Belieferung gegenüber dem Netzbetreiber[5]. Der Durchleitungsvertrag verfügt dementsprechend über verschiedenste Elemente, wie die eines Tauschgeschäftes, eines Mietvertrages sowie insbesondere auch über eine Erfolgskomponente, nämlich die zur Verfügung Stellung von Elektrizität am Abgabepunkt. Hauptpflichten des Vertrages bilden allerdings die Belieferung eines bestimmten

---

[1] RdE 1998, S. 169ff.

[2] OLG Dresden, ZNER 2001, S. 168 (171).

[3] Vgl. dazu die ausführliche Darstellung bei Reinholz, RdE 1999, S. 64 (68ff.) mit weiteren Nachweisen.

[4] Obernolte / Danner, EnWG, § 6 Rn. 9; Harms, RdE 1999, S. 165; Reinholz, RdE 1999, S. 64 (74); Frank / Ziller, RdE 2002, S 91 (96ff.).

[5] Salje, RdE 1998, S. 169 (172).

Abnehmers in einem definierten Umfang mit Elektrizität gegen Einspeisung entsprechender Elektrizität an einem anderen Punkt des Netzes sowie Zahlung eines Durchleitungsentgelts.

Würdigt man alle diese Elemente, so vermag der Geschäftsbesorgungsvertrag mit werkvertraglichem Charakter gem. § 675 i.V.m. § 631 BGB – wie Salje überzeugend ausführt – diese Komponenten untereinander zu verschmelzen, denn es wird eine selbständige Tätigkeit wirtschaftlicher Art im Rahmen eines Werkvertrages ausgeführt. Durch die Weiterleitung wird der Netzbetreiber selbständig im fremden Interesse tätig. Die Erfolgskomponente der Tätigkeit spricht zudem für eine Zuordnung zum Werkvertrag[1].

Die einzelnen Voraussetzungen des Geschäftsbesorgungsvertrages mit werkvertraglichem Charakter werden demnach erfüllt[2]. Eine Qualifikation als Dienstvertrag vernachlässigt demgegenüber, dass der Erfolg – nämlich die Zurverfügungstellung von elektrischer Arbeit und Leistung am Entnahmepunkt – charakteristisch für die Durchleitung ist. Da Kern des Vertragsverhältnisses auch nicht die Mitnutzung des Netzes, sondern eben der Belieferungserfolg ist, kommt auch eine Einordnung als Mietvertrag nicht in Betracht. Zudem sprechen die komplexen wirtschaftlichen und rechtlichen Beziehungen, in deren Mittelpunkt die Durchleitungsleistung und nicht ein Verkaufsvorgang steht, schließlich gegen eine Qualifikation als Kauf – bzw. Kettenkaufvertrag[3]. In Betracht käme demnach allenfalls noch eine Einordnung als Vertrag sui generis[4], da auch dieser die verschiedenen Komponenten der Durchleitungsvereinbarung berücksichtigen würde. Hiergegen spricht allerdings, dass der Durchleitungsvertrag sich bereits unter eine gesetzlich vorgesehene Vertragsform subsumieren lässt. Bei einer Einordnung als Geschäftsbesorgungsvertrag mit Werkvertragscharakter werden sämtliche Hauptelemente des Vertrages und die Besonderheiten des Vertrages berücksichtigt. Eine rechtliche Zuordnung zu einem verkehrstypischen, gesetzlich benannten Vertragstypus kann demnach erfolgen, so dass ein Rückgriff auf die Rechtsfigur eines Vertrages sui generis nicht mehr erforderlich ist.

---

[1] Salje erarbeitet die einzelnen Voraussetzungen ausführlich und nimmt einen Vergleich mit einem Bank- oder Girovertrag vor.

[2] Zustimmend ohne weitere Argumentation auch Horstmann, Netzzugang in der Energiewirtschaft, S. 55.

[3] Kühne, RdE 1000, S. 1 (2); Salje, RdE 1998, S. 169 (172ff.); Ungemach / Weber, RdE 1999, S. 131 (132); Frank / Ziller, RdE 2002, S 91 (100).

[4] So Obernolte / Danner, EnWG, § 6 Rn. 9; Harms, RdE 1999, S. 165; Reinholz, RdE 1999, S. 64 (74); Frank /Ziller, RdE 2002, S.91 (100).

e) Rechtsnatur des Durchleitungsanspruchs

Äußerst umstritten ist nun die rechtsdogmatische Einordnung des sich aus § 6 Abs. 1 EnWG ergebenden Durchleitungsanspruchs. Insoweit gehen insbesondere auch die Ansichten der Gerichte auseinander.

Unklar ist hierbei, ob der Durchleitungsinteressent vom Netzbetreiber lediglich den Abschluss eines Durchleitungsvertrages verlangen kann, oder ob die Norm einen unmittelbaren und zivilgerichtlich durchsetzbaren Rechtsanspruch des Energieversorgungsunternehmens gegen den Netzbetreiber auf Zugang zu dessen Stromnetzen gewährt, ob also eine Erfüllungspflicht begründet wird. Teilweise wird sogar vertreten, § 6 Abs. 1 EnWG begründe nur einen Anspruch auf Aufnahme von Vertragsverhandlungen.

(1) Begründung eines Kontrahierungszwanges

Das Landgerichts Leipzig[1] vertritt in verschiedenen Entscheidungen die Ansicht, gem. § 6 Abs. 1 EnWG dürfe lediglich der Abschluss eines Durchleitungsvertrages verlangt werden. Hierfür spreche neben der Überschrift des § 6 EnWG („Verhandelter Netzzugang"), dass im Falle eines unmittelbaren Durchleitungsanspruchs die vorgesehene vertragliche Regelung völlig übergangen würde. Überdies gewährleiste allein eine vertragliche Regelung, dass eine Zur – Verfügung – Stellung zu den in § 6 Abs. 1 Satz 1 EnWG genannten Bedingungen erfolge.

Ähnliches führt das Landgericht Berlin[2] in seiner Entscheidung vom Juni 2000 aus, nach dessen Ansicht § 6 Abs. 1 EnWG ebenfalls lediglich einen Kontrahierungszwang begründet. Für die unmittelbare Verpflichtung zur Durchleitung spreche zwar der Wortlaut des § 6 Abs. 1 EnWG ("...haben zur Verfügung zu stellen..."). Ferner müsste im Fall der bloßen Verpflichtung zum Vertragsschluss gegebenenfalls ein daraus resultierender Erfüllungsanspruch noch durchgesetzt werden. Andererseits sehe aber auch das GWB, das in § 19 Abs. 4 Nr. 4 selbst allgemeinere Regeln für den Zugang zu Netzen enthalte, jedenfalls im Grundsatz nur einen „Kontrahierungszwang", nicht auch eine Erfüllungspflicht vor. Zudem sei

[1] LG Leipzig, WuW 2001, S. 500; ZNER 2001, S. 57f.

[2] LG Berlin, ZNER 2000, S. 142 (143/144).

von dem Grundsatz des „verhandelten Netzzugangs“ auszugehen. Ein unmittelbarer Durchleitungsanspruch würde die vorgesehene vertragliche Regelung völlig übergehen. Jegliche Einwendungen gegen das konkrete Durchleitungsbegehren, die im Rahmen des bestehenden Vertrages noch vorgebracht werden könnten, wären bei einem solchen Leistungsanspruch ausgeschlossen[1].

Ähnlich äußern sich auch die Landgerichte Hannover[2] und Dortmund[3] sowie das Oberlandesgericht Düsseldorf[4].

Vereinzelt wird sogar vertreten, dass § 6 EnWG sogar lediglich einen Anspruch auf Aufnahme von Vertragsverhandlungen begründet[5].

(2) Begründung eines unmittelbaren Anspruchs auf Netzzugang

Die wohl überwiegende Rechtsprechung geht hingegen davon aus, dass § 6 Abs. 1 EnWG einen unmittelbaren und zivilgerichtlich durchsetzbaren Rechtsanspruch auf Zugang zu Stromnetzen eines Regionalversorgers gewährt[6].

Insbesondere das OLG Dresden macht insoweit umfangreiche Ausführungen zur Rechtsnatur des Durchleitungstatbestandes, indem es erörtert, dass in § 5 EnWG zwar vom System des „verhandelten Netzzugangs“ die Rede sei, dass jedoch hieraus allein nicht der Schluss gezogen werden könne, der Netzzugang sei von einem vorhergehenden Vertragsschluss abhängig. Vielmehr gehe der Wortlaut des § 6 Abs. 1 Satz 1 EnWG gerade von der Zurverfügungstellung des Netzes zu bestimmten Bedingungen aus. Diese Formulierung der Norm lege bereits einen unmittelbaren Anspruch auf Netzzugang nahe. Seinen Beleg finde dies auch in der gesetzgeberischen Zielsetzung. In den Gesetzgebungsmaterialien sei gerade von

[1] Zustimmend in der Literatur insbesondere Frank / Ziller, RdE 2002, S. 91ff.; Hermann / Dick, BB 2000, S. 885 (889).

[2] RdE 2002, S. 219 (222).

[3] ZNER 2001, S. 101 (102).

[4] WuW/E 2002, DE-R 847ff.

[5] So insbesondere Lukes, BB 1998, S. 1217 (1219); Schulte – Beckhausen, RdE 1999, S 51 (55).

[6] So auch Lippert, Energiewirtschaftsrecht, S. 522; Horstmann, Netzzugang in der Stromwirtschaft, S. 37ff.; Walter / v. Keussler, RdE 1999, S. 190 (192); Cronenberg, RdE 1998, S. 85 (87); Büdenbender, EWiR 2001, S. 317 (318); Züngler, Netzzugang in der Elektrizitätswirtschaft, S 60ff.

einem Rechtsanspruch auf Zugang zu den Stromnetzen die Rede. Verhandelbar sei nicht dieser Zugang, sondern lediglich die Bedingungen, zu denen der Zugang zu gewähren ist, wobei § 6 Abs. 1 EnWG den dem Netzbetreiber zukommenden Freiraum überdies erheblich beschneide. Insbesondere auch unter Berücksichtigung der Ratio des Gesetzes, nämlich der Begründung eines subjektiven Anspruchs auf Durchleitung zum Zwecke der Umsetzung des beabsichtigten Wettbewerbs auf den Strommärkten, könne der Netzzugang nicht allein wegen Meinungsverschiedenheiten über die Angemessenheit der vom Netzbetreiber gestellten Bedingungen verweigert werden. Dies ergebe sich zudem unmittelbar aus der Gesetzessystematik. Schließlich könne auch eine Parallele zu dem Fall gezogen werden, in welchem die Parteien bestimmte regelungsbedürftige Punkte bewusst offen lassen und einer späteren Einigung vorbehalten, gleichwohl aber schon mit der Durchführung des Vertrages begonnen haben. Insoweit werde lediglich der Konsens der Parteien über den Netzzugang von Gesetzes wegen durch einen unmittelbaren Netzzugangsanspruch ersetzt, wobei der Netzbetreiber in ausreichendem Maße durch die in § 6 Abs. 1 Satz 1 EnWG statuierten Verweigerungsgründe geschützt sei, die gerade einen Durchleitungsanspruch entfallen lassen[1].

Verschiedene Gerichte haben diesen Standpunkt und die Argumentation des OLG Dresden übernommen. So geht beispielsweise auch das Landgericht Potsdam in seiner Entscheidung vom Juli 2001 unter Bezugnahme auf die oben dargestellte Begründung des OLG Dresden von einem unmittelbaren Anspruch auf Netzzugang aus[2]. Auch in einer vorherigen Entscheidung vom Februar 2000 hatte sich dieses Landgericht bereits für einen unmittelbaren Netzzugangsanspruch gesprochen[3]. Ebenso nimmt das OLG Schleswig – Holtstein in seiner Entscheidung vom Oktober 2001 auf die Darstellung des OLG Dresden Bezug und führt aus, es neige dazu, sich dieser Ansicht anzuschließen, für den im entsprechenden Verfahren geltend gemachten Anspruch könne eine Entscheidung insoweit aber dahinstehen[4].

Einen ähnlichen Ansatz vertritt auch das Landgericht Madgeburg[5]. Nach der von diesem Gericht vertretenen Auffassung bestehe zwar zunächst nur ein Anspruch auf Abschluss eines Durchleitungsvertrages zwischen Durchleitungsinteressenten und Netzbetreiber. Dieser verdichte sich aber dann zu einem Anspruch auf Zugang zum Netz, wenn der Durchlei-

---

[1] Zustimmend Horstmann, Netzzugang in der Energiewirtschaft, S. 39.

[2] LG Potsdam, RdE 2001, S. 241 (242).

[3] LG Potsdam, ZNER 2000, S. 139 (140).

[4] OLG Schleswig – Holtstein, RdE 2002, S. 75 (76).

[5] LG Magdeburg, RdE 2000, S. 207.

tungsinteressent sämtliche Voraussetzungen für einen Vertragsabschluss zur Durchleitung vorgelegt und der Netzbetreiber keine Gründe nach § 6 Abs. 1 Satz 2 EnWG dargelegt habe, so dass er zum Abschluss eines Durchleitungsvertrages verpflichtet wäre[1].

(3) Eigene Einschätzung

Ausschließlich das Verständnis des § 6 Abs. 1 EnWG im Sinne eines unmittelbaren und zivilrechtlich durchsetzbaren Rechtsanspruchs auf Zugang zu den Elektrizitätsversorgungsnetzen wird der Zielsetzung des Gesetzes gerecht.

Dies ergibt sich aus dem Wortlaut, der gesetzgeberischen Intention und auch der Zielrichtung des Gesetzes.

(a) Wortlaut und Ratio der Norm

Der Wortlaut des Gesetzes, das von einem „Zur Verfügung stellen" spricht, ist hierbei nur ein Ansatzpunkt. Entscheidend ist darüber hinaus insbesondere die dem Durchleitungstatbestand und seiner Einfügung zugrundeliegende Zielrichtung, die bei der Auslegung des Wortlauts zu berücksichtigen ist. Insoweit ergibt sich sowohl aus den Gesetzgebungsmaterialien, als auch aus der dem Energiewirtschaftsgesetz zugrunde liegenden Elektrizitätsbinnenmarktrichtlinie, dass nur eine Auslegung des Gesetzes im Sinne eines unmittelbaren Netzzugangsanspruchs der Zielrichtung eines effektiven Wettbewerbs gerecht wird.

Falsch ist insbesondere die vereinzelt in der Literatur[2] sowie in den oben genannten Entscheidungen der Landgerichte Leipzig[3] und Berlin[4] vertretene Ansicht, aus der Formulierung des § 6 Abs. 1 EnWG („... haben zur Verfügung zu stellen ...") ließen sich keine hinreichenden Rückschlüsse auf die Rechtsnatur der Norm schließen. Die Vertreter dieser Auffassung begründen ihre Ansicht mit der Überschrift der Norm, in der vom „Verhandelten

---

[1] Zustimmend Theobald / Zenke, Grundlagen der Strom- und Gaswirtschaft, S. 28; dies., WuW 2001, S. 19 (24ff.); dies., NJW 2001, S. 797 (798).

[2] So beispielsweise Frank / Ziller, RdE 2002, S. 91 (93).

[3] WuW 2001, S. 500.

[4] ZNER 2000, S. 142 (143/144).

Netzzugang" die Rede ist oder nehmen einen Vergleich mit anderen, vermeintlich ähnlich formulierten Rechtsnormen vor[1]. Hiergegen spricht aber zum einen die klare Formulierung des Gesetzes, die ganz eindeutig auf einen unmittelbaren Netzzugangsanspruch hinweist und nur in diesem Sinne verstanden werden kann. Zum anderen kommt der Formulierung der Norm, die den Anspruch und den Norminhalt konkretisiert, auch eine größere Bedeutung zu als der bloßen Normüberschrift. Insbesondere verkennen die Vertreter der entgegen gesetzten Auffassung aber, dass sich das System des verhandelten Netzzugangs und das Verständnis der Norm als unmittelbarer Netzzugangsanspruch keinesfalls ausschließen, denn auch bei Gewährung eines unmittelbaren Netzzugangsanspruchs bleibt es den Parteien unbenommen, die weiteren Einzelheiten des Vertrages auszuhandeln. Wie das OLG Dresden zutreffend ausführt, kann eine Parallele zu dem Fall gezogen werden, in welchem die Parteien bestimmte regelungsbedürftige Punkte bewusst offen gelassen und einer späteren Einigung vorbehalten haben, gleichwohl aber schon mit der Durchführung des Vertrages begonnen haben[2]. Die Tatsache, dass einzelne Punkte noch ausgehandelt werden müssen, spricht nicht bereits gegen den Beginn der Durchführung des Vertrages. Die Parteien können diese Punkte vielmehr auch noch später – notfalls auch erneut durch ein Gericht – klären bzw. klären lassen, denn ersetzt wird nur der Konsens über den Netzzugang, hingegen wird noch keine detaillierte Vertragsausgestaltung durch das Gericht vorgenommen. Dementsprechend gewährleistet auch nicht allein eine vertragliche Regelung die in § 6 Abs. 1 EnWG genannten Bedingungen[3].

Falsch ist auch, dass Einwendungen des Netzbetreibers bei Gewährung eines unmittelbaren Netzzugangsanspruchs nicht berücksichtigt würden[4]. Der Netzbetreiber ist vielmehr durch die mögliche Zugangsverweigerung ausreichend geschützt[5]. Diese kann er im Rechtsstreit umfassend vorbringen, sie werden dann bei Prüfung des Durchleitungsbegehrens auch vollumfänglich berücksichtigt. Erst wenn die Durchleitungsverweigerung sich als unbegründet darstellt, wird der unmittelbare Anspruch auf Netzzugang gewährt. In diesem Fall ist der Netzbetreiber aber auch nicht schutzwürdig, denn die Durchleitung stellt angesichts der Zielsetzung eines umfassenden brancheninternen Wettbewerbs den gesetzlichen Regelfall

---

[1] So Frank / Ziller, RdE 2002, S. 91 (93), der § 6 Abs. 1 EnWG mit § 2 Stromeinspeisungsgesetz vergleicht; hierauf weist auch Büdenbender hin, in: RdE 2001, S. 149 (151).

[2] OLG Dresden, RdE 2001, S. 144 (145).

[3] So etwa das LG Leipzig in der oben genannten Entscheidung.

[4] So etwa das Landgericht Berlin in seiner oben genannten Entscheidung.

[5] So auch das OLG Dresden in der genannten Entscheidung.

und ihre Verweigerung die bloße Ausnahme dar, wobei bei Nichtvorliegen von Durchleitungsverweigerungsgründen der Netzzugang ohnehin zu gewähren wäre.

Der effektive bracheninterne Wettbewerb erfordert dementsprechend auch, dass der Netzzugang nicht bereits dann verweigert werden kann, wenn zwischen den Parteien lediglich Streit über die Höhe des Netznutungsentgeltes besteht, so dass § 6 Abs. 1 EnWG auch für den Zeitraum, in dem der Rechtsstreit über die Höhe des Netznutungsentgeltes einer gerichtlichen Klärung zugeführt wird, einen unmittelbaren Netzzugang gewähren muss[1]. Zur Verwirklichung des Wettbewerbs ist nämlich ein möglichst zeitnaher Netzzugang erforderlich. Die weiteren Einzelheiten des Vertrages können, wie bereits erwähnt, hingegen auch noch später – notfalls auch erneut im Wege eines Gerichtsverfahrens – geklärt werden. Hierdurch entstehen den Parteien keine nennenswerten Nachteile, zumal der Netzbetreiber angesichts der hier vertretenen Einordnung des Durchleitungsvertrages als Geschäftsbesorgungsvertrag ohnehin vorleistungspflichtig ist. Andernfalls könnte der Streit über einzelne Vertragspunkte – wie beispielsweise auch die Höhe des Durchleitungsentgelts – zum Ausschluss des Wettbewerbers und gegebenenfalls sogar dazu führen, dass dieser sich – allein um den dringend benötigten Zugang zum Netz zeitnah zu erhalten und seine neu gewonnenen Kunden nicht zu verlieren – wohlmöglich zumindest zunächst auf unangemessene Konditionen und überhöhte Entgeltforderungen einlässt.

Dementsprechend sind nach dem System des verhandelten Netzzugangs zwar die Bedingungen der Netznutzung im gesetzlichen Rahmen des § 6 Abs. 1 EnWG frei verhandelbar, nicht verhandelbar ist dagegen richtigerweise aber der in § 6 Abs. 1 EnWG festgelegte Rechtsanspruch des Netzzugangspetenten auf Netzzugang[2]. Dies wird auch durch die klare gesetzgeberische Intention belegt. Wie bereits mehrfach ausgeführt, wollte der bundesdeutsche Gesetzgeber bei der Novellierung des Energiewirtschaftsgesetzes zunächst auf einen Durchleitungstatbestand gänzlich verzichten. Er hat sich dann aber doch für eine Normierung entschieden, um die europäischen Vorgaben der Elektrizitätsbinnenmarktrichtlinie vollständig umzusetzen. Im Bericht des Wirtschaftsausschusses des Bundestages heißt es diesbezüglich eindeutig, dass § 6 Abs. 1 EnWG einen Rechtsanspruch auf Zugang zu Stromnetzen und Ansprüche, die unmittelbar vor Gericht durchgesetzt werden können, be-

---

[1] OLG Dresden, RdE 2001, S. 144 (145); Horstmann, Netzzugang in der Energiewirtschaft, S. 39.

[2] OLG Dresden, RdE 2001, S. 144 (145); Horstmann, Netzzugang in der Energiewirtschaft, S. 39.

gründen soll[1]. Deutlicher kann eine Einordnung des Gesetzgebers selbst kaum erfolgen. Wenn von einem Rechtsanspruch auf Zugang, der unmittelbar vor Gericht durchgesetzt werden kann, die Rede ist, ist hiermit doch zweifellos kein bloßer Kontrahierungszwang gemeint. Gerade um eine schnelle Öffnung der Netze und somit einen effektiven Wettbewerb zu gewährleisten, wurde die Norm zudem überhaupt geschaffen und schließlich doch in das Energiewirtschaftsgesetz aufgenommen.

Diese Zielsetzung, die sich auch aus der Elektrizitätsbinnenmarktrichtlinie ergibt, erfordert dementsprechend eine Auslegung der Norm im Sinne eines unmittelbar durchsetzbaren Netzzugangsanspruchs. Ein effektiver brancheninterner und insbesondere zeitnaher Wettbewerb kann nur dann durchgesetzt werden, wenn § 6 Abs. 1 EnWG im Sinne eines unmittelbaren Netzzugangsanspruchs verstanden wird. Andernfalls, also bei einer bloßen Verpflichtung zum Vertragsabschluss, müsste bei Weigerung des Netzbetreibers der daraus folgende Erfüllungsanspruch erneut gerichtlich durchgesetzt werden[2]. Eine Vollstreckung hätte also über § 894 ZPO zu erfolgen[3]. Eine derartige Zeitverzögerung ist aber weder mit den Zielen des Energiewirtschaftsgesetzes noch mit denen der zugrunde liegenden Elektrizitätsbinnenmarktrichtlinie zu vereinbaren. Auch eine europarechtskonforme Auslegung erfordert somit die Gewährung eines unmittelbaren Erfüllungsanspruchs. Der Durchleitungspetent muss umgehend Zugang zum Netz erhalten, nur so wird der Wettbewerb gefördert und verwirklicht.

Bei Annahme eines bloßen Kontrahierungszwanges käme zudem bei anhaltendem Streit der Vertragsschluss schließlich ohnehin am Ende durch gerichtliche Entscheidung zustande kommt, so dass sowieso mehr als zweifelhaft ist, ob diese Konstruktion dem System des verhandelten Netzzugangs – wie von den Befürwortern des Kontrahierungszwangs vertreten – im Ergebnis überhaupt näher kommen würde. Tatsächlich liefe diese Konstruktion im Ergebnis vielmehr auf das gleiche hinaus.

[1] BT-Drs. 13/9211, S. 6/24/54, wo allerdings noch vom Vorgänger des § 6 EnWG - § 3 c Abs. 1 Satz 1 die Rede ist.

[2] Horstmann, Netzzugang in der Energiewirtschaft, S. 39 mit Verweis auf LG Berlin, RdE 2000, S. 237 (240).

[3] Wobei bei fehlender Einigung über wesentliche Einzelheiten des Durchleitungsvertrages, insbesondere hinsichtlich der Vergütungshöhe, die Ausübung des Leistungsbestimmungsrechts nach § 315 Abs. 1 und 3 BGB a.F. in Betracht kommt; vgl. auch Büdenbender, RdE 2001,S. 149 (150).

Zur der in der Literatur vereinzelt vertretenen Ansicht, § 6 Abs. 1 EnWG gewähre lediglich einen Anspruch auf Aufnahme von Vertragsverhandlungen, bleibt schließlich noch zu sagen, dass dies der Zielsetzung der Norm sogar noch entgegenlaufen würde. Zu bedenken ist zudem, dass ein Anspruch auf Aufnahme von Vertragsverhandlungen in der Regel bereits erfüllt wurde, denn Vertragsverhandlungen wurden regelmäßig bereits geführt, nur eben erfolglos. In der Regel konnte nämlich wegen anhaltender Differenzen lediglich kein Vertragsschluss herbeigeführt werden. Eine dementsprechende Auslegung der Norm wäre demnach sinnlos und müsste u. U. sogar zur Klageabweisung wegen Erfüllung führen. Jedenfalls böte diese Auslegung der Norm für den Vertragsinteressenten nur eine unzureichende Möglichkeit, nach Scheitern der Vertragsverhandlungen sein Vertragsschlussbegehren weiter zu verfolgen[1].

(b) verfassungsrechtliche Aspekte

Schließlich begegnet ein Normverständnis im Sinne eines unmittelbaren Netzzugangsanspruchs – wie teilweise vertreten wird – auch nicht etwa verfassungsrechtlichen Bedenken[2].

Zwar stellt die Auferlegung einer Netzzugangsverpflichtung grundsätzlich einen Eingriff in das Eigentumsrecht des Art. 14 GG und die Berufsfreiheit des Art. 12 GG dar, allerdings handelt es sich bei der Netzzugangsregelung des § 6 Abs. 1 EnWG sowohl um eine zulässige Inhalts- und Schrankenbestimmung gem. Art. 14 Abs. 1 Satz 2 GG, als auch um einen rechtmäßigen Eingriff in die Berufsfreiheit des Art. 12 GG. Das Leitungseigentum ist nämlich zum einen insbesondere durch einen sozialen Bezug und eine besondere soziale Funktion geprägt, es begründet also eine besondere Sozialbindung. Zum anderen sind Unternehmen mit besonderer Marktmacht im Vergleich zu anderen Unternehmen engeren Schranken der Betätigungs- und Eigentumsfreiheit unterworfen[3]. Von einer Grundrechtsverletzung kann dementsprechend keine Rede sein.

---

[1] So auch Tüngler, Netzzugang in der Elektrizitätswirtschaft, S. 61.

[2] Hierzu ausführlich Theobald / Zenke, Grundlagen der Strom- und Gaswirtschaft, S. 30ff; dies. WuW 2001, S. 19 (24ff.); Horstmann, Netzzugang in der Stromwirtschaft, S 143ff.

[3] vgl. Horstmann, Netzzugang in der Stromwirtschaft, S. 144ff., der auch auf den Gasdurchleitungsbeschluss des BGH, abgedruckt in RdE 1995, S. 123, verweist.

Zu berücksichtigen ist darüber hinaus – wie Theobald und Zenke[1] mit Verweis auf Papier[2] zutreffend ausführen – dass es faktisch die staatliche Gesetzgebung gewesen ist, die über die Freistellungsregelung des § 103 Abs. 1 GWB den Wettbewerb im Versorgungsbereich der leitungsgebundenen Energie ausschloss bzw. wesentlich einschränkte und so zu Grundrechtsbeschränkungen potentieller Wettbewerber der ehemaligen Monopolisten führte. Normative und faktisch wirksame Durchleitungsregelungen stellen dementsprechend sogar eine Minderung vorangegangener staatlicher Wettbewerbsausschlüsse und vorangegangener Grundrechtseingriffe zu Lasten der aus den geschlossenen Versorgungsgebieten zwangsläufig herausgehaltenen Unternehmen dar. Tatsächlich werden also keine Grundrechtsverletzungen begründet, sondern es kommt vielmehr zu einer legislatorischen Minderung und teilweisen Rücknahme ehemaliger, gegen potentielle Wettbewerber der ehemaligen Monopolisten gerichteter Grundrechtsbeschränkungen[3].

(c) Ergebnis

Nach zutreffender Ansicht der wohl überwiegenden Zahl der Gerichte begründet § 6 Abs. 1 EnWG dementsprechend einen unmittelbaren Anspruch auf Zugang zu den bestehenden Netzen.

Bedauerlicherweise hat der Gesetzgeber die Gelegenheit der Neuregelung des Energiewirtschaftsgesetzes – zumindest nach dem derzeitigen Stand – nicht dazu genutzt, diese Schwierigkeit, die sich in der Praxis im Umgang mit § 6 Abs. 1 EnWG ergeben hat, durch eine Konkretisierung bzw. Präzisierung der Norm bzw. ihrer Überschrift zu beheben und den scheinbaren Widerspruch zwischen dem Normtext und der Normüberschrift zu lösen[4].

---

[1] Theobald / Zenke, Grundlagen der Strom- und Gaswirtschaft, S. 31.

[2] Papier, BB 1997, S. 1213 (1217).

[3] Papier, BB 1997, S. 1213 (1217f.).

[4] So auch Boesche, Die zivilrechtsdogmatische Struktur des Anspruchs auf Zugang zu Energieversorgungsnetzen, S. 140. Jedoch hat der Gesetzgeber die dogmatische Einordnung im Sinne eines unmittelbaren Netzzugangsanspruchs bestätigt; vgl. auch hierzu Boesche a.a.O., S. 110.

3. Die Durchleitungsverweigerung

Aus § 6 Abs. 1 EnWG ergibt sich nun die Verpflichtung der Netzbetreiber zur diskriminierungsfreien Öffnung des Elektrizitätsversorgungsnetzes für sämtliche der oben aufgeführten Durchleitungsvorgänge. Diese Verpflichtung ist vom Grundsatz her umfassend gegeben. Sie stellt den Regelfall dar, eine Befugnis zur Durchleitungsverweigerung ist nur in Ausnahmefällen gegeben[1]. Voraussetzung einer Durchleitungsverweigerung ist dementsprechend das Vorliegen eines Verweigerungsgrundes[2].

a) Allgemeine Voraussetzungen der Durchleitungsverweigerung gem. § 6 Abs. 1 Satz 2 EnWG

Das Gesetz erkennt in § 6 Abs. 1 Satz 2 EnWG insoweit ausdrücklich die Befugnis zur Durchleitungsverweigerung an, wenn der Netzbetreiber nachweist, dass ihm die Durchleitung aus betriebsbedingten oder sonstigen Gründen unter Berücksichtigung der Ziele des § 1 EnWG unmöglich oder unzumutbar ist[3]. Die Unzumutbarkeit der Durchleitung ist in § 6 Abs. 3 EnWG genauer ausgestaltet. Hiernach ist insbesondere zu berücksichtigen, inwieweit die Durchleitung dazu führen würde, Strom aus fernwärmeorientierten, umwelt- und ressourcenschonenden sowie technisch – wirtschaftlich sinnvollen Kraft – Wärme – Kopplungsanlagen oder aus Anlagen zur Nutzung erneuerbarer Energien zu verdrängen und ob ein wirtschaftlicher Betrieb dieser Anlagen verhindert würde[4]. Weitere Konkretisierungen bezüglich der Unzumutbarkeit hat der Gesetzgeber nicht vorgenommen.

---

[1] Obernolte / Danner, EnWG, § 6 Rn. 14; Büdenbender, RdE 1999, S. 1 (2).

[2] Lippert, Energiewirtschaftsrecht, S. 524.

[3] Lippert, Energiewirtschaftsrecht, S. 524; Teilweise wird eine Systematisierung der Verweigerungsgründe vorgenommen. So teilt beispielsweise Büdenbender die Verweigerungsgründe in relative und absolute auf, RdE 1999, S: 165ff.; eine entsprechende Einteilung nimmt auch LG Hamburg, RdE 2000, S. 231 (232/233) vor; Walter / v, Keussler unterscheiden nach befristeten und unbefristeten Verweigerungsgründen, RdE 1999, S. 193 / 223; Kühne unterscheidet hingegen nach betreiberspähren- und gemeinwohlbezogenen Verweigerungsgründen, RdE 2000, S. 1 (3ff.); Lippert orientiert sich an energierechtlichen Leitprinzipien, a.a.O., S 525.

[4] Schneider, Liberalisierung der Stromwirtschaft, S. 455; Lukes, BB 1998, Beil. 12, S. 1 (13/14); Salje, NVwZ 1998, S. 916 (919).

Den Netzbetreiber trifft bezüglich der Durchleitungsverweigerung die Darlegungs- und Beweislast[1]. Zudem ist er gem. § 6 Abs. 1 Satz 3 EnWG zu einer schriftlichen Begründung seiner Verweigerung verpflichtet[2]. Beides wird auch von der Rechtsprechung zutreffend erkannt und wiederholt betont[3].

Nach der Gesetzessystematik ist die Durchleitungsverweigerung als Einrede geltend zu machen, der Netzbetreiber muss sich also ausdrücklich auf die Verweigerungsmöglichkeiten berufen. Hiervon gehen auch die Gerichte aus[4]. Das Bundeskartellamt hat einen Verweigerungsgrund sogar bereits deshalb zurückgewiesen, weil dieser erst im Kartellverwaltungsverfahren erhoben wurde und sich der Netzbetreiber zuvor nicht darauf berufen hatte[5].
Sofern der Netzbetreiber die Unmöglichkeit der Durchleitung nachweist, ergibt sich bereits hieraus die Berechtigung zur Durchleitungsverweigerung[6]. Beruft er sich hingegen auf eine Unzumutbarkeit, ist die Durchleitungsverweigerung erst dann begründet, wenn eine zusätzlich durchzuführende Interessenabwägung ergibt, dass die Durchleitungsverweigerung als Ausnahme von der Regel im Einzelfall legitim ist[7].

Neben den Durchleitungsverweigerungsmöglichkeiten des § 6 Abs. 2 und Abs. 3 EnWG enthält das Energiewirtschaftsgesetz befristete Verweigerungsgründe in Form von Schutzklauseln, die sog. Braunkohleschutzklausel des Art. 4 § 3 EnWG sowie die sog. Reziprozitätsklausel des Art. 4 § 2 EnWG.

---

[1] Vgl. etwa OLG Dresden, RdE 2001, S. 144 (146); LG Potsdam, RdE 2000, S. 203 (205); LG Berlin, WuW 2000, S. 997 (1000).

[2] BT-Drs. 13/9211, S. 22 (24); LG Magdeburg, NJWE – WettbR 2000, S. 199; Eickhof / Kreikenbaum, WuW 1998, S. 666 (668); Harms, RdE 1999, S. 165 (167); Kühne / Scholtka, NJW 1998, S. 1902 (1905).

[3] Vgl. etwa OLG Dresden, RdE 2001, S. 44 (146); LG Potsdam, RdE 2000, S. 203 (205); LG Berlin, WuW 2000, S. 997 (1000); LG Magdeburg, NJWE – WettbR 2000, S. 199.

[4] Vgl. etwa LG Berlin, NJWE – WettbR 2000, S. 270 (273); so u.a. auch Horstmann, Netzzugang in der Energiewirtschaft, S. 60; a. A. Kühne, RdE 2000, S. 1 (3), der davon ausgeht, dass die Zugangsverweigerungsgründe als Einwendungen zu qualifizieren sind, die dementsprechend von den Gerichten auch dann zu berücksichtigen sein sollen, wenn der Netzbetreiber sich nicht ausdrücklich darauf beruft.

[5] Bundeskartellamt, Abmahnung vom 22.12.1998, B 8 – 40100 – T – 248/98.

[6] Büdenbender, RdE 1999, S. 1 (2); Lutz, RdE 1999, S. 102 (107).

[7] Hierzu ausführlich Büdenbender, RdE 1999, S. 1 (5/6); Harms, RdE 1999, S. 165 (168/169); LG Berlin, NJWE – WettbR 2000, S. 270 (273/274).

Bei der Überprüfung der Zulässigkeit der Netzzugangsverweigerung ist jeweils zu bedenken, dass das Gesetz den Netzzugang als Regelfall und die Verweigerung die Ausnahme darstellt. Dementsprechend sind die Gründe zur Netzzugangsverweigerung eng auszulegen[1]. Beides betonen auch die Gerichte[2], so dass die Netzzugangsverweigerungsgründe in der Praxis von erheblichem Gewicht sein müssen, um sich in der Interessenabwägung gem. § 6 Abs. 1 Satz 2 EnWG durchzusetzen.

Im Folgenden soll nun insbesondere eine nähere Darstellung der möglichen Durchleitungsverweigerungsgründe erfolgen. Hierbei werden die bereits relativ zahlreichen Entscheidungen der Gerichte und Kartellbehörden dargestellt und einer eigenen Bewertung unterzogen werden. Insbesondere soll untersucht werden, welche konkreten Durchleitungsverweigerungsgründe im Rahmen der Unmöglichkeit und Unzumutbarkeit gem. § 6 Abs. 1 Satz 2 EnWG von den Gerichten und Kartellbehörden bislang anerkannt wurden. Während der Unmöglichkeitsbegriff noch relativ gut zu erfassen ist – dies insbesondere auch dadurch, dass er bereits aus anderen Rechtsgebieten bekannt ist – bereitet insbesondere der wenig konkretisierte und weit gefasste Begriff der „Unzumutbarkeit" der Durchleitung in der Praxis Probleme.

Im Anschluss an die Darstellung der einzelnen Verweigerungsgründe soll daher auch eine methodische Analyse ausgewählter Entscheidungen erfolgen. Insoweit soll zunächst untersucht werden, welche Instrumente der Gesetzgeber den Gerichten zur Entscheidungsfindung an die Hand gegeben hat und ob sich anhand dieser Hilfestellungen Argumentations- und Entscheidungsmuster bzw. herrschende Rechtsprechungsansichten entwickelt haben, oder ob es in der Rechtsprechung zu Diffusionen gekommen ist. Sodann soll auch darauf eingegangen werden, ob die vom Gesetzgeber gegebenen Hilfestellungen ausreichen oder ob und gegebenenfalls wie er den Gerichten und Kartellbehörden die Entscheidungsfindung hätte erleichtern können und sollen. Abschließend soll auch auf die Änderung des § 6 Abs. 1 EnWG durch Einfügung des Vermutungstatbestandes sowie darauf eingegangen werden, ob diese die Arbeit der Gerichte und Kartellbehörden vermutlich erleichtern oder eher zusätzlich erschweren wird.

[1] Horstmann, Netzzugang in der Energiewirtschaft, S. 59.

[2] Vgl. etwa LG Hamburg, RdE 2000, S. 231 (232); LG Potsdam. RdE 2000, S. 203 (205); LG Berlin, WuW 2000, S. 997 (1000).

Begonnen werden soll aber zunächst mit einer Darstellung und Bewertung der von den Gerichten und Kartellbehörden anerkannten Durchleitungsverweigerungsgründen und den insoweit geforderten Voraussetzungen.

b) Unmöglichkeit der Durchleitung

Die Durchleistungspflicht entfällt gem. § 6 Abs. 1 Satz 2 EnWG zunächst immer dann, wenn sie aus betriebsbedingten oder sonstigen Gründen unmöglich ist. Unmöglichkeit ist immer dann gegeben, wenn die Durchleitungsleistung tatsächlich von niemandem erbracht werden kann. Dadurch wird an das allgemeine schuldrechtlich kodifizierte Rechtsprinzip angeknüpft, dass niemand zu einer unmöglichen Leistung verpflichtet werden kann. Zu unterscheiden ist hier zwischen tatsächlicher und rechtlicher Unmöglichkeit, wobei letztere sich insbesondere aus den Eigentumsgrenzen ergeben kann[1]. Eine Unmöglichkeit wird sich in der Regel aus betriebsbedingten Gründen ergeben. Der Zusatz „betriebsbedingt“ besagt, dass insoweit nur Gründe in Betracht kommen, die durch das Netz und seinen Betrieb veranlasst sind. Die Ursache der Unmöglichkeit muss dementsprechend gerade im Betrieb des Netzes liegen, das der Durchleitungsinteressent nutzen will[2].

(1) Mängel der technischen Voraussetzungen

Eine Unmöglichkeit der Durchleitung aus betriebsbedingten Gründen kann sich zunächst dann ergeben, wenn die technischen Voraussetzungen für einen im Interesse der Versorgungssicherheit liegenden störungsfreien Betrieb nicht vorliegen[3]. Eine Gefährdung der Betriebssicherheit kann sich insbesondere aus einem nicht ausreichenden Zustand des Netzes oder mit dem Netzbetrieb zusammenhängender Einrichtungen sowie einer für die er-

[1] Horstmann, Netzzugang in der Energiewirtschaft, S. 57.

[2] Obernolte / Danner, EnWG, § 6 Rn. 14; Schneider, Liberalisierung der Stromwirtschaft, S. 455; Lukes, BB 1998, Beil. 12, S. 1 (13).

[3] LG Berlin, NJWE – WettbR 2000, S. 270 (273); Obernolte / Danner, EnWG, § 6 Rn. 43; Walter / v. Keussler, RdE 1999, S. 223 (224); Lutz, RdE 1999, S. 102 (107), der insoweit für den Gasbereich insbesondere auch auf Qualitätsmängel wie einen unzureichenden Brennwert oder Verschmutzungen des durchzuleitenden Gases hinweist.

strebte Nutzung nicht ausreichende Personalknappheit oder ungeeignete Organisation ergeben[1].

Bei fehlendem Bedarf oder fehlender Netzkapazität der Abnehmer handelt es sich hingegen nicht um technische Probleme im Netzbereich des Betreibers. Diese können eine Unmöglichkeit der Durchleitung demnach nicht begründen. Ein derartiger Einwand wurde in einem Rechtsstreit vor dem Landgericht Berlin[2] vorgebracht, das eine Durchleitungsverweigerung aufgrund angeblicher technischer Probleme aber eindeutig abgelehnt hat. Das Gericht hat zutreffend ausgeführt, dass es insoweit unerheblich ist, ob der Netzbetreiber zur Begründung der Durchleitungsverweigerung an das Liefervolumen der bisher gelieferten Stromliefermengen anknüpft und die beabsichtigte Lieferung des Durchleitungsinteressenten daher als „Mehrmengen" angesehen werden dürften, oder ob der Netzbetreiber lediglich festgestellt hat, dass der bisherige Bedarf deutlich niedriger war als die nunmehr zur Durchleitung vorgesehene, beantragte Strommenge. In beiden Fällen würde es sich jedenfalls nicht um technische Probleme im Netzbereich handeln. Zu bedenken ist auch, dass die Beziehungen des Durchleitungspetenten zu seinem Kunden den Netzbetreiber grundsätzlich nicht berühren, hierauf kann der Netzbetreiber sich dementsprechend grundsätzlich ohnehin nicht berufen[3].

Eine Durchleitungsverweigerungsmöglichkeit aufgrund technischer Probleme im eigenen Netzbereich könnte sich allenfalls dann ergeben, wenn der Kunde des Durchleitungsinteressenten die Übernahme des durchzuleitenden Stroms in sein Netz verweigern würde[4]. Auch in diesem Fall würde sich jedoch nicht zwingend eine betriebsbedingte Unmöglichkeit aufgrund technischer Probleme im Netzbereich ergeben. Dies wäre nur dann der Fall, wenn die Stromzufuhr des Durchleitungsinteressenten zu Überlastungen des Betreibernetzes führen würde. Ergibt sich dies hingegen nicht, hätte die Überprüfung der Durchleitungsverweigerung insoweit allein im Rahmen der Zumutbarkeit zu erfolgen. Nur unter diesem Gesichtspunkt könnte sich unter Umständen eine Verweigerungsmöglichkeit ergeben. Dies müsste eine entsprechende Interessenabwägung ergeben.

---

[1] Walter / v. Keussler, RdE 1999, S. 223 (224).

[2] LG Berlin, NJWE – WettbR 2000, S. 270ff.

[3] LG Berlin, NJWE – WettbR 2000, S. 270 (273).

[4] LG Berlin, NJWE – WettbR 2000, S. 270 (273).

(2) Fehlende Netzkapazität

Eine betriebsbedingte Unmöglichkeit der begehrten Stromdurchleitung kann sich insbesondere durch den Einwand fehlender Netzkapazität ergeben.

Die Befugnis einer Verweigerung des Zugangs aus Kapazitätsmangel ist bereits in den europäischen Vorgaben der Elektrizitätsbinnenmarktrichtlinie vorgesehen[1], und auch aus den bundesdeutschen Gesetzgebungsmaterialien ergibt sich, dass der Netzbetreiber zur Durchleitungsverweigerung berechtigt sein kann, wenn sein Netz für die begehrte Durchleitung nicht ausreicht. Dieser Grundsatz wird insbesondere auch vom Bundeskartellamt anerkannt[2].

Die Kapazität im Netz stellt die natürliche Grenze für den physischen Stromhandel dar. Sie reicht nicht mehr aus, wenn die mit einer Durchleitung verbundenen zusätzlichen Übertragungs- und Verteilungsaufgaben einen sicheren Netzbetrieb gefährden, wenn sie also die Fähigkeit des Netzes übersteigen würden, stabile, normgerechte und vereinbarungsgemäße Versorgungsverhältnisse zu gewährleisten[3]. Von dem Netzbetreiber im Falle einer objektiv nicht ausreichenden Kapazität gleichwohl eine Durchleitung zu begehren, würde eine tatsächlich unmögliche Handlung verlangen und gegen die in §§ 275 ff. BGB a.F. normierten Prinzipien verstoßen[4]. Nach § 275 BGB a.F. wird der Schuldner von der Leistung frei, wenn die Leistung von niemandem erbracht werden kann, die Leistungserbringung also unmöglich ist, sofern er dies nicht zu vertreten hat. Bei der Beurteilung, ob die Netznutzung mit der verfügbaren Netzkapazität i.d.S. unmöglich ist, kann nach dem Sinn und Zweck des § 6 Abs. 1 Satz 2 EnWG nur auf technische Probleme im Netzbereich des beanspruchten Netzbetreibers abgestellt werden. Der Netzbetreiber kann sich demgegenüber grundsätzlich nicht auf technische Probleme anderer Netzbereiche berufen[5].

---

[1] Vgl. Art. 17 Abs. 5 der Richtlinie 96 / 92 / EG; Lippert, Energiewirtschaftsrecht, S. 527.

[2] BT-Drs. 13/9211, S. 54; Bundeskartellamt, Entscheidung vom 30. August 1999, B 8 – 40100 – T – 99 / 99, S. 13.

[3] Obernolte / Danner, EnWG, § 6 Rn. 42; Büdenbender, RdE 1999, S. 1 (2); Schulte – Beckhausen, RdE 1999, S. 51 (56); Walter / v. Keussler, RdE 1999, S. 223 (224).

[4] Lippert, Energiewirtschaftsrecht, S. 527; Büdenbender, RdE 1999, S. 1 (2); Giermann, RdE 2000, S 222 (224).

[5] Horstmann, Netzzugang in der Energiewirtschaft, S. 60 / 61.

(a) Kapazitätsmangel aufgrund bestehender, rechtlich verbindlicher und tatsächlich durchgeführter Vereinbarungen

Ein Kapazitätsmangel besteht insbesondere dann, wenn die freie Netzleistung bereits aufgrund vorher verbindlich getroffener, rechtlich bindender Netznutzungs- und Lieferverträge vergeben ist.

In diesen Fällen steht einer nachträglichen Repartierung der Leitungskapazität bzw. Kürzung der Liefermengen insbesondere der Grundsatz des „pacta sunt servanda" entgegen[1]. Der Netzbetreiber muss die bestehende Netznutzung dann grundsätzlich nicht einschränken. Nachträgliche Repartierungen zugunsten neuer Aspiranten kommen bei bereits ausgelastetem Netz zudem auch deswegen nicht in Betracht, weil sie soeben erst abgeschlossene Verträge über Durchleitungen treffen würden, denen sodann die nötige Verlässlichkeit der Lieferung und Abnahme der vollen Menge für Abnehmer und Durchleiter genommen würde. Da sich auf Stromlieferungen, denen ständig Repartierung droht, aber kaum jemand einließe, würde die Öffnung der Netze für den Wettbewerb verfehlt. Verträge über Durchleitungen mit Dritten, an die der Netzbetreiber gebunden ist, sind dementsprechend also vorrangig zu erfüllen. Jüngere Ansprüche müssen in diesen Fällen ganz oder zumindest teilweise hinten anstehen. Kollidieren mehrere Durchleitungsansprüche für die Belieferung desselben Abnehmers, hat sich der Netzbetreiber zudem neutral zu verhalten und nicht zum Richter über das bessere Lieferrecht aufzuspielen[2].

Entsprechendes gilt, wenn die Kapazität des Elektrizitätsversorgungsnetzes bereits aufgrund eigener bestehender und bindender Lieferverträge ausgelastet ist, das gesamte Netz also bereits auf Grund der eigenen Bedürfnisse des Netzbetreibers benötigt wird[3]. Soweit der Netzbetreiber sein Netz bereits zur Erfüllung eigener Lieferverträge benötigt und hierdurch keine Kapazität mehr für andere Unternehmen zur Verfügung steht, kann die Durchleitung dementsprechend vollständig verweigert werden bzw. bei nur teilweise ausgelastetem Netz können Netznutzungen nur in Höhe der frei verfügbaren Netznutzungskapazität vergeben werden[4]. Dies ergibt sich bereits aus der Eigentumsgarantie des Art. 14 GG.

---

[1] Kühne, RdE 2000, S. 1 (4).

[2] Harms, RdE 1999, S. 165 (167).

[3] Giermann, RdE 2000, S. 222 (224); Lippert, Energiewirtschaftsrecht, S. 527; Horstmann, Netzzugang in der Energiewirtschaft, S. 62.

[4] Horstmann, Netzzugang in der Energiewirtschaft, S. 62.

Ergibt sich also ein Netzengpass entweder aus bestehenden, tatsächlich durchgeführten und rechtlich bindenden Durchleitungsverträgen mit anderen Petenten oder aus ebensolchen eigenen Lieferverträgen, kann eine Netznutzung nicht verlangt werden. Entgegenstehendes wird auch von der Rechtsprechung bislang nicht vertreten. Nur zum Schein abgeschlossene Verträge können in diesem Zusammenhang keine Geltung beanspruchen. Ausschließlich rechtlich bindende und tatsächlich durchgeführte Vereinbarungen können einen Kapazitätsengpass des Netzes und dementsprechend einen Durchleitungsverweigerungsgrund begründen[1]. Ebenso muss in diesem Rahmen berücksichtigt werden, wenn ein bisheriger Stromabnehmer des Netzbetreibers von einem anderen Lieferanten abgeworben wurde. Der Netzbetreiber kann sich selbstverständlich nicht auf mangelnde Netznutzungskapazitäten wegen bestehender Netznutzungs- und Lieferverträge berufen, wenn der Abnehmer durch einen neuen Lieferanten unter Freisetzung von bestehender Netzkapazität beliefert wird, denn hier liegt ein bloßer Austausch von vorhandenen Netznutzungskapazitäten zugunsten des Netzzugangspetenten vor[2]. Ein entsprechender Absatzrückgang des Netzbetreibers muss dementsprechend berücksichtigt werden.

Abschließend ist noch darauf hinzuweisen, dass die oben genannten Grundsätze umgekehrt auch für die Netznutzungswünsche des Netzbetreibers selbst gelten. Auch er kann bei voll ausgelasteten Netzen nicht verlangen, dass bereits bestehende Netznutzungen im Rahmen von bestehenden Lieferverträgen zwischen Kunden und anderen Stromlieferanten einzuschränken und dadurch freie Kapazitäten zu schaffen sind, damit er eigene, neu hinzukommende Stromlieferungen durchführen oder gesteigerten Strombedarf decken kann. Zukünftiger Bedarf des Netzbetreibers kann dementsprechend seinem gegenwärtigen Bedarf nicht gleichgestellt werden. Eine Gleichstellung, mit der Folge, dass dieser zukünftige Bedarf ab Bedarfseintritt zu einem Kapazitätsmangel und damit zu einer Beendigung des Zutrittsrechts des Durchleitenden führen würde, würde die Wettbewerbssituation des Durchleitenden erheblich schwächen. Insbesondere wäre auch insoweit zu befürchten, dass Kunden aus Sorge vor einem plötzlichen, durch einen durch zusätzlichen Kapazitätsbedarf des Netzbetreibers bedingten Stromlieferungsstopp nur noch mit dem Netzbetreiber selbst kontrahieren würden. Dies liefe dem Liberalisierungszweck aber klar entgegen. Dementsprechend ergibt sich in diesen Fällen auch kein Kündigungsrecht des Netzbetreibers. Es sind vielmehr angemes-

---

[1] Giermann, RdE 2000, S. 222 (225); Theobald / Zenke, Grundlagen der Strom- und Gaswirtschaft, S. 59; Horstmann, Netzzugang in der Energiewirtschaft, S. 62.

[2] Horstmann, Netzzugang in der Energiewirtschaft, S. 63.

senen Festlaufzeiten und Kündigungsfristen für den Fall zukünftig entstehenden Kapazitätsmangels zu verlangen[1]. Dies ist auch unter Berücksichtigung der Eigentumsgarantie des Art. 14 GG gerechtfertigt, denn zum einen stellt § 6 Abs. 1 EnWG eine zulässige Inhalts- und Schrankenbestimmung dar, zum anderen unterliegt der Netzbetreiber einer erhöhten Sozialbindung[2].

(b) Keine Pflicht des Netzbetreibers zur Kapazitätserweiterung

Eine Pflicht des Netzbetreibers, seine bestehenden Netzkapazitäten zu erweitern, besteht grundsätzlich nicht. Um einen nachgefragten Netzzugang zu ermöglichen, muss der Netzbetreiber sein Netz daher in der Regel nicht auf eigene Kosten ausbauen.

Vereinzelt wird in der Literatur zwar angenommen, dass der Netzbetreiber grundsätzlich zur Ausweitung seiner Netzkapazität verpflichtet sei, die Kosten der Netzausweitung seien dann im Rahmen der Durchleitungskosten und der Bemessung des Durchleitungsentgelts angemessen zu berücksichtigen[3]. Dem kann jedoch nicht zugestimmt werden. Auch von der Rechtsprechung wird eine Kapazitätserweiterung bislang nicht gefordert. Aus der klaren Normfassung des § 6 Abs. 1 EnWG ergibt sich vielmehr, dass allein auf die bestehenden Netze abzustellen ist. Nur diese sind für Durchleitungen zur Verfügung zu stellen und nur auf die Möglichkeiten innerhalb der bestehenden Netze kann dementsprechend auch zurückgegriffen werden[4]. Entsprechendes ergibt sich auch aus der eigentumsrechtlichen Verfügungs- und Handlungsfreiheit, die auch die Freiheit beinhaltet, nach betriebswirtschaftlichen Gesichtspunkten zu entscheiden, ob ein Netzausbau erfolgen soll. Gegen eine Pflicht zur Kapazitätserweiterung spricht darüber hinaus auch Art. 17 Abs. 2 Satz 1 der EltRL, der den Mitgliedstaaten nicht die Möglichkeit einräumt, die Elektrizitätsversorgungsunternehmen zu einem Ausbau ihrer Netze zu verpflichten[5]. Im Gegensatz zu den Regelungen des KWKG und des EEG hat der bundesdeutsche Gesetzgeber dementsprechend schließlich

[1] Fischer / Zernin, ZUR 1999, S. 205 (207); Giermann, RdE 2000, S. 222 (225 / 226); Horstmann, Netzzugang in der Energiewirtschaft, S. 56.

[2] Hierzu unten ausführlicher.

[3] Walter / v. Keussler, RdE 1999, S. 223 (224).

[4] Harms, RdE 1999, S. 165 (167); Horstmann, Netzzugang in der Energiewirtschaft, S. 67.

[5] Horstmann, Netzzugang in der Energiewirtschaft, S. 67; im Ergebnis ebenso Obernolte / Danner, EnWG, § 6 Rn. 42.

auch keine entsprechende Regelung zum Netzausbau in das Energiewirtschaftsgesetz aufgenommen, die eine Überwälzung von Netzausbaukosten auf das Netznutzungsentgelt erlauben würden[1].

Nur in absoluten Ausnahmefällen kann dementsprechend eine Erweiterung oder Umrüstung nach branchenüblichen Maßstäben erforderlich und angemessen sein. Ob der Betreiber dann gegen Zahlung eines angemessenen Entgelts die erforderlichen Handlungen vornehmen und die hierfür notwendigen Mittel aufwenden muss, ist jeweils einzelfallbedingt zu entscheiden[2]. Jedenfalls in den Fällen, in denen der Netzzugangspetent die gesamten Kosten für den Ausbau übernimmt, kann man von einer Unzumutbarkeit des Netzausbaus wohl nicht mehr sprechen[3]. Das Bundeskartellamt verlangt, dass Netzkapazitäten für die nachgefragte Netznutzung geschaffen werden, indem die Netzbetreiber die Inanspruchnahme ihres Netzes entsprechend modifizieren[4]. Eine generelle Pflicht zur Kapazitätserweiterung auf eigene Kosten besteht aber nicht. Eine solche kann auch nicht schlicht mit dem pauschalen Hinwies begründet werden, die Mehrkosten könnten bei der Berechnung des Netznutzungsentgeltes berücksichtigt werden[5]. Schließlich können neue Netznutzungskapazitäten zu Gunsten Dritter auch auf behördlichen Auflagen beruhen[6].

(c) Vorrangiges Eigeninteresse des Netzbetreibers bei freier Netzkapazität ?

Problematisch ist bei der Frage der Unmöglichkeit der Durchleitung aufgrund eines bestehenden Netzengpasses insbesondere, ob der Netzbetreiber bei noch vorhandener Netzkapazität dem Durchleitungsbegehren anderer Petenten seine eigenen Durchleitungsinteressen entgegenhalten kann. Sofern das Elektrizitätsversorgungsnetz nicht vollständig ausgelastet ist, stellt sich also die Frage, ob der Netzbetreiber die noch vorhandene freie Netznutzungs-

---

[1] Horstmann, Netzzugang in der Energiewirtschaft, S. 67; Lippert verweist auf die Regelungen des EEG und KWKG als mögliche Vorbilder, lässt die Frage der Kapazitätserweiterungspflicht im Ergebnis aber offen, vgl. Energiewirtschaftsrecht, S. 529.

[2] Kühne, RdE 2000, S. 1 (3); Harms, RdE 1999, S. 165 (167).

[3] Horstmann, Netzzugang in der Energiewirtschaft, S. 67.

[4] Abmahnung vom 22.12.1998, B 8 – 40100 – T – 248/98.

[5] So etwa Walter / v. Keussler, RdE 1999, S. 223 (224); zu der Problematik ausführlich: Tüngler, Netzzugang in der Elektrizitätswirtschaft, S 127ff.

[6] Kommission, Entscheidung vom 13.06.2000, Comp/M.1673 – VEBA/VIAG, Rz. 224; vgl. auch WuW/E EU – V, 509ff.

kapazität für beabsichtigte eigene Stromlieferungen vorrangig nutzen darf, oder ob er seine Interessen mit den Durchleitungsbegehren der übrigen Durchleitungspetenten gleichsetzen muss.

Einigkeit besteht darüber, dass der Netzbetreiber jedenfalls nicht dazu befugt ist, die Durchleitung unter dem Kapazitätsaspekt mit dem pauschalen Hinweis abzulehnen, er werde später die gesamte Netzkapazität für eigene Zwecke benötigen. Eine reine Bevorratung freier Netzkapazität für spätere Eventualfälle ist mit der Existenz des Durchleitungstatbestandes nicht vereinbar. Der Durchleitungstatbestand liefe leer und jegliche Netzzugangswünsche würden obsolet[1].

Weitgehende Einigkeit besteht des weiteren darüber, dass der Bedarf von verbundenen Unternehmen i.S.d. § 15 AktG keinen Vorrang gegenüber dem Bedarf anderer Durchleitungspetenten genießt. Die europäischen Vorgaben in Art. 7 Abs. 5 und Art. 11 Abs. 2 EltRL schreiben bindend vor, dass der Netzbetreiber sich jeder Diskriminierung von Netzbenutzern zugunsten seiner Tochterunternehmen enthalten muss. Diese Vorgabe ist so zwar nicht ausdrücklich umgesetzt worden, sie ist i.R.d. § 6 Abs. 1 Satz 2 EnWG jedoch zwingend zu beachten[2] und kommt auch in dieser Norm, in der ein diskriminierungsfreier Netzzugang vorgeschrieben wird, klar zum Ausdruck. Darüber hinaus ergibt sich auch aus den Unbundlingvorschriften des Energiewirtschaftsgesetzes, dass der Netzbetreiber andere Netznutzer nicht zugunsten seiner Tochterunternehmen diskriminieren darf[3]. Verbundene Unternehmen sind daher grundsätzlich nicht anders zu behandeln als andere Unternehmen.

Vereinzelt wird insoweit zwar eine Differenzierung vorgenommen und vertreten, das Verbot der bevorzugten Bedienung verbundener Unternehmen gelte nur in den Fällen, in denen seitens der Tochtergesellschaft ein eigenes Interesse zur Durchleitung durch das Netz der Muttergesellschaft geltend gemacht werde. Stehe hingegen die Belieferung der Tochtergesellschaft durch den Netzbetreiber in Rede, gehe es um dessen Netzkapazität für eigene unternehmerische Bedürfnisse, die geltend gemacht werden könnten und wie eigener Bedarf

[1] Bundeskartellamt, Entscheidung vom 30. August 1999, B 8 – 40100 – T 99 / 99, S. 21; Büdenbender, WuW 2000, S. 119 (122); ders., Anm. zur Entscheidung des OLG Dresden vom Februar 2001, RdE 2001, S 149 (152).

[2] Bundeskartellamt, Entscheidung vom 30. August 1999, B 8 – 40100 – T 99 / 99, S. 15; Giermann, RdE 2000, S. 222 (224); Büdenbender, RdE 1999, S 1 (2/3).

[3] So auch Horstmann, Netzzugang in der Energiewirtschaft, S. 64.

zu behandeln sein[1]. Dies ist allerdings abzulehnen. Giermann[2] hält dieser Ansicht zutreffend entgegen, dass dann die Gefahr einer Umgehung des § 6 Abs. 1 EnWG bestünde. Angesichts der erheblichen Anzahl der verbundenen Unternehmen käme es zu einer massiven Zunahme der Fälle, in denen sich ein Netzbetreiber gegenüber einem dritten Durchleitungspetenten auf mangelnde Netzkapazitäten berufen könnte. Zudem wäre eine derartige Differenzierung wohl nur schwer praktikabel, denn es kann, wenn überhaupt, nur schwer unterschieden werden, wann das verbundene Unternehmen selbst ein eigenes Durchleitungsinteresse geltend macht und wann die Beanspruchung der Netzkapazität zur Belieferung des verbundenen Unternehmens den unternehmerischen Bedürfnissen des EVU entspricht. Schließlich würde eine derartige Differenzierung auch zu einer faktischen Bevorzugung verbundener Unternehmen mit der Folge einer entsprechenden Diskriminierung der übrigen Petenten führen und klar gegen die Vorgaben der Elektrizitätsbinnenmarktrichtlinie sowie der entsprechenden Regelungen des Energiewirtschaftsgesetzes verstoßen. Dementsprechend genießt der Bedarf verbundener Unternehmen und von Tochterunternehmen jedenfalls keinen Vorrang gegenüber dem Bedarf anderer Netzzugangspetenten.

Umstritten ist nun aber, ob eigene, konkret belegbare, plausible und objektiv nachvollziehbare Netznutzungswünsche des Netzbetreibers selbst eine Durchleitungsverweigerung begründen können, wenn sie mit ebenso begründeten Durchleitungsinteressen Dritter unter Berücksichtigung der noch zur Verfügung stehenden Netzkapazität kollidieren.

(aa) Entscheidung des Bundeskartellamts

Diese Frage war Gegenstand eines Verfahrens vor dem Bundeskartellamt im Jahr 1999. Das Bundeskartellamt geht in seiner Entscheidung[3] davon aus, dass das eigene Nutzungsinteresse des Netzbetreibers keine Durchleitungsverweigerung legitimieren kann und dementsprechend zwar angemessen, aber nicht vorrangig, sondern nur gleichrangig mit den übrigen Durchleitungswünschen berücksichtigt werden darf[4].

[1] Büdenbender, RdE 1999, S. 1 (3); Lippert, Energiewirtschaftsrecht, S. 528.

[2] Giermann, RdE 2000, S. 222 (225).

[3] Entscheidung vom 30. August 1999, AZ.: B 8 – 40100 – T 99 / 99.

[4] So auch die Monopolkommission in ihrem 13. Hauptgutachten 1998/1999, BT-Drs. 14/4001, S. 72f. Rn. 103.

Das Bundeskartellamt führt hierzu aus, dem Netzbetreiber stehe nach den Bestimmungen des Energiewirtschaftsgesetzes unter Berücksichtigung der Wertungen der Richtlinie 96 / 92 / EG kein vorrangiges Nutzungsrecht an den unstreitig verfügbaren Leitungskapazitäten zu. Dies sei auch im Rahmen des § 19 IV Nr. 4 GWB zu berücksichtigen. Das Energiewirtschaftsgesetz und die Elektrizitätsbinnenmarktrichtlinie würden sich auf die Annahme beschränken, dass ein Kapazitätsmangel grundsätzlich eine Zugangsverweigerung rechtfertigen könne, eine vorrangige Nutzungsmöglichkeit des Netzbetreibers werde hierdurch aber nicht begründet. In der Literatur sei zudem zwar vereinzelt die Auffassung vertreten worden, dass der Netzinhaber nicht verpflichtet werden könne, den eigenen Bedarf zur Nutzung seines Netzes hinter die Fremdinteressen zurückzustellen. Hier gehe es aber schon nicht darum, dass der Netzbetreiber seine eigenen Nutzungsinteressen zurückstellen müsse, sondern um eine gleichberechtigte Behandlung aller Nutzungsinteressenten unter Einschluss der des Netzinhabers. Hierbei spiele es auch keine Rolle, ob der Netzbetrieb gesellschaftsrechtlich aus einem vertikal integrierten EVU ausgegliedert oder als rechtlich unselbständige Betriebsabteilung geführt werde[1]. Etwas anderes ergebe sich auch nicht unter Berücksichtigung der Wertungen des Art. 14 GG. Sofern man der Auffassung folge, dass die Verfügungsbefugnis des Netzinhabers als Eigentümer grundsätzlich vom Schutzbereich des Art. 14 GG umfasst werde, würden deren Inhalt und Schranken jedenfalls durch die allgemeinen Gesetze bestimmt. Zu diesen gehörten auch § 19 Abs. 4 Nr. 4 GWB und § 6 Abs. 1 EnWG, die zudem an den Netzinhaber zu zahlende Entgelte für die Netzbenutzung vorsähen, so dass die Elektrizitätsversorgungsnetze auch im Falle ihrer Nutzung durch Dritte stets ihrem auch aus der Sicht des Eigentümers bestimmungsgemäßen und wirtschaftlich sinnvollen Gebrauch zugeführt würden. Da dem Netzinhaber infolge seiner faktischen Monopolstellung besondere Marktmacht zukomme, unterliege er durch § 19 Abs. 4 Nr. 4 GWB und § 6 Abs. 1 EnWG zudem besonderen Verhaltenspflichten. Die Netzbetreiber treffe nach der Energierechtsreform wegen der Unverzichtbarkeit der Durchleitungsansprüche zur Ermöglichung des sparteninternen Wettbewerbs eine erhöhte Sozialbindung bezüglich ihres Eigentums. Des Weiteren könne nicht unberücksichtigt bleiben, in welcher Weise es zu der Möglichkeit der Ausnutzung der faktischen Monopolsituation infolge des Eigentums an den Elektrizitätsversorgungsnetzen gekommen sei. Die Elektrizitätsversorgungsunternehmen hätten die Netze nämlich in rechtlich gestatteten Versorgungsmonopolen errichten können. Auch hieraus ergebe sich eine gesteigerte Sozialbindung des Eigentums[2].

---

[1] Bundeskartellamt, Entscheidung vom 30. August 1999, B 8 – 40100 – T 99 / 99, S. 14.

[2] Bundeskartellamt, Entscheidung vom 30. August 1999, B 8 – 40100 – T 99 / 99, S. 16 / 17 / 18.

Dementsprechend geht das Bundeskartellamt davon aus, dass eine Repartierung vorzunehmen ist und die vorhandenen Netzkapazitäten bei gleichberechtigter Behandlung aller Interessen, einschließlich der des Netzbetreibers, grundsätzlich nach gleichmäßigen Anteilen allen interessierten Nutzern zur Verfügung zu stellen sind.

(bb) Abweichende Literaturansicht

Insbesondere Büdenbender[1] geht hingegen davon aus, dass diese Sichtweise sich über objektive Vorgaben der Rechtsordnung hinwegsetze. Er ist der Ansicht, dass der Netzbetreiber sein Netz bei verbleibender Netzkapazität vorrangig gegenüber anderen Durchleitungsinteressenten nutzen kann.

Insoweit führt er an, das Diskriminierungsverbot des Energiewirtschaftsgesetzes und der Elektrizitätsbinnenmarktrichtlinie beziehe sich nur auf das „Wie" der Durchleitung. Für das „Ob" der Durchleitung enthielten diese Formulierungen hingegen keine Aussage[2]. Die Frage, ob der Netzbetreiber durchleitungspflichtig sei oder nicht, ergebe sich allein aus der generellen Durchleitungspflicht nach dem Regel – Ausnahme – Prinzip in § 6 Abs. 1 EnWG. Bestehe danach eine Durchleitungspflicht, greife erst dann das Diskriminierungsverbot des § 6 Abs. Satz 1 EnWG ein. Für die Frage, inwieweit überhaupt eine Durchleitungspflicht bestehe, ergebe sich aus der Gleichbehandlungspflicht hingegen nichts. Etwas anderes ergebe sich auch nicht unter Berücksichtigung der Vorschriften über das „Unbundling". Bei diesen Regelungen handele es sich lediglich um technisch – organisatorisch – kaufmännische Vorgaben für den Netzbetrieb. Nicht mehr und nicht weniger lasse sich diesen Vorgaben entnehmen[3]. Auch Züngler ist der Ansicht, dass sich aus dem Gebot der Nichtdiskriminierung und aus den Unbundlingvorgaben inhaltliche Aussagen zur Zulässigkeit der privilegierten Behandlung eigenen Bedarfs nicht entnehmen ließen. Entscheidend sei, ob das Ziel des § 6 EnWG über die Einführung wettbewerblicher Strukturen auf dem Elektrizitätsmarkt dem Vorrang der Eigennutzung entgegenstehe. Insoweit werde die Einführung von Wettbewerb aber trotz Anerkennung des Vorrangs der eigenen Interessen nicht in erheblichem Umfang beeinträchtigt[4].

---

[1] Vgl. hierzu seinen Beitrag in WuW 2000, S. 119ff.

[2] So auch Tüngler, Netzzugang in der Elektrizitätswirtschaft, S. 141.

[3] Büdenbender, WuW 2000, S. 124ff.

[4] Tüngler, Netzzugang in der Elektrizitätswirtschaft, S. 141ff.

Büdenbender[1] führt des Weiteren an, es ergebe sich vor allem aus den verfassungsrechtlichen Vorgaben des Art. 14 GG, dass eine vorrangige Nutzungsmöglichkeit des Netzbetreibers gegeben sein müsse. Zwar bestehe eine besondere Machstellung des Netzbetreibers und richtig sei auch, dass es eines Netzzugangs Dritter bedürfe, wenn Wettbewerb ermöglicht werden solle. Jedoch reiche das bloße Fernziel der Wettbewerbseröffnung zur Bejahung einer Sozialbindung nicht aus. Es müsse vielmehr berücksichtigt werden, dass die Privatnützigkeit des Eigentums sowie die grundsätzliche Verfügungsbefugnis über den Eigentumsgegenstand zum absoluten, substantiellen Wesenskern der Eigentumsgarantie gehöre und Leitprinzipfunktion aufweise. Dem Eigentümer müsse eine Rechtsposition verbleiben, die den Namen Eigentum noch verdiene. Das Eigentumsrecht denaturiere bei gleichrangiger Nutzung aber zum Nießbrauchsrecht. Der Versuch, aus der legalen Nutzung einer Monopolstellung strengere Einschränkungen der Eigentumsbefugnisse ableiten zu wollen, blende für die Beurteilung Wesentliches aus, denn die Monopolstellung sei nicht im Interesse und zur Begünstigung der Versorgungsunternehmen, sondern in der gesetzgeberischen Annahme, dass geschlossene Versorgungsgebiete für die Verbraucher unter dem Aspekt Sicherheit und Preiswürdigkeit gegenüber einer kompetitiven Wirtschaftsordnung vorzugswürdig seien, entstanden. Diente die Monopolstellung nach Einschätzung des Gesetzgebers aber der Gemeinschaft aller Energieverbraucher, lasse sich daraus nicht ohne weiteres eine strengere Sozialbindung ableiten. Kasper[2] führt des Weiteren an, der BGH habe klargestellt, dass niemand dazu verpflichtet sein könne, einen Wettbewerber zum eigenen Schaden zu fördern. Zudem sei eine Repartierungspflicht des Netzbetreibers unverhältnismäßig.

Schließlich nimmt Büdenbender noch einen Vergleich mit dem Wohnraummietrecht vor. Auch im Wohnraummietrecht sei schließlich eine Kündigung wegen Eigenbedarfs zulässig. Wenn aber eine vorrangige Nutzung für eigene Bedürfnisse selbst in einem so stark durch soziale Aspekte geprägten Rechtsbereich wie dem Mietrecht zulässig sei, könne bei der Frage nach einem vorrangigen Netznutzungsrecht des Eigentümers nichts anderes gelten[3].

---

[1] a.a.O.

[2] Kasper, Pflichten und Verweigerungsmöglichkeiten der Elektrizitätsversorgungsunternehmen, S. 60.

[3] Büdenbender, WuW 2000, S. 119 (128ff.); im Ergebnis zweifelt auch Kühne, die Ausführungen des Bundeskartellamtes an, vgl. RdE 2000, S. 1 (5).

(cc) Eigene Einschätzung

Richtig ist allein die vom Bundeskartellamt vertretene Ansicht. Nur eine Repartierung der verbleibenden Netzkapazität entspricht den Vorgaben und Zielen des Energiewirtschaftsgesetzes und der Elektrizitätsbinnenmarktrichtlinie. Eine vorrangige Nutzungsmöglichkeit der Netzeigentümer würde hingegen die Zielsetzung der Liberalisierung konterkarieren.

Die Vorschrift des § 6 Abs. 1 Satz 1 EnWG enthält die Verpflichtung des Netzbetreibers, sich jeglicher Diskriminierung gegenüber den Netzbenutzern zu enthalten, insbesondere auch solcher zugunsten von zugehörigen vertikal integrierten Energieversorgungsunternehmen oder konzernmäßig verbundenen Unternehmen. Auch aus den „Unbundling – Vorschriften" folgt der Grundsatz der Nichtdiskriminierung. Hieraus ergibt sich insbesondere, dass die Übertragungsnetzabteilung getrennt von den übrigen Tätigkeiten zu führen ist[1]. Entsprechendes schreibt die Elektrizitätsbinnenmarktrichtlinie in Art. 11 Abs. 2 EltRL bindend vor, indem sie regelt, dass sich der Netzbetreiber jeder Diskriminierung von Netzbenutzern zugunsten seiner Tochterunternehmen enthalten muss.

Aus alldem ergibt sich der zwingende Grundsatz der Nichtdiskriminierung der Netzzugangspetenten. Der Netzbetreiber darf also jedenfalls die Netzzugangsbegehren verbundener Unternehmen und seiner Tochtergesellschaften nicht vorrangig berücksichtigen. Hieraus ergibt sich aber auch, dass er auch seine eigenen Interessen nicht vorrangig, sondern nur gleichrangig mit den Interessen der anderen Netzzugangspetenten berücksichtigen darf, denn die Netzzugangsinteressen des eigenen Energieversorgungsunternehmens sind nach den gleichen Grundsätzen zu behandeln wie die Netznutzungsbegehren anderer Unternehmen[2]. Sowohl aus dem Wortlaut des Energiewirtschaftsgesetzes, als insbesondere auch aus seinem Sinn und Zweck folgt nämlich, dass gesetzlich eine Interessentrennung zwischen den Interessen des Netzbetreibers und denen des Netzbenutzers vorgenommen wurde, die unabhängig davon gelten soll, ob der Netzbetreiber gesellschaftsrechtlich von einem Netzbenutzer getrennt organisiert ist, oder ob es sich um ein vertikal integriertes Elektrizitätsversorgungsunternehmen handelt, dessen gesellschaftsrechtliche Hülle beide Marktfunktionen umfasst[3].

---

[1] Vgl. § 4 Abs. 4 EnWG.

[2] Horstmann, Netzzugang in der Energiewirtschaft, S. 65.

[3] So auch das Bundeskartellamt, Entscheidung vom 30. August 1999, B 8 – 40100 – T 99 / 99, S. 15.

Hieraus ergibt sich eindeutig, dass eine vorrangige Nutzung des eigenen Netzes mit den Vorgaben des Gesetzes und der Elektrizitätsbinnenmarktrichtlinie nicht im Einklang stehen würde. Unklar ist, warum Büdenbender und wohl auch Tüngler meinen, das Verbot der Nichtdiskriminierung gelte erst dann, wenn eine Durchleitungsverweigerung nicht begründet werde, also nur hinsichtlich der Frage nach dem „Wie“ der Durchleitung. Dies ergibt sich weder aus dem Wortlaut des Gesetzes, noch aus seinem Sinn und Zweck. Hintergrund des Nichtdiskriminierungsgrundsatzes und der „Unbundling“ – Vorschriften ist es, sicherzustellen, dass jegliche Netzzugangspetenten gleichrangig behandelt werden, dies insbesondere auch gegenüber den eigenen Netzzugangsinteressen eines vertikal integrierten Elektrizitätsversorgungsunternehmens. Dies gilt aber nicht etwa – wie Büdenbender annimmt – nur für die Preisfindungskriterien. Sinn und Zweck dieser Regelungen, die die Netzzugangsvorschriften ergänzen und ebenfalls die Verwirklichung von Wettbewerb sicherstellen sollen, ist vielmehr die Gleichbehandlung auf sämtlichen Stufen. Eine bloße Gleichbehandlung hinsichtlich des „Wie“ der Durchleitung und somit lediglich hinsichtlich des hierfür zu zahlenden Entgelts würde die Netze nicht diskriminierungsfrei für den Wettbewerb öffnen. Auch dies ist aber Sinn und Zweck des Nichtdiskriminierungsgebots und der Vorschriften über das „Unbundling“. Die Wettbewerber sollen nicht nur bei erfolgter Durchleitung gleich behandelt werden, sondern es soll insbesondere überhaupt erst einmal zu einer Durchleitung und einem offenen und gleichrangigen Wettbewerb kommen. Den Netzzugangspetenten müssen hierzu aber zunächst einmal die bestehenden Netze diskriminierungsfrei für Durchleitungen zur Verfügung gestellt werden, nur so kann der Wettbewerb überhaupt erst entstehen. Würde die Nichtdiskriminierung lediglich zur Folge haben, dass sämtliche Netzzugangspetenten hinsichtlich der Entgeltfindung gleich zu behandeln wären, würden diese Vorschriften dementsprechend unter Umständen gänzlich leer laufen, denn ein diskriminierungsfreier, ja überhaupt ein umfassender Zugang zu den Netzen, der nach dem klaren Wortlaut des Gesetzes gerade nur in Ausnahmefällen verweigert werden darf, wäre dann nicht gesichert. Es bestünde vielmehr die Gefahr, dass sich das Regel – Ausnahme – Verhältnis sogar umkehren würde. Dementsprechend steht auch das Ziel der Einführung wettbewerblicher Strukturen auf dem Elektrizitätsmarkt dem Vorrang der Eigennutzung entgegen. Die Einführung wettbewerblicher Strukturen wäre anderenfalls in nicht unerheblichem Umfang gefährdet. Zudem geht auch Büdendbender selbst an anderer Stelle davon aus, dass bei verbundenen Unternehmen und Tochtergesellschaften die Grundsätze der Nichtdiskriminierung bereits bei der Frage des „Ob“ der Durchleitung zu berücksichtigen sind. Er selbst führt aus, bei freier Nutzungskapazität genieße der Bedarf von verbundenen Unternehmen angesichts der Grundsätze der Nichtdiskriminierung gegenüber dem Bedarf anderer

Durchleitungspetenten keinen Vorrang[1]. Dementsprechend ist es verfehlt, anzunehmen, diese Grundsätze bezögen sich bei der Frage der vorrangigen Eigennutzung nur auf das „Wie" der Durchleitung. Die Grundsätze der Nichtdiskriminierung sind vielmehr umfassend, somit auch bei der Frage nach dem „Ob" der Durchleitung zu berücksichtigen. Dementsprechend spricht der Grundsatz der Nichtdiskriminierung sowie das Wettbewerbs- und Liberalisierungsziel des § 6 EnWG und der Elektrizitätsbinnenmarktrichtlinie klar gegen den Vorrang der Eigennutzung.

Schließlich ergibt sich aber auch unter Berücksichtigung des Art. 14 GG keine andere Beurteilung. Das Bundeskartellamt führt zutreffend aus, dass Inhalt und Schranken des Eigentums durch die Gesetze bestimmt werden. Dementsprechend beschränkt auch § 6 Abs. 1 EnWG die Befugnisse des Eigentümers. Dies ist auch nicht etwa – wie Büdenbender und Kasper annehmen – unverhältnismäßig. Das Bundeskartellamt nimmt vielmehr zu Recht an, dass gerade eine erhöhte Sozialbindung der Netzbetreiber besteht[2]. Auch insoweit überzeugen die Ausführungen Büdenbenders und auch Kaspers nicht. Entscheidend ist, dass die Wettbewerber zwingend auf die Netze der Netzeigentümer angewiesen sind. Nur so kann der Wettbewerb bekanntlich überhaupt erst entstehen. Dementsprechend unterscheiden sich diese Fälle auch von anderen Wettbewerbsverhältnissen, so dass nicht schlicht argumentiert werden kann, niemand sei dazu verpflichtet, Wettbewerber zum eigenen Schaden zu fördern. Die Besonderheit liegt hier in der ehemals monopolistischen Struktur. Die gesetzliche Zielsetzung – nämlich der Schaffung von Wettbewerb in der bis dahin weitgehend monopolistisch strukturierten Energiewirtschaft – ist zudem auch nicht etwa ein bloßes „Fernziel" des Gesetzes, sondern vielmehr der essentielle Grundgedanke der Novellierung gewesen. Dementsprechend ist die Begründung einer erhöhten Sozialbindung auch gerechtfertigt. Etwas anderes ergibt sich auch nicht daraus, dass die Begründung der Monopolstellung auch im Interesse einer damals bevorzugten Energieversorgung im Rahmen geschlossener Versorgungsgebiete, und somit im vermeintlichen Interesse aller Verbraucher erfolgte. Dies vermag keinesfalls eine Sozialbindung der Netzeigentümer zu beseitigen. Fakt ist, dass allein die damalige gesetzgeberische Entscheidung die jetzige Position der Netzeigentümer überhaupt erst begründet hat. Nur durch die damalige Entscheidung des Gesetzgebers für geschlossene Versorgungsgebiete konnte die monopolartige Stellung der Netzbetreiber ü-

[1] Büdenbender, RdE 1999, S. 1 (2/3).

[2] Vgl. insoweit Bundeskartellamt, Entscheidung vom 30. August 1999, B 8 – 40100 – T 99 / 99, S.16ff.

berhaupt erst entstehen[1]. Diese Eigentumsposition wurde dementsprechend nicht etwa durch eigene Anstrengungen der Netzeigentümer, sondern durch eine damalige gesetzgeberische Entscheidung begründet. Allein dies ist entscheidend. Dementsprechend ist auch ein Ausgleich in Form einer erhöhten Sozialbindung gerechtfertigt.

Falsch ist auch der Einwand, im Falle einer gleichrangigen Behandlung der Netzzugangswünsche verbleibe keine Position mehr, die den Namen „Eigentum" noch verdiene, denn der Netzbetreiber kann, wenn auch eingeschränkt, weiterhin über seine Netze verfügen. Er erhält für die Durchleitungen zudem als Ausgleich entsprechende Netznutzungsentgelte. Zudem kann er das Netz weiterhin, wenn auch nur gleichrangig mit anderen Netzzugangspetenten, für eigene Durchleitungen nutzen.

Schließlich überzeugt auch der Vergleich Büdenbenders mit dem Wohnraummietrecht nicht. Wie insbesondere Theobald und Zenke zutreffend erläutern, bestehen grundlegende Unterschiede zwischen der Nutzung von Übertragungs- und Verteilnetzen einerseits und der Nutzung von Wohnraum andererseits. So verkennt Büdenbender bereits, dass die Eigentümer von Wohnraum nicht etwa über natürliche, nicht duplizierbare Monopole verfügen und dass heutiges privates Eigentum in der Regel nicht auf ehemaligen Enteignungen beruht. Schließlich entzieht § 6 EnWG dem Netzeigentümer auch nicht etwa gänzlich das Nutzungs- bzw. Besitzrecht, sondern der Netzeigentümer hat – anders als der Wohnungseigentümer, dem für den Zeitraum der Wohnungsvermietung das Nutzungsrecht vollständig entzogen wird – lediglich die Mitbenutzung zu dulden[2].

Dementsprechend ist es gerechtfertigt, die Durchleitungswünsche des Netzeigentümers bei noch freier Netzkapazität mit denen der übrigen Netzzugangspetenten gleichzustellen und eine Repartierung vorzunehmen. Dieses Gebot der Repartierung ist zwar im Energiewirtschaftsgesetz nicht explizit vorgesehen, aber im Kartellrecht und insbesondere in der kartellrechtlichen Rechtsprechung seit längerem anerkannt[3]. Allein eine Repartierung noch freier Netzkapazität entspricht den Vorgaben und der Ratio der Elektrizitätsbinnenmarktrichtlinie und des Energiewirtschaftsgesetzes.

---

[1] Bundeskartellamt, Entscheidung vom 30. August 1999, B 8 – 40100 – T 99 / 99, S.17.

[2] Theobald / Zenke, Grundlagen der Strom.- und Gaswirtschaft, S. 56ff.; entsprechend Schneider/Theobald, Handbuch des Energiewirtschaftsrechts, S. 694; im Ergebnis ebenso Tüngler, Netzzugang in der Elektrizitätswirtschaft, S. 147.

[3] Theobald / Zenke, Grundlagen der Strom – und Gaswirtschaft, S. 58.

c) Unzumutbarkeit der Durchleitung

Neben der Verweigerungsmöglichkeit wegen Unmöglichkeit kann der Netzbetreiber die Durchleitung auch immer dann verweigern, wenn sie ihm nicht zumutbar ist. Der Begriff der Unmöglichkeit ist noch relativ leicht zu erfassen – insbesondere ist er aus anderen Rechtsgebieten, vor allem auch aus dem allgemeinen Zivilrecht hinreichend bekannt. Probleme bereitet allerdings der offene und unklare Begriff der „Unzumutbarkeit". Wann diese vorliegen soll, hat der Gesetzgeber nicht weiter konkretisiert, er hat lediglich in § 6 Abs. 3 EnWG den Schutz von KWK-Anlagen als besonderen Fall der Unzumutbarkeit ausgestaltet. Ansonsten hat er keine bestimmten Unzumutbarkeitsgründe im Gesetz angeführt. Fest steht lediglich, dass im Rahmen der Unzumutbarkeit eine Abwägung aller betroffenen Belange im konkreten Einzelfall zu erfolgen hat. Nur wenn diese ergibt, dass die Interessen des Netzbetreibers überwiegen, ist die Durchleitungsverweigerung legitim.

Durch diese offene Fassung der Norm hat der Gesetzgeber den Netzeigentümern grundsätzlich das Vorbringen einer unbestimmten Zahl von unterschiedlichen Durchleitungsverweigerungsgründen ermöglicht. Ob diese allerdings tatsächlich eine Verweigerung im Einzelfall begründen, ergibt erst die in jedem Einzelfall vorzunehmende Interessenabwägung[1]. Auch hier ist zu bedenken, dass die Durchleitungsverweigerungsgründe grundsätzlich eng auszulegen sind. In den Gesetzgebungsmaterialien wird hierzu ausgeführt, dass die Verweigerungsgründe, um die Unzumutbarkeit der Durchleitung zu rechtfertigen, ein derartiges Gewicht haben müssen, dass ihnen trotz des besonderen Interesses an einer durch Wettbewerb erreichten preisgünstigen Versorgung der Vorrang einzuräumen ist[2]. Eine grundsätzlich enge Auslegung wird auch von den Gerichten praktiziert, was die im Folgenden darzustellenden Entscheidungen belegten werden.

Die tatsächliche Festlegung der Unzumutbarkeitsgründe hat der Gesetzgeber somit in die Judikative verlagert. Die Gerichte müssen entscheiden, ob ein Berufen auf eine Unzumutbarkeit der Durchleitung im Einzelfall gerechtfertigt ist oder nicht. Im Folgenden soll daher zunächst der Unzumutbarkeitsgrund des § 6 Abs. 3 EnWG und die insoweit von der Rechtsprechung geforderten Voraussetzungen erläutert werden. Sodann soll genauer dargestellt

---

[1] Vgl. hierzu auch Horstmann, Netzzugang in der Energiewirtschaft, S. 58.

[2] Uldall – Bericht, BT-Drs. 13/9211, S. 54; hierauf verweist auch Horstmann, Netzzugang in der Energiewirtschaft, S. 59.

werden, welche weiteren Verweigerungsgründe in der Praxis von Netzbetreibern im Rahmen der Unzumutbarkeit angeführt werden, und ob diese als Verweigerungsmöglichkeiten von den Gerichten und Kartellbehörden anerkannt werden.

(1) Schutz von KWK – Anlagen und Anlagen zur Nutzung erneuerbarer Energien

Zunächst soll somit auf den in § 6 Abs. 3 EnWG näher ausgestalteten Unzumutbarkeitsgrund des Schutzes von KWK-Anlagen und Anlagen zur Nutzung erneuerbarer Energien eingegangen werden. Der Gesetzgeber hat insoweit ein besonderes Unzumutbarkeitskriterium explizit in den Normtext aufgenommen. Gem. § 6 Abs. 3 EnWG ist als besonderes Abwägungskriterium zu berücksichtigen, inwieweit die Durchleitung dazu führen würde, Strom aus fernwärmeorientierten, umwelt- und ressourcenschonenden sowie technisch – wirtschaftlich sinnvollen Kraft – Wärme – Kopplungsanlagen oder aus Anlagen zur Nutzung erneuerbarer Energien zu verdrängen und ein wirtschaftlicher Betrieb dieser Anlagen bei Nutzung konkreter Möglichkeiten zum Verkauf dieser Elektrizität an Dritte verhindert würde.

(a) Hintergrund der Regelung

Die in § 6 Abs. 3 EnWG aufgeführten Formen der Elektrizitätserzeugung sind energiewirtschaftlich besonders förderungswürdig, da sie gegenüber der Stromerzeugung in Kondensationskraftwerken Primärenergie sparen und die Umwelt weniger belasten. Der Gesetzgeber hat durch die Einfügung des § 6 Abs. 3 EnWG dementsprechend erneut gezeigt, dass er eine gewisse Priorität für die umweltverträgliche Elektrizitätsversorgung, die ja auch im neuen Zielkanon des Energiewirtschaftsgesetzes nunmehr zum Ausdruck kommt, gesetzt hat[1]. Energiewirtschaftliches Ziel der in § 6 Abs. 3 EnWG vorgenommenen Privilegierung von auf KWK – Basis erzeugtem Strom ist es, zu verhindern, dass eine energiewirtschaftlich förderungswürdige Art der Stromerzeugung infolge von Durchleitungen aus anderen Kraftwerkstypen verdrängt wird. Eine drohende Unwirtschaftlichkeit der besonders schützenswerten KWK - Anlagen soll vermieden werden. Das genannte energiewirtschaftliche Interesse ori-

---

[1] Büdenbender, RdE 1999, S. 1 (4); Walter / v. Keussler, RdE 1999, S. 223 (225). Insoweit weisen insbesondere Theobald / Zenke darauf hin, dass die KWK-Klausel energiepolitisch nicht unbedenklich ist, vlg. hierzu ausführlicher Grundlagen der Strom- und Gaswirtschaft, S. 65 Fn. 1.

entiert sich seinerseits an dem energierechtlichen Leitziel einer umweltverträglichen leitungsgebundenen Versorgung mit Elektrizität im Sinne von § 1 i.V.m. § 2 Abs. 4 Satz 2 EnWG, der einer Nutzung von Kraft – Wärme – Kopplung eine besondere Bedeutung für eine umweltverträgliche Energieversorgung zuspricht[1].

Dies bedeutet jedoch nicht, dass die anderen Ziele des Gesetzes bei der Abwägung im Rahmen der Zumutbarkeitsüberprüfung des § 6 Abs. 3 EnWG zurückzutreten haben. Aus den Gesetzesmaterialen geht deutlich hervor, dass die im Rahmen der Zumutbarkeit zu berücksichtigenden Gründe ein derartiges Gewicht haben müssen, dass ihnen trotz des besonderen Interesses an einer durch Wettbewerb erreichten preisgünstigen Versorgung Vorrang einzuräumen ist. Nur in diesem Fall kann eine Durchleitung tatsächlich verhindert werden. Dies gilt auch für die Beurteilung der Unzumutbarkeit gem. § 6 Abs. 3 EnWG. Auch hier ist demzufolge eine Abwägung aller relevanten Umstände im konkreten Einzelfall erforderlich[2]. Zu bedenken ist insoweit auch, dass die Ziele des Umweltschutzes und der Ressourcen – Schonung ja gerade nur als gleichberechtigte und nicht etwa als vorrangige Ziele in den Zielkanon des Gesetzes aufgenommen wurden. Darüber hinaus hat der Gesetzgeber den Art. 8 Abs. 3 der Elektrizitätsbinnenmarktrichtlinie gerade nicht voll ausgeschöpft. Dieser räumt den Mitgliedstaaten die Möglichkeit ein, es dem Übertragungsnetzbetreiber zur Auflage zu machen, dass er bei der Inanspruchnahme von Erzeugungsanlagen solchen den Vorrang gibt, in denen erneuerbare Energieträger oder Abfälle eingesetzt werden oder die nach dem Prinzip der Kraft – Wärme – Kopplung arbeiten. Der bundesdeutsche Gesetzgeber hat für den Netzzugang von Strom aus erneuerbarer Energie und aus KWK - Anlagen somit gerade keine entsprechende Vorrang – Regelungen in den Gesetzestext eingeführt, sondern sich lediglich auf die Annahme einer besonderen Bedeutung dieser Energien beschränkt[3]. Auch hieraus ergibt sich, dass eine Überprüfung aller relevanten Umstände im konkreten Einzelfall erforderlich ist und die in § 6 Abs. 3 genannten Kriterien lediglich „besonders“ zu würdigen sind. Die Ziele der Sicherheit und Preiswürdigkeit und das Interesse an einem effektiven brancheninternen Wettbewerb, die ebenfalls im Rahmen des § 6 Abs. Satz 2 EnWG zu berücksichtigen sind, können dementsprechend im Einzelfall die Belange der Umweltverträglichkeit überwinden. Elektrizitätsversorgungsunternehmen mit KWK - Anlagen und Anlagen zur Nutzung erneuerbarer Energien können daher über die Anwendung der Abwä-

---

[1] Lippert, Energiewirtschaftsrecht. S. 532/533.

[2] Uldall – Bericht, BT-Drs. 13/9211, S. 22 (24); Schneider, Liberalisierung der Stromwirtschaft, S. 456; Harms, RdE 1999, S. 165 (168).

[3] Vgl. hierzu Meinhold, ZNER 1998, S. 2.

gungsklausel nicht generell vor Wettbewerb geschützt werden[1]. Die benannten Anlagen sollen somit Durchleitungsbegehren nicht zwangsläufig verhindern, sie bilden aber, wenn die Tatbestandsvoraussetzungen erfüllt sind, weitere Kriterien im Rahmen der Zumutbarkeitsprüfung, die besonders zu berücksichtigen sind[2].

(b) keine analoge Anwendbarkeit für Netzzugangsbegehren

Nach dem klaren Wortlaut des § 6 Abs. 3 EnWG und der Ausgestaltung als Zugangsverweigerungsregelung kann der Schutz der privilegierten Erzeugungsanlagen im Rahmen des § 6 Abs. 1 Satz 2 EnWG nur als Netzzugangsverweigerungsgrund angeführt werden. Eine analoge Anwendung für den umgekehrten Fall eines Netznutzungsbegehrens ist hingegen nicht zulässig. Die Norm ist also nicht anwendbar, wenn die durchzuleitende Elektrizität aus den in § 6 Abs. 3 EnWG genannten Anlagen stammt und konventionell erzeugte Elektrizität verdrängen soll. Sie kann nicht zur Durchsetzung einer Netznutzung für Elektrizität aus den privilegierten Erzeugungsanlagen, sondern nur als berechtigter Verweigerungsgrund gegenüber einem Netznutzungsbegehren für Elektrizität aus konventionellen Kraftwerken angeführt werden[3]. Die Regelung des § 6 Abs. 3 EnWG begründet dementsprechend nur Abwehrrechte des Schuldners, sie ist kein Türöffner für „Öko – Strom". Wer privilegierten Strom absetzen will, kann sich daher nicht auf § 6 Abs. 3 EnWG berufen[4]. Entsprechendes wurde auch von der Rechtsprechung bislang nicht anerkannt.

Dies ergibt sich aus der klaren Normfassung, die eindeutig eine ausschließliche Regelung für die Durchleitungsverweigerung enthält. Eine analoge Anwendbarkeit für eine Privilegierung gewisser Durchleitungsbegehren widerspräche dem Normhintergrund und ergibt sich auch nicht aus den Gesetzgebungsmaterialien. Zudem erfordert eine analoge Anwendung immer das Bestehen einer planwidrigen Regelungslücke. Eine solche liegt aber bereits nicht vor. Zum einen hätte der Gesetzgeber im Zuge der Novellierung des Energiewirtschaftsgesetzes eine entsprechende Regelung einfügen können. Hier ist davon auszugehen, dass er eine solche nicht gewollt hat und die Problematik nicht einfach übersehen wurde. Zum an-

[1] Horstmann, Netzzugang in der Energiewirtschaft, S. 108.

[2] BT-Drs. 13/9211, S. 28; Lippert, Energiewirtschaftsrecht, S. 533.

[3] Hierzu ausführlicher Horstmann, Netzzugang in der Energiewirtschaft, S. 117 / 118; a.A. Kühne, RdE 2000, S. 1 (4); Büdenbender, RdE 1999, S. 1 (5).

[4] Harms, RdE 1999, S. 165 (168).

deren ist eine derartige Regelung und somit eine analoge Anwendung des § 6 Abs. 3 EnWG auch gar nicht erforderlich, denn der Zugang zu Stromnetzen stellt den gesetzlichen Regelfall dar, so dass dieser ohnehin grundsätzlich zu gewähren ist und nur in begrenzten Ausnahmefällen verweigert werden darf. Für eine Privilegierung der Stromdurchleitungswünsche, mit denen umweltfreundlicher Strom konventionelle Energie verdrängen würde, ist dementsprechend eine analoge Anwendung des § 6 Abs. 3 EnWG gar nicht erforderlich, denn die besondere Umweltverträglichkeit kann ohnehin als zusätzliches Abwägungskriterium neben dem Interesse an einem möglichst umfassenden Wettbewerb in der durchzuführenden Interessenabwägung angemessen berücksichtigt werden.

(c) Voraussetzungen der sog. „KWK – Klausel“

Nach dem klaren Wortlaut der sogenannten „KWK – Klausel“ des § 6 Abs. 3 EnWG muss der darlegungs- und beweisbelastete Netzbetreiber nun die folgenden Voraussetzungen – die kumulativ vorliegen müssen – nachweisen, um eine Durchleitung unter Verweis auf Kraft – Wärme – Kopplung verweigern zu können:

1) Die Elektrizität muss aus fernwärmeorientierten,
2) umwelt- und ressourcenschonenden und
3) technisch – wirtschaftlich sinnvollen KWK – Anlagen oder aus Anlagen zur Nutzung erneuerbarer Energien
4) verdrängt werden und dadurch muss
5) ein wirtschaftlicher Betrieb dieser Anlagen verhindert werden und
6) die erfolgte Verdrängung darf nicht durch die Möglichkeiten zum Verkauf dieser verdrängen Elektrizität an Dritte kompensiert werden können[1].

Insbesondere der vom Netzbetreiber im Einzelfall zu führende Nachweis sowohl des Verdrängungseffekts als auch einer Verhinderung des wirtschaftlichen Betriebes der KWK – Anlagen wird nicht selten eine hohe Hürde für eine auf § 6 Abs. 3 EnWG gestützte Durchleitungsverweigerung darstellen. Insbesondere zahlreiche Kommunalversorger haben bereits bei Einfügung des Gesetzes befürchtet, diese engen Voraussetzungen regelmäßig nicht erfüllen zu können[2].

---

[1] Vgl. Theobald / Zenke, Grundlagen der Strom- und Gaswirtschaft, S. 64; Harms, RdE 1999, S 165 (169).

[2] Vgl. Meinhold, ZNER 1998, S. 2 (9), der auch auf E & M vom 15.04.1998, S. 6 verweist.

Dass tatsächlich hohe Anforderungen an eine Durchleitungsverweigerung gestellt werden, wird auch in der Entscheidung des OLG Dresden vom Februar 2001[1] deutlich, in der das Gericht sich mit dem besonderen Abwägugnskriterium des § 6 Abs. 3 EnWG auseinander zu setzen hatte und in der es die insoweit geforderten Voraussetzungen für eine Verweigerungsmöglichkeit gem. § 6 Abs. 3 EnWG genauer konkretisiert und als nicht hinreichend dargelegt und bewiesen angesehen hat.

Das Gericht weist in seiner Entscheidung richtigerweise darauf hin, dass lediglich pauschale Hinweise auf eine Beeinträchtigung des Einsatzes der Kraft – Wärme – Kopplung nicht geeignet sind, den Verweigerungsgrund zu erfüllen. Die Auffassung einiger Netzbetreiber, die glauben, allein unter Hinweis auf allgemein angesprochene Probleme mit der weiteren Nutzung der Kraft – Wärme – Kopplung den Netzzugang ablehnen zu können, geht dementsprechend fehl. Tatsächlich müssen zur Begründung einer Durchleitungsverweigerungsmöglichkeit konkrete, sachverhaltsspezifische Argumente vorgetragen werden[2]. Der Netzbetreiber muss die folgenden Voraussetzungen dementsprechend im Einzelnen genau darlegen und beweisen.

(aa) Elektrizität aus KWK – Anlagen oder Anlagen zur Nutzung erneuerbarer Energien

Die Abwägungsklausel des § 6 Abs. 3 EnWG gilt nur zugunsten von KWK – Anlagen, die eine wirkliche Kuppelproduktion von Strom und Dampf betreiben. Sie privilegiert hingegen nicht eine bloße Schein- Kraft – Wärmekopplung, bei der nur pro forma in untergeordnetem Umfang Dampf ausgekoppelt wird. Bei den KWK- Anlagen wird die Privilegierung zudem davon abhängig gemacht, ob diese als fernwärmeorientiert, umwelt- und ressourcenschonend sowie technisch – wirtschaftlich sinnvoll anzusehen sind. Die Anlagen zur Nutzung erneuerbarer Energien unterliegen diesen Erfordernissen hingegen nicht[3].

Die Elektrizität kann nach dem Willen des Gesetzgebers in einer beliebigen der genannten privilegierten Anlagen erzeugt werden. Voraussetzung der Anwendbarkeit des § 6 Abs. 3

---

[1] Abgedruckt u.a. in RdE 2001, S. 144ff. und GRUR - RR 2001, S 190ff.

[2] So auch Büdenbender, RdE 2001, S. 149 (151/152).

[3] Uldall – Bericht, BT-Drs. 13/9211, S.23; Büdenbender, RdE 1999, S. 1 (4); Walter / v. Keussler, RdE 1999, S. 223 (225).

EnWG ist es daher nicht, dass diese Anlagen vom Netzbetreiber selbst betrieben werden müssen. Die Vorschrift greift also grundsätzlich auch dann ein, wenn der Netzbetreiber selbst nur Bezieher des privilegiert erzeugten Stroms aus Anlagen Dritter ist und somit eigentlich keine eigenen Belange geltend macht[1]. Entscheidend ist insoweit, dass § 6 Abs. 3 EnWG gerade keine individuellen Interessen schützt, sondern vielmehr das Allgemeininteresse an einer energiepolitisch förderungswürdigen Stromerzeugung. Der Gesetzeswortlaut unterscheidet auch nicht zwischen Eigen- und Fremdstrom[2]. Nach seinem Wortlaut sowie dem Sinn und Zweck, die Umweltverträglichkeit der Elektrizitätserzeugung zu fördern, ist der Anwendungsbereich des § 6 Abs. 3 EnWG demnach nicht auf die Netzbetreiber beschränkt, die selbst oder deren konzernmäßig verbundenen Unternehmen privilegierte Anlagen betreiben, sondern es wird allein auf die Art der Elektrizitätserzeugung abgestellt, nicht auf den Besitz oder das Eigentum an den privilegierten Anlagen[3]. Anderweitige Einschränkungen wurden auch von der Rechtsprechung bislang nicht aufgestellt.

(bb) Fernwärmeorientierung

Stammt der potentiell verdrängte Strom aus einer Kraft – Wärme – Kopplungsanlage, ist zunächst erforderlich, dass der potentiell verdrängte Strom aus einer fernwärmeorientierten Anlage kommt.

Die unbestimmten Tatbestandsmerkmale „fernwärmeorientiert“, „umwelt- und ressourcenschonend“ sowie „technisch- wirtschaftlich sinnvoll“ hat der Gesetzgeber nicht näher konkretisiert, so dass diese Merkmale auszulegen sind.

Der Begriff „fernwärmeorientiert“ meint hierbei nichts anderes als die üblichere Bezeichnung „wärmeorientiert“, so dass grundsätzlich solche Anlagen, bei denen die Erzeugung von Strom vorrangig ist und die Gewinnung von Wärme nur nachgeordnete Bedeutung hat, von der Anwendung des § 6 Abs. 3 EnWG ausgeschlossen sein sollen[4]. Es wird hierbei,

---

[1] Zu bedenken ist allerdings, dass in diesen Fällen bei der Frage nach der Verhinderung des wirtschaftlichen Betriebes, bei der fremde Anlagen mit eingeschlossen sind, der Nachweis besonders schwierig sein kann.

[2] Büdenbender, RdE 1999, S. 1 (4); Harms, RdE 1999, S. 165 (169/172); Kühne, RdE 2000, S. 1 (4); a. A. Obernolte / Danner, EnWG, § 6 Rn. 45.

[3] Horstmann, Netzzugang in der Energiewirtschaft, S. 109; so auch Meinhold, ZNER 1998, S 2 (9).

[4] Theobald / Zenke, Grundlagen der Strom- und Gaswirtschaft, S. 65; Lippert, Energiewirtschaftsrecht, S 533.

anders als bei den übrigen Qualifikationsmerkmalen, nicht auf den tatsächlichen Betrieb der Anlage im relevanten Zeitpunkt abgestellt, sondern vielmehr auf die Konzeption der Anlage. Harms führt zutreffend aus, dass nicht auf den jeweiligen Grad der tatsächlichen Fernwärmeauskopplung abgestellt werden kann, denn es kann nicht sein, dass die Anlagen je nach ihrer momentanen Betriebsführung geschützt und wieder ungeschützt sein sollen[1]. Die Anlage muss auch nicht auf eine stringente Wärmeführung ausgelegt zu sein. Wärmeorientiert können auch Anlagen für variable Strom- und Wärmeauskopplungen sein[2]. Insoweit sehen die Gesetzgebungsmaterialien kurzfristige Ausnahmen vom Betrieb der Anlage im Kraft – Wärme – Kopplung – Prozess als zulässig an. Über den Umfang, in dem die Anlagen wärmeseitig ausgelegt sein müssen, um trotzt kurzfristiger Ausnahmen noch als wärmeorientiert zu gelten, soll nach dem Willen des Gesetzgebers die Branchenüblichkeit entscheiden[3]. Dementsprechend kommt es darauf an, ob die Planung der KWK - Anlagen darauf ausgelegt ist, dass sie auch während der Übergangszeiten überwiegend wärmegeführt betrieben wird. Ein ständig wärmegeführter Betrieb ist hingegen gerade nicht notwendig[4]. Entgegenstehende Ausführungen finden sich auch in der bislang ergangenen Rechtsprechung nicht.

(cc) Umwelt- und Ressourcenschonung

Des weitern muss die potentiell verdrängte Elektrizität, die aus einer KWK – Anlage stammt, aus einer umwelt- und ressourcenschonenden Anlage stammen.

Unter umweltschonend ist ein vergleichsweise geringer Grad der Belastung der Umwelt zu verstehen[5]. Es kommt also auf die Emissionswerte an, die wiederum an der Branchenüblichkeit und den Standardwerten, hingegen nicht am Stand der Spitzentechnik zu messen sind und im Jahresdurchschnitt deutlich unter denen konventioneller Kraftwerke liegen müssen[6]. Entscheidend ist insoweit der Zeitpunkt der Entscheidung über ein Netznutzungs-

---

[1] Harms, RdE 1999, S. 165 (169).

[2] Harms, RdE 1999, S. 165 (169).

[3] BT-Drs. 13 /9211, S. 55.

[4] Harms, RdE 1999, S. 165 (170); Horstmann, Netzzugang in der Energiewirtschaft, S. 111.

[5] Lippert, Energiewirtschaftsrecht, S. 533/534.

[6] Harms, RdE 1999, S. 165 (170); Horstmann, Netzzugang in der Energiewirtschaft, S. 111.

begehren, nicht der Zeitpunkt der Errichtung der Anlage[1]. Entsprechendes hat auch das Landgericht Chemnitz in seiner Entscheidung vom Juli 2000 ausgeführt[2].

Unter ressourcenschonend wird ein vergleichsweise höherer Grad an Primärenergieeinsparung durch KWK - Anlagen gegenüber der getrennten Erzeugung von Elektrizität und Wärme verstanden[3]. Insoweit ist auf den Gesamtwirkungsgrad, also auf den Gewinn elektrischer und thermischer Energie im Verhältnis zur verbrauchten Primärenergie abzustellen. Ein ausreichend hoher Wirkungsgrad der Anlage liegt nur dann vor, wenn er deutlich höher ist als bei konventionellen Kraftwerken[4].

(dd) Technisch – wirtschaftlich sinnvoll

Ferner muss die Elektrizität, die aus einer KWK – Anlage verdrängt würde, aus einer technisch- wirtschaftlich sinnvollen Anlage stammen. Insoweit ist davon auszugehen, dass dieser Begriff nicht in seine zwei Bestandteile zerlegt werden soll, sondern vielmehr als Ganzes zu betrachten ist[5]. Wann eine KWK - Anlage technisch – wirtschaftlich sinnvoll ist, wird nicht einheitlich beantwortet.

Nach einer Auffassung ist eine KWK - Anlage dann technisch – wirtschaftlich sinnvoll, wenn die Entscheidung für die KWK - Anlage an Stelle der Entscheidung für ein reines Heizwerk wirtschaftlich und technisch richtig war, was wiederum dann der Fall sein soll, wenn die Mehrkosten der KWK - Anlage gegenüber den Kosten eines reinen Heizwerkes über die Erträge aus der Stromerzeugung und dem Stromverkauf gedeckt werden können und insgesamt eine Kostendeckung erzielt wird. Darüber hinaus müsse die KWK - Anlage im Interesse niedriger Kosten bedarfsgerecht ausgelegt sein, d. h. Fernwärmeerzeugung und diesbezügliche Nachfrage müssten miteinander korrespondieren[6].

---

[1] Theobald / Zenke, Grundlagen der Strom- und Gaswirtschaft, S. 65, mit Verweis auf die Entscheidung des LG Chemnitz vom Juli 2000; die dementsprechend insbesondere auch darauf hinweisen, dass das Berufen auf den Verweigerungsgrund u.U. auch missbräuchlich sein kann.

[2] Entscheidung vom 24.07.2000, Az.: 4 HK O 3126/00, S. 13.

[3] Lippert, Energiewirtschaftsrecht, S. 534.

[4] Horstmann, Netzzugang in der Energiewirtschaft, S. 111.

[5] Harms, RdE 1999, S. 165 (170).

[6] Gronau, in: EnWG 1998, § 6 Erl. 19.3.; Lippert, Energiewirtschaftsrecht, S. 534; Theobald / Zenke, Grundlagen der Strom- und Gaswirtschaft, S. 65.

Nach anderer, vorzugswürdiger Ansicht, ist bei der Frage des technisch – wirtschaftlich sinnvollen Betriebes die Rentabilität anhand eines Kostenvergleichs mit anderen branchenüblichen KWK - Anlagen unter Berücksichtigung der im Versorgungsgebiet erzielbaren Preise zu beurteilen. Technisch – wirtschaftlich sinnvoll sind danach Anlagen, die Strom und Wärme mit Kosten produzieren, die in der Bandbreite der branchenüblichen Kosten von KWK - Anlagen und nicht so weit über dem Preisniveau liegen, dass kein annähernd kostendeckender Betrieb mehr möglich ist[1].

Zu diesem Punkt hat sich auch in der Rechtsprechung bereits eine Meinung gebildet. Das OLG Dresden hat sich der letzten Meinung angeschlossen und zusätzlich eine hinreichende Darlegung der Kalkulation und des erforderlichen Kostenvergleichs vom Netzbetreiber gefordert. Nicht ausreichend ist es nach Ansicht des Gerichts, wenn lediglich auf einige Kostenfaktoren verwiesen wird[2].

Ein entsprechendes Verständnis des technisch – wirtschaftlich sinnvollen Betriebes im Sinne eines Kostenvergleichs mit anderen branchenüblichen KWK - Anlagen unter Berücksichtigung der im Versorgungsgebiet erzielbaren Preise ist tatsächlich vorzugswürdig gegenüber einer Auslegung im Sinne einer Investitionskostenbetrachtung, bei der vor allem auf eine bedarfsgerechte Auslegung abgestellt wird[3]. Harms[4] führt insoweit überzeugend aus, dass entscheidend für eine Qualifizierung als technisch – wirtschaftlich sinnvoll die aktuelle Rentabilität der Anlage ist, die sich nach der Branchenüblichkeit bestimmt. Für die Beurteilung der gegenwärtigen und zukünftigen Rentabilität einer KWK – Anlage kommt es hingegen nicht mehr auf die Investitionskosten an, die in der Vergangenheit aufgewendet wurden. Diese sind für die Frage eines aktuellen und zukünftigen technisch – wirtschaftlich sinnvollen Betriebs nicht mehr von Belang. Entscheidend für die Schutzwürdigkeit der Anlage ist allein, ob ihr Weiterbetrieb oder ihre Stilllegung sinnvoller ist. Zwar ist insoweit auch eine bedarfsgerechte Auslegung entscheidend, hingegen aber nur sehr bedingt die volle thermische Leistung, mit der die Anlage tatsächlich in Anspruch genommen wird. Weil die Investitionskosten, die in der Vergangenheit aufgewendet wurden, nicht mehr von Belang sind,

---

[1] Harms, RdE 1999, S 165 (170/171).

[2] OLG Dresden, GRUR - RR 2001, S. 190 (194).

[3] Horstmann, Netzzugang in der Energiewirtschaft, stellt die sich gegenüberstehenden Ansichten lediglich dar, ohne Stellung zu nehmen, S. 111/112.

[4] RdE 1999, S. 165 (171), der zu diesem Punkt ausführlich Stellung nimmt.

kann es im Vergleich zu anderen KWK - Anlagen sogar rentabel sein, zeitweise nur Strom zu erzeugen.

(ee) Verdrängung von Elektrizität

Voraussetzung ist sowohl bei KWK - Anlagen, als auch bei Anlagen zur Nutzung erneuerbarer Energien, dass ohne die Durchleitungsverweigerung Elektrizität aus den privilegierten Anlagen verdrängt würde.

Eine Verdrängung ist immer dann gegeben, wenn es infolge der Durchleitung zu Absatzeinbußen der Elektrizität aus den KWK – Anlagen kommt[1]. Insoweit soll erneut darauf hingewiesen werden, dass hier nicht nur eine Verdrängung von privilegiertem Strom aus Anlagen des Netzbetreibers selbst, sondern ebenso eine Verdrängung von Strom aus KWK - Anlagen anderer Netzbetreiber in Betracht zu ziehen ist. Auf die Eigentumsverhältnisse kommt es insoweit nicht an, entscheidend ist allein, ob überhaupt privilegierter Strom verdrängt wird. Bei einer bloßen Verdrängung von Strom aus konventionellen Kraftwerken findet die KWK – Klausel des § 6 Abs. 3 EnWG hingegen keine Anwendung[2].

Hierbei ist davon auszugehen, dass – sofern der Netzbetreiber neben dem privilegierten Strom auch konventionelle Energie absetzt – die Durchleitung grundsätzlich den ungeschützten Konventionalstrom verdrängt. Die Verdrängung des geschützten Stroms ist dementsprechend die Ausnahme. Dies ergibt sich sowohl aus dem Zweck der Neuregelung, nach der der Wettbewerb nur unter bestimmten, eingeschränkten Möglichkeiten eingeschränkt werden soll, als auch aus der Verteilung der Darlegungs- und Beweislast. Sofern der Netzbetreiber nicht nachweist, dass der privilegierte Strom verdrängt wird, ist daher stets von einer Verdrängung des konventionellen Stroms auszugehen[3].
Des Weiteren kann von einer Verdrängung dann nicht die Rede sein, wenn sich auf beiden Seiten – also auf Seiten des Netzbetreibers und des Durchleitungspetenten – privilegierter Strom gegenüberstehen[4]. Dies ergibt sich bereits aus der Ratio des § 6 Abs. 3 EnWG. Es

---

[1] Harms, RdE 1999, S. 165 (173); Horstmann, Netzzugang in der Energiewirtschaft, S. 112; Lippert, Energiewirtschaftsrecht, S. 535.

[2] Obernolte / Danner, EnWG, § 6 Rn. 41; Harms, RdE 1999, S. 165 (173).

[3] Harms, RdE 1999, S. 165 (173).

[4] Horstmann, Netzzugang in der Energiewirtschaft, S. 113.

kommt allein darauf an, ob eine Verdrängung von besonders schützenswertem Strom droht. Sofern dem potentiell verdrängten Strom aber ebenso schützenswerte Energie gegenübersteht, ist der Schutzzweck der Norm nicht berührt, denn die sich gegenüberstehende Energie ist in gleichem Maße schutzwürdig und hat dementsprechend bei der vorzunehmenden Abwägung das gleiche Gewicht[1]. Teilweise wird vertreten, dass zu überprüfen sein soll, welche Energie aus einer höherwertigen KWK - Anlage stammt, was sich wiederum durch einen Vergleich der Wirkungsgrade der Anlagen ergeben soll. Dieser „höherwertigen" Energie solle sodann der Vorrang einzuräumen sein[2]. Dies ist jedoch abzulehnen, da der Normtext insoweit keine weitere Differenzierung vornimmt, sondern allein darauf abstellt, ob es sich überhaupt um privilegierten Strom handelt. Eine Differenzierungsnotwendigkeit ergibt sich auch nicht aus der Ratio der Norm, denn die Verdrängung privilegierten Stroms an sich ist ausreichend, um den Schutz auszulösen.

Der Netzbetreiber muss die Auswirkungen der Durchleitung und die Beeinträchtigungen in jedem Einzelfall konkret nachweisen. Er hat jeweils das konkrete Ausmaß der Verdrängung der privilegierten Energie darzulegen und zu beweisen. Die hierzu bislang ergangene Rechtsprechung stellt hier hohe Anforderungen. In der Entscheidung vom Februar 2001 macht das Oberlandesgericht Dresden deutlich, dass sich das Erfordernis des Nachweises einer konkreten Beeinträchtigung bereits aus der Formulierung des § 6 Abs. 3 EnWG ergibt, in dem es heißt „inwieweit dadurch", nämlich durch den erstrebten Netzzugang, die Ziele der Regelung berührt werden. Das Gericht forderte in dem konkreten Fall vom Netzbetreiber zunächst eine Analyse im Hinblick auf die konkret beabsichtigte Durchleitungsleistung. Sodann soll der Netzbetreiber auf dieser Grundlage die Verdrängung der rationellen Energieversorgung und des nicht mehr möglichen Betriebs dieser energieerzeugenden Anlagen darlegen[3]. Diese Forderungen des Gerichts nach einer ganz konkreten und sachverhaltsbezogenen Darlegung der Verdrängung sind auch berechtigt und ergeben sich sowohl aus dem Wortlaut, als insbesondere auch aus der Ratio der Norm. Denn nur wenn tatsächlich eine konkrete Beeinträchtigung und Verdrängung vom beweisbelasteten Netzbetreiber nachgewiesen wird, ist die gerade nur in Ausnahmefällen zulässige Einschränkung des Wettbewerbs gerechtfertigt. Es kommt dementsprechend darauf an, ob der Netzbetreiber konkret darlegen und beweisen kann, dass gerade die konkret beabsichtigte Durchleitung negative

[1] So auch Horstmann, Netzzugang in der Energiewirtschaft, S. 113.

[2] Büdenbender, Energierechts – Reform 1998, Rn. 210; Kühne, RdE 2000, S. 1 (4).

[3] OLG Dresden, GRUR - RR 2001, S. 190 (194).

Auswirkungen auf das Ausmaß der Verdrängung der rationellen Energieversorgung hat. Pauschale Hinweise ohne konkrete Analysen und Daten reichen hier nicht aus.

(ff) Verhinderung des wirtschaftlichen Betriebs

Erforderlich ist des Weiteren eine Verhinderung des wirtschaftlichen Betriebes der privilegierten Anlage.

Es wird also ein wirtschaftlicher Betrieb vorausgesetzt, der ausschließlich infolge der Verdrängung von auf der Basis einer Kraft – Wärme – Kopplung erzeugter Elektrizität und damit ausbleibender Erlöse unwirtschaftlich würde. Ist die Anlage aus anderen Gründen unwirtschaftlich, greift die Abwägungsklausel des § 6 Abs. 3 EnWG nicht ein[1].

Die Wirtschaftlichkeit des Betriebs der Anlage muss tatsächlich verhindert und nicht etwa nur behindert werden. Eine bloße Verdrängung des Stroms in oben genanntem Sinne ist dementsprechend gerade nicht ausreichend, wenn die Verdrängung gleichwohl noch einen wirtschaftlichen Restbetrieb der Anlagen ermöglicht. Auch dies wird von der Rechtsprechung so vertreten. Das OLG Dresden weist in seiner Entscheidung insoweit zutreffend darauf hin, dass das Gesetz nicht davon spricht, dass der wirtschaftliche Betrieb unverändert möglich sein muss, sondern dass hier nur von einem wirtschaftlichen Betrieb überhaupt die Rede ist[2]. Solange ein wirtschaftlicher Betreib aber gegeben ist, wenn auch nicht in unveränderter Form, kann der Förderungsaspekt der in § 6 Abs. 3 EnWG genannten Anlagen nicht in den Abwägungsprozess einbezogen werden[3]. Auch das Bundesverfassungsgericht ging im Kommunalverfassungsbeschwerdeverfahren vom April 2000 – welches auch diese Problematik betraf – davon aus, dass eine völlige Unwirtschaftlichkeit erforderlich ist und eine bloß veränderte Wirtschaftlichkeit nicht ausreichen soll[4].

Es muss also auch nach Ansicht der Rechtsprechung eine dauerhafte und endgültige Beseitigung der Wirtschaftlichkeit der betroffenen Anlage vom Netzbetreiber nachgewiesen wer-

---

[1] Lippert, Energiewirtschaftsrecht, S. 535.

[2] OLG Dresden, GRUR - RR 2001, S. 190 (195); zustimmend Büdenbender, RdE 2001, S 149 (152).

[3] OLG Dresden, GRUR - RR 2001, S. 190 (195); so auch Lippert, Energiewirtschaftsrecht, S. 535.

[4] BVerfG, NVwZ 2000, S. 789 (792); wohl zustimmend Theobald / Zenke, Grundlagen der Strom- und Gaswirtschaft, S. 67.

den, eine bloße Schmälerung der Gewinne bis an die Rentabilitätsgrenze stellt hingegen nur eine Beeinträchtigung dar und reicht dementsprechend gerade nicht aus. Ebenso müssen vorübergehende Verluste in Kauf genommen werden, bis andere Absatzmöglichkeiten erschlossen sind oder Anpassungen, z.B. Umrüstungen greifen[1]. Auch insoweit wird von der Rechtsprechung eine ganz konkrete Darlegung der Beeinträchtigungen gefordert, eine bloß pauschale Kostenaufstellung wird richtigerweise nicht als ausreichend angesehen[2].

Die Wirtschaftlichkeit der Anlage ist nach der Kostendeckung und angemessenen Gewinnerwirtschaftung zu beurteilen[3]. Bei der Beurteilung des wirtschaftlichen Betriebs ist im Grundsatz von einer individuellen Betrachtung der konkret betroffenen Anlage auszugehen und nicht von einer Gesamtbetrachtung aller möglicherweise betroffenen Kraftwerke. Im Einzelfall kann aber auch die Unwirtschaftlichkeit des Gesamtbetriebs maßgebend sein[4]. Dies erkennt auch das OLG Dresden in der genannten Entscheidung an. Nach zutreffender Ansicht des Gerichts kann die Unwirtschaftlichkeit des Gesamtbetriebs dann maßgebend sein, wenn sie zwangsläufig den wirtschaftlichen Betrieb der zu schützenden Anlage verhindert[5]. Dies ist etwa der Fall, wenn infolge der Netznutzung erhebliche Teile des Absatzes verloren gehen und dadurch die Wettbewerbs- und Existenzfähigkeit des ganzen Versorgungsunternehmens gefährdet und folglich auch der wirtschaftliche Betrieb der privilegierten Erzeugungsanlage verhindert wird. In diesem Fall würde die Durchleitung nämlich tatsächlich dazu führen würde, dass das Gesamtunternehmen, und somit auch die besonders geschützten Anlagen vom Wettbewerb ausscheiden[6].

Bei der Frage der Unwirtschaftlichkeit kann insbesondere auch eine Mischkalkulation Bedeutung erlangen, die eine Subventionierung der teureren eigenerzeugten Energie durch den Zukauf günstigeren Stroms ermöglicht. Auch hier ist allerdings eine ganz konkrete Darlegung der Kalkulation erforderlich. Nicht ausreichend ist ein lediglich pauschaler Hinweis auf eine Mischkalkulation, sofern nicht im Einzelnen die Kalkulationsgrundlagen und die genauen Auswirkungen auf die Wirtschaftlichkeit des Unternehmens vom darlegungs- und

---

[1] Harms, RdE 1999, S. 165 (172).

[2] OLG Dresden, GRUR - RR 2001, S. 190 (194 / 195).

[3] Gronau, EnWG 1998, § 6 Erl. 19.6.; Obernolte / Danner, EnWG, § 6 Rn. 38; a.A. Harms, der die Wirtschaftlichkeit anhand der Auslastung der Anlage bestimmen will.

[4] Horstmann, Netzzugang in der Energiewirtschaft, S. 114 / 115.

[5] OLG Dresden, GRUR - RR 2001, S. 190 (194).

[6] Horstmann, Netzzugang in der Energiewirtschaft, S. 115; Harms, RdE 1999, S. 165 (173).

beweisbelasteten Netzbetreiber konkretisiert werden. Auch dies stellt das OLG Dresden in seiner Entscheidung klar[1]. Der Netzbetreiber muss seine Kalkulationsgrundlagen also im Einzelnen darlegen und die Auswirkungen auf die Wirtschaftlichkeit konkret und sachverhaltsbezogen nachweisen.

In der oberlandesgerichtlichen Entscheidung wird des weiteren zutreffend ausgeführt, dass bei der Frage der Wirtschaftlichkeit des Kraftwerks nicht ohne weiteres jegliche Ausrüstungskosten, wie in diesem Fall beispielsweise Rauchgasentschwefelungsanlagen, als Negativposten berücksichtigt werden können, da der Schutz bereits getätigter Investitionen nach der Vorstellung des Gesetzgebers im Rahmen des § 6 Abs. 3 EnWG gerade nicht generell, sondern lediglich in Ausnahmefällen gerechtfertig sein soll. Insoweit statuiert das Energiewirtschaftsgesetz – wie auch das OLG Dresden zutreffend erkennt – weder einen Anspruch auf einen existenzsichernden Umsatz, noch will es den Netzbetreibern das wirtschaftliche Risiko abnehmen[2]. Vielmehr hat auch der Netzbetreiber jeweils eine am Markt orientierte Kalkulation der von ihm verlangten Preise vorzunehmen und nicht auf eine schnellstmögliche Amortisation von Investitionen bedacht zu sein. Erforderlich ist insoweit nach den zutreffenden Beurteilungen des Gerichts zumindest die Offenlegung der betriebsinternen Kalkulationen und die genaue Darlegung der flexiblen und nicht flexiblen Kosten[3].

Schließlich kann auch die Möglichkeit oder Wahrscheinlichkeit künftiger Netznutzungsanfragen dem Netzzugangsanspruch nicht entgegengehalten werden. Auch dies wird in der oberlandesgerichtlichen Entscheidung zutreffend klargestellt[4]. Entscheidend ist insoweit insbesondere, dass die Möglichkeit oder Wahrscheinlichkeit künftiger Durchleitungsansprüche den wirtschaftlichen Betrieb einer Anlage nicht verhindert, solange ihre Geltendmachung noch nicht feststeht. Im Übrigen muss verhindert werden, dass Wettbewerber über einen nicht eindeutig definierbaren Zeitraum generell von dem betroffenen Netz ferngehalten werden, ohne dass es auf die konkreten Auswirkungen des Netzzugangs ankäme.

---

[1] OLG Dresden, GRUR - RR 2001, S. 190 (194).

[2] OLG Dresden, GRUR - RR 2001, S. 190 (195) mit Verweis auf BT-Drs. 13 / 7274, S. 25 und Walter / v. Keussler, RdE 1999, S. 190 (225f).

[3] OLG Dresden, GRUR - RR 2001, S. 190 (195); Büdenbender, RdE 1999, S. 1 (4); Harms, RdE 1999,S. 165 (172); Horstmann, Netzzugang in der Energiewirtschaft, S 115.

[4] OLG Dresden, GRUR - RR 2001, S. 190 (195).

(gg) Nutzung von Verkaufsmöglichkeiten an Dritte

Schließlich erfordert § 6 Abs. 3 EnWG, dass der Netzbetreiber alle Möglichkeiten zum Verkauf der Elektrizität aus Kraft – Wärme – Kopplung und erneuerbaren Energien an Dritte nutzt.

Der Netzbetreiber ist also zu dem Versuch verpflichtet, einen Ausgleich des Absatzverlustes an anderer Stelle zu unternehmen. Nur wenn der Absatzverlust und die fehlende Möglichkeit eines Ausgleichs an anderer Stelle die Führung eines wirtschaftlichen Restbetriebs verhindert, greift § 6 Abs. 3 EnWG ein[1]. Der betroffenen Netzbetreiber kann sich also nicht auf eine passive Duldung der Wirkung einer Durchleitung beschränken, um daraus einen relativen Durchleitungsverweigerungsgrund abzuleiten, sondern er muss sich aktiv um alternative Absatzmöglichkeiten bemühen[2]. Auch insoweit ist es erforderlich, dass der Netzbetreiber konkret nachweist, dass er die Möglichkeiten zur anderweitigen Veräußerung an Dritte genutzt hat. Pauschale Hinweise auf eine Unverkäuflichkeit des privilegierten Stroms genügen auch insoweit nicht. Zudem ist nach zutreffender Ansicht des Bundeskartellamts, das sich in der oben bereits genauer dargestellten Entscheidung vom 30. August 1999 auch kurz mit dem besonderen Abwägungskriterium des § 6 Abs. 3 EnWG auseinander zu setzen hatte, insoweit davon auszugehen, dass Möglichkeiten zur anderweitigen Veräußerung in einem liberalisierten Strommarkt grundsätzlich bestehen und potentielle Abnehmer dementsprechend grundsätzlich vorhanden sind[3].

(d) Ergebnis

Um eine Durchleitung unter Berufung auf die spezielle Unzumutbarkeitsregelung des § 6 Abs. 3 EnWG verweigern zu können, muss der Netzbetreiber dementsprechend ganz konkret und dezidiert darlegen, dass die privilegierte Elektrizität aus den in der Norm genannten Anlagen verdrängt wird, dass dadurch ein wirtschaftlicher Betrieb dieser Anlagen verhindert wird und dass die erfolgte Verdrängung nicht durch die Möglichkeiten zum Verkauf der verdrängten Energie an Dritte kompensiert werden kann. Nur wenn diese Vorraussetzungen kumulativ vorliegen und im Einzelnen dargelegt und bewiesen werden können, kann der

---

[1] Lippert, Energiewirtschaftsrecht, S. 536; Theobald / Zenke, Grundlagen der Strom- und Gaswirtschaft, S. 67.

[2] Büdenbender, RdE 2001, S. 149 (152).

[3] BKartA, Entscheidung vom 30. August 1999, B 8 – 40100 – T 99 / 99, S.24/25.

Netzbetreiber eine Einschränkung des Wettbewerbs erreichen. Angesichts dieser von der Rechtsprechung geforderten, strengen Voraussetzungen ist davon auszugehen, dass das Abwägungskriterium des § 6 Abs. 3 EnWG nur in seltenen Ausnahmefällen eine Durchleitungsverweigerung rechtfertigen kann und wird.

(2) Sonstige Durchleitungsverweigerungsgründe

Der Schutz von KWK - Anlagen und Anlagen zur Nutzung erneuerbarer Energien wird – wie bereits ausgeführt – nur als besonderer Unzumutbarkeitsgrund in § 6 Abs. 3 EnWG explizit erwähnt. Die Durchleitungsverweigerungsregelung des § 6 Abs. 1 Satz 2, 2. Alt. EnWG findet daneben einen weiter gefassten Anwendungsbereich.

Wann neben dem Fall des § 6 Abs. 3 EnWG eine Unzumutbarkeit vorliegt, ist wegen der weiten Fassung des § 6 Abs. 1 Satz 2 EnWG jedoch nicht eindeutig. Mit Blick auf die EU – Binnenmarktrichtlinie ist es nicht ganz unproblematisch, dass § 6 Abs. 1 EnWG nur auf das Zieltrias des § 1 EnWG verweist und somit, anders als Art. 17 Abs. 5 i. V. m. Art. 3 Abs. 1 EltRL, nicht unmittelbar und umfassend die Wettbewerbsorientierung einbezieht. Zudem werden die in der Richtlinie vorgesehenen und ausdrücklich legitimierten Durchleitungsverweigerungsgründe zwar umgesetzt, diese sind aber nicht abschließend, so dass sich die Frage stellt, welche weiteren Gesichtspunkte die Durchleitungsverweigerung wegen Unzumutbarkeit legitimieren können[1].

Im allgemeinen umschreibt der Zumutbarkeitsbegriff unter Betonung personaler Aspekte den Grundsatz der Verhältnismäßigkeit, wobei § 6 Abs. 1 Satz 2 EnWG im Wege der richtlinienkonformen Auslegung dahingehend zu interpretieren ist, dass ein Berufen auf die Unzumutbarkeit einer Durchleitung jenseits der genannten Vorrangsregelungen zugunsten bestimmter Anlagen nur in Fällen einer evidenten Beeinträchtigung von Zielen des § 1 EnWG in Betracht kommt. Dies entspricht auch der gesetzlichen Systematik, wonach die Durchleitung den Regelfall darstellt[2].

Im Folgenden soll nun dargestellt werden, welche Verweigerungsgründe im Rahmen der Unzumutbarkeit von den Netzbetreibern in der Praxis häufig angeführt werden und ob diese

[1] Schneider, Liberalisierung der Stromwirtschaft, S. 455; Lukes, BB 1998, Beil. 12, S. 1 (13/14).

[2] Schneider, Liberalisierung der Stromwirtschaft, S. 455/456.

von der Rechtsprechung als Durchleitungsverweigerungsgründe anerkannt werden. Insoweit soll insbesondere eine inhaltliche Darstellung und Bewertung der bislang ergangenen Entscheidungen der Gerichte und Kartellbehörden erfolgen.

Nach Darstellung der einzelnen Verweigerungsgründe – und auch der Schutzklauseln des Art. 4 §§ 2, 3 EnWG – soll zudem untersucht werden, wie die Gerichte bzw. Kartellbehörden bei ihrer Entscheidungsfindung methodisch vorgehen. Insoweit soll untersucht und dargestellt werden, wie die Gerichte den unklaren Unzumutbarkeitsbegriff einer Konkretisierung zugänglich machen. Insbesondere soll darauf eingegangen werden, welche Hilfestellungen der Gesetzgeber den Gerichten und Kartellbehörden gegeben hat und ob diese ausreichen, um übereinstimmende Rechtsprechungsansichten zu ermöglichen bzw. wie der Gesetzgeber den Entscheidungsorganen die Arbeit hätte erleichtern können und sollen. Abschließend soll auch noch auf die Änderung des § 6 Abs. 1 EnWG durch Einfügung des Vermutungstatbestandes sowie darauf eingegangen werden, ob diese die Arbeit der Gerichte voraussichtlich erleichtern, oder sogar noch erschweren wird.

Zunächst aber zu den einzelnen Verweigerungsmöglichkeiten wegen Unzumutbarkeit der Durchleitung.

(a) Der Einwand bestehender „Altverträge“

Als Grund für eine Durchleitungsverweigerung wird von Netzbetreibern in der Praxis häufig angeführt, die Durchleitung sei unzumutbar, weil zwischen ihnen selbst bzw. der mit ihnen verbundenen Stromhandelsabteilung und dem Abnehmer des durchzuleitenden Stroms noch ein Stromliefervertrag bestehe. Einen Bruch der vertraglichen Abnahmepflichten des Kunden dadurch zu unterstützen, dass der Netzzugang eines dritten Versorgungsunternehmens ermöglicht werde, könne ihnen nicht zugemutet werden.

Es werden also „eigene“, noch bestehende vertragliche Bindungen mit dem Kunden des Durchleitungspetenten angeführt, um eine Durchleitungsverweigerungsmöglichkeit zu begründen. In diesem Zusammenhang stellen sich zwei voneinander zu trennende Fragen: Zum einen stellt sich die Frage, ob dies zu einer Unzumutbarkeit der Durchleitung führen kann, ob also überhaupt ein tauglicher Durchleitungsverweigerungsgrund begründet wird. Zum anderen stellt sich die Frage danach, ob die alten Vertragsbeziehungen überhaupt noch

Wirksamkeit entfalten oder ob die Verträge nach der Reform des Energiewirtschaftsgesetzes nicht vielmehr ohnehin unwirksam geworden sind.

Unmittelbar mit der Frage nach der Durchleitungsverweigerungsmöglichkeit in Zusammenhang steht nur die Frage, ob überhaupt ein tauglicher Verweigerungsgrund begründet wird. Die Frage nach der Wirksamkeit der Altverträge hat hier nur mittelbare Bedeutung. Sie soll dementsprechend erst später im Rahmen eines Exkurses genauer erörtert werden.

(aa) Begründung eines tauglichen Durchleitungsverweigerungsgrundes?

Im Vordergrund steht dementsprechend die Frage nach der Begründung eines tauglichen Verweigerungsgrundes durch den Einwand „eigener“ vertraglicher Beziehungen mit dem Durchleitungsempfänger.

(aaa) Ansicht der insoweit bislang angerufenen Gerichte und des Bundeskartellamts

Der Einwand, der Durchleitungsempfänger sei an den bisherigen Versorger, nämlich den Netzbetreiber selbst, vertraglich gebunden und es sei diesem nicht zuzumuten, einen Vertragsbruch der Endverbraucher dadurch zu unterstützen, dass dem Durchleitungspetenten der Netzzugang hinsichtlich des betreffenden Durchleitungsempfängers ermöglicht werde, wurde bereits mehrfach im Rahmen von gerichtlichen Verfahren vorgebracht. Zu nennen sind insbesondere die Entscheidungen der Landgerichte Hamburg[1], Mainz[2], Berlin[3] und Dortmund[4]. Auch das Bundeskartellamt[5] hat sich bereits mit der Problematik auseinandergesetzt.

---

[1] Entscheidung vom 03.02.2000, AZ. 406 O 17/00, abgedruckt in RdE 2000, S. 231ff.

[2] Entscheidungen vom 28.02.2000 und 10.07.2000, AZ. HK.O 16/00 Kart., zitiert und dargestellt in Theobald / Zenke, VuR 2000, 405 (406); dies., Grundlagen der Strom- und Gaswirtschaft, S. 60.

[3] Entscheidung vom 27.06.2000, AZ. 16 O 652/99, abgedruckt in NJWE - WettbR 2000, S. 270ff.

[4] Entscheidung vom 01.09.2000, AZ. 13 O 134/00 (Kart.), abgedruckt in GRUR - RR 2001, S. 43ff.

[5] Abmahnschreiben gegen die Elektromark vom 22.12.1998, AZ. B – 8 40100 – T – 248/98, dargestellt und zitiert in Theobald / Zenke, VuR 2000, S. 405 (406); dies., Grundlagen der Strom- und Gaswirtschaft, S. 60ff.

Sowohl die insoweit bislang angerufenen Gerichte, als auch das Bundeskartellamt gehen einhellig davon aus, dass etwaige Altverträge grundsätzlich nicht als tauglicher Durchleitungsverweigerungsgrund angeführt werden können.

In dem Rechtsstreit vor dem Landgericht Hamburg verweigerte der Netzbetreiber die Durchleitung mit der Begründung, dass die Kunden des Durchleitungsinteressenten an anderweitige Stromlieferverträge mit ihrem eigenen Versorgungsbereich gebunden seien. In diesem Fall bestand zusätzlich die Besonderheit, dass der Durchleitungsinteressent namens und in Vollmacht der Kunden die Anfechtung dieser Stromlieferverträge wegen arglistiger Täuschung erklärte. Das Landgericht führt in seiner Entscheidung aus, bei der Abwägung der widerstreitenden Interessen der beteiligten Parteien könne der Netzbetreiber den Einwand der Unzumutbarkeit nach § 6 Abs. 1 Satz 2 EnWG grundsätzlich nicht darauf gründen, die Endabnehmer, die sich an den Durchleitungspetenten als ihren neuen Versorger binden wollen, seien an ihren bisherigen Versorger, nämlich sie selbst, vertraglich gebunden. Es würde dem Ziel des § 1 EnWG, der Liberalisierung des Strommarktes und der Erleichterung des Markteintritts neuer Elektrizitätsversorgungsunternehmen, widersprechen, wenn der Betreiber eines Elektrizitätsversorgungsnetzes im Rahmen seiner Durchleitungspflicht darüber zu entscheiden hätte, ob der Endabnehmer anderweitige Stromversorgungsverträge geschlossen hätte. Dies liege auf der Hand, wenn der Netzbetreiber und der bisherige Lieferant zwei verschiedene Unternehmen seien. Es handele sich dann um eine zivilrechtliche Streitigkeit zwischen Endabnehmer und bisherigem Versorger. Mit der Zumutbarkeit der Durchleitung, bei der nur eigene berechtigte Interessen des Netzbetreibers zu berücksichtigen wären, habe dies nichts zu tun. Erst recht sei es mit der Interessenwertung des EnWG unvereinbar, einem Netzbetreiber, der gleichzeitig Versorger und damit Wettbewerber des neuen Anbieters sei, mittels Zumutbarkeitserwägungen des § 6 Abs. 1 Satz 2 EnWG die Möglichkeit zu geben, den Wechsel von Endabnehmern zu den neuen Marktanbietern mit dem bloßen Hinweis, dass die alten Verträge mit dem Versorger einem Neuabschluss im Wege stünden, drastisch zu erschweren. Es sei dabei zu berücksichtigen, dass der Streit über den Bestand der mit dem Netzbetreiber geschlossenen Stromlieferverträge unter Berücksichtigung des § 4 Abs. 4 EnWG („Unbundling") nicht einmal zwischen der Betriebsabteilung des Netzbetreibers, sondern vielmehr zwischen der Vertriebsabteilung und dem Kunden, somit also gar nicht zwischen den Parteien des Rechtsstreits bestehe. Insoweit müsse ein separater Zivilrechtsstreit geführt werden. Schließlich ergebe sich in dem speziell vorliegenden Fall eine Unzumutbarkeit auch nicht etwa unter dem Aspekt eines kollusiven Verhaltens zur gezielten Kundenabwerbung. Dieser sei zwar grundsätzlich dazu geeignet eine Unzumutbarkeit der Durchleitung zu begründen, der Netzbetreiber habe insoweit aber nicht hinreichend glaubhaft machen können, dass der Durchleitungspetent die Abwerbung gezielt unter Verwendung vorformulierter Kündigungen oder Anfechtungserklärungen samt Risikoübernahme für den Fall etwaiger rechtlicher Auseinandersetzungen betrieb. Schließlich vermöge das Gericht auch die Gefahr einer Doppeleinspeisung schon deswegen nicht zu erkennen, weil die Endabnehmer in ihrem Vertrag mit der Antragstellerin ausdrücklich die Verweigerung der Abnahme von Strom des Netzbetreibers erklärt hätten[1].

Auch das Landgericht Mainz geht in seinem Beschluss vom Februar 2000, bestätigt durch sein Urteil vom Juli 2000, davon aus, dass der Netzbetreiber sich zur Begründung einer Durchleitungsverweigerung nicht auf einen vermeintlich eigenen Stromliefervertrag mit dem Kunden berufen könne. Hierzu führt es insbesondere aus, ob der Kunde zum Bezug elektrischen Stroms von Netzbetreiber verpflichtet sei, habe nicht der Netzbetreiber zu entscheiden, sondern notfalls ein Gericht[2].

Entsprechend stellt auch das Landgericht Berlin in seiner Entscheidung klar, dass es für die Abwägungsentscheidung im Rahmen des § 6 Abs. 1 EnWG grundsätzlich nicht von Bedeutung sei, ob der Netzzugangspetent tatsächlich wirksame und erfüllbare Versorgungsverträge mit den Endabnehmern schließen konnte oder ob diese durch Altverträge mit anderen Versorgungsunternehmen langfristig gebunden seien. Diese Frage beeinträchtige jedenfalls das Interesse des Durchleitungspetenten an der Durchleitung nicht, sondern allenfalls seine Möglichkeit, die Rechte aus einem Durchleitungsvertrag tatsächlich in Anspruch zu nehmen. Keinesfalls seien durch diese Frage Interessen des Netzbetreibers im Zusammenhang mit der Netznutzung berührt. Darüber hinaus würden die vorliegenden Altverträge ohnehin schon deshalb bei der Interessenabwägung außer Betracht bleiben, weil sie gegen geltendes Kartellrecht verstießen[3].

Ebenso geht das Landgericht Dortmund davon aus, dass der Netzbetreiber sich nicht auf das Bestehen eigener Verträge mit dem Durchleitungsempfänger berufen könne. Dabei sei unbeachtlich, ob solche Lieferverträge, aus welchen Gründen auch immer, unwirksam seien.

---

[1] LG Hamburg, RdE 2000, S. 231 (232/233).

[2] LG Mainz, dargestellt und zitiert in Theobald / Zenke, VuR 2000, S. 405 (406); dies., Grundlagen der Strom- und Gaswirtschaft, S. 60; vgl. hierzu auch Schneider/Theobald, Handbuch zum Recht der Energiewirtschaft, S. 698.

[3] LG Berlin, NJWE - WettbR 2000, S. 270 (274).

Auch wirksame Liefervereinbarungen könnten nicht zur Durchleitungsverweigerung berechtigen. Die Lieferanteninteressen seien nach dem Grundsatz des Unbundling streng zu trennen von der Funktion als Netzbetreiber. Das europäische Liberalisierungsziel sei nicht zu erreichen, wenn Fragen des Versorgungsbereichs Auswirkungen für den Bereich der bloßen Netznutzung haben könnten. Ein Netzbetreiber, der entsprechend der gesetzlichen Verpflichtung eine Durchleitung gewähre, könne auch keinen Vertragsbruch gegenüber seinen Kunden begehen. Dies gelte auch, wenn das gesetzeskonforme Verhalten etwaiges vertragswidriges Verhalten anderer, des Netzpetenten oder Dritter, fordere. Ob derart vertragswidriges Verhalten überhaupt vorliege, sei nicht vom Netzbetreiber zu entscheiden und könne dessen Interessen nicht berühren[1].

Auch nach Ansicht des Bundeskartellamts ist es schließlich unhaltbar, bei unklaren und möglicherweise im Streit befindlichen vertraglichen Bindungen des im Wege der Durchleitung zu beliefernden Kunden die Stellung als Inhaber der Elektrizitätsversorgungsnetze dazu zu nutzen, einem Kunden, der sich nicht für vertraglich gebunden hält, von vornherein einen Drittbezug zu versagen. Der Netzbetreiber könne sich gegenüber dem Netzzugangspetenten nicht auf eine vertragliche Bindung seiner Abnehmer berufen, wenn diese kartellrechtlich umstritten ist[2].

(bbb) Literaturansicht

Die Ansicht der Rechtsprechung findet in der Literatur überwiegend Zustimmung. Auch in der Literatur wird der Einwand bestehender Altverträge durchweg nicht als tauglicher Durchleitungsverweigerungsgrund anerkannt.

Giermann[3] führt in seiner Auseinandersetzung mit dem Urteil des Landgerichts Hamburg unter anderem aus, dem Gericht sei darin zuzustimmen, dass die Unzumutbarkeit der Durchleitung in Fällen wie diesen nicht damit begründet werden könne, durch die Gestattung der Durchleitung setze sich der Netzbetreiber der Gefahr von Schadensersatzansprü-

---

[1] LG Dortmund, GRUR - RR 2001, S. 43 (45).

[2] Bundeskartellamt, Abmahnschreiben an die Elektromark AG vom 22.12.1998, dargestellt und zitiert in Theobald / Zenke, VuR 2000, S. 405 (406); dies., Grundlagen der Strom- und Gaswirtschaft, S. 60 und Horstmann, Netzzugang in der Energiewirtschaft, S 132.

[3] RdE 2000, S. 222 (228ff.).

chen aus. Wenn dies nicht bereits grundsätzlich im Rahmen der nach § 6 Abs. 1 Satz 2 EnWG vorzunehmenden Interessenabwägung unberücksichtigt zu lassen sei, so sei dies jedenfalls in der vorliegenden Konstellation der Fall, in der es um die Frage des Durchgreifens der Anfechtung des Vertrages wegen arglistiger Täuschung ging. Denn selbst wenn Schadensersatzansprüche geltend gemacht werden könnten, wäre der Netzbetreiber nach dem Grundsatz des Unbundling gar nicht Beteiligter eines solchen Rechtsstreits. Parteien seien vielmehr die Verteilungsabteilung als eigene Betriebsabteilung des EVU sowie die betreffenden Endabnehmer. Zudem sei nur schwer vorstellbar, wie der Netzbetreiber anders als durch interne Informationen innerhalb des EVU, dem er als Betriebsabteilung angehört, Kenntnis über das Bestehen anderweitiger vertraglicher Bindungen der betreffenden Endabnehmer erlangt haben könnte. Dies stelle indessen eine Verletzung der bestehenden Verpflichtung zum Unbundling dar. Darüber hinaus würde sich der Netzbetreiber eine nach § 6 EnWG unzulässige schiedsrichterähnliche Funktion anmaßen.

Auch Böwing[1] führt aus, für den Netzzugang könne es auf die Frage der Wirksamkeit der Altlieferverträge nicht ankommen. Die Frage laute: Kann ein Netzbetreiber einem Lieferanten die Durchleitung verweigern, wenn ein Dritter behauptet, mit dem Kunden des Lieferanten noch einen wirksamen, dessen gesamten Bedarf abdeckenden Stromliefervertrag zu haben. Abstrakt gefasst hieße dies: Wenn sowohl A wie auch B einen Liefervertrag mit dem Abnehmer C über dessen vollen Bedarf haben, was soll der Netzbetreiber machen? Durch Konzernzugehörigkeit, Fragen des Unbundling und schwierige kartellrechtliche Probleme der Lieferverträge werde die einfache Antwort verdunkelt: der Netzbetreiber müsse den Durchleitungsempfänger fragen, denn der Netzzugang sei ein zweiseitiger Vorgang. Auf der einen Seite stehe derjenige, der einspeist, auf der anderen der, der entnimmt. Seien sich diese beiden einig, könne der Netzbetreiber nicht einfach behaupten, er verweigere die Durchleitung unter Berufung auf das Lieferrecht eines Dritten. Bei einem Streit zweier Lieferanten um ihr Lieferrecht müsse daher allein der Abnehmer entscheiden. Die Frage des Schadensersatzes müssten die Kontrahenten „des Lieferverhältnisses" untereinander ausmachen[2].

Ebenso gehen auch Walter und von Keussler[3] sowie Horstmann[1] davon aus, dass im Rahmen der nach § 6 Abs. 1 Satz 2 EnWG vorzunehmenden Interessenabwägung bestehende

---

[1] in: Schwarze, Der Netzzugang für Dritte im Wirtschaftsrecht, S. 181 (187(188).

[2] So auch Schneider/Theobald, Handbuch zum Recht der Energiewirtschaft, S. 696; Theobald / Zenke, Grundlagen der Strom- und Gaswirtschaft, S. 61 / 62; dies., WuW 2001, S. 19 (28/29).

[3] RdE 1999, S. 223 (226 / 227).

Lieferverträge nicht zur Unzumutbarkeit des Netzzugangs führen können, und zwar unabhängig davon, ob der Stromliefervertrag rechtswirksam ist. Es sei vielmehr unerheblich, ob der Stromliefervertrag mit dem Abnehmer kartell- und zivilrechtlich umstritten oder nichtig sei.

Lediglich Büdenbender[2] vertritt eine abweichende Ansicht. Er geht davon aus, dass die Frage der Wirksamkeit bestehender Energielieferungsverträge als Vorfrage zu untersuchen sei. Der von den Landgerichten und dem Bundeskartellamt vertretene Standpunkt führe dazu, dass der Netzbetreiber verpflichtet werde, durch Öffnung des Netzes Beihilfe zu einer Vertragsverletzung seitens des Kunden im Falle einer wirksamen Energielieferbeziehung zu der Schwester – Organisationseinheit Vertrieb zu leisten. Darüber hinaus seien selbst nach Ansicht des Gesetzgebers auch Aspekte des Vertriebes taugliche Durchleitungsverweigerungsargumente. Dies zeige ein Blick in § 6 Abs. 3 sowie Art. 4 §§ 2, 3 EnWG. Büdenbender übernimmt also im Wesentlichen die Argumentation der Netzbetreiber, indem er als Unzumutbarkeitskriterium insbesondere die vermeintliche Mitwirkung bei Vertragsverletzungen anführt.

(ccc) Auswertung und eigene Einschätzung

Es lässt sich daher feststellen, dass weitestgehend Einigkeit darüber besteht, dass eine Durchleitung nicht wegen vermeintlich bestehenden eigenen Lieferverträgen mit dem Durchleitungsempfänger als unzumutbar im Sinne von § 6 Abs. 1 Satz 2 EnWG eingestuft werden kann, dies unabhängig davon, ob die Verträge wirksam oder unwirksam sind. Dem ist im Ergebnis vollumfänglich zuzustimmen.

Entscheidend ist wiederum der Grundsatz des diskriminierungsfreien Netzzugangs, der in § 6 Abs. 1 Satz 1 EnWG seinen Niederschlag findet. Hiernach ist der Zugang zu den Netzen allen Petenten diskriminierungsfrei zur Verfügung zu stellen, was wiederum durch die Unbundling – Vorschriften sichergestellt werden soll. Der Sinn und Zweck dieser Vorschriften würde aber unterlaufen, wenn der Netzbetreiber sich bei der Verweigerung der Durchleitung gegenüber dem Durchleitungsinteressenten auf bereits bestehende Stromlieferverträge des

---

[1] Netzzugang in der Energiewirtschaft, S. 131ff.

[2] DVBl 2001, S. 952 (964).

Durchleitungsempfängers berufen könnte[1]. Der Netzbetreiber würde nämlich Interessen der Vertriebsabteilung berücksichtigen, die nach den Unbundling – Vorschriften in die Interessenabwägung des § 6 Abs. 1 Satz 2 EnWG gerade nicht einbezogen werden dürfen. Es würden also Gesichtspunkte Berücksichtigung finden, die den Netzbetreiber gar nicht selbst betreffen, sondern allein die Vertriebsabteilung des EVU. Insoweit würden also gerade keine „eigenen" Interessen in die Interessenabwägung des § 6 Abs. 1 Satz 2 EnWG einbezogen. Nur solche sind aber berücksichtigungsfähig, Interessen eines dritten Lieferanten dürfen hingegen grundsätzlich nicht in die Interessenabwägung einfließen. Dies gilt auch dann, wenn der Lieferant demselben EVU angehört, was ja gerade durch die Unbundling – Vorschriften, die den Netzbetreiber zu strikter Neutralität und einem diskriminierungsfreien Netzzugang verpflichten, sichergestellt werden soll. Diesen Sinn und Zweck der Unbundling – Vorschriften verkennt Büdenbender, wenn er ausführt, auch Aspekte des Vertriebes seien taugliche Durchleitungsverweigerungsargumente[2]. Tatsächlich sind diese gerade nicht als eigene Interessen des Netzbetreibers berücksichtigungsfähig. Deutlicher als in dem klaren Wortlaut der Unbundling – Vorschriften der Elektrizitätsbinnenmarktrichtlinie und des Energiewirtschaftsgesetzes kann dies nicht zum Ausdruck kommen.

Die wettbewerblichen Wirkungen der Netzöffnung hängen zudem davon ab, inwieweit die Netzbetreiber Anreize haben bzw. gezwungen werden, den Netzzugang allen Durchleitungsinteressenten in vergleichbarer Weise zu gewähren. Wenn der Netzbetreiber sich bei der Verweigerung der Durchleitung aber schlicht auf bereits bestehende Stromlieferverträge des Durchleitungsempfängers berufen könnte, bestünde für den Netzbetreiber gerade kein Anreiz bzw. Zwang, sein Netz allen Durchleitungspetenten gleichermaßen zur Verfügung zu stellen[3]. Mit dem Marktöffnungsziel des Energiewirtschaftsgesetzes und der Elektrizitätsbinnenmarktrichtlinie ist es dementsprechend nicht vereinbar, wenn der Netzbetreiber sich zur Rechtfertigung der Netzzugangsverweigerung schlicht auf vermeintlich bestehende Lieferverträge von Abnehmern stützen könnte. Dies gilt auch dann, wenn die Verträge rechtswirksam sind, denn zum einen handelt es sich insoweit – wie bereits erwähnt – bereits nicht um „eigene Interessen" des Netzbetreibers und zum anderen war es der Wille des Gesetzgebers, den Wettbewerb durch den Wegfall von Demarkationsabreden und Ausschließlichkeitsbindungen zu ermöglichen. Diesen Zielsetzungen der Reform würde es – wie Horst-

[1] Walter / v. Keussler, RdE 1999, S. 223 (226).

[2] Büdenbender, DVBl. 2001, S. 952 (964).

[3] Walter / v. Keussler, RdE 1999, S. 223 (226 / 227); Kumkar, ZNER 1998, S. 26 (28).

mann zutreffend ausführt – nun aber entgegenlaufen, wenn der Wettbewerb trotz des Wegfalls der Demarkationsabreden und Ausschließlichkeitsbindungen nach Abschaffung der kartellrechtlichen Freistellungen mit der Geltendmachung bestehender Abnahmeverpflichtungen auf längere Sicht unterwandert werden könnten[1]. Die bestehenden Altverträge, die in der Regel derartige, nun gerade nicht mehr gewollte Klauseln enthalten, würden den Wettbewerb dann weiterhin verhindern können. Ein Kernelement des Neuregelungsgesetzes würde damit ersichtlich konterkariert, so dass die bestehenden Altverträge, die – selbst wenn sie noch wirksam sein sollten – mit den Zielen des Neuregelungsgesetzes durch die langfristigen Bindungen jedenfalls nicht konform gehen, den Wettbewerb nicht blockieren dürfen.

Ferner müssen die sonstigen Gründe des § 6 Abs. 1 Satz 2 nach den Gesetzgebungsmaterialien auch ein derartiges Gewicht haben, dass ihnen trotz des besonderen Interesses an einer durch Wettbewerb erreichten preisgünstigen Versorgung der Vorrang einzuräumen ist[2]. Die ungestörte Fortsetzung bestehender Lieferverträge soll nach dem reformierten Energiewirtschaftsgesetz aber gerade keine derartige Bedeutung haben. Diese besitzen – insbesondere wenn es um längerfristige Verträge geht, die den Zutritt neuer Wettbewerber gerade verhindern – kein solches Gewicht gegenüber dem Marktöffnungsziel des Energiewirtschaftsgesetzes, dass eine Durchleitungsverweigerung gerechtfertigt wäre[3].

Schließlich fällt es insbesondere auch nicht in die Kompetenz des Netzbetreibers über die Wirksamkeit bestehender Stromlieferverträge zu entscheiden. Wenn es zu Streitigkeiten über Vertragsverpflichtungen kommt, obliegt es allein den Gerichten, diese Streitpunkte zu klären. Insoweit besteht kein Unterschied zu anderen Rechtsgebieten. Es kann nicht in die Kompetenz einer Privatperson bzw. eines Unternehmens fallen, darüber zu befinden, ob zwischen anderen Vertragsparteien wirksame Verpflichtungen begründet wurden. Sofern es zu Streitigkeiten kommt, sind daher ausschließlich die zuständigen Gerichte anzurufen. Dem Netzbetreiber einen bestehenden Zweitliefervertrag als Verweigerungsgrund in die Hand zu geben, würde bedeuten, dass sich der Netzbetreiber entgegen der deutschen Rechtsordnung zum Richter über die Frage, ob zwischen zwei Parteien vertragliche Bindungen bestehen oder nicht, erheben würde[4]. Bestehen auf Seiten des Netzbetreibers Zwei-

[1] Horstmann, Netzzugang in der Energiewirtschaft, S. 136 / 137.

[2] BT-Drs. 13/7274, S. 23.

[3] Horstmann, Netzzugang in der Energiewirtschaft, S. 137.

[4] Schneider/Theobald, Handbuch zum Recht der Energiewirtschaft, S. 696.

fel darüber, welcher Vertrag von den Parteien als wirksam angesehen wird und somit durchgeführt werden soll, entscheidet – wie Böwing zutreffend ausgeführt hat – allein der zu befragende Kunde darüber, welchen Strom er beziehen will und welche Vertragsbeziehung er somit als bindend ansieht[1]. Ob insoweit etwaige Vertragsverletzungen begangen werden und ob es in Folge dessen zur Begründung von Schadensersatzansprüchen kommt, ist sodann in einem gesonderten Verfahren vor den Gerichten und nicht etwa durch den Netzbetreiber zu klären. Dieser hat sich nicht als Richter aufzuspielen. Insbesondere ist er auch dann zur Neutralität verpflichtet, wenn die eigene Vertriebsabteilung betroffen ist. Demnach hat der Netzbetreiber grundsätzlich auch etwaige Vertragsverletzungen gegenüber der Vertriebsabteilung außer Betracht zu lassen. Die Vertriebsabteilung ist als „alter Lieferant" durch die Möglichkeit der gerichtlichen Geltendmachung ihrer Ansprüche auch nicht schutzlos gestellt. Sie kann ihre Ansprüche gegen den Abnehmer, wie andere Vertragsparteien in vergleichbaren Fällen auch, vor den Gerichten geltend machen und ist hierdurch hinreichend geschützt[2].

Insoweit trifft es auch nicht etwa zu, dass der Netzbetreiber im Falle einer wirksamen Energielieferbeziehung des Kunden zu der Vertriebseinheit des EVU durch Gestattung der Durchleitung Beihilfe zu einer Vertragsverletzung leistet[3]. Eine etwaige Vertragsverletzung wird ausschließlich von Dritten begangen. Sofern der Netzbetreiber in diesem Zusammenhang lediglich seinen gesetzlichen Verpflichtungen nachkommt, kann auch von einer „Beihilfe" keine Rede sein. Die Erfüllung einer gesetzlichen Verpflichtung ist eine neutrale Tätigkeit, die mit etwaigen Verletzungshandlungen anderer in keinerlei strafrechtlich relevantem oder auch ansonsten zu missbilligendem Zusammenhang steht. Eine Unzumutbarkeit der Durchleitung ergibt sich dementsprechend nicht.

(bb) Ergebnis

Unabhängig davon, ob es sich um wirksame oder unwirksame Verträge handelt, sind bestehende Lieferverträge im Rahmen der nach § 6 Abs. 1 Satz 2 EnWG durchzuführenden Interessenabwägung nach zutreffender Ansicht der Gerichte und Kartellbehörden demnach nicht

---

[1] Vgl. Böwing, in: Schwarze, Der Netzzugang für Dritte im Wirtschaftsrecht, S. 181 (187 /188).

[2] So auch Horstmann, Netzzugang in der Energiewirtschaft, S. 142 / 143 mit Verweis auf den Beschluss des Bundeskartellamts vom 30.08.1999.

[3] So Büdenbender, DVBl. 2001, S. 952 (964).

zur Begründung einer Unzumutbarkeit des Netzzuganges heranzuziehen. Dies gilt unabhängig davon, ob der Abnehmer zuvor einen Stromliefervertrag mit der eigenen Vertriebsabteilung des Versorgungsunternehmens des Netzbetreibers oder mit einem anderen Stromlieferanten abgeschlossen hat.

(b) Forderung eines Netznutzungsvertrages mit dem Durchleitungsempfänger

Als Grund für eine Verweigerung der Stromdurchleitung wurde von den Netzbetreibern zudem häufig angeführt, die begehrte Durchleitung entspreche nicht den Vorgaben der Verbändevereinbarung (VV), weil der Durchleitungspetent nicht zum Abschluss von Netzkundenverträgen im Namen seiner Endkunden bereit sei. Die VV sehe den Abschluss eines Netznutzungsvertrages zwischen Netzbetreiber und Stromabnehmer aber vor. Es sei daher unzumutbar, mit den Netzzugangspetenten als Lieferanten einen Netznutzungsvertrag abzuschließen.

Die Netzbetreiber haben den Netzzugang also häufig vom Abschluss eines eigenen Netznutzungsvertrages mit dem Endkunden abhängig gemacht und sich hierzu regelmäßig auf die VV II berufen, teilweise aber auch auf Rahmenverträge, in denen das Erfordernis eines Netzkundenvertrages entsprechend der VV II zwischen Netzbetreiber und Lieferant vereinbart wurde.

Zwar sieht die aktuelle VV II (plus) den obligatorischen Abschluss eines Netzvertrages zwischen dem über das Netz belieferten Kunden und dem örtlichen Netzbetreiber nicht mehr vor, sondern nach Ziffer 1.1 Abs. 2 der VV II (plus) „entfällt“ vielmehr bei Vorlage eines all-inclusive Vertrages zur Versorgung des Einzelkunden durch den Stromlieferanten der Abschluss eines Netznutzungsanschlussvertrages zwischen Netzbetreiber und Netzkunden. Gleichwohl haben Netzbetreiber sich auch nach Inkrafttreten der VV II (plus) noch auf das Erfordernis eines Netzkundenvertrages berufen und auch der Rechtsprechung scheint zum Teil entgangen zu sein, dass die Verbände sich in der VV II (plus) eigentlich vom Abschluss eines Netznutzungsvertrages verabschiedet haben. Demnach bleibt die Problematik trotz geänderter Fassung der Verbändevereinbarung nicht gänzlich unaktuell, obwohl zukünftig wohl damit zu rechnen ist, dass diese Einwendung der Netzbetreiber nach und nach an Bedeutung verlieren wird.

(aa) Frage nach dem Vorliegen eines zulässigen Durchleitungsverweigerungsgrundes

Ob das Verlangen des Abschlusses eines Netzkundenvertrages ohne eine entsprechende Vereinbarung in einem Rahmenvertrag als Voraussetzung für den Netzzugang zulässig ist, wurde und wird nicht einheitlich beantwortet.

(aaa) Wohl herrschende Ansicht der Gerichte

Die wohl überwiegende Zahl der Gerichte[1] und die Kartellbehörden[2] gehen davon aus, dass die Durchleitung nicht davon abhängig gemacht werden kann, dass ein Netzkundenvertrag zwischen Netzbetreiber und Endabnehmer zustande kommt, dies jedenfalls dann, wenn die Parteien selbst keine entsprechende Regelung in einen Rahmenvertrag aufgenommen haben.

Der Netzbetreiber behandele den Petenten diskriminierend i.S.d. § 6 Abs. 1 Satz 1 EnWG, wenn er die Zulassung einer Durchleitung von Strom durch ihr Netz davon abhängig mache, dass der Netznutzungsvertrag ebenso wie der Netzanschlussvertrag unmittelbar zwischen ihm und dem Netzkunden abgeschlossen werde. Während er selbst mit seinen Kunden einen einheitlichen Vertrag abschließe, der sowohl den Netzanschluss als auch die Netznutzung und die Stromlieferung umfassend und zu einem Gesamtpreis regele, könnten die neuen Stromanbieter nach den ihnen vom Netzbetreiber gestellten Bedingungen ihren Kunden keinen einheitlichen Vertrag bieten. Notwendig sei vielmehr der Abschluss dreier verschiedener Verträge mit zwei unterschiedlichen Unternehmen und eine Aufspaltung der Preise nach Netzanschluss, Netznutzung und Stromlieferung[3]. Der verlangte Abschluss zahlreicher Verträge mit unterschiedlichen Unternehmen sorge unter den Kunden aber für Verwirrung und sei somit geeignet, die verunsicherten Kunden von einem Wechsel des Stromanbieters

---

[1] OLG Dresden, ZNER 2001, S. 168ff. und RdE 2002, S. 49ff.; OLG München, WuW 2002, S. 1208ff.; OLG Schleswig – Holstein, RdE 2002, S. 75ff.; LG Kiel, zusammengefasst in ET 2001, S. 660ff.; LG Potsdam, ZNER 2001, S. 173ff.

[2] Bericht der Arbeitsgruppe Netznutzung Strom, abrufbar unter www. bundeskartellamt.de / nachrichten.

[3] OLG Dresden, RdE 2002, S. 49 (51); LG Kiel, Entscheidung vom 31.01.2001, Az.: 14 O Kart. 135/00, zusammengefasst in ET 2001, S. 660 (662).

abzuhalten[1]. Hierdurch entstehe dem Netzzugangspetenten zudem ein erhöhter Beratungsbedarf[2]. Die getrennte Ausweisung von Netznutzungsentgelt und Strompreis führe auch nicht etwa für den Kunden zu einer erhöhten Preistransparenz, sondern erschwere den Kunden vielmehr den Preisvergleich zwischen den Netzbetreibern und den neuen Stromanbietern und begründe damit zugleich für die neuen Anbieter Schwierigkeiten, auf dem Strommarkt einen eigenen Kundenstamm zu gewinnen[3]. Gegen die Zulässigkeit der Forderung auf Abschluss von Netznutzungsverträgen mit den Endkunden spreche auch entscheidend, dass der Netzbetreiber durch die Höhe des Nutzungsentgelts darauf einwirken könne, zu welchen Bedingungen ein neuer Stromanbieter am Markt tätig werden kann, ohne dass dieser Einfluss auf die Höhe des Nutzungsentgeltsnehmen könne[4]. Zudem sei die fortbestehende Kundenbindung des Netzbetreibers äußerst problematisch. Insoweit sei zu befürchten, dass der Netznutzungsvertrag als Plattform für Offerten des Netzbetreibers zur Rückgewinnung des Kunden gebraucht werde[5]. Des Weiteren bestünden umsatzsteuerliche Probleme, da sich durch den Abschluss mehrerer Verträge auch mehrere Leistungsbeziehungen im Sinne des Umsatzsteuergesetzes ergäben[6].

Des Weiteren sei auch keine Rechtsgrundlage für eine Forderung nach dem Abschluss von Netznutzungsverträgen mit dem einzelnen Stromkunden ersichtlich. § 6 Abs. 1 Satz 1 EnWG sei ebenso wie § 19 Abs. 4 Nr. 4 GWB auf eine Netzöffnungspflicht gegenüber Unternehmen ausgerichtet. Dies gehe aus dem Wortlaut dieser Normen unmittelbar hervor. Nach § 6 Abs. 1 Satz 1 EnWG haben Netzbetreiber „anderen Unternehmen" das Versorgungsnetz zur Verfügung zu stellen. Neben dem Wortlaut folge dies auch aus der Ratio dieser Normen, die gerade die Öffnung der Energieversorgungsmärkte gewährleisten soll und den dort agierenden Unternehmen den Zugang zu den einzelnen Versorgungsnetzen sichern will. Unter Berücksichtigung der gesetzlichen Regelungen finde sich daher keine Grundlage

[1] LG Potsdam, ZNER 2001, S. 173 (174); OLG Dresden, RdE 2002, S. 49 (51); LG Kiel, Entscheidung vom 31.01.2001, Az.: 14 O 135/00, zusammengefasst in ET 2001, S. 660 (662); OLG München, WuW 2002, S 1208 (1210).

[2] LG Potsdam, ZNER 2001, S. 173 (174); LG Kiel, Entscheidung vom 31. Januar 2001, Az.: 14 O Kart. 135/00, zusammengefasst in ET 2001, S. 660 (662).

[3] LG Kiel, Entscheidung vom 31.01.2001, Az.: 14 O Kart. 135/00, zusammengefasst in ET 2001, S. 660 (662).

[4] OLG Schleswig - Holstein, RdE 2002, S. 75 (77).

[5] Bericht der Arbeitsgruppe Netznutzung Strom, S. 53f.

[6] Genauer hierzu Theobald / de Wyl / Deschler, ZNER 2001, S. 24 (26); Rosin, ET 2001, S. 390 (392ff.); Müller – Kabisch, RdE 2001, S. 185 (186ff.).

für den Abschluss von Netznutzungsverträgen mit privaten Konsumenten[1]. Die VV (II) enthalte zwar eine entsprechende Regelung. Hierbei handele es sich aber nur um allgemeine Prinzipien. Die Verbändevereinbarung solle lediglich eine Basis für Vereinbarungen von Netzbetreibern und Netznutzern schaffen. Von ihr gingen aber keine unmittelbaren Rechtswirkungen aus, sie sei vielmehr unverbindlicher Natur[2]. Zudem sehe auch die VV den Abschluss von Netzanschlussverträgen und Netznutzungsverträgen mit jedem Einzelkunden zwar vor, jedoch lediglich als Regelfall und keineswegs als zwingendes Erfordernis[3].

Schließlich sei auch kein sachlich zwingender Grund für den Abschluss von Netzkundenverträgen gegeben. Die von den Netzbetreibern für regelungsbedürftig erachteten Fragen könnten sämtlich anderweitig ohne Abschluss eines Netznutzungsvertrages zwischen Netzbetreiber und Endkunden in einer die Interessen der Netzbetreiber wahrenden Weise geregelt werden, in erster Linie in dem abzuschließenden Vertrag zwischen Netzbetreiber und Durchleitungspetent bezüglich der Durchleitung und Netznutzung. Auch der neue Lieferant könne die für den Netzbetrieb erforderlichen Angaben über den Kunden zur Verfügung stellen. Ebenso ließen sich Haftungsfragen und auch die Frage des Zugangs zu Zähleinrichtungen beim Endkunden zwischen dem Lieferanten und dem Netzbetreiber in einer die Interessen des Netzbetreibers wahrenden Weise regeln[4].

(bbb) Abweichende Einschätzung

Teilweise wurde und wird in der Rechtsprechung[5] und insbesondere auch in der Literatur[1] hingegen noch die Auffassung vertreten, der Netzbetreiber könne als Voraussetzung für die

---

[1] OLG Dresden, RdE 2002, S. 49 (51); OLG Schleswig – Holstein, RdE 2002, S 75 (76).

[2] OLG Dresden, ZNER 2001, S. 168 (170).

[3] OLG München, WuW 2002, S. 1208 (1210); OLG Dresden, RdE 2002, S. 49 (51).

[4] OLG München, WuW 2002, S. 1208 (1209/1210); OLG Dresden, RdE 2002, S. 49 (51).

[5] LG Nürnberg – Fürth, RdE 2002, S. 52 (54). Das Landgericht Hannover hat die Rechtslage schließlich in verschiedenen einstweiligen Verfügungsverfahrens zwar grundsätzlich offen gelassen, jedoch ausgeführt, die Rechtslage sei jedenfalls nicht völlig zweifelsfrei zugunsten der Lieferanten und es sei den Lieferanten jedenfalls zuzumuten, möglicherweise ungünstige Vertragsregelungen bis zu einer Entscheidung im Hauptsacheverfahren unter Vorbehalt zu akzeptieren, so dass jedenfalls der Erlass einer einstweiligen Verfügung abzulehnen sei. Für den begehrten Erlass einer einstweiligen Verfügung auf Durchleitung sei auch deshalb kein Raum, weil sich der Kläger durch die Weigerung, die angebotenen Verträge zu unterzeichnen, selbst die Möglichkeit genommen habe, die angemeldeten Kunden zu beliefern; vgl. LG Hannover, ZNER 2001, S. 97ff.; ZNER

begehrte Durchleitung den Abschluss eines Netznutzungsvertrages mit dem Endkunden verlangen.

Die Vertreter dieser Ansicht – insbesondere auch das LG Nürnberg – Fürth – wenden ein, der Netzbetreiber habe ein berücksichtigenswertes Interesse daran, dem Petenten die Netznutzung solange nicht zu gestatten, bis ein Netznutzungsvertrag mit dem Endkunden abgeschlossen werde. Dies beruhe in erster Linie darauf, dass eine faktische Beziehung zwischen Netzbetreiber und Kunden bestehe und es ein Bedürfnis gebe, die sich aus dieser Beziehung ergebenden Folgen unmittelbar mit dem Kunden zu regeln. Gerade bei den Haftungsregelungen sei eine Vereinbarung mit dem Endkunden erforderlich. Der Netzbetreiber habe zudem an der eigenen Feststellung der Daten ein berechtigtes Interesse, da diese zur Berechnung des zu entrichtenden Netznutzungsentgelts erforderlich seien. Ferner habe der Netzbetreiber ein legitimes Interesse an einer Regelung für den Fall, dass der Netzkunde Strom entnimmt, ohne von einem Dritten beliefert zu werden. Diese Fragen könnten nicht in einem Anschlussvertrag geregelt werden, sie ließen sich auch nicht in einem Vertrag zwischen Netzbetreiber und Petent regeln. Hier sei auch die Insolvenz des Lieferanten einzuordnen. Der Kunde werde den Eintritt eines solchen Ereignisses vielfach erst mit zeitlicher Verzögerung feststellen. Ohne entsprechende Regelung wäre der Netzbetreiber auf Bereicherungsrecht verwiesen und faktisch rechtlos gestellt, dies sei ihm nicht zumutbar. Er wäre zur Wahrung seiner Rechte von der Wirksamkeit eines Vertrages abhängig, auf den er keinen Einfluss habe. Wenn der Netznutzungsvertrag direkt mit dem Netzzugangspetenten als Vertreter des Endkunden abgeschlossen werde, könne auch weder eine Bindung des Kunden an den Netzbetreiber entstehen, noch sei die gesamte Abwicklung derart unübersichtlich, dass sich der Kunde davon abschrecken ließe, seinen Strom von dem neuen Lieferanten zu beziehen[2].

2002, S. 328ff.; RdE 2003, S. 22ff.; im Ergebnis zustimmend Fröhlich, Anmerkung zum Urteil vom 24.06.2002, ZNER 2002, S. 328 (331f.).

[1] Rechtsanwalt Lutz Freiherr von Hirschberg, Anmerkung zum Urteil des Landgerichts Nürnberg – Fürth vom 15.10.2001, RdE 2002, S. 54 (55f); Böhnel, RdE 2001, S. 176 (184); Theobald / de Wyl / Deschler, ZNER 2001, S 24 (27/28).

[2] LG Nürnberg – Fürth, RdE 2002, S. 52 (54); Rechtsanwalt Lutz Freiherr von Hirschberg, Anmerkung zum Urteil des Landgerichts Nürnberg – Fürth vom 15.10.2001, RdE 2002, S. 54 (55f); Böhnel, RdE 2001, S. 176 (184); Theobald / de Wyl / Deschler, ZNER 2001, S 24 (27/28).

Etwas anderes ergebe sich auch nicht aus der Tatsache, dass § 6 Abs. 1 Satz 1 EnWG den Netznutzungsvertrag nicht erwähne, denn das Gesetz regle nicht, wer mit wem welche Verträge abschließt. Es gelte der Grundsatz der Vertragsfreiheit, so dass die Frage der Vertreter der entgegengesetzten Ansicht nach einer gesetzlichen Grundlage für die begehrte Vereinbarung unzutreffend sei. Es müssten nicht die Netzbetreiber darlegen, dass und warum sie ein Recht zur Forderung nach einem Netznutzungsvertrag haben, sondern die Kritiker müssten begründen, warum diese Forderung unzulässig sei. Dem Energiewirtschaftsgesetz lasse sich auch kein Verbot eines Netznutzungsvertrages entnehmen[1]. Zudem habe auch der Kunde ein Interesse am Abschluss von Netznutzungsverträgen. Wegen des ihm darin eingeräumten unmittelbaren vertraglichen Anspruchs auf Netzzugang gegen den Betreiber könne er sich bei Störungen direkt an den Betreiber wenden. Dieses Recht verschaffe ihm zudem auch gegenüber seinem Lieferanten eine größere Unabhängigkeit und mache ihm den Wechsel zu einem anderen Anbieter leichter[2].

Trotz der nicht zu leugnenden umsatzsteuerrechtlichen Probleme sei es schließlich auch angemessen, wenn die Netzbetreiber darauf bestünden, das Netznutzungsentgelt von den Kunden im Netznutzungsvertrag, und nicht von den Lieferanten im Händlerrahmenvertrag zu fordern. Die Lieferanten könnten Probleme dadurch vermeiden, dass sie die Netznutzungsentgelte als solche auf der Rechnung ausweisen und im Namen des Netzbetreibers einziehen. Ganz folgenlos bliebe eine separate Ausweisung der Netznutzungsentgelte auf der Rechnung für den Lieferanten zwar nicht. Er müsse nämlich zeigen, dass wegen der verschieden hohen Netznutzungsentgelte ein bundesweiter Pauschalpreis eben regional höchst unterschiedlich hohe Strompreise bedeute, und dass deswegen beim „All-Inclusive-Modell“ Kunden in Gebieten mit niedrigem Netznutzungsentgelt de facto den Strompreis von Kunden in Gebieten mit höheren Entgelten subventionieren. Wenn die Lieferanten diese Transparenz um jeden Preis vermeiden wollten, handele es sich jedoch um eine eigenverantwortliche Produktgestaltung, die nicht zu Lasten der Netzbetreiber Berücksichtigung finden könne. Im Übrigen ließe sich sogar überlegen, ob diese „Verschleierungstaktik“ überhaupt wettbewerbsrechtlich zulässig sei. Schließlich erscheine auch aus Sicht des Kunden die Tatsache, dass er gegenüber dem Netzbetreiber Schuldner des Entgeltes wird, jedenfalls nicht unbillig. Die praktischen Folgen dieser Schuldnerstellung seien äußerst gering. Dies bedeute nur, dass der Kunde bei Einziehung des Entgelts durch den Lieferanten erst

---

[1] Theobald / de Wyl / Deschler, ZNER 2001, S. 24 (27).

[2] Theobald / de Wyl / Deschler, ZNER 2001, S. 24 (28).

mit der Weiterleitung des Entgelts an den Netzbetreiber von seiner Zahlungspflicht frei werde. Er trage also für die Zeit zwischen dem Einzug und der Weiterleitung des Entgelts das Risiko, dass der Lieferant insolvent wird. Angesichts der üblichen monatlichen Abschlagszahlungen und der entsprechend begrenzten Höhe des Risikos, sowie der Tatsache, dass es ja der Kunde sei, der sich den Lieferanten aussucht, sei dies aber angemessen. Schulde der Kunde selbst das Netznutzungsentgelt, so bringe dies im Übrigen auch Vorteile. Wegen der dadurch bedingten breiten Risikostreuung bleibe nämlich das Risiko signifikanter Einnahmeausfälle der Netzbetreiber minimal[1].

Das Landgericht Hannover beruft sich in einem einstweiligen Verfügungsverfahren schließlich auch darauf, dass die Forderung eines Netzkundenvertrages – zumindest nach Ansicht des Gerichts – der Verbändevereinbarung II (plus) entspreche, deren Rechtscharakter und Rechtswirkung sich inzwischen entscheidend geändert hätten. So werde künftig gesetzlich vermutet, dass der Abschluss eines Netzvertrages zwischen dem über das Netz belieferten Kunden und dem örtlichen Netzbetreiber „guter fachlicher Praxis“ und damit den gesetzlichen Anforderungen entspreche[2].

(ccc) Auswertung und eigene Einschätzung

Die Auffassung, nach der die Forderung eines eigenen Netznutzungsvertrages mit dem Endkunden ein legitimes Interesse der Netzbetreiber darstellen soll, überzeugt nicht. Die Netzbetreiber können den Abschluss eines Netznutzungsvertrages mit dem Endkunden nicht als Voraussetzung für die Stromdurchleitung verlangen. Vielmehr sind die Netznutzungsverträge in den Fällen, in denen der Petent bzw. der Kunde mit dem Abschluss eines Netznutzungsvertrages zwischen Netzbetreiber und Endkunde nicht einverstanden sind, allein mit den Lieferanten abzuschließen bzw. die entsprechenden Regelungen sind in die Händlerrahmenverträge aufzunehmen. Dies war auch unter Geltung der alten Verbändevereinbarung II, die entsprechende Netzkundenverträge vorsah, der Fall und ist – nachdem nach der VV II (plus) – wie bereits erwähnt – bei Vorlage eines all-inclusive Vertrages zur Versorgung des Einzelkunden durch den Stromlieferanten der Abschluss eines Netznutzungsan-

[1] Theobald / de Wyl / Deschler, ZNER 2001, S. 24 (29).

[2] LG Hannover, RdE 2002, S. 290 (291). Das Gericht greift somit einer damals noch nicht bestehenden Rechtslage vor. Zudem übersieht das Gericht vollkommen, dass nach der VV II (plus) – wie bereits erwähnt – bei Vorlage eines all-inclusive Vertrages zur Versorgung des Einzelkunden durch den Stromlieferanten der Abschluss eines Netznutzungsanschlussvertrages zwischen Netzbetreiber und Endkunden entfällt.

schlussvertrages zwischen Netzbetreiber und Endkunden entfällt, nun auch von den Verbänden erkannt worden. Auch diese haben in Folge der jüngeren überzeugenden Rechtsprechung erkannt, dass die Kunden bei der Stromversorgung durch einen Dritten die Begründung eines weiteren Schuldverhältnisses mit dem lokalen, netzbetreibenden Versorgungsunternehmen nicht möchten[1].

Dass die Forderung eines eigenen Netznutzungsvertrages kein legitimes Interesse der Netzbetreiber darstellt, ergibt sich insbesondere aus § 6 Abs. 1 Satz 1 EnWG, der keine Grundlage für die begehrte Bedingung bietet. Hiernach haben die Betreiber von Elektrizitätsversorgungsnetzen „anderen Unternehmen" das Versorgungsnetz für Durchleitungen zu Bedingungen zur Verfügung zu stellen, die „nicht ungünstiger" sind, als sie von ihnen in vergleichbaren Fällen für Leistungen innerhalb ihres Unternehmens oder gegenüber verbundenen oder assoziierten Unternehmen tatsächlich oder kalkulatorisch in Rechnung stellen.

Aus § 6 Abs. 1 Satz 1 EnWG ergibt sich somit ein unmittelbarer Rechtsanspruch auf Zugang zu den Elektrizitätsversorgungsnetzen[2]. Hiernach hat der Netzbetreiber sein Netz diskriminierungsfrei zur Verfügung zu stellen. Ein Anspruch auf Abschluss eines Netznutzungsvertrages mit dem Kunden ergibt sich aus dem klaren Wortlaut des § 6 Abs. 1 Satz 1 EnWG hingegen nicht. Hier ist allein von einer vertraglichen Regelung mit den Händlern, also mit den Lieferanten die Rede. Nur insoweit lassen sich aus der Norm Ansprüche auf eine eigene vertragliche Regelungen ableiten[3].

Ein Anspruch auf Abschluss eines Netznutzungsvertrages mit dem Kunden ergab sich auch nicht aus der alten VV II – vor allem nicht aus der geänderten VV II (plus) – da diese lediglich unverbindlicher Natur war – und nach wie vor ist. Eine Vereinbarung zwischen privaten Organisationen wie die VV kann Dritte nicht binden oder ihnen gesetzliche Rechte absprechen[4]. Zwar kann man der Verbändevereinbarung nicht jede Bedeutung absprechen, jedoch gehen von ihr keine unmittelbaren Rechtswirkungen aus. Darüber hinaus sah selbst die VV II den Abschluss von Netzkundenverträgen lediglich als Regelfall und nicht als zwingende Voraussetzung vor. Gänzlich verfehlt ist insbesondere der Verweis des Landgerichts Hannover auf die Vermutung guter fachlicher Praxis bei Einhaltung der Kriterien der Verbände-

---

[1] Hierzu ausführlich auch Boesche, ZNER 2003, S. 33ff.

[2] Siehe dazu bereits S. 37ff.

[3] So auch Markert, BB 2001, S. 105 (108).

[4] So auch Theobald / de Wyl / Deschler, ZNER 2001, S. 24 (27).

vereinbarung II (plus) und eine hiermit vermeintlich einhergehende Veränderung der Rechtswirkung der Verbändevereinbarung, da der Vermutungstatbestand bislang jedenfalls noch nicht in das Gesetz aufgenommen wurde und das Gericht sich insoweit auf eine noch nicht eindeutige zukünftige Entwicklung stützt. Zudem ist dem Gericht wohl entgangen, dass sich die Verbände in der VV II (plus) darüber hinaus vom Abschluss eines Netznutzungsvertrages verabschiedet haben.

Wenn nun angeführt wurde, die Frage nach einer gesetzlichen Grundlage sei unzutreffend, denn wer mit wem welche Verträge schließt, regele das Gesetz nicht, es gelte vielmehr der Grundsatz der Vertragsfreiheit, so dass nicht die Netzbetreiber darlegen müssten, dass und warum sie ein Recht zur Forderung nach einem Netznutzungsvertrag mit dem Kunden hätten, sondern die Kritiker müssten begründen, warum diese Forderung unzulässig sei, wird sowohl die Argumentation der „Kritiker" als auch die Beweislastregelung des § 6 Abs. 1 Satz 1 EnWG verkannt. Sofern sich die Gerichte und Kartellbehörden darauf berufen, der Netznutzungsvertrag sei im Gesetz nicht erwähnt, soll dies nur belegen, dass sich der von den Netzbetreibern geltend gemachte Anspruch auf Abschluss eines Netznutzungsvertrages weder aus § 6 Abs. 1 Satz 1 EnWG, noch aus anderen Normen zwingend ergibt. Der Netzbetreiber kann sich dementsprechend auf keine bindende gesetzliche Grundlage berufen, aus der sich der geforderte Anspruch ergibt. Richtig ist zwar, dass der Grundsatz der Vertragsfreiheit auch im Rahmen des § 6 Abs. 1 Satz 1 EnWG gilt. Hieraus ergibt sich jedoch nur, dass die Lieferanten und Netzbetreiber in der Ausgestaltung ihrer Verträge grundsätzlich frei sind, jedoch ergibt sich hieraus gerade nicht, dass die Netzbetreiber den Lieferanten bzw. den Endkunden etwa diskriminierende Regelungen aufzwingen können. Wenn zudem angeführt ist, es müssten nicht die Netzbetreiber darlegen, dass und warum sie ein Recht zur Forderung eines Netznutzungsvertrages mit dem Kunden haben, sondern die „Kritiker" müssten begründen, warum diese Forderung unzulässig sei, so setzt sich dies schließlich unzulässigerweise über die Darlegungs- und Beweislastregelung des § 6 Abs. 2 Satz 1 EnWG hinweg. Der Netzbetreiber macht insoweit nämlich einen Durchleitungsverweigerungsgrund geltend, er verweigert die Durchleitung als unzumutbar. Dementsprechend obliegt es allein ihm, darzulegen und auch zu beweisen, dass und warum er den Abschluss eines Netznutzungsvertrag mit dem Kunden als Bedingung für den Netzzugang fordern kann.

Unerheblich ist auch, ob dem EnWG explizit das Verbot eines Netznutzungsvertrages mit dem Kunden entnommen werden kann. Zwar wäre in diesem Fall die Forderung nach einem solchen Vertrag in jedem Fall unzulässig und die Netzbetreiber und die Lieferanten könnten sich dann auch nicht einvernehmlich auf den Abschluss des Netznutzungsvertrages zwischen Kunden und Netzbetreiber einigen. Allein die Tatsache, dass das EnWG einem solchen Vertrag nicht entgegensteht, besagt umgekehrt aber nichts darüber, ob ein solcher zur zwingenden Voraussetzung eines Netzzugangsbegehrens gemacht werden kann.

Des Weiteren verstößt die Forderung eines Netznutzungsvertrages mit dem Kunden gegen das Diskriminierungsverbot des § 6 Abs. 1 EnWG. Der Netzbetreiber diskriminiert den Netzzugangspetenten ungerechtfertigt, wenn er die Durchleitung von Strom des neuen Stromlieferanten durch sein Netz davon abhängig macht, dass der Netznutzungsvertrag unmittelbar zwischen ihm und dem Stromabnehmer abgeschlossen wird. Während der bisherige Stromlieferant selbst mit den Kunden einen einheitlichen Stromliefervertrag abschließen und durchführen kann, der den Netzanschluss, die Netznutzung und die Stromlieferung zu einem Gesamtpreis regelt, kann der neue Stromlieferant seinen Kunden keinen einheitlichen Vertrag bieten. Erforderlich ist der Abschluss von drei verschiedenen Verträgen mit zwei unterschiedlichen Unternehmen. Hierdurch wird die Wechselbereitschaft bei den potentiellen Stromkunden verringert und höhere Kosten sowie insbesondere auch ein erhöhter Beratungsbedarf beim Lieferanten verursacht[1]. Dies gilt auch dann, wenn der Kunde den Lieferanten zum Vertragsabschluss bevollmächtigt, denn auch in diesem Fall besteht hinsichtlich dieser Bevollmächtigung ein Beratungsbedarf und eine Verwirrung des Kunden ist keinesfalls ausgeschlossen. Der Netzbetreiber gewährt daher seinen Unternehmen die Netznutzung zu günstigeren Bedingungen, die er dem Petenten gar nicht erst anbietet.

Sofern den Lieferanten eine Verschleierungstaktik vorgeworfen wird, muss klargestellt werden, dass es gerade die Netzbetreiber sind, die von einer Verschleierung der Preise profitieren. Im Gegensatz zu den Lieferanten können die Netzbetreiber nämlich nach wie vor ein Gesamtvertragswerk anbieten und so die Kostenbildung verschleiern. Zudem kann der Stromlieferant seinerseits bei der geforderten Vertragsgestaltung die Höhe des Netznutzungsentgelts nicht durch die Gerichte auf ihre Angemessenheit prüfen lassen, da er nicht der Vertragspartner des Netzbetreibers wäre. Die Höhe des Entgelts ist für die Netznutzung und die Preisgestaltung des Lieferanten und somit für die Wettbewerbsfähigkeit aber wesentlich[2].

---

[1] Vgl. auch Horstmann, Netzzugang in der Energiewirtschaft, S. 153/154; Markert, BB 2001, S. 105 (109).

[2] LG Potsdam, ZNER 2001, S. 173 (174).

Schließlich ist es auch unangemessen, dass der Kunde gegenüber dem Netzbetreiber eine Schuldnerstellung einnimmt und erst mit der Weiterleitung des Entgelts an den Netzbetreiber von seiner Zahlungspflicht frei wird. Dieses zusätzliche Risiko kann dem Kunden jedenfalls nicht ohne weiteres und gegen seinen ausdrücklichen Willen aufgezwungen werden. Unklar ist auch, warum der Abschluss eines Netznutzungsvertrages dem Kunden eine größere Unabhängigkeit gegenüber seinem Lieferanten verschaffen und ihm einen Wechsel zu anderen Anbietern erleichtern soll. Sofern der Kunde sich vertraglich an seinen Lieferanten gebunden hat, ist er an diese Vereinbarung gebunden, und zwar unabhängig davon, ob er einen Netzkundenvertrag mit dem Netzbetreiber abgeschlossen hat oder nicht. Dies entbindet ihn nicht von den vertraglichen Verpflichtungen gegenüber seinem Lieferanten. Diesen kann er unabhängig von einem Netzkundenvertrag immer nur dann wechseln, wenn seine vertraglichen Bindungen mit dem bisherigen Lieferanten auslaufen. Ein Netznutzungsvertrag mit dem Netzbetreiber gewährt ihm daher keine größere Unabhängigkeit. Zudem berechtigt ihn der Netznutzungsvertrag auch nicht zur Nutzung aller vorgelagerten Netze. Ferner mag es sein, dass das durch den Netznutzungsvertrag eingeräumte Recht, sich bei Störungen direkt an den Betreiber zu wenden, im Interesse des Kunden liegen mag, jedoch ergibt sich hieraus noch nicht, dass der Netzbetreiber den Lieferanten und den Kunden dazu zwingen kann, einen Netznutzungsvertrag des Netzbetreibers mit dem Endkunden als Voraussetzung für die begehrte Durchleitung zu akzeptieren. Der Abschluss eines Netznutzungsvertrages mit dem Kunden scheitert häufig ja gerade nicht allein am Durchleitungspetenten, sondern vielmehr auch an der Weigerung der Endkunden, eine Vielzahl von Verträgen entweder selbst abzuschließen oder auch den Lieferanten zu einem entsprechenden Vertragsschluss zu ermächtigen. Einem vermeintlichen, lediglich unterstellten Interesse des Endkunden an der vom Netzbetreiber begehrten Vereinbarung steht in diesen Fällen jedenfalls das tatsächlich entgegenstehende Interesse entgegen. Zudem geht es bei der Frage der Zulässigkeit der Durchleitungsverweigerung allein um die Frage eines überwiegenden Interesses des Netzbetreibers, vermeintliche Interessen des Endkunden spielen insoweit ohnehin keine Rolle.

Es ist dem Netzbetreiber des Weiteren auch nicht etwa unzumutbar, die Durchleitung zu gewähren, ohne mit dem Endkunden einen Netznutzungsvertrag abzuschließen. Die für den Netzbetrieb erforderlichen Angaben über den Kunden kann nämlich auch der neue Lieferant zur Verfügung stellen. Auch Haftungsfragen lassen sich zwischen diesem und dem Netzbetreiber ohne Abschluss eines eigenen Netznutzungsvertrages mit dem Stromkunden in einer die Interessen des Netzbetreibers wahrenden Weise regeln. Dies belegt allein schon die große Zahl von Fällen eines Lieferantenwechsels, in denen insbesondere im Haushaltskundenbereich gesonderte Netznutzungsverträge mit den Stromkunden nicht abgeschlossen wurden. Auch die abrechnungstechnische Trennung zwischen Liefergeschäft und Netznutzung macht einen gesonderten Netznutzungsvertrag mit dem Stromkunden nicht erforderlich. Die Transparenz für den Stromkunden lässt sich auch dadurch erreichen, dass der Kunde in seinem Liefervertrag mit dem neuen Lieferanten eine entsprechende Aufschlüsselung des Gesamtpreises vereinbart, insoweit besteht kein Unterschied zu den Stromlieferungen des Netzbetreibers an seine eigenen Stromkunden[1].

Der Netzbetreiber hat auch schließlich nicht etwa ein legitimes Interesse an der zur Bedingung erhobenen unmittelbaren vertraglichen Regelung mit dem Kunden, weil er ansonsten mangels Kontrahierungspflicht des Netzkunden rechtlos gestellt wäre und zur Wahrung seiner Rechte von der Wirksamkeit eines Vertrages abhängig wäre, auf den er keinen Einfluss hat. Der Netzbetreiber kann nämlich alle für ihn entscheidenden Fragen im Händlerrahmenvertrag mit dem Durchleitungspetenten regeln, auf den er sehr wohl Einfluss hat.

(ddd) Zwischenergebnis

Es ergibt sich demnach keine Grundlage für die Forderung der Netzbetreiber nach dem Abschluss eines Netznutzungsvertrages mit den Endkunden. Bei einem Zwang zum Abschluss eines solchen Vertrages besteht die Gefahr, dass Kunden, die einen solchen Vertrag nicht abschließen wollen, von Wettbewerbern von vornherein nicht erreicht werden, es besteht also die Gefahr eines wettbewerbsdämpfenden Effekts. Es ist den Netzbetreibern auch nicht etwa unzumutbar, die Durchleitung ohne entsprechende Verträge zu gewähren, insbesondere sind derartige Vereinbarungen auch nicht etwa zwingend erforderlich. Der herrschenden Rechtsprechungsansicht ist dementsprechend vollumfänglich zuzustimmen.

(bb) Frage der Wirksamkeit entsprechender Vereinbarungen in Rahmenverträgen

Neben der Frage, ob die Netzbetreiber den Abschluss von Netznutzungsverträgen mit den Endkunden ohne entsprechende vertragliche Vereinbarung mit dem Petenten zur Voraussetz-

[1] Markert, BB 2001, S. 105 (S. 109; insb. Fußnoten 21 und 22).

zung für eine begehrte Stromdurchleitung machen können, stellt sich die Frage, ob Netzbetreiber und Lieferanten sich einvernehmlich auf ein entsprechendes Erfordernis in einem Rahmenvertrag einigen können.

Bislang ist diese Fragestellung nur in zwei Fällen Gegenstand von gerichtlichen Entscheidungen gewesen. Zum einen hat sich das Landgericht Potsdam mit dieser Problematik auseinandergesetzt und angenommen, eine entsprechende Vereinbarung sei unwirksam. Sie enthalte einen Vertrag zu Lasten eines Dritten, nämlich zu Lasten des Endkunden. Unmittelbar ersichtlich sei zwar nur eine mittelbare Belastungswirkung des Rahmenvertrages für den Endkunden, der dann, wenn er den Stromlieferanten wechseln wolle, zu dem Abschluss eines Netznutzungsvertrages mit dem Netzbetreiber gezwungen sei. Diese mittelbare Belastungswirkung reiche aber dann aus, wenn eine Monopolstellung mit dem daraus folgenden Kontrahierungszwang des Vertragspartners des Kunden bestehe. Des Weiteren verstoße eine derartige Vereinbarung auch gegen § 6 Abs. 1 Satz 1 EnWG und sei daher gem. § 134 BGB unwirksam. Mit dem sich aus § 6 Abs. 1 Satz 1 EnWG ergebenden unmittelbaren Anspruch auf Durchleitung des Stroms sei nicht in Einklang zu bringen, dass der Durchleitungspetent zunächst den Vertragsabschluss des Endkunden mit dem Netzbetreiber nachweisen müsse, bevor ihm die Durchleitung gestattet werde. Der Netzbetreiber dürfe die Durchleitung auch nicht von Bedingungen abhängig machen, die für den Händler ungünstiger seien als diejenigen, die er in vergleichbaren Fällen für entsprechende Leistungen innerhalb des eigenen Unternehmens von der Vertriebsabteilung fordere[1].

Dem ist jedoch nicht zuzustimmen. Zwar kann der Netzbetreiber den Netzzugang ohne eine entsprechende vertragliche Vereinbarung mit dem Petenten nicht von dem Abschluss eines eigenen Netznutzungsvertrages mit dem Kunden abhängig machen, jedoch bleibt es den Parteien unbenommen, auf freiwilliger Basis eine entsprechende Vereinbarung zu treffen[2]. Dies stellt weder einen unzulässigen Vertrag zu Lasten Dritter dar, noch verstößt eine entsprechende Vereinbarung gegen ein gesetzliches Verbot. Entsprechendes führt auch das Landgericht Leipzig[3] zutreffend aus.

---

[1] LG Potsdam, ZNER 2001, S. 173 (173/174); so auch Horstmann, Netzzugang in der Energiewirtschaft, S 154.

[2] Auch Markert, BB 2001, S 105 (109), geht davon aus, dass jedenfalls dem Stromkunden unbenommen bleibt, auf freiwilliger Basis mit dem Netzbetreiber zu kontrahieren oder den Lieferanten hierzu zu bevollmächtigen.

[3] LG Leipzig, ZNER 2001, S. 57 (59).

Bei einer in einem Rahmenvertrag enthaltenen Vereinbarung, in der die Parteien sich darüber einigen, dass zwischen Kunde und Netzbetreiber vor Aufnahme der Lieferung ein Netznutzungsvertrag abgeschlossen werden muss, handelt es sich nicht um einen unwirksamen Vertrag zu Lasten Dritter, denn mit dem Vertrag werden keine Verpflichtungen der Endkunden begründet. Soweit die Kunden infolge der Regelung gehalten sind, einen Vertrag über die Netznutzung mit dem Netzbetreiber, nicht aber dem Lieferanten zu schließen, sofern sie ihre Stromlieferungen nunmehr von diesem beziehen wollen, liegt hierin allenfalls eine mittelbare Lastwirkung. Verträge mit Lastwirkung gegenüber Dritten, durch die dem Dritten keine Pflichten auferlegt werden, wohl aber seine rechtsgeschäftliche Freiheit mittelbar und praktisch eingeschränkt wird, sind aber zulässig[1]. Etwas anderes ergibt sich auch nicht etwa aus einer nach wie vor bestehenden Monopolstellung der Netzbetreiber. Der Lieferant ist zur Belieferung seiner Kunden zwar auf die bestehenden Netze der Netzbetreiber angewiesen, jedoch ist er nicht gezwungen, eine entsprechende Vereinbarung in einem Rahmenvertrag zu akzeptieren. Er kann eine solche vielmehr ablehnen oder zumindest unter den Vorbehalt einer gerichtlichen oder behördlichen Überprüfung stellen.[2]. Die Monopolstellung der Netzbetreiber hat hier demnach keine weiteren Auswirkungen, denn obwohl die Durchleitungsinteressenten auf die bestehenden Netze angewiesen sind, bewirkt die Monopolstellung der Netzbetreiber nicht, dass die Petenten sich auf jedwede Forderungen der Monopolisten einlassen müssen. Das Netz kann und muss ihnen auch ohne die in Frage stehende Vereinbarung zur Verfügung gestellt werden, was insbesondere auch durch die mögliche Vereinbarung eines Vorbehalts einer gerichtlichen oder behördlichen Klärung sichergestellt werden kann, durch die die Netzzugangsinteressenten hinreichend geschützt und nicht etwa bedingungslos den Forderungen der Monopolisten ausgeliefert sind. Sofern die Lieferanten sich somit freiwillig – und genau der Fall liegt bei einer einvernehmlichen Vereinbarung in einem Rahmenvertrag vor – mit den Netzbetreibern einigen, hat die Monopolstellung der Netzeigentümer gerade keine Auswirkungen und kann angesichts der Möglichkeit einer vorbehaltlichen Vereinbarung auch nicht als Druckmittel eingesetzt werden. Etwas anderes kann sich allenfalls dann ergeben, wenn der Netzzugangspetent nachweisen kann, dass die in Frage stehende Vereinbarung gerade nicht freiwillig, sondern tatsächlich unter Ausnutzung einer Zwangslage zustande gekommen ist. Hiervon wäre beispielsweise

[1] LG Leipzig, ZNER 2001, S. 57 (59) mit Verweis auf MK-Gottwald, 3. Auflage, § 328 Rn. 145.

[2] So haben sich die Lieferanten beispielsweise in den Verfahren vor dem OLG Schleswig-Holstein, RdE 2002, S. 75ff. und OLG München, WuW 2002, S. 1208ff. verhalten.

auch dann auszugehen, wenn der Netzbetreiber sich mit einem Vorbehalt nicht einverstanden zeigt.

Es ergibt sich schließlich auch keine Unwirksamkeit einer entsprechenden Vereinbarung gem. § 134 BGB. Aus § 6 Abs. 1 Satz 1 EnWG ergibt sich nämlich kein Verbot einer einvernehmlichen Regelung zwischen Netzbetreiber und Lieferant über den Abschluss eines Netznutzungsvertrages zwischen Netzbetreiber und Endkunden. Hier ist bereits fraglich, ob es sich bei § 6 Abs. 1 EnWG überhaupt um eine Verbotsnorm i.S.d. § 134 BGB handelt[1]. Jedenfalls fehlt es im Falle einer einvernehmlichen, freiwilligen Rahmenvereinbarung aber an einem diskriminierenden Verhalten i.S.d. § 6 Abs. 1 Satz 1 EnWG. Ein solches ist nämlich nur dann gegeben, wenn dem Lieferanten, anders als der Vertriebsabteilung, die ungünstigere Regelung gegen seinen Willen aufgezwungen wird. Ist der Lieferant hingegen freiwillig und ohne Zwang mit einer entsprechenden Regelung einverstanden, wird ihm ein bestimmtes Vorgehen hingegen gerade nicht vorgeschrieben, sondern lediglich zur Wahl gestellt. Er ist in diesem Fall aber nicht anders gestellt, als die Vertriebsabteilung des Netzbetreibers. Auch in diesem Verhältnis werden teilweise entsprechende Rahmenvereinbarungen getroffen, so dass in diesen Fällen eine Diskriminierung ohnehin ausgeschlossen ist. Aber auch sofern es anderenfalls den Netzzugangspetenten zumindest möglich war, den Netzzugang zu denselben Bedingungen gewährt zu bekommen wie die eigenen Vertriebsabteilungen der Netzbetreiber, und sie sich lediglich freiwillig anders entscheiden, liegt keine Diskriminierung vor. Die Vertragsparteien mögen zwar anders verfahren, als der Netzbetreiber und seine eigene Vertriebsabteilung es tun, jedoch haben sich die Vertragsparteien einvernehmlich unter freier Wahlmöglichkeit hierzu entschlossen. Dem Netzzugangspetenten wurde keine für ihn ungünstigere Bedingung für den Netzzugang aufgezwungen. Die sodann getroffene Regelung entspricht der Vertragsfreiheit der Parteien. Es ist weder gänzlich verboten, noch etwa sittenwidrig, abweichende, auch ungünstigere Vereinbarungen zu treffen, sofern dem Vertragspartner die Wahl gelassen wurde. Die oben gerügte Diskriminierung liegt gerade darin, dass den Netzzugangsinteressenten die ungünstigeren Bedingungen gegen ihren Willen aufgezwungen, und gerade nicht zur Wahl gestellt wurden. Auch hier soll zudem erneut auf die Möglichkeit einer vorbehaltlichen Regelung hingewiesen werden, durch die die Lieferanten geschützt sind.

---

[1] Vgl. hierzu auch die wohl abweichende Ansicht zur ähnlichen Problematik des § 26 Abs. 2 Satz 1 GWB a.F. von van Venrooy, BB 1979, S. 555 und LG Hamburg, WRP 1985, S. 433.

Haben die Parteien demnach einvernehmlich eine entsprechende Regelung in einen Rahmenvertrag aufgenommen, muss der Lieferant sich an seinen getroffenen Vereinbarungen auch festhalten lassen. Er kann und soll vom Gesetzgeber nicht vor jedweden für ihn ungünstigeren Vereinbarungen geschützt werden. Er selbst ist insoweit für sein rechtsgeschäftliches Handeln verantwortlich. Etwas anderes kann sich auch hier allenfalls dann ergeben, wenn der Lieferant tatsächlich nachweist, dass die entsprechende Vereinbarung gerade nicht freiwillig, sondern tatsächlich unter Ausnutzung einer Zwangslage zustande gekommen ist.

(c) Verhalten des Durchleitungsinteressenten

Die Unzumutbarkeit der Durchleitung wird des Weiteren häufig mit dem Verhalten des Durchleitungsinteressenten begründet. Auch das eigene Verhalten des Netznutzungsinteressenten kann grundsätzlich in die Zumutbarkeitsabwägung gem. § 6 Abs. 1 Satz 2 EnWG einbezogen werden. Eine Unzumutbarkeit des Netzzugangs kann sich somit u.U. auch aus einem grob vertragswidrigen Verhalten des Netzzugangspetenten ergeben. Der vorgebrachte Vertragsverstoß muss allerdings von einigem Gewicht sein, um eine Unzumutbarkeit begründen zu können[1].

Von den Netzbetreibern wird insoweit insbesondere eingewendet, die Durchleitung sei unzumutbar, weil der Netznuzungspetent sich weigere, ein angemessenes Entgelt zu zahlen oder weil rückständige Forderungen bestünden bzw. Fehler in der Antragstellung oder auch fehlende Mitwirkungshandlungen des Petenten vorlägen. Auf die insoweit bislang in der Praxis vorgebrachten Gründe, die sich sämtlich auf das Verhalten des Durchleitungsinteressenten beziehen sowie auf die diesbezüglich bislang ergangenen Entscheidungen soll nachfolgend im Einzelnen eingegangen werden.

(aa) Forderung eines angemessenen Entgelts und der Einwand rückständiger Forderungen

Die Frage nach einer Durchleitungsverweigerungsmöglichkeit aufgrund des Verhaltens des Durchleitungsinteressenten stellt sich insbesondere im Zusammenhang mit der Forderung des Netzbetreibers nach einem im Gegenzug zum Netzzugang zu entrichtenden angemesse-

[1] BT-Drs. 13/7274, S. 25; 13/9211, S. 54; Horstmann, Netzzugang in der Energiewirtschaft, S. 164.

nen Entgelt. Die Weigerung des Netzzugangsinteressenten zur Zahlung des Entgelts sowie insbesondere auch die Problematik bereits aufgelaufener, fälliger Forderungen gegen den Petenten sind bereits Gegenstand gerichtlicher Auseinandersetzungen gewesen und durchaus Streitpunkte, die bei der Frage nach einer legitimen Durchleitungsverweigerung nach wie vor aktuelle Praxisrelevanz haben. Bislang haben die Landgerichte Hannover und Potsdam sowie das Oberlandesgericht Dresden sich mit dieser Problematik auseinandergesetzt.

Der Netznutzungspetent ist grundsätzlich dazu verpflichtet, im Gegenzug zur Netzöffnung ein angemessenes, diskriminierungsfreies Netznutzungsentgelt zu zahlen. Der Netzbetreiber muss das Netz selbstverständlich nicht unentgeltlich zur Verfügung stellen. Dementsprechend ist dem Netzbetreiber gem. § 6 Abs. 1 Satz 2 EnWG die Durchleitung dann nicht zumutbar, wenn der Netzzugangspetent nicht bereit oder in der Lage ist, ein angemessenes, diskriminierungsfreies Netznutzungsentgelt zu zahlen. Weigert sich der Netznutzungsinteressent also von vornherein, ein entsprechendes Entgelt zu zahlen, ist der Netzbetreiber grundsätzlich berechtigt, den Durchleitungswunsch zurückzuweisen[1]. Eine Durchleitungsverweigerungsmöglichkeit ergibt sich auch dann, wenn bereits rückständige Forderungen aus früheren Durchleitungsgeschäften bestehen, wenn der Netzbetreiber also insbesondere aufgrund früherer Netznutzungsgeschäfte unstreitige und fällige Zahlungsansprüche gegen den Petenten hat. Im Falle offensichtlicher finanzieller Schwierigkeiten und offensichtlichen Vermögensverfalls des Netzzugangsinteressenten kann eine weitere Bereitstellung des Netzes dem Netzbetreiber nicht mehr zugemutet werden. Dies gilt jedenfalls solange, bis eine nachhaltige Besserung der Vermögensverhältnisse dargetan ist. Dies stellt das Landgericht Hannover[2] zutreffend klar. Es führt aus, dass, wenn bereits Verbindlichkeiten aufgelaufen sind und der Netzbetreiber sich bislang vergeblich um den Einzug dieser Forderungen bemüht hat, dieser angesichts dieser Erfahrungen vom Durchleitungsinteressenten zunächst eine Erklärung darüber verlangen darf, auf welche Weise gewährleistet wird, dass in Zukunft pünktlich und vollständig gezahlt wird. Der Netzbetreiber darf auch die Stellung einer Sicherheit zur Voraussetzung für eine Durchleitung machen und vom Petenten die Erklärung verlangen, dass das Durchleitungsentgelt nicht mit dem Einwand der Unangemessenheit gekürzt wird, solange dem Durchleitungsinteressenten vorbehalten bleibt, vermeintliche Zuvielzahlungen an Durchleitungsentgelt vom Netzbetreiber nach den Grundsätzen der

---

[1] BT-Drs. 13/9211, S. 24f.; Schneider/Theobald, Handbuch zum Recht der Energiewirtschaft, S. 713; Theobald /Zenke, Grundlagen der Strom- und Gaswirtschaft, S. 82ff.; Horstmann, Netzzugang in der Energiewirtschaft, S. 80/81 und S. 164/165.

[2] LG Hannover, RdE 2002, S. 247ff.

Herausgabe einer ungerechtfertigten Bereicherung zurückfordern zu können. Kommt der Durchleitungspetent diesen Forderungen nicht nach, kann die Durchleitung vom Netzeigentümer zu Recht verweigert werden[1]. Eine derartige Durchleitungsverweigerung ist aber zum einen nur im Falle unstreitiger Verbindlichkeiten gerechtfertigt. Kann der Petent also Tatsachen vortragen, die die Zahlungsverweigerung rechtfertigen, ist eine Verweigerungsmöglichkeit nicht gegeben. Im Interesse des Wettbewerbs soll der Netzeigentümer keine Möglichkeit erhalten, die Netzzugangsverweigerung zur einseitigen Durchsetzung seiner Interessen zu missbrauchen. Zudem wird eine Unzumutbarkeit der Durchleitung nicht schon bei einem einmaligen, wirtschaftlich unbedeutenden Zahlungsverzug begründet[2].

Der Netzzugang kann zudem dann nicht verweigert werden, wenn der Petent grundsätzlich zahlungsbereit und auch zahlungsfähig ist, aber zwischen den Parteien Streit über die Höhe des Netznutzungsentgeltes besteht. Die Netzzugangsnorm des § 6 Abs. 1 Satz 1 EnWG gewährt nämlich einen unmittelbaren Zugangsanspruch auch für den Zeitraum, in dem der Streit über die Höhe des Entgelts einer gerichtlichen Klärung zugeführt wird. Der Durchleitungsinteressent ist im Streitfall lediglich verpflichtet, für den Zeitraum der Netznutzung das als angemessen feststehende Entgelt nachträglich zu zahlen, da andernfalls bei langwierigen Rechtsstreitigkeiten über die Höhe des Netznutzungsentgeltes das Netzzugangsrecht und das gesetzgeberische Anliegen der Öffnung der Strommärkte ins Leere laufen würden. Dies stellt das OLG Dresden[3] zutreffend klar und führt aus, der Netzbetreiber könnte andernfalls durch Forderung überhöhter Entgelte den Netzzugangsanspruch der Lieferanten gänzlich vereiteln. Sofern diese sich mit der Zahlung der überhöhten Forderungen nicht einverstanden erklären würden, stünde dem Netzbetreiber bis zur gerichtlichen Klärung eine Durchleitungsverweigerungsmöglichkeit zu. Dies liefe erkennbar der gesetzlichen Regelung und dem Sinn und Zweck der Netzöffnungsvorschriften entgegen. Auch ist der Netzbetreiber umgekehrt ausreichend geschützt, da der Durchleitungspetent jedenfalls nachträglich verpflichtet ist, das angemessene Entgelt zu zahlen. Fordert der Netzbetreiber insbesondere überhöhte Entgelte, die er nur wegen seiner Stellung als Monopolist durchsetzen kann,

[1] LG Hannover, RdE 2002; S. 247 (249); Theobald / Zenke, Grundlagen der Strom- und Gaswirtschaft, S. 82; Horstmann, Netzzugang in der Strom- und Gaswirtschaft, S. 164; Kühne, RdE 2000, S. 1 (3).

[2] Büdenbender, RdE 1999, S. 1 (3); Kasper, Pflichten und Verweigerungsmöglichkeiten der Elektrizitätsversorgungsunternehmen, S. 85/86, m.V.a. OLG Frankfurt, Entscheidung vom 06. Dezember 1994, 11 U (Kart) 47/94.

[3] OLG Dresden, ZNER 2001, S. 168 (169/171); Horstmann, Netzzugang in der Strom- und Gaswirtschaft, S. 81.

rechtfertigen somit weder der seitens des Netznutzers geäußerte Vorbehalt einer Rückforderung noch die Ankündigung, das Entgelt auf ein angemessenes Maß zu kürzen, die Verweigerung des Netzzugangs[1]. Etwas anderes kann sich allenfalls dann ergeben, wenn der die Durchleitung begehrende Lieferant ohne erkennbaren Grund die Entgeltforderung des Netzbetreibers als unangemessen rügt und die an sich gerechtfertigte Forderung ersichtlich vereiteln will. Dies kann der Netzbetreiber insbesondere nachweisen, indem er darlegt, dass entsprechende Entgelte auch in vergleichbaren Fällen gefordert werden.

Ein teilweiser Vollzug des Vertrages ohne Einigung über alle Vertragspunkte – hier die Höhe des zu zahlenden Entgelts – ist zudem grundsätzlich möglich. Das OLG Dresden weist insoweit zutreffend auf Parallelen zu den Fällen hin, in denen die Parteien bestimmte regelungsbedürftige Punkte bewusst offen gelassen und einer späteren Einigung vorbehalten, gleichwohl aber schon mit der Durchführung des Vertrages begonnen haben. Es wird lediglich der Konsens der Parteien über den Netzzugang von Gesetzes wegen durch einen unmittelbaren Netzzugangsanspruch ersetzt, wobei der Netzbetreiber in ausreichendem Maße durch die in § 6 Abs. 1 Satz 1 EnWG statuierten Verweigerungsgründe geschützt ist, die gerade einen Durchleitungsanspruch entfallen lassen. Das Gericht führt weiter an, dass die Durchleitung auch nicht davon abhängig sei, dass diese nur Zug – um – Zug gegen die Leistung eines Netznutzungsentgeltes zu gewähren ist. Das Durchleitungsentgelt stelle nämlich nicht lediglich die Gegenleistung für das bloße Nutzes eines fremden Leistungsnetzes dar, sondern werde auch für die Verpflichtung des Netzbetreibers gezahlt, den Abnehmer immer pünktlich, sicher und in ausreichendem Umfang zu beliefern. Der Durchleitungsvertrag sei – wie es auch hier vertreten wird – zudem als Geschäftsbesorgungsvertrag mit werkvertraglichen Elementen anzusehen. Der Netzbetreiber sei damit vorleistungspflichtig, so dass das Durchleitungsentgelt mithin erst nach der Leistungserbringung anzurechnen und zu fordern sei. Erst wenn der Durchleitungspetent daraufhin in Verzug gerate, könne der Netzbetreiber die Einrede des nichterfüllten Vertrages erheben und die weitere Durchleitung verweigern[2].

Die Tatsache, dass ein Vertragsschluss grundsätzlich auch nicht von der Festlegung eines konkreten Preises abhängig ist, ergibt sich zudem aus den §§ 315, 316 BGB a.F. Aus diesen Normen ergibt sich die Möglichkeit, die Preisbestimmung in das billige Ermessen des Ver-

---

[1] Schneider/Theobald, Handbuch zum Recht der Energiewirtschaft, S. 713.

[2] OLG Dresden, ZNER 2001, S. 168 (169/171); Horstmann, Netzzugang in der Strom- und Gaswirtschaft, S 81; Ungemach / Weber; RdE 1999, S 131 (133).

tragspartners zu stellen, der die Leistung zu erbringen hat[1]. Insoweit führt auch das Landgericht Potsdam zutreffend aus, dass es zunächst Sache des Netzbetreibers ist, ein angemessenes Entgelt für die Stromdurchleitung vorzuschlagen. Der die Durchleitung Begehrende verfügt nämlich regelmäßig nicht über einen derart vertieften Kenntnisstand hinsichtlich der dem Netzbetreiber durch die Fremdstromdurchleitung entstehenden Kosten. Daher beschränkt sich seine Rolle der Entgeltfindung vorrangig auf die Überprüfung des vorgeschlagenen Entgeltes. Die Vorschrift des § 315 BGB a.F. lässt auch ausdrücklich die Möglichkeit der Übertragung der Leistungsbestimmung auf einen der Vertragsschließenden zu. Der Netzbetreiber kann insoweit insbesondere auch nicht einfach anführen, das Entgelt sei nicht so einfach zu bestimmen[2]. Mit der Einräumung des Bestimmungsrechts unterwirft sich der Vertragspartner zwar der Bestimmung durch die Gegenseite, er kann aber durch eine Klage nach § 315 Abs. 3 Satz 2 BGB a.F. die Kontrolle und gegebenenfalls die gerichtliche Bestimmung des Preises erwirken, so dass auch keine unangemessenen Risiken bestehen[3].

Erforderlich für eine legitime Durchleitungsverweigerung ist des Weiteren, dass der Netzbetreiber ein Entgelt überhaupt benennt. Andernfalls kann der Netzbetreiber sich nicht auf eine Durchleitungsverweigerungsmöglichkeit berufen. Zudem muss das geforderte Entgelt, wie bereits erwähnt, angemessen sein. Fordert der Netzbetreiber überhöhte Entgelte, die er nur wegen seiner Stellung als Monopolist durchsetzen kann, rechtfertigen weder ein seitens des Netzzugangsinteressenten geäußerter Vorbehalt einer Rückforderung, noch die Ankündigung das Entgelt auf ein angemessenes Maß zu kürzen, die Verweigerung des Netzzugangs[4].

Zusammenfassend lässt sich daher festzuhalten, dass ein Durchleitungsverweigerungsrecht nur dann besteht, wenn der Petent sich von Anfang an weigert, ein angemessenes, diskriminierungsfreies Entgelt an den Netzbetreiber zu zahlen oder bereits rückständige Forderungen aufgelaufen sind. Besteht hingegen lediglich Streit über die Höhe des Entgelts, steht dies einem Netzzugang grundsätzlich nicht entgegen.

---

[1] Zu den Voraussetzungen des § 315 BGB a.F. ausführlicher Schulz – Gardyan, RdE 2003, S. 9ff.

[2] LG Potsdam. RdE 2000, S. 203 (204); ZNER 2000, S. 139; Theobald / Zenke, Grundlagen der Strom- und Gaswirtschaft, S. 84.

[3] Theobald / Zenke, Grundlagen der Strom- und Gaswirtschaft, S. 84; zum Umfang der gerichtlichen Billigkeitskontrolle vgl. Schulz – Gardyan, RdE 2003, S. 9 (14ff.).

[4] Theobald / Zenke, Grundlagen der Strom- und Gaswirtschaft, S. 83.

(bb) Mängel in der Antragstellung und fehlende Mitwirkung des Petenten

Die Netzbetreiber berufen sich bei der Zurückweisung von Netzzugangsbegehren teilweise auch auf formale Mängel bei der Antragstellung[1] bzw. auf eine fehlende Mitwirkung der Durchleitungsinteressenten bei der Antragstellung[2]. Insoweit wird beispielsweise vorgebracht, der Petent habe nicht sämtliche notwendige Angaben zur gewünschten Durchleitung mitgeteilt oder der Durchleitungsantrag sei unvollständig übermittelt worden bzw. es seien falsche Ansprechpartner benannt worden, oder ähnliches[3].

Tatsächlich muss der Netzzugangsinteressent dem Netzbetreiber verschiedene Angaben über die geplante Netznutzung zur Verfügung stellen, er hat also grundsätzlich eine Mitwirkungspflicht. Insbesondere muss der Durchleitungsantrag bestimmt genug sein, also mengen- bzw. leistungsmäßig, räumlich und zeitlich konkretisiert sein. Nur dann kann der Netzbetreiber den Antrag auch angemessen bearbeiten[4]. Ausreichend ist insoweit aber jedenfalls die Angabe von Namen und Anschrift des Kunden, der elektrischen Maximalleistung und elektrischen Arbeit, der Spannungsebene, die Angabe von Namen und Anschrift des Kraftwerkbetreibers, Angaben über Beginn und Ende der Übertragung sowie Angaben zu Einspeiseknoten und Entnahmepunkt einschließlich Fahrplan, aus dem der Netzbetreiber entnehmen kann, in welchem Umfang der Kunde des Durchleitungsinteressenten Elektrizität in der Zukunft benötigt. Dies stellt das LG Magdeburg zutreffend klar[5]. Stellt der Netzzugangsinteressent diese Angaben zur Verfügung, kann der Netzbetreiber den Netzzugangswünsche zweifellos bearbeiten, weitere Angaben benötigt er nicht.

Nicht enthalten muss der Durchleitungsantrag insbesondere Vorschläge bezüglich eines angemessenen Entgelts. Die Bestimmung der Zahlung des im Gegenzug zur Durchleitung zu entrichtenden Entgelts fällt – wie bereits angeführt und wie auch das Landgericht Pots-

---

[1] LG Berlin, NJWE - WettbR 2000, S. 270 (271).

[2] LG Potsdam, RdE 2000, S. 203 (205).

[3] LG Potsdam, RdE 2000, S. 203 (205); ZNER 2000, S. 139 (140); vgl. auch Theobald / Zenke, Grundlagen der Strom- und Gaswirtschaft, S. 89.

[4] Schneider/Theobald, Handbuch zum Recht der Energiewirtschaft, S. 715; Horstmann, Netzzugang in der Energiewirtschaft, S. 161.

[5] Vgl. LG Magdeburg, RdE 2000, S. 206 (207).

dam[1] zutreffend ausführt – allein in die Sphäre des Netzbetreibers. Die Rolle des Netzzugangsinteressenten beschränkt sich allein auf die Überprüfung der Angemessenheit des geforderten Entgelts. Vom Netzzugangsinteressenten kann auch nicht bereits im Antrag die genaue Angabe der Durchleitungsmenge gefordert werden[2]. Auch kann der Netzbetreiber grundsätzlich nicht bemängeln, dass Angaben zur elektrischen Leistung bei Kunden ohne Leistungsmessung fehlen. Das Landgericht Potsdam führt hierzu zutreffend aus, dass die Bundestarifordnung Elektrizität (BTOElt) infolge der mit einer individuellen Leistungsmessung verbundenen hohen Kosten von einem vereinfachten Verfahren bei der Abrechnung des Energieverbrauches von Tarifkunden ausgeht. Bei diesen wird lediglich ein Arbeitspreis für jede abgenommene Kilowattstunde berechnet und die Leistung nicht gesondert gemessen, sondern pauschal auf der Basis von Lastprofilen in Ansatz gebracht wird. Diese Lastprofile[3] machen einen aufwendigen Austausch und Umbau der Messeinrichtung beim Netznutzer entbehrlich. Die Netzbetreiber sind zur Vorgabe des Verfahrens zur Handhabung der in ihrem Netz verwendeten Lastprofile (synthetisches oder analytisches Verfahren) verpflichtet[4]. Auch das Landgericht Magdeburg führt zutreffend aus, dass der Netzbetreiber von dem Netzzugangsinteressenten insbesondere auch nicht die Installation einer geeigneten Messeinrichtung verlangen kann, wenn ein Abnehmer ohne Leistungsmessung beliefert werden soll. Es fällt allein in den Verantwortungsbereich des Netzbetreibers, die zur Kontrolle erforderlichen Einrichtungen zu schaffen. Auch ist die Einrichtung von Messstellen durch den Netzbetreiber zumutbar, da er die insoweit entstehenden Kosten dem Netzzugangsinteressenten in Rechnung stellen kann. Will der Netzbetreiber sich darauf berufen, dass es ihm innerhalb der Zeit bis zum Beginn der Nutzung nicht möglich ist, für eine Messeinrichtung zu sorgen, muss er dies jedenfalls genauer darlegen und unter Beweis stellen[5]. Ist eine Messeinrichtung vorhanden, kann der Netzzugangspetent sogar verlangen, dass der Netzbetreiber die Abrechnungswerte übermittelt, auch dieser Anspruch ist von § 6 Abs. 1 Satz 1 EnWG mit umfasst. Das OLG Dresden führt insoweit zutreffend aus, dass der in § 6 Abs. 1 Satz 1 verwandte Begriff der zur Verfügung Stellung des Netzes über den bloßen

[1] RdE 2000, S. 203 (204).

[2] LG Potsdam, RdE 2000, S. 203 (204).

[3] Auch die Verbändevereinbarung vom 13.12.1999 sieht diese Lastprofile vor.

[4] LG Potsdam, RdE 2000, S. 203 (204).

[5] LG Magdeburg, RdE 2000, S. 206 (207/208); zustimmend auch Horstmann, Netzzugang in der Energiewirtschaft, S 162.

Begriff der Durchleitung hinausgeht und darüber hinaus auch die Nutzung des Netzes zur Ermittlung der Abrechnungsgrundlagen für die Endverbraucher beinhaltet[1].

(cc) Gleiches Verhalten des Durchleitungspetenten

Schließlich wird zur Begründung einer Durchleitungsverweigerung teilweise vorgebracht, der Durchleitungspetent selbst habe dem Netzbetreiber bzw. seiner Handelsabteilung seinerseits die begehrte Durchleitung in seinem Netzbereich versagt. Als Rechtfertigungsgrund für eine Durchleitungsverweigerung wird also die eigene Weigerung des Durchleitungsinteressenten, Wettbewerbern in vergleichbaren Fällen Zugang zum eigenen Versorgungsnetz einzuräumen, vorgebracht.

Insoweit ist bereits im Gesetzgebungsverfahren darauf hingewiesen worden, dass die Ablehnung der Durchleitung u.U. dann nicht rechtsmissbräuchlich sein soll, wenn derjenige, der die Durchleitung begehrt, seinerseits Durchleitungen verweigert. Damit solle und werde es den Kartellbehörden und Gerichten u.a. erleichtert, einseitigen Fehlentwicklungen entgegenzuwirken. Dies sollte insbesondere gelten, soweit und solange nicht auch andere Länder ihre Märkte stärker für Wettbewerb öffnen[2]. Auf die Regierungsbegründung zum Gesetzesentwurf berief sich auch das Bundeskartellamt im Fall „Berliner Stromdurchleitung“ und führt aus, auch das eigene Verhalten dürfe bei der Prüfung der Zumutbarkeit nicht außer Betracht bleiben[3]. Weitere Entscheidungen liegen hierzu nicht vor. Zu bedenken ist jedoch, dass die im Rahmen des Gesetzgebungsverfahrens insoweit angesprochene Befürchtung einer ungleichen Marktöffnung im europäischen Raum mit nachteiligen Auswirkungen für die zur wesentlich weiteren Netzöffnung verpflichteten deutschen Versorgungsunternehmen im Vergleich zu den europäischen Nachbarn sich angesichts der Elektrizitätsbinnenmarktrichtlinie und ihrer Umsetzung in den europäischen Nachbarstaaten erledigt hat. Alle EU-Mitgliedstaaten entschlossen sich während des deutschen Gesetzgebungsverfahrens für ei-

---

[1] OLG Dresden, RdE 2001, S. 144 (146).

[2] BT-Drs. 13/7274, S. 25.

[3] Bundeskartellamt, RdE 2000, S. 31 (38); allerdings bezieht sich das Bundeskartellamt auf den umgekehrten Fall und stellt auf das Verhalten des Netzbetreibers ab, hierzu führt es aus, der Netzbetreiber habe selbst die Möglichkeiten des neuen energiewirtschaftsrechlichen Ordnungsrahmens genutzt, wolle diese anderen Anbietern in ihrem bisherigen Versorgungsgebiet jedoch verschließen, dies würde zu einer einseitigen wettbewerblichen Fehlentwicklung führen, die – wie der Gesetzgeber zeige – gerade vermieden werden solle. Insoweit wird verkannt, dass der Gesetzgeber sich auf den europäischen Rahmen bezieht.

nen Netzzugang für Dritte, so dass das deutsche Gesetzgebungsverfahren vom europäischen Gesetzgeber überholt wurde. Dementsprechend ist eine Gefahr von Wettbewerbsverzerrungen in Europa entfallen. Auch die Bundesregierung hat ihre Ausführungen zum Netzzugang geändert[1]. Die Ausführungen der Bundesregierung im Rahmen des Gesetzgebungsverfahrens, die sich auf eine nun nicht mehr bestehende Gefahr von Wettbewerbsverzerrungen im europäischen Raum beziehen, sind dementsprechend nicht mehr heranzuziehen.

Daher sind Netzzugangsverweigerungen des Netzzugangsinteressenten zu seinem eigenen Netz in vergleichbaren Fällen grundsätzlich nicht dazu geeignet, eine Durchleitungsverweigerung zu begründen[2]. Der Netzbetreiber kann sich daher auch nicht auf ein gegenseitiges Treuegebot gem. § 242 BGB berufen. Hier ist zudem zu bedenken, dass die mangelnde Durchleitungsbereitschaft des Netzbetreibers als Verweigerungsgrund auch vor dem Hintergrund des Grundsatzes des Unbundling äußerst problematisch sein dürfte[3]. Des Weiteren fällt es auch in diesem Rahmen wiederum nicht in die Kompetenz des Netzbetreibers, die Sicherung der Rechtsordnung zu gewährleisten. Er kann und muss die Durchsetzung seiner Rechte im Wege einer gerichtlichen Auseinandersetzung klären. Allein den Gerichten und Kartellbehörden obliegt der Schutz der Rechtsordnung, nicht dem einzelnen. Hierdurch ist der Netzbetreiber ausreichend geschützt[4]. Der angeführte Grundsatz des Rechtsmissbrauchs bei eigenem gesetzeswidrigen Verhaltens auf Seiten des Netzzugangsinteressenten kann dementsprechend nicht schlechthin ins Feld geführt werden, um eine eigene Durchleitungsverweigerung zu begründen. Nur so wird – wie auch Tüngler[5] zutreffend mit Verweis auf die Rechtsprechung des BGH ausführt – vermieden, dass der von der Rechtsordnung vorgegebene Rahmen von allgemeinen Billigkeitsvorstellungen verdrängt würde.

---

[1] Vgl. hierzu auch Theobald / Zenke, Grundlagen der Strom- und Gaswirtschaft, S. 16.

[2] a.A. Kühne, RdE 2000, S. 1 (3); Horstmann, Netzzugang in der Energiewirtschaft, S 165.

[3] Schneider/Theobald, Handbuch zum Recht der Energiewirtschaft, S. 716.

[4] Walter / v. Keussler, RdE 1999, S. 223 (225); Giermann, RdE 2000, S. 222 (229); Tüngler, Netzzugang in der Elektrizitätswirtschaft, S. 159.

[5] a.a.O., S. 159.

(d) Forderung alternativen Leitungsbaus

Netzbetreiber verweigern den Netzzugang teilweise unter Verweis auf die Möglichkeit des Direktleitungsbaus. Sie führen also an, dass es dem Petenten schließlich frei stehe, eigene Leitungen zu errichten und diese zu nutzen.

Der Einwand alternativen Leitungsbaus begründet jedoch keinen Durchleitungsverweigerungsgrund. Dies ergibt sich aus der klaren Konzeption und dem Wettbewerbsziel des Energiewirtschaftsgesetzes sowie insbesondere auch aus der zugrunde liegenden Elektrizitätsbinnenmarktrichtlinie und auch aus den Gesetzgebungsmaterialien[1]. Der Verweis auf die Möglichkeit des Direktleitungsbaus wird auch von der Rechtsprechung bislang nicht als legitimer Verweigerungsgrund angesehen[2].

Tatsächlich sieht das Energiewirtschaftsgesetz den Direktleitungsbau als mögliches weiteres Wettbewerbsinstrument neben der Nutzung bereits bestehender Netze an. Auch der Gesetzgeber hat im Gesetzgebungsverfahren ausgeführt, dass der Direktleitungsbau lediglich als weitere Möglichkeit der Wettbewerber neben die Netznutzung treten kann, er spricht allein von einem Recht zum Leitungsbau[3]. Demgegenüber wurde aber keinesfalls ein Vorrang des Direktleitungsbaus vor der Nutzung der bestehenden Netze begründet, sondern sowohl das Energiewirtschaftsgesetzes, als auch die Elektrizitätsbinnenmarktrichtlinie gehen vielmehr umgekehrt grundsätzlich der Durchleitung den Vorrang. Gem. § 6 Abs. 1 Satz 1 EnWG sind die Netzbetreiber zur Öffnung ihrer Netze für Wettbewerber verpflichtet, die Durchleitung von Strom bildet den Regelfall. Nur durch die Ermöglichung von Durchleitungen kann ein effektiver, bracheninterner und insbesondere zeitnaher Wettbewerb geschaffen werden. Wären die Lieferanten auf den Direktleitungsbau angewiesen, würde regelmäßig eine erhebliche Zeit verstreichen, bis die Lieferanten als Wettbewerber auf dem Markt tätig werden könnten. Auch aus der Binnenmarktrichtlinie geht hervor, dass die Wettbewerbsinstrumente des Direktleitungsbaus und der Netznutzung unabhängig voneinander bestehen sollen, was sich insbesondere aus Art. 21 EltRL, nach dem die Möglchkeit der Elektrizitätsversorgung über eine Direktleitung nicht die Möglichkeit berührt, Lieferverträge gem. Art. 17, 18 EltRL

---

[1] So auch Schneider/Theobald, Handbuch zum Recht der Energiewirtschaft, S. 714.

[2] LG Berlin, RdE 2000, S. 237 (240); LG Dortmund, BB 2000, S. 2325 (2327).

[3] BT-Drs. 13/7274, S. 11.

zu schließen, ergibt[1]. Es entscheidet somit allein der Netzzugangsinteressent, ob er als weitere Wettbewerbsmöglichkeit die des Baus eigener Leitungen nutzen will. Und selbst wenn er sich hierfür entscheidet, bleibt es ihm unbenommen, auch andere Netze für Durchleitungen zu nutzen.

Auch die Gerichte erkennen dementsprechend – wie bereits angesprochen – den Einwand des Direktleitungsbaus nicht als tauglichen Verweigerungsgrund an. So führt das Landgericht Dortmund zutreffend aus, dass der Bau eigener Leitungen aus volkswirtschaftlichen und betriebswirtschaftlichen Gesichtpunkten nicht vom Netzzugangspetenten gefordert werden kann[2]. Auch das Landgericht Berlin stellt zutreffend fest, dass der Direktleitungsbau dem Netznutzungspetenten im Regelfall nicht zumutbar ist und diesem daher nicht entgegengehalten werden kann[3]. Ein genereller paralleler Leitungsbau würde auch das energiewirtschaftliche Ziel der Preisgünstigkeit beeinträchtigen und wäre zudem ökologisch äußerst bedenklich[4]. Zudem ist die Forderung auch unsinnig. Man stelle sich vor, sämtliche Lieferanten würden auf die Möglichkeit des Direktleitungsbaus zurückgreifen. In diesem Fall bestünden unzählige parallele Netze, die nur zu einem Bruchteil ausgelastet wären. Dies wäre insbesondere auch nicht im Interesse der früheren Monopolisten, da diese im Fall von Durchleitungen durch Zahlung eines angemessenen Entgelts wenigstens einen Ausgleich für den Verlust ihrer bisherigen Kunden erhalten.

(e) Forderung der Nutzung einer Alternativstrecke

Teilweise wird auch ins Feld geführt, der Netzzugangsinteressent könne andere Leitungswege benutzen. Der Petent wird also auf mögliche Alternativstrecken verwiesen.

Auch dies kann jedoch eine Durchleitungsverweigerung nicht legitimieren und wird auch von der Rechtsprechung bislang nicht als taugliche Verweigerungsmöglichkeit anerkannt[5]. Wie das Landgericht Dortmund zutreffend ausführt, ist dem Petenten jedenfalls ein Auswei-

---

[1] Kasper, Pflichten und Verweigerungsmöglichkeiten der Elektrizitätsversorgungsunternehmen, S. 111; Horstmann, Netzzugang in der Energiewirtschaft, S. 168.

[2] LG Dortmund, BB 2000, S. 2325 (2327).

[3] LG Berlin, RdE 2000, S. 237 (240).

[4] So auch Theobald / Zenke, Grundlagen der Strom- und Gasdurchleitung, S. 86/87; Horstmann, Netzzugang in der Energiewirtschaft, S. 168.

[5] LG Dortmund, BB 2000, S. 2325 (2327) und ZNER 2001, S. 101 (102).

chen auf eine längere Alternativstrecke mit einer damit verbundenen Kostensteigerung, die den Petenten als ernstzunehmenden Konkurrenten ausschalten würde, nicht zumutbar. Der alternative Leitungsweg müsste also jedenfalls gleichwertig sein[1]. Aber auch im Falle einer gleichwertigen Alternativstrecke kann die von den Netzbetreibern angeführte Argumentation nicht greifen. Theobald und Zenke[2] weisen zutreffend auf die Gefahr eines „Pinpong-Effekts" hin, der entstehen könnte, wenn auch der alternativ zur Verfügung stehende Netzbetreiber wiederum auf das andere Netz verweisen würde. Insbesondere kann der Netzbetreiber auch nicht zuverlässig beurteilen, ob die Nutzung der Alternativstrecke für den Petenten überhaupt wirtschaftlich und auch technisch möglich bzw. sinnvoll ist[3].

(f) Einwand der Durchleitungsverweigerung des vor- oder nachgelagerten Netzbetreibers bzw. Verlangen eines Vertrages mit dem vorgelagerten Netzbetreiber und dem Durchleitungskunden

Weiterhin wenden Netzbetreiber teilweise ein, der Durchleitung stehe die Durchleitungsverweigerung des vor- bzw. nachgelagerten Netzbetreibers entgegen. Öffne der andere Netzbetreiber sein Netz nicht, wäre die Durchleitung im eigenen Netz sinnlos und ein Durchleitungsverlangen missbräuchlich. Ein Zur Verfügung Stellen des Netzes könne nicht gefordert werden, wenn der Netzzugangsinteressent rechtlich und tatsächlich nicht in der Lage sei, Elektrizität zur Versorgung seines Abnehmers bereitzustellen. Teilweise wird auch der Nachweis eines Vertrages bzw. einer Zusage der vor- und/oder nachgelagerten Netzbetreiber gefordert.

Auch derartige Einwände der Netzbetreiber greifen jedoch nicht und werden auch von der Rechtsprechung nicht als legitime Verweigerungsmöglichkeiten anerkannt.

---

[1] LG Dortmund, Urteil vom 01.09.2000, Az. 13 O 134/00 (Kart.); insoweit jedoch nicht abgedruckt in BB 2000, S. 2325ff.

[2] In: Grundlagen der Strom- und Gaswirtschaft, S. 87.

[3] Schneider/Theobald weisen zutreffend darauf hin, dass allenfalls dann, wenn ein Netzbetreiber eklatant mehr belastet wäre als der Betreiber des „Nachbarnetzes" im Sinne der Verhältnismäßigkeit an ein Ausweichen gedacht werden könnte. Gleichzeitig wird aber zutreffend angeführt, dass bereits unklar ist, wann ein solcher Fall vorliegen sollte, ohne dass nicht bereits ein Durchleitungsverweigerungsgrund anderer Art begründet würde, vgl. Handbuch zum Recht der Energiewirtschaft, S. 714.

Das Landgericht Magdeburg[1] führt hierzu zutreffend aus, dass es allein Sache des Netzzugangsinteressenten ist, wie sie ihrer Lieferpflicht gegenüber ihren Kunden nachkommen und auf welcher tatsächlichen oder rechtlichen Grundlage eine Einspeisung in das Netz erfolgt. Der Netzbetreiber kann die Durchleitung daher insbesondere auch nicht von dem Nachweis einer Durchleitungsvereinbarung zwischen dem vorgelagerten Netzbetreiber und dem Durchleitungsinteressenten abhängig machen.

Ähnlich argumentiert auch das OLG Dresden[2]. Es führt zutreffend aus, die Frage, ob der vorgelagerte Netzbetreiber seinerseits die Durchleitung durch sein Netz gestattet, betreffe lediglich das Verhältnis der Petentin zum vorgelagerten Netzbetreiber. Es gehe nicht um ein Recht zur Entgegennahme der von der Petentin eingespeisten Energiemengen durch den Netzbetreiber, sondern allein um das Recht der Petentin zur Durchleitung einer bestimmten Energiemenge durch das Netz der Netzeigentümerin. Ein schutzwürdiges Interesse der Netzbetreiberin sei allenfalls insoweit anzuerkennen, als deren Netzkapazitäten nicht durch nicht realisierbare Durchleitungsanmeldungen belastet oder blockiert würden. In dieser Hinsicht fehlte es jedoch an Anhaltspunkten.

Auch das Landgericht Chemnitz[3] verneint eine entsprechende Durchleitungsverweigerungsmöglichkeit. Es lässt die bestrittene Bereitstellung von Strom zur Belieferung der Endkunden bzw. die Schaffung der erforderlichen Voraussetzungen durch die Petentin offen und gibt dem Netzbetreiber auf, die angemeldete Strommenge gegen ein angemessenes Entgelt durchzuleiten, sofern von der Petentin die entsprechende Strommenge bereitgestellt wird. Das Gericht führt zutreffend aus, der Anspruch des Petenten richte sich auf die Durchleitung des tatsächlich von ihr bereitgestellten Stromes. Sofern diese aus in ihrem Bereich liegenden Gründen nicht erfolgen könne, entstünden dem Netzbetreiber durch die ergangene einstweilige Verfügung keine Leistungspflichten.

Die Gerichte gehen dementsprechend zutreffend davon aus, dass es allein in den Verantwortungsbereich des Petenten fällt, wie er seiner Lieferpflicht gegenüber seinen Kunden nachkommt sowie auf welcher rechtlichen und tatsächlichen Grundlage die Einspeisung in das vor- bzw. nachgelagerte Netz erfolgt. Allenfalls dann, wenn die Netzkapazität des Netz-

[1] RdE 2000, S. 206 (208).

[2] RdE 2001, S. 144 (146/147).

[3] Unveröffentlichte Entscheidung vom 24.07.2000, Az. 4 HK O 3126/00, dargestellt von Theobald / Zenke, Grundlagen der Strom- und Gasdurchleitung, S. 88.

betreibers durch nicht realisierbare Netznutzungsbegehren belastet oder blockiert würde, sind schutzwürdige Interessen des Netzbetreibers anzuerkennen. Der Netzzugangsinteressent kann insoweit insbesondere durch Vorlage eines Liefervertrages oder vergleichbaren Dokumenten nachweisen, dass er die Abnahmestelle des Kunden mit Elektrizität versorgen kann und so die Vorwürfe der Netzbetreiber entkräften[1].

Der Petent muss eine Vereinbarung mit dem vorgelagerten Netzbetreiber aber nicht zwingend vorlegen. Insbesondere ist eine derartige Vereinbarung auch nicht etwa deswegen notwendig, weil der Netzbetreiber ansonsten das Insolvenzrisiko bezüglich des Petenten tragen würde. Dieses Risiko einer Insolvenz des Netzzugangsinteressenten und eines möglichen Rückgriffs auf den Netzbetreiber ergibt sich nicht ohne weiteres und ist insbesondere – wie das OLG Dresden insoweit zutreffend erkennt – durch eine entsprechende vertragliche Gestaltung des Liefervertrages zwischen Netzbetreiber und vorgeschaltetem Netzbetreiber vom Netzbetreiber selbst steuerbar[2].

Schließlich kann der Netzbetreiber auch nicht vom Petenten verlangen, dass er die gelieferten Energiemengen von den übrigen Stromlieferungen der vorgelagerten Energieversorger separiert. Die durchgeleiteten Strommengen können vom Netzbetreiber in seinem Netz ohne weiteres vom eigenen Bedarf abgegrenzt werden. Der Netzbetreiber kennt insbesondere seine sonstigen Lieferverträge und die insoweit ins Netz eingespeisten Mengen, so dass ihm die Prüfung zusätzlicher Einspeisungen ohne weiteres möglich ist. Er kann die durchgeleiteten Energiemengen ohne weiteres durch entsprechende Messungen ermitteln und von seinem Selbstbezug ohne unzumutbaren Aufwand trennen. Dementsprechend kann er auch ohne Aufwand entsprechende Rückschlüsse auf den Verbrauch der Kunden des Netzzugangspetenten ziehen. Auch dies hat das OLG Dresden zutreffend erkannt[3].

---

[1] Vgl. OLG Dresden, a.a.O.

[2] OLG Dresden, RdE 2001, S. 144 (147).

[3] OLG Dresden, RdE 2001, S. 144 (146).

(g) Preisnachlässe auf das Niveau des Durchleitungsinteressenten und Eintritt in seine Vertragsbedingungen

Des weitern wird teilweise versucht, eine Durchleitungsverweigerung mit der Bereitschaft zu rechtfertigen, auf das Preisniveau bzw. die Lieferungsbedingungen des Netzzugangspetenten einzusteigen.

Nach alter Rechtslage konnte die Bereitschaft, auf das angebotene günstigere Preisniveau des Durchleitungsinteressenten einzusteigen, ein Durchleitungsverweigerungsrecht begründen. Insoweit erfolgte ausschließlich ein Schutz des Durchleitungsempfängers[1]. Diese Rechtsprechung kann jedoch nach der Liberalisierung des Strommarktes nicht aufrechterhalten werden. Der Netzbetreiber kann die Verweigerung der Netznutzung nicht damit begründen, dass er in die Preise und Bedingungen des Netzzugangsinteressenten einsteigt. Der durch § 6 Abs. 1 Satz 1 EnWG sichergestellte Netzzugangsanspruch ermöglicht gerade den Wettbewerb, um den Kunden so die Wahl zwischen verschiedenen Lieferanten zu ermöglichen. Er selbst kann wählen, mit welchem Stromlieferanten er zu welchen Preisen und Bedingungen Lieferverträge schließt. Der Netzbetreiber kann den Wettbewerber dementsprechend nur „ausschalten", indem er bereits im Vorfeld günstigere Bedingungen und Preise bietet[2]. Er kann den Wettbewerb nicht durch Ausübung eines Eintrittsrechts abwehren, andernfalls würde die Netzzugangsverpflichtung funktionsunfähig gemacht und ein effektiver brancheninterner Wettbewerb verhindert. Dementsprechend ist es den Netzbetreibern in dem neuen Ordnungsrahmen auch grundsätzlich zuzumuten, Kunden an zu günstigeren Bedingungen liefernde Wettbewerber zu verlieren[3]. Entgegenstehende Ausführungen finden sich auch in der bisherigen Rechtsprechung nicht.

---

[1] WuW/E BGH 2933.

[2] Unbeachtlich sind daher bei der Frage der Wirksamkeit der Lieferverträge auch sog. „englische Klauseln", die Netzbetreiber teilweise in ihre Lieferverträge aufnehmen. Diese räumen den Kunden das Recht ein, den Vertrag vor Ablauf der Festlaufzeit zu kündigen, sofern der Kunde ein günstigeres Konkurrenzangebot vorlegt und sich hierauf Netzbetreiber und Kunde nicht über die Anpassung des Vertrages nicht einigen können. Diese Klauseln dienen dazu, es dem Netzbetreiber zu ermöglichen, mit Konkurrenzangeboten gleichzuziehen und diese gezielt zu unterbieten, da sie berechtigt sind, ihren Preis anzupassen und den Abschluss eines Liefervertrages mit einem Wettbewerber zu verhindern. Damit sind die Netzbetreiber in der Lage, in jedem Einzelfall sicherzustellen, dass der Wettbewerber nicht zum Zuge kommt. Vgl. dazu LG Düsseldorf, RdE 2000, S. 83 (84).

[3] Horstmann, Netzzugang in der Energiewirtschaft, S. 169.

Dementsprechend sind auch allgemeine Absatz- und Handelsinteressen des Netzbetreibers auf dem nachgelagerten Markt im Rahmen der Interessenabwägung grundsätzlich nicht zu berücksichtigen. Würde die Absicht, Wettbewerb zu verhindern, berücksichtigt, widerspräche dies dem Sinn und Zweck der Liberalisierung[1]. Derartige subjektive Interessen sind daher grundsätzlich unbeachtlich.

(h) stranded investments

Teilweise wird auch eingewendet, die Durchleitung sei unzumutbar, weil mittels der Durchleitung Kunden abgeworben würden und so bereits getätigte Investitionen nicht mehr wettbewerbsfähig wären, die aufgrund des Versorgungsauftrages getätigt wurden. Es bestehe also ein Amortisationsinteresse.

Im Gesetzgebungsverfahren wurde ausgeführt, dass bei der Abwägung der sich gegenüberstehenden Interessen im Ausnahmefall auch von Bedeutung sein könne, ob Investitionen des Netzinhabers, die unter alter Rechtslage einer versorgungswirtschaftlich rationellen Betriebsführung entsprachen, so gravierend und unvermeidbar entwertet würden, dass eine Durchleitung auch angesichts des gewollten Wettbewerbs unzumutbar sei. Der Schutz bereits getätigter Investitionen könne aber nicht generell zur Rechtfertigung einer Durchleitungsverweigerung führen. Dies würde dem Wettbewerbsziel zuwiderlaufen. Lediglich in Ausnahmefällen könne dies anders sein, z.B. wenn der Leitungsinhaber wegen der begehrten Durchleitung seinerseits nicht mehr in der Lage wäre, die Versorgung seiner Kunden entsprechend den Zielen des Energiewirtschaftsgesetzes zu gewährleisten[2].

Der Gesetzgeber hat dementsprechend für die Übergangszeit direkt nach Umsetzung der Liberalisierung ein Amortisationsinteresse der Netzbetreiber als Rechtfertigung für die Durchleitungsverweigerung anerkennen wollen, dies allerdings nur in ganz eng begrenzten Ausnahmefällen. In Betracht kam eine derartige Verweigerungsmöglichkeit dementsprechend allenfalls für Investitionen, die im Vertrauen auf den Fortbestand der Rechtslage und auch vernünftigerweise getätigt wurden. Der eng begrenzte Schutz getätigter Investitionen kam dementsprechend nur für eine eng begrenzte Zeit nach der Novellierung des EnWG als Durchleitungsverweigerungsmöglichkeit in Betracht und konnte bereits hier nicht generell

---

[1] Schneider, Liberalisierung der Stromwirtschaft, S. 456; Lutz, RdE 1999, S. 102 (108); Walter / v. Keussler, RdE 1999, S. 223 (227).

[2] BT-Drs. 13/7274, S. 25.

eine Durchleitungsverweigerung legitimieren, da ansonsten potentielle Wettbewerber dauerhaft vom Markt ausgeschlossen würden. Es bestand auch in der Umbruchsphase keine Bestandsgarantie der Netzbetreiber, diese hatten auch keinen Anspruch auf einen existenzsichernden Umsatz oder gar auf Korrektur unternehmerischer Fehlinvestitionen unter Abnahme des wirtschaftlichen Risikos[1]. Auch die vom Gesetzgeber aufgenommenen speziellen Schutzvorschriften des § 6 Abs. 3 und des Art. 4 § 3 EnWG sollen eine Amortisation der Investitionskosten gerade nicht sicherstellen und verdeutlichen insoweit die gesetzgeberische Entscheidung gegen einen grundsätzlichen Investitionsschutz[2].

Bislang finden sich auch keine Entscheidungen, die das Amortisationsinteresse als Durchleitungsverweigerungsgrund anerkannt haben. Da der eng begrenzte Investitionsschutz ohnehin nur in der Übergangszeit direkt nach Einführung der Liberalisierung in Betracht kommen sollte, wird das Amortisationsinteresse dementsprechend nunmehr ohnehin keine Rolle mehr spielen und im Rahmen einer Durchleitungsverweigerung keinesfalls mehr Berücksichtigung finden können.

(i) Einwand bestehender Übergangsprobleme

Teilweise wurden von den Netzbetreibern zur Rechtfertigung der Durchleitungsverweigerung bestehende Umstellungs- bzw. Übergangsprobleme angeführt.

Verschiedene Umstellungs- bzw. Übergangsprobleme wie beispielsweise noch bestehende Probleme mit dem EDV-System des Netzbetreibers bei der Kontenführung o.ä. werden angesichts der nunmehr bereits mehrjährigen Geltung des EnWG 1998 zukünftig aber wohl kaum noch eine Rolle spielen. Aber auch kurz nach der Einführung des Neuregelungsgesetzes konnten die Netzbetreiber sich nach Ansicht der Gerichte nicht schlicht auf die Übergangsproblematik berufen. Hierzu hat das Landgericht Potsdam zutreffend ausgeführt, dass der Verweis der Netzbetreiber auf die Komplexität sowie die Neuheit der Materie des Energiewirtschaftsrechts nicht geeignet ist, die Unzumutbarkeit der Durchleitung des Stromes nachzuweisen. Der Gesetzgerber habe für die Frage der Unzumutbarkeit bzw. Unmöglichkeit der Durchleitung ganz offensichtlich auf das Vorliegen objektiver Kriterien abgestellt. Zwar müsse dem Netzbetreiber eine gewisse Bearbeitungszeit für die Prüfung und für die

---

[1] Vgl. auch Walter / v. Keussler, RdE 1999, S. 223 (225/226).

[2] Vgl. insoweit auch LG Berlin, NJWE - WettbR 2000, S. 270 (275).

vom Gesetz geforderte Beantwortung der Durchleitungsfragen eingeräumt werden. Jedoch genüge für eine Ablehnung der Durchleitung von Fremdstrom nicht der bloße Verweis auf allein in der Sphäre des Netzbetreibers liegenden Umstände, wie etwa die Notwendigkeit der Erstellung von Lastprofilen, der Festlegung der Abrechnungsmodalitäten, der Datenbereitstellung sowie der Berechnung der Nutzungsentgelte und der Formulierung entsprechender Verträge. Dies gelte umso mehr, wenn der Netzbetreiber nicht dargelegt habe, welche Anstrengungen seit der ersten Durchleitungsanfrage unternommen worden sind bzw. unternommen werden sollen, um die vorgebrachten Probleme bei der Umsetzung des EnWG zu beseitigen[1].

Dementsprechend war der Einwand bestehender Umstellungs- bzw. Übergangsprobleme ohnehin regelmäßig nicht geeignet, eine Durchleitungsverweigerung zu legitimieren, da die insoweit ins Feld geführten Probleme regelmäßig aus der Sphäre der Netzbetreiber selbst stammen und diese insoweit auch für die Beseitigung verantwortlich sind. Insbesondere darf der Netzbetreiber keine überhöhten Anforderungen an die Netzzugangspetenten stellen. So wäre es – wie Theobald und Zenke[2] zutreffend ansprechen – beispielsweise unzulässig, sich schlicht auf Probleme mit dem EDV-System zu berufen, weil die von den Netzzuganspetenten vorbereiteten Datenträger nicht so optimal vorbereitet wurden, dass sie in automatisierten Abläufen schlechthin und ohne ein zumutbares Maß manueller Nachkontrolle die Kunden erkennen lassen. Umgekehrt ist der Netzzugangsinteressent aber zu einem gewissen Maß an Mithilfe verpflichtet. Insoweit kann und muss von beiden Seiten ein gegenseitiges Entgegenkommen und eine gegenseitige Mithilfe erwartet werden, um beispielsweise bestimmte Kundendaten zu ermitteln und so den gesamten Ablauf zu erleichtern.

(j) Zwischenergebnis

Die Durchleitungsverweigerungsmöglichkeit wegen Unzumutbarkeit eröffnet den Netzbetreibern dementsprechend aufgrund ihrer fehlenden Konkretisierung grundsätzlich eine unendliche Vielzahl von möglichen Verweigerungsgründen. Dies führt dazu, dass die Netzbetreiber versuchen, verschiedenste Gründe anzuführen, um eine Durchleitungsverweigerung zu rechtfertigen. Die Gerichte und Kartellbehörden müssen sich daher mit einer Vielzahl unterschiedlicher Argumentationsansätze auseinandersetzen. Die abschließende Festle-

---

[1] LG Potsdam, ZNER 2000, S. 139 (140/141).

[2] In: Grundlagen der Strom- und Gasdurchleitung, S. 91.

gung der Verweigerungsmöglichkeiten wurde von der Gesetzgebung in die Judikative verlagert. Inzwischen hat sich bereits eine beachtliche Rechtsprechung entwickelt, wobei die Netzbetreiber tatsächlich in den seltensten Fällen mit ihren Verweigerungswünschen erfolgreich sind.

d) Befristete Schutzklauseln

Neben den grundsätzlich unbefristeten Durchleitungsverweigerungsmöglichkeiten des § 6 Abs. 1 Satz 2 EnWG ermöglichte Art. 4 EnWG bislang befristete Einschränkungen des Netzzugangs in Form von zwei Schutzklauseln. Die sog. Braunkohle – Schutzklausel des Art. 4 § 3 EnWG sollte zunächst bis zum 31.12.2003 gelten, wurde jedoch im Rahmen der Novellierung aufgehoben. Auch die Geltung der Reziprozitätsklausel des Art. 4 § 2 EnWG wurde von Anfang an bis zum 31.12.2006 begrenzt.

(1) Die Braunkohle – Schutzklausel

Art. 4 § 3 EnWG eröffnete bislang bei Stromabnehmern aus den neuen Bundesländern die Möglichkeit, die Notwendigkeit einer ausreichend hohen Verstromung von Braunkohle aus diesen Ländern im Rahmen der Interessenabwägung hinsichtlich der Frage, ob der Netzzugang verweigert werden kann, zu berücksichtigen. Die Klausel lautete:

> „ Bei der Beurteilung, ob die Ablehnung des Netzzugangs zur Belieferung von Abnehmern in den Ländern Berlin, Brandenburg, Mecklenburg – Vorpommern, Sachsen, Sachsen – Anhalt und Thüringen mit Elektrizität gem. Art. 1 § 6 und 7 unzulässig oder im Sinne des § 19 Abs. 4 und § 20 Abs. 1 und 2 des Gesetzes gegen Wettbewerbsbeschränkungen missbräuchlich, diskriminierend oder unbillig behindernd ist, ist die Notwendigkeit einer ausreichend hohen Verstromung von Braunkohle aus diesen Ländern besonders zu berücksichtigen.“

(a) Hintergrund, Gesetzessystematik und Verfassungsmäßigkeit der Braunkohleschutzklausel

Die Braunkohleschutzklausel wurde auf Anregung des Bundesrates in das Gesetz aufgenommen und beruht nach Ansicht der Bundesregierung auf Art. 8 Abs. 4 EltRL, wonach Mitgliedstaaten einheimischen Primärenergieträgern in gewissem Umfang Vorrang einräumen können[1]. Hintergrund der Regelung, durch die ein besonderer, strukturpolitischer Rechtfertigungsgrund begründet wird, der auf ein spezielles Interesse der neuen Bundesländer zurückzuführen ist, war der Umstand, dass nach der Wiedervereinigung die Braunkohleförderung in den neuen Bundesländern drastisch zurückgefahren wurde, woraus sich schwerwiegende Probleme für die betroffenen Regionen unter Einbeziehung des Arbeitsmarktes ergaben[2]. Die zentrale Rolle der Braunkohle für die Energieversorgung in den neuen Bundesländern sowie die erheblichen Investitionen für die Modernisierung und den Neubau von Kraftwerken erforderten nach Ansicht des Gesetzgebers die Einfügung eines besonderen Investitions- und Arbeitsplatzschutzes[3]. Die Braunkohleklausel wurde teilweise auch als „lex VEAG" bezeichnet, da die Elektrizitätsversorgung in den neuen Bundesländern im wesentlichen von dem Verbundunternehmen Vereinigte Energiewerke AG (VEAG) vorgenommen wird und hauptsächlich zum Schutz dieses Unternehmens Anwendung fand[4].

Die Kommission ist der Einschätzung der Bundesregierung, die die Übergangsregelung als Fall des Art. 8 Abs. 4 EltRL angesehen hat, nicht beigetreten, so dass die Bundesregierung schließlich einen Antrag gem. Art. 24 EltRL gestellt hat. Die Kommission hatte die Braunkohleschutzklausel unter verschiedenen Auflagen und Bedingungen als vereinbar mit Art. 24 EltRL erachtet[5].

Die Braunkohleschutzklausel sollte zunächst bis zum 31.12.2003 gelten, wurde jedoch bereits im Rahmen der Novellierung des EnWG aufgehoben. Der Vollständigkeit halber sollen die Schutzklausel und ihre Voraussetzungen vorliegend gleichwohl überblickartig darge-

---

[1] BT-Drs. 13/7274, S. 29/35.

[2] Walter / v. Keussler, RdE 1999, S. 223 (227); Kühne / Scholtka, NJW 1998, S. 1902 (1908).

[3] BT-Drs. 13/7274, S. 35; BR-Drs. 941/97, S 3.

[4] Die Braunkohleklausel wurde bislang auch ausschließlich von der VEAG geltend gemacht, jedoch war sie bislang in keinem Fall erfolgreich. Schließlich hat auch die Kommission in Art. 2 Nr. 2 ihrer Entscheidung vom 08.07.1999 den Anwendungsbereich der Schutzklausel auf die VEAG begrenzt.

[5] Entscheidung der Kommission vom 08.07.1999, Abl. L 319/18 vom 11.12.1999, S. 18ff.

stellt werden. Die Braunkohleschutzklausel hat bislang einen sonstigen Verweigerungsgrund dargestellt, der im Rahmen der Zumutbarkeitsprüfung des § 6 Abs. 1 Satz 2 EnWG zu berücksichtigen war. Die Braunkohleschutzklausel war dementsprechend in die Zumutbarkeitsprüfung zu integrieren und in der Gesamtabwägung als Abwägungskriterium zu berücksichtigen. Insoweit hat bereits der Wirtschaftsausschuss im Gesetzgebungsverfahren ausgeführt, dass eine generalisierende Betrachtung ausgeschlossen sei und für jedes konkrete Netznutzungsbegehren eine Interessenabwägung durchgeführt werden müsse[1]. Hiervon ging auch die Rechtsprechung aus. So führt beispielsweise das OLG Dresden in seiner Entscheidung vom 08.02.2001[2] aus, bei der Schutzklausel des Art. 4 § 3 EnWG handele es sich um einen strukturpolitischen Rechtfertigungsgrund, der allerdings nur relative Wirkung habe. Der Stromabsatz aus Braunkohlenkraftwerken solle bestehen bleiben und die insoweit bestehenden Probleme nicht mit Hilfe des Durchleitungstatbestandes weiter intensiviert werden. Dieser allgemeine öffentliche Belang könne jedoch für sich allein nicht zur Verweigerung des Netzzugangs führen. Er sei vielmehr lediglich in die gesamte Argumentationsbilanz einzustellen und zu gewichten[3]. Auch das LG Berlin sieht die Braunkohleschutzklausel in der Entscheidung vom 27.06.2000[4] lediglich als Abwägungskriterium an[5].

Sowohl die Gerichte als auch die Kommission haben zudem den Ausnahmecharakter der Braunkohleschutzklausel klargestellt. Entsprechend hat das Landgericht Berlin in seiner Entscheidung vom 27.06.2000[6] klargestellt, dass es sich bei Art. 4 § 3 EnWG um eine Ausnahmevorschrift handelt. Es bleibe bei dem Grundsatz der Durchleitungsverpflichtung, von der nur in besonders dazulegenden Ausnahmen abzuweichen sei. Diese Ausnahmevorschrift sei zudem „im Zweifel“ eng auszulegen. Erforderlich sei eine restriktive Anwendung der Braunkohleschutzklausel anhand eindeutiger, nicht diskriminierender, transparenter und überprüfbarer Kriterien. Es dürfe aufgrund des Art. 4 § 3 EnWG keine grundsätzliche oder systematische Ablehnung von Netzzugangsanträgen geben. Zudem seien die Vorraussetzungen der Schutzklausel von demjenigen, der sich auf den Ausnahmetatbestand beruft, darzulegen und gegebenenfalls zu beweisen. Auch bei der Netzzugangsverweigerungsmög-

---

[1] BT-Drs. 13/9211, S. 58.

[2] GRUR – RR 2001, S. 190 (195).

[3] So auch Harms, RdE 1999, S. 1 (4).

[4] RdE 2000, S. 237 (241).

[5] So auch LG Berlin, Entscheidung vom 25.07.2000, Az.: 750/99, S. 7.

[6] RdE 2000, S. 237 (240/241/245).

lichkeit des Art. 4 § 3 EnWG handelte es sich dementsprechend um eine Einrede, die der Netzbetreiber geltend machen muss[1].

Auch das KG Berlin[2] stellt klar, dass für die Auslegung und Anwendung der Braunkohleschutzklausel insbesondere die Motive des nationalen Gesetzgebers und die Kommissionsentscheidung vom 08.07.1999 heranzuziehen waren. Die Braunkohleschutzklausel sei nach den Motiven des deutschen Gesetzgebers zum einen als Instrument zur Sicherstellung des Fortbestands der Braunkohleförderung im Rahmen der gesamten Energie-, Wirtschafts- und Umweltpolitik gedacht. Zum anderen diene sie dem Schutz der von der VEAG 1994 anlässlich des Vertrages über ihre Privatisierung garantierten Investitionen. Die Klausel solle somit zugleich einen mengenmäßig hinreichend großen Braunkohleabbau ermöglichen und die von der Beklagten getätigten Investitionen erhalten. Dies führe aber zu keinem absoluten Schutz. Die Kommission habe bei ihrer Entscheidung klar zum Ausdruck gebracht, dass die Beklagte kontinuierlich an ihrer Wettbewerbsfähigkeit zu arbeiten und sich deshalb zumindest einem gewissen beständigen Wettbewerbsdruck auszusetzen habe. Sie habe deshalb verlangt, dass die Gestattung von Netznutzungen auch in den neuen Bundesländern die allgemeine Regel sein müsse und jede Ablehnung des Netzzugangs als Ausnahme in jedem Einzelfall ordnungsgemäß zu begründen sei. Dies gebiete eine relativierende Auslegung der Braunkohleschutzklausel, auch soweit sie als Investitionsschutzklausel zu Gunsten der VEAG aufzufassen sei. Die übernommenen Investitionsverpflichtungen können aus gemeinschaftsrechtlichen Gründen nicht absolut, sondern nur in begrenztem Umfang geschützt werden. Aber auch unabhängig von den Vorgaben des Gemeinschaftsrechts sei eine großzügigere Handhabung der Braunkohleschutzklausel nicht angezeigt. Die Braunkohleschutzklausel diene zwar dem Zweck, den Verlusten gegenzusteuern, die der VEAG aus einem überhöhten Investitionsvolumen drohten. Bei der Frage, in welchem Umfang dies geschehen könne, dürfe aber nicht außer Acht gelassen werden, dass die VEAG in Kenntnis der späteren Entwicklung nicht gänzlich auf ihr Engagement verzichtet, sondern dieses allenfalls anders dimensioniert hätte. Nur in dieser Bandbreite sei Raum für die Anwendung der Braunkohleschutzklausel, wobei zusätzlich zu berücksichtigen sei, dass sie schon bei Abschluss des Privatisierungsvertrages und bei den in diesem Zusammenhang abgegebenen

[1] So auch Horstmann, Netzzugang in der Energiewirtschaft, S. 121f.

[2] Entscheidung vom 24.10.2001, WRP 2002, S. 564 (571f.).

Investitionsgarantien die Möglichkeit erheblicher Fehlmengen vorausgesehen und sich insoweit vertraglich abgesichert habe[1].

Das Landgericht Berlin hat in seiner Entscheidung vom 27.06.2000[2] zudem Zweifel an der Verfassungsmäßigkeit der Braunkohleschutzklausel geäußert. Insoweit führte es unter Bezugnahme auf die Entscheidung des Bundesverfassungsgerichts zum Kohlepfennig aus, die Verfassungsmäßigkeit von Art. 4 § 3 EnWG erscheine unter dem Gesichtspunkt der Gleichbehandlung der Bürger bei der Belastung mit Kosten für staatliche Aufgaben fragwürdig. Soweit der Gesetzgeber mit der Braunkohleschutzklausel den Schutz der ostdeutschen Braunkohle als heimischen Energieträger bezwecke, gehöre dieses Anliegen zu den allgemeinen – gesamtdeutschen – Staatsaufgaben. Weder den mit dem beklagten Netzbetreiber konkurrierenden Energieversorgern noch den durch erhöhte Strompreise belasteten Stromverbrauchern in den neuen Ländern obliege demgegenüber eine vorrangige Finanzierungsverantwortung. Da insbesondere die Stromverbraucher aufgrund des eingeschränkten Wettbewerbs in den neuen Ländern regelmäßig keine Wahlmöglichkeit im Hinblick auf „ihren" Versorger hätten, bei dem Bezug von Strom, der auf Braunkohlebasis produziert wurde, aber höhere Strompreise bezahlen müssten, erlange insbesondere der allgemeine Gleichheitssatz des Art. 3 Abs. 1 GG Bedeutung. Die ostdeutschen Endverbraucher stünden der von ihnen faktisch subventionierten Sicherungsmaßnahme zugunsten der Braunkohle nicht näher als die bundesdeutsche Allgemeinheit. Sie bildeten keine homogene Gruppe, deren Interessenlage auf eine bestimmte Art der Verstromung gerichtet sei. Die Art der Stromproduktion sei für die Stromverbraucher unerheblich. Im Ergebnis hat das Gericht die Frage der Verfassungsmäßigkeit aber offen gelassen. Da es bei der Entscheidung auf die Gültigkeit des Gesetzes nicht ankam, denn nach Ansicht des Gerichts hat die Braunkohleschutzklausel angesichts einer engen Auslegung der Norm ohnehin keine Anwendung gefunden, erübrigte sich auch ein Verfahren gem. Art. 100 Abs. 1 Satz 1 GG.
Die Bedenken des Gerichts wurden in der Literatur zum Teil geteilt[3]. Tatsächlich sprachen – wie auch Theobald und Zenke[4] ausführen – gute Gründe für eine Parallele zu der Kohlepfennig – Entscheidung des Bundesverfassungsgerichts. In beiden Fällen fehlte es an einer

---

[1] Ausführlich zur Auslegung der Klausel auch bereits das erstinstanzlich entscheidende LG Berlin, RdE 2000, S. 237 (241ff.); entsprechend auch das LG Berlin in der Entscheidung vom 25.07.2000, Az.: 16 O 749/99.

[2] RdE 2000, S. 237 (241).

[3] So insbesondere Blanke / Peilert, RdE 1999, S. 125 (129); zustimmend wohl auch Theobald / Zenke, Grundlagen der Strom- und Gaswirtschaft, S. 105.

[4] Grundlagen der Strom- und Gaswirtschaft, S. 105.

homogenen Gruppe. Insbesondere stehen die ostdeutschen Kunden der von ihnen faktisch subventionierten Sicherungsmaßnahme zugunsten der Braunkohle tatsächlich nicht näher als die bundesdeutsche Allgemeinheit. Vor allem lässt sich die besondere Verantwortung eines Ausgleichs und der Überwindung der Folgen sozialistischen Wirtschaftens nicht schlicht auf die Bevölkerung Ostdeutschland beschränken und abwälzen. Insoweit handelt es sich um eine Aufgabe der Allgemeinheit der bundesdeutschen Steuerzahler[1]. Auch obliegt den konkurrierenden Stormversorgungsunternehmen, deren unternehmerische Tätigkeit ebenfalls beschränkt wird, keine vorrangige Finanzierungsverantwortung.

Bedenken gegen das verfassungsmäßige Bestimmtheitsgebot ließen sich schließlich – wie auch das Landgericht Berlin[2] zutreffend ausführt – mit den Mittel der Auslegung ausräumen, wobei der allgemeine Grundsatz, dass Ausnahmeregelungen im Zweifel eng auszulegen sind, anzuwenden war.

Die Anwendung der Braunkohleschutzklausel hat nun kumulativ den Nachweis der Verdrängung ostdeutscher Braunkohle erfordert, wobei vom Netzbetreiber darzulegen und zu beweisen war, inwieweit eine eventuelle Verdrängung nicht aus anderweitigen Verkäufen dieser Elektrizität ausgeglichen werden konnte. Ebenso war der Nachweis der Gefährdung ihrer ausreichend hohen Verstromung erforderlich. Zudem durfte der Netzbetreiber sich nicht in dem Sinne diskriminierend verhalten, dass er innerhalb seines Unternehmens oder gegenüber verbundenen oder assoziierten Unternehmen Durchleitung von Strom, der seinerseits nicht aus ostdeutscher Braunkohle stammt, gestatten wurde.

(b) Verdrängung ostdeutscher Braunkohle

Der Netzbetreiber musste also zunächst darlegen und bewiesen, dass durch die begehrte Durchleitung tatsächlich Elektrizität aus ostdeutscher Braunkohle verdrängt wird.

Insoweit wurde von der Rechtsprechung eine genaue Darlegung der konkreten Auswirkungen der begehrten Durchleitung auf die Braunkohleverstromung in den neuen Bundesländern verlangt. Lediglich pauschale Hinweise reichen nicht aus. Das OLG Dresden forderte

---

[1] So auch Blanke / Peilert, RdE 1999, S. 125 (129); a.A. Tüngler, Netzzugang in der Elektrizitätswirtschaft, S. 215.

[2] Entscheidung vom 27.06.2000, RdE 2000, S. 237 (241).

dementsprechend ganz konkrete Angaben zu einem möglichen Rückgang der Braunkohleverstromung[1].

Die Braunkohleschutzklausel des Art. 4 § 3 EnWG diente zudem dem Mengenschutz, nicht dem Preisschutz. Dies wurde bereits vom „Arbeitskreises Energiepolitik" im Bericht vom März 1999 klargestellt. Dieser führte bereits aus, der sich aus der Übergangsvorschrift ergebende Schutz sei in erster Linie als Mengenschutz, und nicht als Preisschutz zu verstehen; wenn es gelinge, den Braunkohlekraftwerken eine für diese Anlagen typisch hohe Ausnutzung von etwa 6.500 Betriebsstunden pro Jahr zu sichern, dann ergäben sich Kosten, die der ostdeutschen Energiewirtschaft Preise im Bereich der übrigen Anbieter ermöglichten[2].

Dementsprechend war für die Bestimmung einer ausreichend hohen Verstromung von Braunkohle auf eine bestimmte Zielmenge abzustellen, wobei es auf die Auswirkung des konkret beabsichtigten Netzzugangsbegehrens auf die Zielmenge der zu verstromenden Braunkohle ankam[3]. Entsprechendes führten auch die Gerichte aus. So stellte das Landgericht Berlin klar, dass für die Bestimmung der „ausreichend hohen Verstromung von Braunkohle" konkret auf eine „abwägungsrelevante Menge" (Zielmenge) abzustellen sei. Relevant für die Frage des Netzzugangs sei diese Menge nur dann, wenn sie in zeitlichem Zusammenhang mit konkret gestellten Durchleitungsanträgen nicht erreicht werde oder dies zumindest unmittelbar drohe. Ferner müsse gerade die begehrte Stromdurchleitung das Erreichen der Zielmenge beeinträchtigen. Insofern sei erforderlich, dass der Petent den bisher mit Braunkohlestrom des Netzbetreibers belieferten Kunden nunmehr mit Strom anderer Art versorgen wolle. Die Zielmenge sei dabei an Hand der jeweils aktuellen wirtschaftlichen Situation der Beklagten zu bemessen[4].

Aus den Ausführungen des OLG Dresden ergibt sich zudem, dass eine Verdrängung nur dann vorlag, wenn der Absatz der geschützten Elektrizität in den neuen Bundesländern ins-

---

[1] Entscheidung vom 02.02.2000, RdE 2000, S. 203 (206) und vom 08.02.2001, GRUR – RR 2001, S 190 (195).

[2] Bericht des Arbeitskreises Energiepolititk vom 22.23.03.1999, S. 14; auch zitiert bei Theobald / Zenke, Grundlagen der Strom- und Gasdurchleitung, S. 98.

[3] Horstmann, Netzzugang in der Energiewirtschaft, S. 126; Theobald / Zenke, Grundlagen der Strom- und Gasdurchleitung, S. 97.

[4] LG Berlin, Entscheidung vom 27.06.2000, RdE 2000, S. 237 (242).

gesamt mengenmäßig reduziert wurde[1]. Es kam also darauf an, ob die Braunkohle in der Gesamtbilanz verdrängt wurde. Hieraus ergab sich zum einen, dass die Durchleitung von ostdeutschem Braunkohlestrom vom Netzbetreiber jedenfalls nicht gem. Art. 4 § 3 EnWG verweigert werden konnte[2]. Zum anderen war eine Gesamtbetrachtung der Entwicklung der Braunkohleverstromung geboten, es war also nicht ausschließlich auf das einzelne Netzzugangsbegehren und das separate Netz abzustellen[3]. Entsprechend führte das Landgericht Potsdam aus. Hiernach lag bereits bei einer Verstromung von ostdeutscher Braunkohle in Höhe eines Gesamtanteils von 70 % eine ausreichende Braunkohleverstromung vor. Bei der Frage nach der ausreichenden Braunkohleverstromung galt es ferner zu berücksichtigen, dass ein Netzzugang unter Berufung auf die Braunkohleschutzklausel dann nicht versagt werden konnte, wenn bereits ein Auslastungsgrad der Braunkohlewerke von ca. 6500 Betriebsstunden erreicht sei oder 70 % des ostdeutschen Gesamtstromaufkommens auf ostdeutscher Braunkohle beruhe, weil dann eine genügend hohe Verstromung ostdeutscher Braunkohle gewährleistet sei. Abzustellen sei danach nicht auf das separate Netz des Netzbetreibers, sondern auf die gesamte ostdeutsche Braunkohleverstromung[4]. Die Braunkohleschutzklausel stellte also auf eine Gesamtbilanzierung ab.

Anzuführen ist in diesem Rahmen zudem die Entscheidung des Landgerichts Chemnitz vom 24.07.2000. Dieses stellte klar, dass der Netzbetreiber, der nach Inkrafttreten des Neuregelungsgesetzes und somit in Kenntnis der Liberalisierung des Strommarktes sog. „take or pay – Verpflichtungen" bezüglich des Fremdbezuges von konventionellem Strom auf sich genommen hat, diese dem Netzzugangspetenten nicht entgegenhalten durfte. Der Netzbetreiber könne sich nicht auf die Unzumutbarkeit des Netzzugangs berufen, wenn er selbst die wirtschaftliche Bedingung dafür geschaffen habe, dass durch die Einspeisung elektrischer Energie Dritter unmittelbar Strom aus ostdeutschen Braunkohlekraftwerken verdrängt werde[5].

---

[1] Entscheidung vom 02.02.2000, RdE 2000, S. 203 (206) und Entscheidung vom 08.02.2001, GRUR – RR 2001, S. 190 (195).

[2] So auch Horstmann, Netzzugang in der Energiewirtschaft, S. 126; Theobald / Zenke, ET 2000, S. 530 (533).

[3] Dies wurde bereits im Gesetzgebungsverfahren so gesehen, vgl. BR-Drs. 13/9211, S. 58; hierauf verweist auch Horstmann, Netzzugang in der Energiewirtschaft, S. 127.

[4] LG Potsdam, RdE 2000, S. 203 (206), so auch Piltz, ZNER 1000, S 70 (72/73).

[5] LG Chemnitz, Entscheidugn vom 24.07.2000, Az.: 4 HK O 3126/00, S. 13; zitiert auch bei Horstmann, Netzzugang in der Energiewirtschaft, S. 126/127.

Zu berücksichtigen war, ob die Verdrängung ostdeutscher Braunkohle aus anderweitigen Verkäufen von Strom aus ostdeutscher Braunkohle kompensiert wurde. Wurde der Strom anderweitig verkauft, kam es – wie auch Theobald und Zenke[1] zutreffend ausführen – zu einem Einpegeln der Gesamtbilanz und damit zu einem Fehlen der negativen Berührung. Anderweitige Verkäufe waren dementsprechend zu berücksichtigen[2]. Der Netzbetreiber hatte somit darzulegen und ggf. zu beweisen, dass eine eventuelle Verdrängung des Stroms aus ostdeutscher Braunkohleverstromung nicht aus anderweitigen Verkäufen dieses Stroms ausgeglichen werden konnte. Hierbei bestand zudem eine Pflicht des Netzbetreibers zur Erschließung neuer Absatzmärkte, so dass, wenn eine Kompensation nicht vorlag, nachzuweisen war, dass ernsthaft versucht wurde, neue Absatzmärkte zu erschließen[3]. Insoweit hatte auch die Kommission bereits klargestellt, dass es zu keiner grundsätzlichen oder systematischen Ablehnung des Netzzugangs kommen dürfe, ohne dass betriebswirtschaftlich notwendige Eigenmaßnahmen ergriffen werden[4]. Dies griff auch das KG Berlin in der Entscheidung vom 24.10.2001 auf und führte zutreffend aus, ein betriebswirtschaftlich handelndes Unternehmen verzichte in einer wirtschaftlich schwierigen Situation nicht auf die Möglichkeit, diese durch kurzfristige Absatzmöglichkeiten bis hin zu den Grenzkosten aufzubessern. Die VEAG vermöge nicht zufrieden stellend darüber Rechenschaft abzulegen, dass sie sich erschöpfend, aber vergeblich um entsprechende Absatzmöglichkeiten bemüht hätte. Soweit sie ergänzend geltend mache, sich umfassend um Kompensation für durchleitungsbedingte Absatzeinbußen bemüht zu haben, lege sie bei äußerlich umfangreichem Vortrag nicht dar, dass und welche Marktzutrittsmöglichkeiten sie konkret und eingehend unter Rentabilitätsgesichtspunkten untersucht hätte und von welchen konkreten Engagements sie aus betriebswirtschaftlich stichhaltigen Gründen habe Abstand nehmen müssen[5].

---

[1] Grundlagen der Strom- und Gasdurchleitung, S. 98.

[2] So auch bereits die Kommission in ihrer Entscheidung vom 08.07.1999, Abl. L 319/18 vom 11.12.1999, S. 27.

[3] So auch Theobald / Zenke, Grundlagen der Strom- und Gasdurchleitung, S. 98f.

[4] Entscheidung vom 08.07.1999, Abl. L 319/18 vom 11.12.1999, S. 25f.

[5] KG Berlin, WRP 2002, S. 564 (573/574).

(c) Gefährdung der ausreichend hohen Verstromung

Des Weiteren musste der Netzbetreiber darlegen und ggf. beweisen, dass durch das konkrete Nutzungsbegehren die Notwendigkeit einer ausreichend hohen Verstromung von Braunkohle aus den neuen Bundesländern tatsächlich gefährdet wurde.

Der Begriff der „Notwendigkeit einer ausreichend hohen Verstromung von Braunkohle" war im Gesetz nicht weiter definiert. Im Gesetz selbst fehlte jeglicher Hinweis darauf, auf welcher Grundlage die Notwendigkeit zu bestimmen war und welche Verstromungsmenge dieser Notwendigkeit Rechnung tragen würde. Nach dem Wortlaut der Regelung stand – wie auch das Landgericht Berlin zutreffend ausführte – nur fest, dass überhaupt ein – wie auch immer zu bestimmendes Niveau an Braunkohleverstromung in den neuen Bundesländern erhalten bleiben soll[1]. Der unbestimmte Rechtsbegriff war europarechts- und verfassungskonform restriktiv auszulegen. Insoweit wies das Landgericht Berlin zutreffend darauf hin, dass die Braunkohleschutzklausel den Braunkohlestandort in Ostdeutschland schützen sollte, wobei die Regelung allein auf die VEAG zugeschnitten war. Hintergrund der Regelung waren die erheblichen Investitionen der VEAG zur Modernisierung der Kohlekraftwerke in den neuen Bundesländern und die Sicherung der Wirtschaftlichkeit der Braunkohleverstromung. Dieser Zweck des Investitionsschutzes stand aber – wie auch das Landgericht zutreffend ausführte – nicht im Widerspruch zu einer engen Auslegung der Braunkohleschutzklausel, wonach ihre Anwendung eine Amortisation der Investitionskosten gerade nicht sicherstellen sollte, denn ein Investitionsschutz war auch darin zu sehen, dass jedenfalls die augenblickliche Lebensfähigkeit der VEAG gewährleistet wurde und durch den Betrieb ihrer Kraftwerke jedenfalls keine weiteren Verluste eintraten. Es handelte sich nicht um ein Instrument zur Erwirtschaftung von Gewinnen, die zur kurzfristigen Amortisation der Investitionen führen würden, sondern die VEAG konnte allenfalls erwarten, dass die spezifischen Nachteile, die ihr aus den Investitionen in bisher unrentablen Braunkohlekraftwerken erwachsen, ausgeglichen wurden. Eine an den Vollkosten orientierte Betrachtung hätte diese Nachteile nicht nur ausgeglichen, sondern die VEAG sogar besser gestellt als ihre Konkurrenten auf dem Strommarkt[2].

---

[1] LG Berlin, RdE 2000, S. 237 (242).

[2] LG Berlin, RdE 2000, S 237 (242), entsprechend auch das LG Berlin in der Entscheidung vom 25.07.2000, Az.: 16 O 749/99.

Eine „ausreichende“ Braunkohleverstromung war demnach dann gefährdet, wenn die Verstromungsmenge auf ein Niveau sank, das die Existenz der VEAG selbst akut gefährdete. Mindestens erforderlich war nach zutreffender Auffassung der Rechtsprechung eine Menge, die gewährleistete, dass die Braunkohlekraftwerke der VEAG unter Berücksichtigung ihrer Betriebskosten rentabel betrieben werden konnten, denn die Braunkohleverstromung musste jedenfalls die laufenden Kosten decken. Erforderlich war also eine Orientierung an den Grenzkosten. Die Betriebkosten mussten vom erzielbaren Stromabgabepreis gedeckt sein, die Kapitalkosten hatten zunächst außer Betracht zu bleiben[1].

Die in diesem Sinne erforderliche Zielmenge wurde nach Ansicht des Landgerichts Berlin erst unterschritten, wenn eine Schließung von Kraftwerken drohte, weil dies wirtschaftlicher war als ihr Weiterbetrieb. Das Gericht beruft sich insoweit auch auf die Rechtsprechung des Bundesverfassungsgerichts zur KWK – Klausel des § 6 Abs. 3 EnWG[2]. In dieser Entscheidung hatte das Bundesverfassungsgericht – wie auch oben bereist ausgeführt – angenommen, dass die für die Unzumutbarkeit der Durchleitung entscheidende „Unwirtschaftlichkeit“ erst dann erfüllt sei, wenn in der Summe so viele Kunden verloren gingen, dass das erste Kraftwerk aus wirtschaftlichen Gründen abgeschaltet werden müsste[3]. Die erhebliche Verschuldung der VEAG genügte nach Auffassung des Landgerichts Berlin nicht, wenn sie – wie es der Fall sei – kreditfähig bleibe. Die weiterhin erlangten Kredite würden gerade darauf hindeuten, dass auch die Kreditgeber mittel- bis langfristig von einer Amortisation der Investitionen der VEAG ausgingen und auf eine zukünftige Konsolidierung des Strommarktes setzten. Die Modernisierung der Braunkohlekraftwerke führe zu einer absehbaren hohen Rentabilität der Braunkohleverstromung in der Zukunft. Würde hier nicht auf die mittel- bis langfristige Entwicklung abgestellt, könnte die VEAG kurzfristige Verluste mit Hilfe der Braunkohleschutzklausel auf Kosten ihrer Konkurrenten und ostdeutscher Stromkunden zumindest begrenzen. Die nach Amortisation ihrer Investitionen mittel- bis langfristig erzielbaren Gewinne kämen dagegen allein ihren Anteilseignern zugute[4].

Das KG Berlin als Berufungsgericht pflichtete dem Landgericht Berlin darin bei, dass die VEAG sich zur Verweigerung von Durchleitungsbegehren auf die Braunkohleschutzklausel erst dann berufen konnte, wenn ihre unternehmerische Existenz ansonsten gefährdet wäre.

---

[1] LG Berlin, RdE 2000, S. 237 (242).

[2] LG Berlin, RdE 2000, S. 237 (242/245).

[3] BVerfG, Entscheidung vom 27.04.2000, NVwZ 2000, S. 789ff und RdE 2000, S 194ff.

[4] LG Berlin, RdE 2000, S. 237 (242f.).

Tatsächlich wären weniger weit gehende Anforderungen – wie das KG Berlin zutreffend ausführt – auch nicht mit der Kommissionsentscheidung vereinbar gewesen und hätten die Konformität der deutschen Regelung mit dem Gemeinschaftsrecht infrage gestellt. Sie hätte zudem auch nicht den spezifischen wirtschaftlichen Nutzen und Risiken, die der VEAG aus der Eingehung ihrer Investitionsverpflichtungen erwachsen sind, entsprochen[1].

Das KG Berlin bezweifelte allerdings, ob eine zur Zurückweisung von Netznutzungsbegehren berechtigende Bedrohungslage vorliege, wenn die Schließung eines Kraftwerks drohe. Die insoweit vom Landgericht angeführte Entscheidung des Bundesverfassungsgerichts sei eine Einzelfallentscheidung, deren Konsequenzen nicht ohne weiteres auf den vorliegenden Fall übertragen werden könnten. Letztendlich bedürfe die Frage jedoch keiner abschließenden Beurteilung, weil eine entsprechende Situation nicht eingetreten sei[2]. Tatsächlich erschien eine Übertragung der Rechtsprechung des Bundesverfassungsgerichts zu § 6 Abs. 3 EnWG auf die Braunkohleschutzklausel jedoch plausibel, denn es haben Parallelen zwischen der KWK – Klausel und Art. 4 § 3 EnWG bestanden. In beiden Fällen wurden vergleichbare Voraussetzungen gefordert, § 6 Abs. 3 EnWG erfordert, ähnlich der alte Art. 4 § 3 EnWG, die Verdrängung von Elektrizität, eine Verhinderung eines wirtschaftlichen Betriebes sowie die fehlende Kompensationsmöglichkeit. Vor dem Hintergrund dieser Parallelität war die Annahme gerechtfertigt, dass eine Gefährdung der Notwendigkeit einer ausreichend hohen Verstromung von Braunkohle allenfalls dann vorlag, wenn die Verstromung durch die konkret gewünschte Durchleitung unwirtschaftlich wurde, wobei eine Unwirtschaftlichkeit erst dann gegeben war, wenn in der Summe so viele Kunden verloren gingen, dass das erste Kraftwerk aus wirtschaftlichen Gründen abgeschaltet werden müsste[3].

Die VEAG hat in keiner Entscheidung darzulegen vermocht, dass die Voraussetzungen für eine Ablehnung der gestellten Netznutzungsbegehren wegen einer damit verbundenen Be-

---

[1] KG Berlin, WRP 2002, S. 564 (573).

[2] KG Berlin, WRP 2002, S. 564 (573).

[3] So auch Theobald / Zenke, die zudem davon ausgehen, dass die VEAG sich mangels Wirtschaftlichkeit auch ohne jedwede Fremddurchleitung ohnehin nicht auf die Braunkohleschutzklausel berufen könnten, denn wegen der Parallelität zu § 6 Abs. 3 EnWG genieße die Anlage keinen Schutz, die aus anderen Gründen als der Verdrängung von Elektrizität unwirtschaftlich sei, in: Grundlagen der Strom- und Gasdurchleitung, S 100ff.

drohung ihrer unternehmerischen Existenz vorlagen. Insbesondere waren die ihrerseits bislang vorgelegten Gutachten nicht geeignet, ihre existenzielle Bedrohung zu belegen[1].

(d) keine Diskriminierung

Selbst wenn die VEAG die oben genannten Voraussetzungen hätte darlegen und beweisen können, wäre eine Anwendung der Braunkohleschutzklausel ausgeschieden, wenn sie innerhalb ihres Unternehmens oder gegenüber verbundenen oder assoziierten Unternehmen Durchleitungen von Strom, der seinerseits nicht aus ostdeutscher Braunkohle stammte, gestattet hätte. Die Braunkohleschutzklausel stellte durch ihren Verweis auf die §§ 19 Abs. 4, 20 GWB selbst klar, dass auch insoweit die Durchleitungsverweigerung an § 6 Abs. 1 EnWG bzw. §§ 19 Abs. 4, 20 Abs. 1 GWB zu messen war. Eine Durchleitungsverweigerung durfte also weder rechtsmissbräuchlich i.S.d. § 19 Abs. 4 Nr. 4, noch diskriminierend bzw. behindernd i.S.d. § 20 Abs. 1 GWB sein. Ein entsprechendes Verhalten hätte jedoch vorgelegen, wenn ein den Netzzugang verweigerndes Unternehmen innerhalb des eigenen Unternehmens oder zugunsten verbundener oder assoziierter Unternehmen Durchleitungen von Strom, der seinerseits nicht aus der Verstromung ostdeutscher Braunkohle stammte, zuließ. Hätten solche unternehmensinternen Netzzugänge stattgefunden, hätte der Netzbetreiber vergleichbare Netzzugangsbegehren anderer Unternehmen zuzulassen gehabt. Er hatte darzulegen und zu beweisen, dass eben dies nicht der Fall war[2].

(e) Ergebnis

Die Netzbetreiber konnten sich– wie auch bereits bei der Abwägungsklausel des § 6 Abs. 3 EnWG – nie mit Erfolg auf den Verweigerungsgrund des Art. 4 § 3 EnWG berufen. Dies beruhte insbesondere darauf, dass die Rechtsprechung im Rahmen einer verfassungs- und europarechtlichen Auslegung der Schutzklausel eine restriktive Anwendung des Art. 4 § 3 EnWG anhand eindeutiger, nicht diskriminierender, transparenter und überprüfbarer Kriterien vorgenommen hat, wobei insbesondere auch die beachtlichen Auflagen und Bedingun-

---

[1] Vgl. dazu KG Berlin, WRP 2002, S. 564 (573ff.) mit Verweis auch auf die Kommissionsentscheidung vom 08.07.1999.

[2] Theobald / Zenke, Grundlagen der Strom- und Gaswirtschaft, S. 104; dies., ET 2000, S. 530 (534); Horstmann, Netzzugang in der Energiewirtschaft, S 131.

gen der Kommission zu berücksichtigen waren. Eine weitere faktische Einschränkung ergab sich auch durch Auflagen und Zusagen im Rahmen von Fusionskontrollverfahren[1]. Nach Ansicht der Fraktionen SPD und Bündnis 90 / Die Grünen gewährleistet zudem die von der HEW bei Erwerb der VEAG abgegebene sog. 50 – TWh - Braunkohleverstromungsgarantie die langfristige Sicherung der Braunkohleschutzklausel, so dass diese im Zuge der Novellierung des EnWG letztendlich aufgehoben wurde. Tatsächlich ist es wegen der strengen Anforderungen der Rechtsprechung daher nie zu einer begründeten Netzzugangsverweigerung unter Berufung auf die Braunkohleschutzklausel gekommen.

(2) Die Reziprozitätsklausel

Ein weiteres befristetes Durchleitungsverweigerungsrecht statuiert die noch geltende Reziprozitätsklausel des Art. 4 § 2 EnWG. Hiernach können Elektrizitätsversorgungsunternehmen den Netzzugang für Elektrizität, die aus dem Ausland geliefert werden soll, befristet bis zum 31. Dezember 2006 ablehnen, soweit der zu beliefernde Abnehmer dort nicht ebenfalls durch Dritte beliefert werden könnte. Die Regelung hat durch die Novellierung des EnWG ebenfalls Veränderungen erfahren.

(a) Hintergrund und Zweck der Regelung

Die Reziprozitätsklausel war im ursprünglichen Gesetzesentwurf nicht enthalten, sie wurde erst im Laufe des Gesetzgebungsverfahrens in das Energiewirtschaftsgesetz eingefügt[2].

Die Klausel setzt die Schutzvorschrift des Art. 19 Abs. 5 EltRL um. Hintergrund der Einfügung der Reziprozitätsklausel ist die Tatsache, dass der deutsche Gesetzgeber sich für eine vollständige Öffnung des Strommarktes entschieden hatte, während benachbarte Mitgliedstaaten sich für eine stufenweise Marktöffnung entschieden haben[3]. Die Schutzklausel soll dementsprechend Wettbewerbsverzerrungen und eine ungleichgewichtige Öffnung der nationalen Strommärkte zu Lasten deutscher Versorgungsunternehmen vermeiden. Gleichwertige wirtschaftliche Ergebnisse und eine direkt vergleichbare Marktöffnung sollen gem. Art

[1] Vgl. auch Holtorf / Horstmann, RdE 2002, S. 264 (266f.) m.w.N.

[2] Vgl. BT-Drs. 13/7274.

[3] Horstmann, Netzzugang in der Energiewirtschaft, S. 71.

4 § 2 EnWG dadurch sichergestellt werden, dass ausländische Versorgungsunternehmen keine Wettbewerbsvorteile erlangen, indem sie in Deutschland alle Abnehmer beliefern können, während deutsche Versorgungsunternehmen umgekehrt keine Möglichkeit zur Belieferung entsprechender Abnehmer des Durchleitungspetenten haben[1].

Im Gegensatz zur Braunkohleschutzklausel des Art. 4 § 3 EnWG stellt die Reziprozitätsklausel eine echte Schutzklausel dar, die über das Vorliegen der Tatbestandsvoraussetzungen hinaus keine weitere Interessenabwägung erfordert[2]. Die Reziprozitätsklausel begründet also ein unbedingtes Durchleitungsverweigerungsrecht, die den Netzbetreiber bei Vorliegen der Tatbestandvoraussetzungen ohne Abwägung der sich gegenüberstehenden Interessen zur Durchleitungsverweigerung berechtigt.

(b) Tatbestandsvoraussetzungen

Nach der Schutzklausel des Art. 4 § 2 EnWG können Elektrizitätsversorgungsunternehmen den Netzzugang für Elektrizität, die aus dem Ausland geliefert werden soll, bis zum 31. Dezember 2006 ablehnen, soweit der zu beliefernde Abnehmer dort nicht ebenfalls durch Dritte beliefert werden könnte.

(aa) Durchleitungsverweigerungsberechtigte Energieversorgungsunternehmen

Zum Netzzugang berechtigt sind gem. Art. 4 § 2 EnWG „Energieversorgungsunternehmen", die wiederum gem. § 2 Abs. 3 EnWG solche Unternehmen und Betriebe sind, die andere mit Energie versorgen oder ein Netz für die allgemeine Versorgung betreiben. Dementsprechend ist zur Durchleitungsverweigerung grundsätzlich jeder Netzbetreiber berechtigt, sofern die weiteren Voraussetzungen des Art. 4 § 2 EnWG vorliegen[3]. Insbesondere kann sich nicht nur der erste, grenznächste Netzbetreiber, sondern es kann sich grundsätzlich auch

---

[1] Büdenbender, RdE 1999, S. 1 (2); Lukes, BB 1998, Beil. 12, S. 1 (14); Schulte – Beckhausen, RdE 1999, S. 51 (57); Walter / v. Keussler, RdE 1999, S. 223 (227).

[2] Scholz, RdE 1999, S. 209 (214); Büdenbender, RdE 1999, S. 1 (2); Horstmann, Netzzugang in der Energiewirtschaft, S. 72.

[3] Kellerhoff / Rinze, RIW 1999, S. 738 (744); Horstmann, Netzzugang in der Energiewirtschaft, S 73.

jeder nachgelagerte Netzbetreiber auf die Schutzklausel berufen[1]. Ein alleiniges Verweigerungsrecht des grenznächsten Netzbetreibers ergibt sich weder aus dem Wortlaut der Norm, noch aus dem Hintergrund der Regelung, die den deutschen Versorgungsunternehmen gerade eine Wettbewerbs- und Chancengleichheit gegenüber ausländischen Stromanbietern gewährleisten will. Um dieses gesetzgeberische Ziel sicherzustellen, kann es wohl nicht darauf ankommen, ob der sich auf die Reziprozitätsklausel berufende Netzbetreiber der grenznächste ist. Auch von der Rechtsprechung werden insoweit bislang keine Restriktionen aufgestellt.

Demgegenüber können Unternehmen, die in Konkurrenz zu ausländischen Stromlieferanten stehen, den Netzbetreiber nicht etwa dazu zwingen, die Durchleitung des ausländischen Stroms zu verweigern. Die Reziprozitätsklausel statuiert keinen entsprechenden zivilrechtlichen Anspruch gegen den Netzbetreiber. Es handelt sich nicht um eine drittbegünstigende Norm, die anderen Unternehmen einen Anspruch auf die Netzzugangsverweigerung verleiht. Die Klausel dient allein dem öffentlichen Interesse an der Wettbewerbs- und Chancengleichheit deutscher Elektrizitätsversorgungsunternehmen gegenüber ausländischen Stromanbietern[2]. Hiervon zu trennen ist die Frage, ob dem Netzbetreiber bei der Frage der Durchleitungsverweigerung ein Ermessensspielraum zusteht. Hierauf soll aber erst unten genauer eingegangen werden.

(bb) fehlende Reziprozität

Die Durchleitung kann dann verweigert werden, wenn keine Reziprozität im Vergleich zum Herkunftsstaat vorliegt. Die Reziprozität fehlt gem. Art. 4 § 2 EnWG dann, wenn der zu beliefernde Abnehmer dort nicht ebenfalls durch Dritte beliefert werden könnte.

Die Reziprozitätsklausel beruht auf der Regelung des Art. 19 Abs. 5 EltRL. Hiernach soll eine gleichgewichtige Marktöffnung dadurch hergestellt werden, dass grenzüberschreitende Stromlieferungsverträge immer dann untersagt werden können, wenn ein zugelassener Kunde nicht in beiden Staaten als zugelassener Kunde betrachtet werden kann. Eine Ablehnung gem. Art. 4 § 2 EnWG ist also zulässig, wenn ein vergleichbarer Stromabnehmer nach den

[1] So auch Horstmann, Netzzugang in der Energiewirtschaft, S. 73.

[2] Scholz, RdE 1999, S. 209 (211); Horstmann, Netzzugang in der Energiewirtschaft, S. 74; Kasper, Pflichten und Verweigerungsmöglichkeiten der Elektrizitätsversorgungsunternehmen, S 71.

Rechtsvorschriften des Herkunftsstaates nicht als Kunde zugelassen ist[1]. Maßgeblich für die Frage, ob der im Wege der Durchleitung zu beliefernde Abnehmer im Herkunftsland nicht durch Dritte umworben werden könnte, ist allein das Recht des betroffenen Landes. Zudem ist Art. 4 § 2 EnWG auch nur betroffen, wenn die Unerreichbarkeit des Abnehmers auf der geringeren wettbewerblichen Öffnung beruht. Andere Gründe, wie beispielsweise technische Probleme oder das Verhalten von Lieferanten oder Abnehmern, sind insoweit unbeachtlich. Des Weiteren kommt es nur darauf an, ob deutsche Elektrizitätsanbieter an der Belieferung des jeweiligen Abnehmers gehindert werden, die Erreichbarkeit des Abnehmers für Versorger aus anderen Staaten ist irrelevant. Schließlich reicht es zur Herstellung der Reziprozität auch nicht aus, dass der ausländische Energieversorger sich freiwillig zu einer Netzöffnung bereit erklärt, die über die nationale Marktöffnung hinausgeht. Es kommt allein auf die Rechtlage im Herkunftsstaat an[2].

Zur Feststellung der Reziprozität ist also allein danach zu fragen, ob der deutsche Abnehmer, den der ausländische Lieferant beliefern will, nach dem Recht des Ausfuhrstaates die freie Versorgerwahl hätte. Vorausgesetzt werden demzufolge detaillierte Kenntnisse über die Rechtsnormen und die Umsetzung des Energiewirtschaftsgesetzes in denjenigen Ländern, aus denen die Einfuhr von Strom begehrt wird[3].

Das Landgericht Berlin hatte sich bereits mit der Frage der Reziprozität auseinander zu setzen[4]. In dem Verfahren stritten die Parteien um den Zugang der Klägerin zum Stromleitungsnetz der Beklagten, ein in Berlin ansässiges ostdeutsches Verbundunternehmen, in den neuen Bundesländern, wobei die Klägerin ein in Österreich ansässiges Energieversorgungsunternehmen war. Es ging also um den Import von in Österreich erzeugtem Strom. Die begehrte Netznutzung wurde insbesondere unter Berufung auf die Reziprozitätsklausel versagt.

Das Gericht hatte sich dementsprechend mit der zum entsprechenden Zeitpunkt geltenden österreichischen Rechtslage auseinander zu setzen und danach zu fragen, ob der zu beliefernde Kunde nach dem zu diesem Zeitpunkt geltenden österreichischen Recht, säße er in Österreich, dort ebenfalls durch Dritte beliefert werden könnte.

---

[1] Horstmann, Netzzugang in der Energiewirtschaft, S. 74.

[2] Scholz, RdE 19999, S. 209 (213f.); Horstmann, Netzzugang in der Energiewirtschaft, S. 75f.

[3] Theobald / Zenke, Grundlagen der Strom- und Gaswirtschaft, S. 72.

[4] Entscheidung vom 25. Juli 2000, Az.: 16 O 749/99.

Das Gericht führte hierzu Folgendes aus[1]:

Die Frage beantworte sich nach dem Österreichischen Elektrizitätswirtschafts- und – organisationsgesetz. Nach § 15 öst. ElWOG wäre dem zu beliefernden Stadtwerk dann Netzzugang (zwecks Belieferung) zu gewähren, wenn es ein „zugelassener Kunde" wäre. Dass das zu beliefernde Stadtwerk ein solcher sei, folge aus § 44 Abs. 2 Satz 1 öst. ElWOG, da er Betreiber von Verteilernetzen und zugleich auch Übertragungsnetzbetreiber sei. Ersteres treffe unproblematisch zu, da das Stadtwerk Endverbraucher über Verteilernetze versorge. Entgegen der Auffassung der Beklagten sei das Stadtwerk aber auch Übertragungsnetzbetreiber. Ein Übertragungsnetz sei gem. § 7 Nr. 12 öst. ElWOG ein Hochspannungsverbundnetz mit einer Spannungshöhe von 110 kV und darüber, das dem Transport von Elektrizität zum Zwecke der Stromversorgung von Endverbrauchern oder Verteilern dient. Ob dies auf das von dem zu beliefernden Stadtwerk betriebene 110 kV – System, wie es sich der Kammer nach der hierzu als Anlage K 9 vorgelegten Skizze darstelle, zuträfe, hänge von der Auslegung der Begrifflichkeiten in besagter Definition ab. Dazu im Einzelnen und in erster Linie berufen sei nicht die erkennende Kammer, sondern die dafür im (hypothetischen) Streitfall zuständige österreichische Stelle. Denn es gehe hier – wie dargelegt – allein um die hypothetische Frage, ob das zu beliefernde Stadtwerk, wäre es in Österreich ansässig, einen Anspruch auf Zugang zu fremden Netzen zwecks Strombezugs von Dritten hätte, worüber im Streitfalle eben kein deutsches Zivilgericht, sondern die in den österreichischen Gesetzen dazu berufene Stelle zu befinden hätte. Nach § 21 Abs. 1 ElWOG sei das der österreichische Bundesminister für wirtschaftliche Angelegenheiten, der in Streitigkeiten zwischen Netzzugangsberechtigten und Netzbetreibern über die Rechtmäßigkeit der Verweigerung des Netzzuganges „ausschließlich" entscheide. Es komme also nicht darauf an, ob die erkennende Kammer den zu beliefernden Kunden als Übertragungsnetzbetreiber und damit als „zugelassenen Kunden" i.S.d. österreichischen Energiegesetze erachte, sondern ob die besagter Minister, hätte er darüber zu befinden, so entscheiden würde. Gegenteiliges darzulegen und beweisen obliege der beklagten Netzbetreiberin, die sich hier auf Art. 4 § 2 EnWG als Ausnahmevorschrift im Verhältnis zu § 6 Abs. 1 Satz 1 EnWG berufe. Die beklagte Netzbetreiberin bleibe insoweit nicht nur beweisfällig. Vielmehr sei davon auszugehen, dass der österreichische Wirtschaftsminister das zu beliefernde Stadtwerk als „Übertragungsnetzbetreiber" tatsächlich ansehen würde. Dies folge aus seinem Bescheid vom 06. April 1999 in einem Verfahren gem. § 20 ElWOG betreffend die Verweigerung des Netz-

[1] Vgl. insoweit die Entscheidung vom 25.07.2000, Az.: 16 O 749/99, Punkt B III.

zuganges für die Salzburger Stadtwerke AG durch die Salzburger Aktiengesellschaft für Energiewirtschaft und die Österreichische Elektrizitätswirtschafts – AG. Auch dort sei es unter anderem um die Frage gegangen, ob die Salzburger Stadtwerke AG neben dem Verteilernetz auch ein 11 – kV – Übertragungsnetz betreibe (...).

Das Gericht bezieht sich sodann auf den angesprochenen Bescheid und zitiert die entscheidenden Passagen, um feststellen zu können, in welchem Fall nach Auffassung des österreichischen Wirtschaftsministers ein Übertragungsnetz vorliegt und wie dieser dementsprechend im vorliegenden Fall entscheiden würde. Im Ergebnis stellt das Gericht fest, dass davon auszugehen sei, dass das zu beliefernde Stadtwerk als Verteiler- und Übertragungsnetzbetreiber in Österreich „zugelassener Kunde“ wäre und damit Anspruch auf Netzzugang hätte. Dieser Entscheidung stand nach Ansicht des Gerichts auch nicht entgegen, dass der österreichische Wirtschaftsminister in besagtem Bescheid eine solche Rechtsfolge der Salzburger Stadtwerke AG – obwohl diese als Übertragungsnetzbetreiberin erachtend – im Ergebnis doch nicht zugestanden hatte, denn es habe sich insoweit ersichtlich um eine Einzelfallentscheidung auf Grund von besonderen Umständen gehandelt, die im vorliegenden Fall bezüglich des zu beliefernden Stadtwerkes nicht vorlägen.

Nach den Feststellungen des Landgerichts konnte sich die beklagte Netzbetreiberin dementsprechend nicht auf die Reziprozitätsklausel berufen, es verblieb bei dem Anspruch gem. § 6 Abs. 1 Satz 1 EnWG.

Die Ausführungen des Landgerichts Berlin verdeutlichen, wie eine Überprüfung der Reziprozität in der Praxis zu erfolgen hat und dass es tatsächlich allein auf die Rechtslage des Herkunftsstaates ankommt. Insoweit wird in der Entscheidung insbesondere auch klargestellt, dass es auch nicht etwa darauf ankommt, wie ein deutsches Gericht die Begrifflichkeiten der ausländischen Normen auslegt, sondern darauf, wie die hierzu berufenen zuständigen Stellen des jeweiligen Staates entscheiden würden. Es hat also eine umfassende Überprüfung des ausländischen Rechts zu erfolgen, wobei die Anwendung der betroffenen Rechtsvorschriften so zu erfolgen hat, wie es das ausländische Recht und die zuständigen Stellen gebieten. Auf eventuell abweichende Vorstellungen der deutschen Gerichte oder Behörden kommt es nicht an.

(cc) Herkunft der Elektrizität

Der Netzzugang kann gem. § 4 Art. 2 EnWG nur verweigert werden, wenn die Elektrizität aus dem Ausland geliefert werden soll. Insoweit stellen sich insbesondere zwei Fragen. Zum einen ist fraglich, worauf bei der Beurteilung, ob eine Auslandslieferung vorliegt, abzustellen ist. Hier könnte es auf den Ursprungsort oder auch auf den Produktionsort der Lieferung, aber auch auf den Sitz des Netzzugangspetenten bzw. auf vertragliche oder Lieferaspekte ankommen. Zum anderen stellt sich die Frage, welche Staaten als „Ausland" i.S.d. Art. 4 § 2 EnWG anzusehen sind.

Die Gerichte und Kartellbehörden haben sich zu diesen Fragestellungen bislang nicht geäußert.

Nach zutreffender Ansicht ist bei der Feststellung, ob eine Auslandslieferung vorliegt, und somit bei der Festlegung des Herkunftsortes grundsätzlich auf den Ursprungsort der Lieferung, also auf den Ort abzustellen, an dem der jeweilige Lieferant den durchzuleitenden Strom von eigenen Kraftwerken oder auch von einem Vorlieferanten übernimmt[1]. Jedoch kommt es nicht allein auf den Ursprungsort an, denn die Reziprozitätsklausel darf nicht etwa durch in- oder ausländische Kettenlieferungen unterlaufen werden. Bei einem alleinigen Abstellen auf den Ursprungsort, könnte sich in Fällen, in denen im Ausland erzeugte Elektrizität von einem deutschen EVU unter Überschreitung der Grenze erworben und sodann im Wege der Durchleitung an inländische Endverbraucher oder Weiterverteiler geliefert wird, nur der grenznächste Netzbetreiber auf die Reziprozitätsklausel berufen. Problematisch wäre auch die Konstellation, in der ein in einem reziproken Land ansässiger Lieferant den nach Deutschland zu liefernden Strom aus einem nicht reziproken Land bezogen hat[2]. Im Fall von Kettenlieferungen hat daher nach zutreffender Ansicht nach dem Sinn und Zweck des § 4 Abs. 2 EnWG eine Gesamtbetrachtung unter Berücksichtigung der Bezugsquellen des Lieferanten zu erfolgen. Hierbei ist zu beachten, dass bei inländischen Kettengeschäften der Charakter einer aus dem Ausland stammenden Lieferung nicht verloren geht, wenn sie im Inland im Wege eines Kettengeschäft weiterverteilt wird. Bei ausländischen Kettengeschäften, bei denen Strom über eine Lieferantenkette zur Versorgung eines deutschen Abnehmers über Leitungen mehrerer ausländischer Staaten importiert wird, besteht dementsprechend

---

[1] Scholz, RdE 1999, S. 209 (212).

[2] Scholz, RdE 1999, S. 209 (212); Lippert, Energiewirtschaftsrecht, S. 527.

ein Durchleitungsverweigerungsrecht, soweit der Lieferant den Strom seinerseits aus dem nicht reziproken Ausland bezogen hat[1]. Nur durch eine derartige Auslegung der Norm können Bedenken im Hinblick auf Umgehungsmöglichkeiten der Regelung durch Zusammenschlüsse mit deutschen Versorgungsunternehmen weitgehend verhindert werden[2]. Gesetzesumgehungen sind speziell auch dann denkbar, wenn man zur Feststellung der Auslandslieferung auf den Sitz des Lieferanten abstellen würde. Eine Umgehungsmöglichkeit ergibt sich hier insbesondere dadurch, dass statt des ausländischen Unternehmens ein grenznahes deutsches Unternehmen als Lieferant auftritt, das mit dem ausländischen Unternehmen verbunden ist oder kooperiert[3].

Im Falle reiner Transitlieferungen, bei denen Elektrizitätslieferungen aus einem ausländischen Staat durch Deutschland hindurch in einen anderen Staat geliefert werden soll, findet die Reziprozitätsklausel nach zutreffender Ansicht keine Anwendung. Art. 4 § 2 EnWG gewährt ein Durchleitungsverweigerungsrecht allein für die Fälle, in denen Elektrizität aus dem Ausland nach Deutschland geliefert werden soll[4]. Handelt es sich um eine bloße Transitlieferung ist der Schutzzweck der Norm, der deutsche Anbieter vor Wettbewerb durch die Lieferung von Billigstrom aus dem nicht reziproken Ausland nach Deutschland schützen soll, nicht berührt. Liegt eine Transitlieferung insoweit vor, als ein in Deutschland ansässiger Abnehmer Strom von einem ausländischen Erzeuger kontrahieren will, der über das Leitungssystem eines Drittlandes durchgeleitet werden muss, so ist Art. 4 § 2 EnWG hingegen grundsätzlich anwendbar, denn hier geht es um eine Lieferung nach Deutschland. In diesem Fall kommt es für die Anwendung der Schutzklausel nach zutreffender Ansicht nicht darauf an, ob Reziprozität im Verhältnis zum Transitland gegeben ist, sondern entscheidend

---

[1] Scholz, RdE 1999, S. 209 (212); a.A. insbesondere Klemm, EuZW 2000, S. 69 (72) und Kellerhoff/Rinze, RIW 1999, S. 738 (745f.).

[2] Scholz, RdE 1999, S. 209 (215) und Horstmann, Netzzugang in der Energiewirtschaft, S 77 sprechen sich zudem für ein quotales Verweigerungsrecht bei Energiemixen aus, sofern ein Teil der Elektrizität aus dem nicht reziproken Ausland stammt. Hiergegen bestehen zwar keine grundsätzlichen dogmatischen Bedenken, jedoch dürfte ein partielles Netzzugangsrecht nur schwer praktikabel sein. Insbesondere wird eine Zuordnung der Energiemengen nur schwer möglich sein. M.E. ist nach dem Sinn und Zweck des Art. 4 § 2 EnWG daher in den Fällen, in denen nachweisbar ein nicht unerheblicher Teil der Elektrizität aus dem Ausland stammt, grundsätzlich ein vollständiges Verweigerungsrecht begründbar. Nur so kann die Chancengleichheit gewahrt werden. Dies gilt jedenfalls dann, wenn zumindest ein nicht bloß unbeachtlicher Teil des Energiemixes aus dem nicht reziproken Ausland stammt.

[3] Klemm, EuZW 2000, S. 69 (72).

[4] Kellerhoff/Rinze, RIW 1999, S. 738 (746).

ist allein die Reziprozität im Verhältnis zum Erzeuger. Der Netzbetreiber des Transitlandes wird nur als Erbringer von Netzdienstleistungen, nicht als Stromlieferant tätig, der seinen eigenen Absatz durch Stromexporte in Konkurrenz zu den deutschen Versorgungsunternehmen zu erweitern sucht[1].

Des Weiteren war bei der Frage der Auslandslieferung bislang fraglich, welche Länder überhaupt als „Ausland“ im Sinne des Art. 4 § 2 EnWG anzusehen sind. Hier war problematisch, ob die Norm auch bei Lieferungen aus Drittstaaten greift. Einigkeit bestand jedenfalls insoweit, als unter den Auslandsbegriff des Art. 4 § 2 EnWG jedenfalls die Mitgliedstaaten der EU fallen[2]. Teilweise wurde vertreten, die Anwendung der Reziprozitätsklausel sei auf die EU-Mitgliedstaaten beschränkt, Drittländer fielen nicht in den Anwendungsbereich der Norm. Insoweit wurde angeführt, das Energiewirtschaftsgesetz wolle die Elektrizitätsbinnenmarktrichtlinie umsetzen, die sich nur an die Mitgliedstaaten wende und nur den Binnenmarkt der Gemeinschaft betreffe. Zudem fielen Ausfuhrbeschränkungen im EG – Außenregime in die ausschließliche Zuständigkeit der Gemeinschaft, so dass der nationale Gesetzgeber eine über den Geltungsbereich des Art. 19 Abs. 5 EltRL hinausgehende Regelung nicht schaffen dürfe[3]. Hiergegen wurde angeführt, dass der Zweck der Norm, eine wettbewerbliche Schieflage zu Lasten deutschen Elektrizitätsversorgungsunternehmen zu vermeiden, eine Durchleitungsverweigerung auch gegenüber Staaten außerhalb der EU fordere und insbesondere im Verhältnis zur Schweiz und den mittel- und osteuropäischen Staaten praktische Bedeutung habe[4]. Eine Geltung auch für Drittstaaten war zudem auch bereits nach dem EnWG 1998 vom Gesetzgeber beabsichtigt. Dies ergab sich aus den Gesetzgebungsmaterialien[5] und auch aus der Schutzklausel selbst, insbesondere aus ihrem Wortlaut, der keine Beschränkung auf die EU – Mitgliedstaaten vorsah. Eine Geltung der Reziprozitätsklausel verstößt auch nicht gegen Art. 19 Abs. 5 EltRL. Zwar gilt Art. 19 Abs. 5 EltRL nur für Stromlieferungen aus EU – Mitgliedstaaten. Gleichwohl sind die Mitgliedstaaten aber berechtigt,

---

[1] Scholz, RdE 1999, S. 209 (212f.).

[2] Lukes, BB 1998, Beil. 12, S. 1 (15); Scholz, RdE 1999, S. 209 (210); Walter / v. Keussler, RdE 1999, S. 223 (227).

[3] Lukes, BB 1998, Beil. 12, . 1 (15); Walter / v. Keussler, RdE 999, S. 223 (227).

[4] Lippert, Energiewirtschaftsrecht, S. 526f.

[5] BT-Drs. 13/7274, S. 35; auch im Rahmen des geplanten Änderungsgesetzes wurde darauf hingewiesen, dass die Reziprozitätsklausel nach der bestehenden Rechtslage uneingeschränkt auch für Drittstaaten gelten soll, vgl. BT-Drs. 14/9534, S 3.

Beschränkungen über die Gemeinschaft hinaus, auch für Drittstaaten zu schaffen[1]. Insbesondere verstößt eine derartige Auslegung auch nicht gegen die Vorschriften des GATT bzw. GATS. Weder wird gegen das Meistbegünstigungsgebot verstoßen, denn die Schutzklausel kommt gegenüber sämtlichen ausländischen Stromlieferung gleichermaßen zu Geltung und die Anknüpfung an den Liberalisierungsgrad stellt auch keine unzulässige Bedingung dar. Zudem unterfällt Art. 4 § 2 nicht dem Diskriminierungsverbot des GATT, da dieses nur auf innerstaatliche Maßnahmen in Bezug auf Produkte Anwendung findet, die in Übereinstimmung mit den GATT – Vorschriften bereits ordnungsgemäß in das jeweilige Mitgliedsland importiert worden sind[2]. Die Reziprozitätsklausel war dementsprechend auch nach zutreffender Einschätzung bereits nach dem EnWG 1998 auf Drittstaaten anwendbar[3]. Der Gesetzgeber hat das erste Änderungsgesetz zu einer Klarstellung genutzt und nunmehr in Art. 4 § 2 Abs. 3 EnWG klarstellend aufgenommen, dass die Absätze 1 und 2 auch für Elektrizitätsimporte aus Drittstaaten gelten[4].

(c) Beweislast und Rechtsfolge

Die Darlegungs- und Beweislast bezüglich der Tatbestandsvoraussetzungen des Art. 4 § 2 EnWG liegt grundsätzlich beim Netzbetreiber. Dieser allein trägt die Darlegungs- und Beweislast für die Frage, ob der zu beliefernde Abnehmern seinerseits im Ursprungsland beliefert werden könnte. Dies ergibt sich aus der klaren Beweislastverteilung im Rahmen des § 6 Abs. 1 EnWG, nach welcher der Netzbetreiber darzulegen und zu beweisen hat, dass ein Durchleitungsverweigerungsrecht besteht[5]. Auch insoweit verbleibt es bei dem grundsätzlichen Netzzugangsanspruch des Petenten, von dem nur in begründeten Ausnahmefällen abgewichen werden darf. Entsprechendes führt auch das Landgericht Berlin in der oben dargestellten Entscheidung aus. Hier heißt es, es komme darauf an, ob der besagte Minister, hätte er darüber zu befinden, die zu beliefernden Stadtwerke als „zugelassenen Kunden" i.S.d. österreichischen Energiegesetze erachte. Gegenteiliges zu beweisen obliege der beklagten

---

[1] Horstmann, Netzzugang in der Energiewirtschaft, S. 78.

[2] Scholz, RdE 1999, S. 209 (210).

[3] So auch Scholz, RdE 1999, S. 209 (210); Lippert, Energiewirtschaftsrecht, S. 526f.; Horstmann, Netzzugang in der Energiewirtschaft, S. 78f.; Klemm, EuZW 2000, S. 69 (71f.); Salje, NVwZ 1998, S. 916 (920).

[4] BGBl. 2003, Teil 1, 688.

[5] So auch Theobald / Zenke, Grundlagen der Strom- und Gasdurchleitung, S. 78; a.A. Klemm, EuZW 2000, S 69 (73).

Netzbetreiberin, die sich auf Art. 4 § 2 EnWG als Ausnahmevorschrift im Verhältnis zu § 6 Abs. 1 EnWG berufe[1].

Demgegenüber obliegt dem Netzzugangsinteressenten der Nachweis, woher der einzuführende Strom kommt. Dies liegt insbesondere in seiner besseren Kenntnis des wirtschaftlichen Ursprungs der Energie begründet[2]. Eine entsprechende klarstellende Beweislastregelung wurde im Rahmen der Novellierung in Art. 4 § 2 Absatz 1 Satz 2 aufgenommen[3].

Nicht ganz unproblematisch ist nun die Rechtsfolge der Schutzklausel. Nach dem Wortlaut des Art. 4 § 2 EnWG „kann" der Netzbetreiber den Netzzugang verweigern, er muss es aber wohl nicht. Teilweise wird daher angenommen, dass dem Netzbetreiber ein Wahlrecht zustehe. Ob er von dem Durchleitungsverweigerungsrecht Gebrauch mache, stehe allein im Ermessen des Netzbetreibers. Er könne ausländische Stromlieferungen auch bei einer ungleichgewichtigen Marktöffnung zulassen. Die Schutzklausel verbiete daher nicht unmittelbar Stromlieferungen aus dem Ausland, sondern verleihe dem betreffenden Netzbetreiber letztendlich ein Wahlrecht[4]. Dem kann so nicht zugestimmt werden. Richtig ist zwar, dass der Wortlaut des Art. 4 § 2 EnWG für ein Ermessen des Netzbetreibers spricht. Tatsächlich kann er dieses aber nicht nach freiem Belieben ausüben. Vielmehr ist zu bedenken, dass daneben § 6 Abs. 1 EnWG die §§ 19, 20 GWB einen diskriminierungsfreien Netzzugang vorschreiben. Dementsprechend muss sich der Netzbetreiber – wie auch Theobald und Zenke[5] zutreffend ausführen – an der von ihm ausgeübten Verweigerungspraxis messen lassen und, sofern er nur in einem Fall das Netz zur Verfügung stellt, dies auch in jedem vergleichbaren Fall tun[6]. Zudem spricht auch Art. 19 Abs. 5 EltRL gegen ein Ermessen des Netzbetreibers, denn die Norm bestimmt, dass Elektrizitätslieferverträge „nicht untersagt werden dürfen", wenn der Kunde in den beiden betreffenden Systemen als zugelassener Kunde betrachtet wird[7]. Jedenfalls im Falle eines identischen Marktöffnungsgrades ist der

---

[1] LG Berlin, Entscheidung vom 25.07.2000, Az.: 16 O 749/99, unter Punkt B III.

[2] So auch Theobald / Zenke, Grundlagen der Strom- und Gasdurchleitung, S. 78.

[3] BGBl. 2003, Teil I, 688.

[4] Vgl. insbesondere Scholz, RdE 1999, S. 209 (211); Horstmann, Netzzugang in der Energiewirtschaft, S. 74.

[5] Grundlagen der Strom- und Gasdurchleitung, S. 80.

[6] Auch Kasper weist zumindest darauf hin, dass es nicht zu einer Ungleichbehandlung i.S.d. § 20 Abs. 1 GWB kommen darf, vgl. Pflichten und Verweigerungsmöglichkeiten der Elektrizitätsversorgungsunternehmen, S. 71.

[7] Vgl. auch insoweit Theobald / Zenke, Grundlagen der Strom- und Gasdurchleitung, S. 80f.

Netzbetreiber daher zur Durchleitung verpflichtet, wobei er sich in diesem Fall ja gerade ohnehin nicht auf die Reziprozitätsklausel berufen kann. In allen anderen Fällen muss er sich aber wenigstens an seiner Verweigerungspraxis messen lassen. Dementsprechend wird dem Netzbetreiber trotz des vermeintlich in eine andere Richtung weisenden Wortlauts des Art. 4 § 2 EnWG tatsächlich kein echtes Ermessen gewährt.

(d) fehlende Reziprozität bei der Gasdurchleitung

Für den Gasbereich waren vor der Novellierung bekanntlich allein die §§ 19 Abs. 4 Nr. 4, 20 Abs. 1 GWB relevant. Des Weiteren bestand für den Gasbereich keine ausdrückliche Reziprozitätsklausel. Gleichwohl haben sich auch im Gasbereich bereits verschiedene Unternehmen auf ein Netzzugangsverweigerungsrecht aus Gründen der Reziprozität berufen. Die Frage, ob Reziprozitätserwägungen bei Gasdurchleitungsbegehren eine Durchleitungsverweigerung begründen können, war dementsprechend auch bereits mehrfach Gegenstand gerichtlicher Entscheidungen. Auch im Zuge der Novellierung wurde für Gasversorgungsunternehmen keine Reziprozitätsklausel eingefügt, Art. 4 § 2 EnWG ist auf Elektrizitätsversorgungsunternehmen beschränkt. Bislang haben die insoweit angerufenen Gerichte ein Netzzugangsverweigerungsrecht aus Gründen der Reziprozität richtigerweise übereinstimmend abgelehnt.

So führt das Landgericht Dortmund in seiner Entscheidung vom 12.04.2001[1] zwar aus, dass Reziprozitätserwägungen im Rahmen von § 19 Abs. 4 Nr. 4 GWB grundsätzlich berücksichtigungsfähig seien, die fehlende Reziprozität jedoch keineswegs stets zur Annahme von Unzumutbarkeit führe. Eine spezialgesetzliche, ein generelles Durchleitungsverweigerungsrecht begründende Reziprozitätsregelung bestehe nicht. Ein allgemeines Durchleitungsverweigerungsrecht ergebe sich auch nicht aus der Reziprozitätsregelung in Art. 19 EltRL. Diese sei weder unmittelbar anwendbar, noch im Wege richtlinienkonformer Auslegung für die Zumutbarkeitsabwägung des § 19 Abs. 4 Nr. 4 GWB relevant. Auch verpflichte sie die Mitgliedstaaten nicht dazu, Reziprozitätsregelungen zu schaffen. Der Richtlinienförderung zur Berücksichtigung von Ungleichgewichtigkeiten aufgrund von Marktöffnungsmechanismen sei Genüge getan, wenn, wie bei § 19 Abs. 4 Nr. 4 GWB möglich, Reziprozitätserwägungen

[1] ZNER 2001, S. 101 (102f.).

im Rahmen von Zumutbarkeitserwägungen möglich seien. Im Ergebnis käme dem Interesse des beklagten Gasnetzbetreibers jedoch kein überwiegendes Interesse zu.

Das Landgericht Nürnberg – Fürth geht in seiner Entscheidung vom 23.05.2001[1] demgegenüber davon aus, dass die Reziprozität bereits keinen im Rahmen der Zumutbarkeitsprüfung des § 19 Abs. 4 Nr. 4 GWB zu berücksichtigenden schützenswerten Belang des Netzbetreibers darstelle. Zum einen sei Reziprozität kein kartellrechtlicher Grundsatz, darüber hinaus ergebe sich gerade aus der Zielsetzung des § 19 Abs. 4 Nr. 4 GWB, den Gasmarkt durch Öffnung des Netzzuganges zu liberalisieren, dass Interessen der Verfügungsbeklagten als Lieferantin von Gas, etwa das Interesse Wettbewerb Dritter gegen sich selbst nicht zu fördern, keine Berücksichtigung fänden. Schließlich habe der deutsche Gesetzgeber von der Möglichkeit einer Gegenseitigkeitsklausel gerade keinen Gebrauch gemacht, so dass der Gedanke der Gegenseitigkeit allenfalls im Wege einer Auslegung des § 19 GWB am Wortlaut und Zweck der EU – Binnenmarktrichtlinie Gas orientiert Berücksichtigung fände. Dabei ergäbe sich jedoch, dass die Richtlinie gerade kein Reziprozitätsprinzip vorschreibe. Soweit der Regelungsgehalt einer Richtlinie jedoch nicht zwingend und eindeutig sei, komme eine richtlinienkonforme Auslegung nationaler Vorschriften nicht in Betracht.

Das OLG München konnte die Frage der Bedeutung von Reziprozitätserwägungen in der Entscheidung vom 15.11.2001[2] offen lassen, da nach den Feststellungen des Gerichts die erforderliche Reziprozitätssituation ohnehin nicht vorlag. Jedenfalls weist auch dieses Gericht aber darauf hin, dass sich aus der Binnenmarktrichtlinie Gas keine Verpflichtung der Mitgliedstaaten ergebe, eine Reziprozitätsklausel ins nationale Recht aufzunehmen und dass der deutsche Gesetzgeber für den Gasbereich zumindest bislang eine entsprechende Regelung auch nicht getroffen hätte.

Entsprechende Ausführungen finden sich schließlich auch in der Entscheidung des OLG Düsseldorf vom 05.12.2001[3]. Auch dieses Gericht weist darauf hin, dass eine Reziprozitätsregelung für den Gasbereich bislang im deutschen Recht fehle und dass die Erdgasbinnenmarktrichtlinie die Mitgliedstaaten weder hierzu verpflichte, noch unmittelbar anwesend sei.

---

[1] ZNER 2001, S. 99 (100).

[2] RdE 2002, S. 212 (213).

[3] RdE 2002, S. 214 (218f.).

(e) Zwischenergebnis

Der Netzbetreiber kann die Durchleitung somit gem. Art. 4 § 2 EnWG nur verweigern, soweit der zu beliefernde Abnehmer im Ausland nicht ebenfalls durch Dritte beliefert werden könnte. Insoweit erfolgt die Prüfung allein nach dem nationalen Recht des ausländischen Durchleitungsinteressenten. Unter Ausland sind sämtliche Drittstaaten zu fassen, nicht nur die EU – Mitgliedstaaten, was auch durch das Änderungsgesetz klargestellt wurde. Das Vorliegen einer Auslandslieferung beurteilt sich grundsätzlich nach dem Ursprungsort der Lieferung, wobei insbesondere im Fall von Kettenlieferungen eine Gesamtbetrachtung unter Berücksichtigung der Bezugsquellen des Lieferanten zu erfolgen hat. Die genaue Herkunft der Elektrizität ist vom Petenten nachzuweisen, die fehlende Reziprozität hingegen vom Netzbetreiber, auch insoweit ist eine Klarstellung erfolgt. Diesem wird durch Art. 4 § 2 EnWG zudem kein echtes Ermessen eröffnet. Bei Gasdurchleitungen kann der jeweilige Betreiber sich nach wie vor nicht auf eine fehlende Reziprozität berufen.

(f) Veränderungen durch die Novellierung

Auch die Reziprozitätsklausel hat durch das erste Änderungsgesetz des Gesetzes zur Neuregelung des Energiewirtschaftsrechts Veränderungen erfahren.

Zunächst war noch vorgesehen, in Umsetzung des Art. 19 Abs. 1 der Erdgasbinnenmarktrichtlinie auch Gasversorgungsunternehmen ein Ablehnungsrecht für den Netzzugang für Erdgasmengen, die aus einem anderen Mitgliedstaat der Gemeinschaft oder von einem in einem anderen Mitgliedstaat der Gemeinschaft ansässigen Unternehmen geliefert werden sollen, zu gewähren, soweit der zu beliefernde Abnehmer dort nicht ebenfalls durch Dritte beliefert werden könnte[1]. Hiervon hat der Gesetzgeber jedoch Abstand genommen. Vorgesehen ist nach wie vor eine ausschließliche Anwendbarkeit der Klausel auf Elektrizitätsversorgungsunternehmen[2], so dass bei Gasdurchleitungen eine mangelnde Reziprozität nach wie vor keine Verweigerungsmöglichkeit eröffnet.

---

[1] BT-Drs. 14/5969; Entwurf des Ersten Gesetzes zur Änderung des Gesetzes zur Neuregelung des Energiewirtschaftsrechts vom 09.05.2001 ist auch abgedruckt in ZNER 2001, S. 107 ff.

[2] BGBl. 2003, Teil I, 688; vgl. bereits BT-Drs. 14/9081, S. 5/15; 14/9534, S 2; 14/9634, S 2; BR-Drs. 611/02.

Neu aufgenommen wurde eine Beweislastregelung, nach der das den Netzzugang beanspruchende Unternehmen nachzuweisen hat, aus welchem Mitgliedstaat der Gemeinschaft die Elektrizität geliefert werden soll[1].

Zudem wurde eine Verordnungsermächtigung für das Bundesministerium für Wirtschaft und Arbeit in die Schutzklausel eingefügt, nach der insbesondere die Kriterien genauer bestimmt werden können, nach denen eine Lieferung aus einem anderen Mitgliedstaat der Gemeinschaft oder von einem in einem anderen Mitgliedstaat der Gemeinschaft ansässigen Unternehmen vorliegt, sowie die Voraussetzungen, unter denen der Netzzugang für solche Lieferungen zulässig sein soll[2]. Der Forderung des Bundesrates nach einer uneingeschränkten und sofortigen Anwendbarkeit der Schutzklausel auf Elektrizitätsimporte aus Drittstaaten, durch die die bereits seit Inkrafttreten des Gesetzes zu Neuregelung des Energiewirtschaftsgesetzes bestehende Lage aufrecht erhalten werden sollte, wurde nachgekommen[3].

4. Umgang der Gerichte mit der offenen Tatbestandsfassung und den fehlenden Konkretisierungen im Rahmen des § 6 Abs. 1 EnWG und das geplante Änderungsgesetz

Die Entscheidungsfindung im Zusammenhang mit der Durchleitungsproblematik ist für die Gerichte und Kartellbehörden nicht einfach. Insbesondere der Begriff der Zumutbarkeit ist offen und ohne jegliche Konkretisierung in den gesetzlichen Tatbestand des § 6 Abs. 1 Satz 2 aufgenommen worden, so dass die tatsächliche und abschließende Festlegung der einzelnen Durchleitungsverweigerungsmöglichkeiten von der Legislative in die Judikative verlagert wurde.

Welche Verweigerungsmöglichkeiten von den Gerichten und Kartellbehörden im Rahmen der Unzumutbarkeit bislang anerkannt wurden, ist bereits dargestellt worden. Nunmehr soll aufgezeigt und untersucht werden, wie die Organe bei der Entscheidungsfindung vorgegangen sind. Insoweit soll zunächst darauf eingegangen werden, welche Hilfestellung der Gesetzgeber den Rechtsprechungsorganen gegeben hat. Sodann soll untersucht werden, wie die Gerichte und Kartellbehörden diese genutzt haben und ob bzw. welche Schwierigkeiten sie

---

[1] BGBl. 2003, Teil I, 688.

[2] BGBl. 2003, Teil I, 688.

[3] BGBl. 2003, Teil I, 688; vgl. bereits BT-Drs. 14/9081, S. 5/15; 14/9534, S 2; 14/9634, S 2; BR-Drs. 611/02.

gleichwohl bei ihrer Entscheidungsfindung hatten. Insoweit soll insbesondere dargestellt werden, wie die Entscheidungsorgane im Rahmen der Entscheidungsfindung methodisch vorgegangen sind. Hier soll genauer untersucht werden, ob die fehlende Konkretisierung dazu führt, dass sich die Gerichte nur oberflächlich mit der Problematik auseinandersetzen und schlicht auf vorherige Urteile verweisen, ob sie vorherige Ureile gänzlich unberücksichtigt lassen bzw. ob sie sich genauer mit der Problematik und vorherigen Entscheidungen auseinandersetzen. Fraglich ist insbesondere, ob sich viele abweichende Meinungen bilden, oder ob trotz der fehlenden Konkretisierung die (mehr oder weniger schnelle) Bildung einer herrschenden Rechtsprechungsansicht erfolgen konnte.

Im Anschluss daran soll sodann noch auf die erfolgten Änderung des Energiewirtschaftsgesetzes und die sich hieraus ergebenden voraussichtlichen Folgen – auch für die Rechtsprechungsorgane – eingegangen werden. Insbesondere stellt sich insoweit auch die Frage, ob die Änderung des Tatbestandes voraussichtlich eine Hilfestellung oder eher ein weiteres Erschwernis begründen wird.

a) Vorgehen der Gerichte und Kartellbehörden im Rahmen der Entscheidungsfindung

Zunächst soll nun das methodische Vorgehen der Gerichte im Rahmen der Entscheidungsfindung untersucht werden.

(1) „Hilfestellungen" durch den Gesetzgeber

Hier stellt sich zunächst die Frage, welche „Hilfestellung" der Gesetzgeber den Rechtsprechungsorganen gegeben hat.

Insoweit wurde bereits darauf hingewiesen, dass der Tatbestand des § 6 Abs. 1 EnWG vom Gesetzgeber bewusst offen und ohne Konkretisierungen formuliert wurde. Im Gesetzestext heißt es schlicht,

> „Betreiber von Elektrizitätsversorgungsnetzen haben anderen Unternehmen das Versorgungsnetz für Durchleitungen *zu Bedingungen zur Verfügung zu stellen, die nicht*

> *ungünstiger sind, als sie in vergleichbaren Fällen für Leistungen innerhalb ihres Unternehmens oder gegenüber verbundenen oder assoziierten Unternehmen tatsächlich oder kalkulatorisch in Rechnung gestellt werden.* Dies gilt nicht, soweit der Betreiber *nachweist, dass ihm die Durchleitung aus betriebsbedingten oder sonstigen Gründen unter Berücksichtigung der Ziele des § 1 nicht möglich oder nicht zumutbar ist.* Die Ablehnung ist *schriftlich zu begründen.*

Die Durchleitungsverweigerungsgründe der Unmöglichkeit und Unzumutbarkeit werden im Gesetzestext somit zwar nicht genauer konkretisiert, jedoch geht aus der Norm zumindest der Grundsatz der Nichtdiskriminierung hervor, der insoweit eine bedeutende Rolle spielt. Auch die klare Formulierung der Beweislast des Netzbetreibers und seine Pflicht, die Ablehnung des Netzzugangs schriftlich zu begründen, verdeutlichen den absoluten Ausnahmecharakter der Durchleitungsverweigerung. Des Weiteren sind in § 1 EnWG die im Rahmen des § 6 Abs. 1 zu berücksichtigenden Ziele des Gesetzes, denen insbesondere bei der Auslegung besondere Bedeutung zukommt, genauer konkretisiert worden. Hier heißt es,

> „Zweck des Gesetzes ist eine *möglichst sichere, preisgünstige und umweltverträgliche leitungsgebundene Versorgung* mit Elektrizität und Gas im Interesse der Allgemeinheit".

Zudem ergeben sich aus dem Gesetzestext selbst auch insoweit Anhaltspunkte, als entsprechend den europäischen Vorgaben in §§ 4, 7 und 9 EnWG genaue Regelungen zum „Unbundling" aufgenommen wurden, wodurch die nach dem Willen des (auch des europäischen) Gesetzgebers erforderliche organisatorische und rechnerische Entflechtung eine besondere Bedeutung erlangt, die auch im Rahmen der Frage einer zulässigen Durchleitungsverweigerung Berücksichtigung findet.

Anhaltspunkte für die Gerichte und Kartellbehörden finden sich ferner in den Gesetzgebungsmaterialien. Bereits zu Beginn des Gesetzgebungsverfahrens hat die Bundesregierung klargestellt, dass das geplante Gesetzgebungsvorhaben eine Neufassung des Energiewirtschaftsgesetzes und die Abschaffung der kartellrechtlichen Freistellung für Energieversorgungsunternehmen im Gesetz gegen Wettbewerbsbeschränkungen umfassen sollte. Die staatliche Aufsicht sollte begrenzt werden. Neben Sicherheit und Preisgünstigkeit der Versorgung sollte die Umweltverträglichkeit als eigenständiges und gleichberechtigtes Ziel im Gesetz verankert werden. Hervorgehoben wurde ferner immer wieder die wettbewerbliche

Ausrichtung des Ordnungsrahmens, sowie die grundlegende Voraussetzung der Beseitigung der geschlossenen Versorgungsgebiete und der grundsätzlichen Öffnung der Netze für Dritte[1]. Zudem wurden bereits im Gesetzgebungsverfahren einige Durchleitungsverweigerungsgründe zumindest kurz angesprochen. Im sog. Uldall – Bericht heißt es etwa, Instrumente des Wettbewerbs seien (gleichrangig und nicht etwa einander ausschließend) die Öffnung der Netze für Durchleitungen sowie der Bau von Direktleitungen. Zudem werde gem. § 3 c Abs. 1 EnWG (der dem jetzigen § 6 Abs. 1 EnWG entspricht) ein Rechtsanspruch auf Zugang zu den Stromnetzen begründet. Dieser könne unmittelbar vor Gericht durchgesetzt werden. Betriebsbedingte Durchleitungsverweigerungsgründe beträfen etwa die Netzkapazität sowie die technischen Voraussetzungen für einen störungsfreien Betrieb im Interesse der Versorgungssicherheit. Sonstige Gründe könnten beispielsweise die Nichtzahlung des angemessenen Durchleitungsentgelts oder sonstiges grob vertragswidriges Verhalten sein. Die betrieblichen und sonstigen Gründe müssten, um die Unzumutbarkeit der Durchleitung im Einzelfall zu rechtfertigen, ein derartiges Gewicht haben, dass ihnen trotz des besonderen Interesses an einer durch Wettbewerb erreichten preisgünstigen Versorgung Vorrang einzuräumen sei.

Somit wird durch den Gesetzestext selbst und auch durch die Gesetzgebungsmaterialien klargestellt, welche Grundsätze bei der Frage der Durchleitungsverweigerung besonders zu beachten sind. Es ergibt sich die besondere Bedeutung des Gesetzeszwecks der Liberalisierung der Strom- und Gaswirtschaft und der Etablierung eines effektiven Wettbewerbs, sowie insbesondere auch des Grundsatzes der Nichtdiskriminierung, der zudem durch die Unbundlingvorschriften unterstützt wird. Ferner wird der absolute Ausnahmecharakter der Durchleitungsverweigerung verdeutlicht. Zudem werden einzelne Durchleitungsverweigerungsgründe zumindest überblickartig, wenn auch keinesfalls genauer bzw. abschließend, vom Gesetzgeber angesprochen. Dies sind die einzigen „Hilfestellungen“ bzw. Vorgaben, die der Gesetzgeber den Rechtsprechungsorganen an die Hand gegeben hat.

---

[1] BT-Drs. 13/7274, S. 10f./13/27.

(2) methodische Entscheidungsfindung durch die Rechtsprechungsorgane

Insoweit lässt sich also feststellen, dass der Gesetzgeber den Tatbestand des § 6 Abs. 1 EnWG zwar offen und ohne Konkretisierung gefasst hat, dass sich aber kleinere Hilfestellungen für die Rechtsprechungsorgane aus dem Gesetzestext selbst und aus den Gesetzgebungsmaterialien ergeben. Diese Hilfestellungen sind allerdings eher als marginal einzustufen und verhindern es nicht, dass die tatsächliche und abschließende Feststellung der Durchleitungsverweigerungsgründe durch die Judikative erfolgen muss. Zudem finden sie sich ungeordnet an den verschiedensten Stellen. Wenngleich einzelne Faktoren vom Gesetzgeber selbst angesprochen wurden, ergibt sich hieraus zudem keinesfalls eine genauere Festlegung der einzelnen zulässigen Durchleitungsverweigerungsgründe. Die Rechtsprechungsorgane erhalten allenfalls Anhaltspunkte. Der Gesetzgeber will sogar bewusst möglichst viel Spielraum lassen, um Einzelfallentscheidungen zu begünstigen und keine Fallgestaltung auszuschließen. Insbesondere hat der Gesetzgeber bislang nicht von seiner in § 6 Abs. 2 EnWG vorgesehenen Verordnungsermächtigung Gebrauch gemacht und wird dies voraussichtlich auch zukünftig nicht.

Es stellt sich daher die Frage, ob die gegebenen Anhaltspunkte ausreichen, um eine schnelle und übereinstimmende Entscheidungsfindung der Gerichte und Kartellbehörden zu ermöglichen. Wie diese mit dieser Problematik umgehen, soll daher im Folgenden untersucht werden. Insoweit stellt sich insbesondere die Frage, ob sie bei der Entscheidungsfindung schlicht auf vorherige Urteile verweisen, ob sie diese unberücksichtigt lassen, oder ob sie sich selbst genauer mit der Problematik und vorherigen Urteilen auseinandersetzen. Fraglich ist vor allem, ob die fehlende Konkretisierung dazu führt, dass sich viele abweichende Meinungen bilden oder ob gleichwohl die (mehr oder weniger schnelle) Bildung einer herrschenden Rechtsprechungsmeinung erfolgt. Abschließend soll noch darauf eingegangen werden, ob und gegebenenfalls wie der Gesetzgeber den Normtext hätte präzisieren können und sollen.

Beispielhaft sollen insoweit zum einen die Entscheidungen zur Zumutbarkeit der Durchleitung bei vermeintlichen eigenen (Alt-)Verträgen mit den zu beliefernden Kunden und zum anderen bei einer Weigerung der Petenten zum Abschluss sog. Netzkundenverträge untersucht werden. Zu beiden Fragestellungen hat sich bereits eine recht beachtliche Rechtsprechung entwickelt, so dass sich diese – auch wenn die Problematik der Forderung sog. Netzkundenverträge angesichts der veränderten VV II (plus) wohl nach und nach an Bedeutung verlieren wird – für eine methodische Analyse besonders eignen[1].

Zunächst soll auf die Entscheidungen zur Frage der Unzumutbarkeit der Durchleitung wegen vermeintlicher eigener Stromlieferverträge mit dem Abnehmer des durchzuleitenden Stroms eingegangen werden.

Mit dieser Fragestellung haben sich insbesondere die Landgerichte Hamburg[2], Mainz[3], Berlin[4] und Dortmund[5] sowie das Bundeskartellamt[6] auseinandergesetzt.

Nachdem das Bundeskartellamt im Abmahnschreiben gegen Elektromark es als nicht haltbar bezeichnete, „bei unklaren und möglicherweise im Streit befindlichen vertraglichen Bindungen des im Wege der Durchleitung zu beliefernden Kunden die Stellung als Inhaber der Elektrizitätsversorgungsnetze dazu zu nutzen, einem Kunden, der sich nicht für vertraglich gebunden hält, von vornherein Drittbezug zu versagen[7], hat sich als erstes Zivilgericht das Landgericht Hamburg mit der Problematik auseinandergesetzt. Das Gericht lässt das Abmahnschreiben des Bundeskartellamts unberücksichtigt. Es setzt sich relativ ausführlich mit der Frage einer zulässigen Durchleitung auseinander und begründet seine Entscheidung unter Bezugnahme auf die gesetzgeberische Entscheidung für eine grundsätzliche Durchleitungspflicht und die Zielsetzung des Gesetzes, nämlich die Liberalisierung des Strommarktes. Insoweit leitet das Gericht her, dass nur dann, wenn eigene berechtigte Interessen des Netbetreibers berührt sind, diese im Rahmen der Zumutbarkeitsabwägung nach § 6 Abs. 1 Satz 2 EnWG zu berücksichtigen sind. Sodann nimmt es auf die Unbundlingvorschriften Bezug und führt diese als weiteres Argument gegen eine Berücksichtigung etwaiger Altver-

---

[1] Zudem sind beide Problemkreise vom Gesetzgeber nicht direkt angesprochen worden.

[2] Entscheidung vom 03.02.3000, AZ. 406 O 17/00; RdE 2000, S. 231ff.

[3] Entscheidung vom 28.02.2000 und 10.07.2000, AZ. HK O 16/00 Kart.; zitiert und dargestellt in Theoblad / Zenke, VuR 2000, S. 405 (406); dies., Grundlagen der Strom- und Gaswirtschaft, S. 60.

[4] Entscheidung vom 27.06.2000, AZ. 16 O 652/99, abgedruckt in NJWE – WettbR 2000, S. 270ff.

[5] Entscheidung vom 01.09.2000, AZ. 13 O 134/00 (Kart.); abgedruckt in GRUR – RR 2001, S. 43ff.

[6] Abmahnschreiben gegen Elektromark vom 22.12.1998, AZ. B – 8 40100 – T 248/98, dargestellt und zitiert in Theobald / Zenke, VuR 2000, S. 405 (406); dies., Grundlagen der Strom- und Gasdurchleitung, S. 60ff.

[7] BKartA, Abmahnschreiben vom 22.12.1998, zitiert bei Theobald / Zenke, Grundlagen der Strom- und Gasdurchleitung, S. 60.

träge an[1]. Das Landgericht Hamburg greift also die vom Gesetzgeber gegebenen kleinen Hilfestellungen auf und führt diese bei der Entscheidungsfindung an. Die, wenn auch eher geringfügigen Hilfestellungen des Gesetzgebers, werden also genutzt und bilden bei der Entscheidungsfindung sogar die essentiellen Elemente.

Ebenfalls etwas ausführlicher setzt sich das Landgericht Berlin mit der Problematik der Altverträge auseinander. Auch dieses Gericht bezieht sich weder auf das Bundeskartellamt, noch auf die vorherige Entscheidung des Landgerichts Hamburg, sondern setzt sich „allein" mit der Problematik auseinander. Dieses Gericht führt insbesondere zwei Gründe für seine Entscheidung gegen eine Durchleitungsverweigerung an. Zum einen führt auch dieses Gericht an, dass die Frage vermeintlich bestehender Verträge in diesem Zusammenhang grundsätzlich nicht berücksichtigungsfähig sei. Zum anderen stellt das Landgericht Berlin darauf ab, dass die Altverträge ohnehin unwirksam geworden seien. Insoweit verweist es auch auf die hierzu bereits ergangene Entscheidung des Landgerichts Mannheim[2]. Das Landgericht Berlin nimmt also im Gegensatz zum Landgericht Hamburg weder direkten Bezug auf den Gesetzestext, noch auf die Intention des Gesetzgebers. Es stellt ohne direktes Aufgreifen der (wenn auch marginalen) Vorgaben des Gesetzgebers darauf ab, dass nach Ansicht des Gerichts das Bestehen etwaiger Altverträge bei der Frage der Durchleitung grundsätzlich nicht berücksichtigungsfähig ist und dass die Altverträge ohnehin – wie bereits von anderen Gerichten festgestellt wurde – unwirksam geworden sind und kommt so zu demselben Ergebnis.

Schließlich nimmt auch das Landgericht Dortmund keinerlei Bezug auf bereits ergangene Entscheidungen[3]. Dieses Gericht greift jedoch wiederum die gegebenen Vorgaben des Gesetzgebers auf und bezieht sich im Rahmen der Entscheidungsfindung, wie auch bereits das Landgericht Hamburg, wesentlich auf die gesetzgeberische Zielsetzung sowie auf den Grundsatz des Unbundling[4].

---

[1] LG Hamburg, RdE 2000, S. 231 (232).

[2] LG Berlin, NJWE – WettbR 2000, S. 270 (274).

[3] Die bereits ergangenen Entscheidungen betreffen zwar den Strombereich, wohingegen das LG Dortmund sich mit einem Gasdurchleitungsbegehren auseinandersetzt, jedoch wäre die Argumentation übertragbar gewesen.

[4] LG Dortmund, GRUR – RR 2001, S. 43 (44).

Es lässt sich also feststellen, dass die Gerichte sich bei dieser Fragestellung nicht mit den bereits ergangenen Entscheidungen auseinandersetzen (wobei es jedoch auch möglich ist, dass – da die Entscheidungen kurz aufeinander folgten – die vorherigen Entscheidungen den Gerichten bei der Entscheidungsfindung noch unbekannt waren). Zudem ist zu beachten, dass die Gerichte oftmals die Vorgaben des Gesetzgebers nutzen und bei ihrer Entscheidungsfindung im Rahmen der Argumentation entscheidend anführen. Wenn auch lediglich kleine Hilfestellungen gegeben sind, wie der Grundsatz des Unbundling oder die Zielsetzung des Gesetzgebers, werden diese gleichwohl als essentielle Argumente verwendet. Des Weiteren setzen die Gerichte sich relativ ausführlich mit der Problematik auseinander. Schließlich ist festzustellen, dass sich zu der genannten Fragestellung – obwohl die Gerichte sich nicht aufeinander beziehen bzw. vorherige Entscheidungen gänzlich unberücksichtigt lassen – schnell eine übereinstimmende herrschende Ansicht herausgebildet hat. Sämtliche Gerichte gehen übereinstimmend davon aus, dass vermeintliche Altverträge keine Durchleitungsverweigerungsmöglichkeit eröffnen. Insoweit scheint der gesetzgeberische Wille unmissverständlich zum Ausdruck gekommen zu sein, obwohl der Gesetzestext offen und ohne Konkretisierung ist. Entscheidend war bei dieser Fragestellung für die Gerichte insbesondere, dass zum einen die Durchleitung zur Etablierung wirksamen Wettbewerbs die Regel sein soll und dass zum anderen der Grundsatz des Unbundling eine essentielle Funktion einnimmt. Dementsprechend waren die Aussagen des Gesetzgebers wohl grundsätzlich ausreichend, um zumindest insoweit eine übereinstimmende Rechtsprechungsansicht zu etablieren.

Jedoch ist nicht bei sämtlichen von den Netzbetreibern im Rahmen der Zumutbarkeitsfrage angeführten Durchleitungsverweigerungsgründen die Meinung so eindeutig und übereinstimmend. Weniger übereinstimmend ist die Rechtsprechung beispielsweise bei der Frage der Zumutbarkeit der Durchleitung im Falle der Weigerung des Petenten bzw. des Stromabnehmers, einen Netzkundenvertrag mit dem Netzbetreiber abzuschließen. Auch insoweit gehen zwar die Mehrzahl der Gerichte[1] und die Kartellbehörden[2] davon aus, dass die Durchleitung nicht davon abhängig gemacht werden kann, dass ein Netzkundenvertrag zwischen

[1] OLG Dresden, ZNER 2001, S. 168 ff. und RdE 2002, S. 49ff.; OLG München, WuW 2002, S. 1208ff.; OLG Schleswig – Holstein, RdE 2001, S. 155ff. und RdE 2002, S. 75ff.; LG Kiel, ET 2001, S. 660ff; LG Potsdam, ZNER 2001, S. 173ff.; LG Leipzig, ZNER 2001, S. 57ff.

[2] Bericht der Arbeitsgruppe Netznutzung, abrufbar unter www.bundeskartellamt.de/nachrichten.

Netzbetreiber und Endabnehmer zustande kommt. Jedoch wird auch teilweise eine abweichende Ansicht vertreten[1].

Als erstes Gericht hat sich das Landgericht Kiel mit der Problematik der Forderung eines Netzkundenvertrages auseinandergesetzt. Das Gericht beschäftigt sich umfassend mit der Fragestellung und begründet seine ablehnende Haltung insbesondere mit dem in § 6 Abs. 1 EnWG normierten Grundsatz der Nichtdiskriminierung. Während die Netzbetreiber den Kunden einheitliche Verträge bieten könnten, wäre dies den Petenten bei der Forderung von Netzkundenverträgen verwehrt. Ferner entstehe ein erhöhter und mit Mehrkosten verbundener Beratungsbedarf. Zudem stellt das Gericht darauf ab, dass die Wechselbereitschaft der ohnehin verunsicherten Kunden verringert werde, es wird also auch der Aspekt des vom Gesetzgeber gewünschten Wettbewerbs ins Feld geführt. Schließlich wird der nicht bindende Charakter der Verbändevereinbarung II angeführt, ebenso das fehlende Bedürfnis eines Netzkundenvertrages[2]. Das Gericht greift also zumindest zum Teil die sich aus dem Gesetz bzw. der Novellierung ergebenden Hilfestellungen auf und führt dazu weitere, sich aus der Problematik selbst ergebende Aspekte – insbesondere auch die Rechtsnatur der Verbändevereinbarung – im Rahmen der Entscheidungsfindung an, um seine Auffassung zu begründen.

Einige Monate nach der Entscheidung des Landgerichts Kiel hat das OLG Dresden sich kurz mit der Problematik beschäftigt. Das OLG Dresden lässt die Entscheidung des LG Kiel unberücksichtigt und stellt insbesondere auf die Rechtsnatur der Verbändevereinbarung ab. Sodann wird die individualvertragliche Prägung des § 6 Abs. 1 EnWG hervorgehoben, aus der sich ebenfalls kein Erfordernis verbandsmäßig geschaffener Vorlagen ergebe[3]. Auch dieses Gericht orientiert sich also zum einem am Charakter der Verbändevereinbarung, aber auch an der sich aus § 6 Abs. 1 EnWG selbst ergebenden individualverträglichen Prägung der Durchleitungsvereinbarungen.

Sodann setzte sich das Landgericht Leipzig mit der Frage der Notwendigkeit des Abschlusses eines Netzkundenvertrages auseinander. Dieses Gericht hat endlich die Gelegenheit genutzt, sich auf die bereits ergangenen Entscheidungen des Landgerichts Kiel und des Ober-

[1] LG Nürnberg – Fürth, RdE 2002, S. 52 (54); offen gelassen, aber wohl zur Ansicht des LG Nürnberg – Führt tendierend, LG Hannover, ZNER 2001, S. 97ff.; ZNER 2002, S. 328ff.; RdE 2003, S. 22ff.

[2] LG Kiel, ET 2000, S. 660 (662f.).

[3] OLG Dresden, ZNER 2001, S. 168 (169f.).

landesgerichts Dresden Bezug zu nehmen. Es setzt sich mit der Problematik nur kurz und oberflächlich auseinander und verweist im Wesentlichen schlicht darauf, dass das Netz diskriminierungsfrei zur Verfügung zu stellen sei. Es führt lediglich kurz aus, wolle der Händler selbst einen Netznutungsvertrag mit dem Netzbetreiber abschließen, etwa um den Kunden eine Komplettpreis bieten zu können, könne ihm dies nach der gesetzlichen Regelung vom Netzbetreiber nicht versagt werden. Daran ändere nichts – wie bereits vom Landgericht Kiel und Oberlandesgericht Dresden festgestellt – dass die VV II davon ausgehe, dass der Endkunde mit dem Netbetreiber einen Netznutzungsvertrag abschließt, da diese Vereinbarung für die Parteien unverbindlich sei[1]. Das Gericht nimmt somit die Tatsache, dass bereits zwei gerichtliche Entscheidungen, davon eine Entscheidung eines Oberlandesgerichts, in diesem Sinne ergangen sind, zum Anlass, im Wesentlichen schlicht auf diese Rechtsprechung zu verweisen.

In einer weiteren Entscheidung nimmt auch das Landgericht Potsdam auf die vorherige Entscheidung des Landgerichts Kiel, nicht hingegen auf die des Oberlandesgerichts Dresden, Bezug. Im Gegensatz zum Landgericht Leipzig setzt das Landgericht Potsdam sich allerdings trotzdem ausführlich mit der Problematik auseinander. Hierbei übernimmt es zwar einen großen Teil der Argumentation des Landgerichts Kiel und führt im Wesentlichen dieselben Erwägungen an, es führt diese aber teilweise noch aus und fügt eigene Argumente hinzu[2]. Auch das Landgericht Potsdam nutzt dementsprechend, wie auch das Landgericht Leipzig, die Tatsache, dass bereits Rechtsprechung zu dem Problemkreis vorhanden ist. Es nimmt jedoch ausführlicher Bezug und stellt weitere, eigene Überlegungen an, um seine Entscheidung zu begründen und nimmt nicht lediglich die Tatsache, dass bereits Entscheidungen zu der Problematik ergangen sind, zum Anlass, allein auf die bestehende Rechtsprechung zu verweisen und die Problematik nicht weiter zu vertiefen. Zudem stellt auch das Landgericht Potsdam im Wesentlichen auf den Grundgedanken der Nichtdiskriminierung sowie den vom Gesetzgeber gewünschten Wettbewerb ab und nutzt dementsprechend die insoweit gegebenen Hilfestellungen des Gesetzgebers.

Auch das Oberlandesgericht Dresden verweist in einer weiteren Entscheidung auf die bereits ergangenen Entscheidungen und stellt klar, dass auch andere Gerichte in vergleichbaren Fällen eine Durchleitungsverweigerung als unzulässig ansehen. Sodann argumentiert es

---

[1] LG Leipzig, ZNER 2001, S. 57.

[2] LG Potsdam, ZNER 2001, S. 173 (174).

aber losgelöst von diesen Entscheidungen recht ausführlich und nimmt insbesondere auch auf Literaturstimmen sowie den Bericht der Arbeitsgruppe Netznutzung Strom Bezug und bindet diese in die Argumentation ein[1]. Auch dieses Gericht nutzt also andere Quellen. Zudem werden auch in dieser Entscheidung die Ratio der Normen und die vom Gesetzgeber bezweckte Öffnung der Energiemärkte als entscheidende Argumente angeführt.

Das Oberlandesgericht Schleswig – Holstein hat wenig später im Rechtsmittelverfahren über die Entscheidung des Landgerichts Kiel zu entscheiden gehabt. Obwohl zu diesem Zeitpunkt bereits die oben genannten weiteren Entscheidungen vorlagen, hat das Schleswig – Holsteinische Oberlandesgericht diese jedoch unberücksichtigt gelassen. Es hat lediglich auf den Bericht der Arbeitsgruppe Netznutzung und eine hierzu veröffentlichte Literaturstimme Bezug genommen und eine eigenständige Argumentation aufgebaut. Auch das OLG Schleswig – Holstein argumentiert im Wesentlichen anhand des Gesetzeswortlauts und der Intention des Gesetzgebers. Der Liberalisierungsgedanke und auch der Grundsatz der Nichtdiskriminierung werden als Hauptargumente gegen die Durchleitungsverweigerung angeführt[2], so dass auch dieses Gericht die Hilfestellungen des Gesetzgebers für seine Argumentation nutzt.

Schließlich hat auch das OLG München zu diesem Problem Stellung genommen und sich gegen die Zulässigkeit einer Durchleitungsverweigerung ausgesprochen. Auch dieses Gericht nimmt auf die bereits ergangenen oberlandesgerichtlichen Entscheidungen Bezug und übernimmt im Wesentlichen die Argumente der Oberlandesgerichte Dresden und Schleswig – Holstein, die es aber selbst nochmals ausführt. Zudem nimmt das Gericht auch Bezug auf den Bericht der Arbeitsgruppe Netznutzung Strom der Kartellbehörden des Bundes und der Länder[3].

Es ist also festzustellen, dass sich zu dieser Problematik eine recht beachtliche übereinstimmende Rechtsprechungsansicht herausgebildet hat. Auch insoweit lässt sich feststellen, dass viele Gerichte die Hilfestellungen des Gesetzgebers aufgreifen und insbesondere anhand der Formulierung des Gesetzestextes (Grundsatz der Nichtdiskriminierung) und der gesetzgeberischen Zielsetzung (Liberalisierung des Strommarktes) ein übereinstimmendes Meinungs-

[1] OLG Dresden, RdE 2002, S. 49 (50f).

[2] OLG Schleswig – Holstein, RdE 2002, S. 75 (76f.).

[3] OLG München, WuW 2002, S. 1208 (1209f.).

bild bilden. Hierbei nutzen sie oft auch die Argumente vorheriger Entscheidungen und nehmen auf diese Bezug. Teilweise lassen sie diese aber auch unbeachtet, kommen aber gleichwohl zu übereinstimmenden Ergebnissen.

Abweichend von den genannten Gerichten geht das Landgericht Nürnberg – Fürth in einem einstweiligen Rechtsschutzverfahren jedoch davon aus, dass der Netzbetreiber als Voraussetzung der Durchleitung den Abschluss eines Netznutzungsvertrages mit den Endkunden verlangen kann. Zum Zeitpunkt dieser Entscheidung waren die anders lautenden Entscheidungen mit Ausnahme der Entscheidung des OLG München bereits ergangen. Gleichwohl lässt das Landgericht Nürnberg – Fürth diese Entscheidungen vollkommen unberücksichtigt und stellt schlicht gegenteilig fest, der Netzbetreiber habe ein Interesse am Abschluss eines Netzkundenvertrages. Obwohl sich somit in der Rechtsprechung durch eine nicht geringe Zahl von Entscheidungen eine andere Meinung deutlich abgezeichnet hat, hat das Landgericht Nürnberg – Fürth sich mit diesen Entscheidungen und Argumenten weder auseinandergesetzt, noch hat es diese überhaupt berücksichtigt, sondern schlicht entgegengesetzt argumentiert. Es lässt – anders als die übrigen Gerichte - insbesondere auch die gesetzgeberische Zielsetzung und den Grundsatz der Nichtdiskriminierung gänzlich unbeachtet und stellt im Wesentlichen darauf ab, dass Haftungsfragen und ähnliche Details in einem Netzkundenvertrag geregelt werden müssten[1]. Auch dies war jedoch bislang von den anderen Gerichten anders entschieden worden.

Auch das Landgericht Hannover hat in verschiedenen einstweiligen Rechtsschutzverfahren einstweilige Verfügungen abgelehnt, in denen streitig war, ob der Netzbetreiber den Abschluss von Netzkundenverträgen als Durchleitungsvoraussetzung verlangen durfte. Das Landgericht Hannover hat die Kernfrage zwar grundsätzlich offen gelassen, da diese Rechtsfrage nach Ansicht des Gerichts im Eilverfahren mit seinen begrenzten Erkenntnismöglichkeiten nicht geklärt werden könne. Das Gericht hat die Durchleitungsverweigerung jedoch deswegen als zulässig erachtet, weil die Petentin sich in keiner existenzbedrohenden Notlage befinde. Schließlich könne nach Ansicht des Gerichts auch keine Rede davon sein, dass die Rechtslage völlig zweifelsfrei zu Gunsten der Netzzugangsinteressentin sei. Dies führt das Gericht in verschiedenen Entscheidungen an, obwohl insoweit bereits verschiedene anders lautende Entscheidungen ergangen waren. Trotz einer nicht unerheblichen Zahl von gerichtlichen – teilweise auch oberlandesgerichtlichen – Entscheidungen, die von einer

[1] LG Nürnberg – Fürth, RdE 2002, S. 52 (53).

Unzulässigkeit der Forderung von Netzkundenverträgen ausgegangen sind, hat das Landgericht Hannover somit wiederholt betont, dass die Rechtslage nicht zweifelsfrei sei. Darüber hinaus hat das Gericht sogar noch verkannt, dass sich die Verbände in der VV II (plus) vom Abschluss eines Netznutzungsvertrages verabschiedet haben und es hat dem geplanten Änderungsgesetz eine Wirkung zuerkannt, die ihm erst nach seinem Inkrafttreten erwachsen kann[1].

Zur Frage der Zulässigkeit der Forderung von Netzkundenverträgen hat sich somit zwar – wie bereits erwähnt – grundsätzlich eine wohl herrschende Rechtsprechungsansicht gebildet. Die Gerichte und Kartellbehörden gehen größtenteils übereinstimmend davon aus, dass der Abschluss von Netzkundenverträgen grundsätzlich nicht zur Voraussetzung für die begehrte Durchleitung gemacht werden kann, was sie im wesentlichen mit dem gesetzgeberischen Wunsch der Öffnung der Strommärkte und Etablierung von Wettbewerb sowie dem in § 6 Abs. 1 EnWG verankerten Nichtdiskriminierungsgrundsatz begründen. Jedoch weicht beispielsweise das Landgericht Nürnberg – Fürth von dieser herrschenden Ansicht ab, ohne sich mit den vorherigen anders lautenden Entscheidungen auseinander zu setzen bzw. diese zu berücksichtigen. Auch das Landgericht Hannover verweigert in verschiedenen Verfahren den einstweiligen Rechtsschutz und führt aus, die Rechtslage sei insbesondere keineswegs zweifelsfrei. Dies, obwohl zumindest teilweise bereits mehrere übereinstimmende, auch oberlandesgerichtliche Entscheidungen zu dieser Fragestellung vorlagen und sogar unter Verkennung der tatsächlichen Rechtslage.

(3) Zusammenfassung der gefundenen Ergebnisse und Schlussfolgerungen

Es lässt sich somit anhand der beispielhaft untersuchten Entscheidungen im Ergebnis feststellen, dass die Gerichte und Kartellbehörden bei der Entscheidungsfindung auch angesichts der Hilfestellungen des Gesetzgebers grundsätzlich recht schnell übereinstimmende Entscheidungen treffen, so dass es bei der Frage der Zumutbarkeit der Durchleitung bereits zur Bildung von herrschenden Ansichten gekommen ist. Insoweit nutzen die Gerichte zumeist die vom Gesetzgeber gegebenen Hilfestellungen und argumentieren insbesondere anhand des Gesetzeszwecks und mit Hilfe des Wortlauts des Gesetzes und kommen trotz der

---

[1] LG Hannover, ZNER 2001, S. 97 (98f.); RdE 2002, S. 218 (220f.); RdE 2002, S. 247 (249f.); ZNER 2002, S. 328 (329f.); vgl. hierzu auch Boesche, ZNER 2003, S. 33ff.

offenen Tatbestandsfassung häufig sogar unabhängig voneinander zu übereinstimmenden Ergebnissen. Dementsprechend kann festgestellt werden, dass der Gesetzestext zwar wenig konkret gefasst wurde, gleichwohl aber anhand des Wortlautes des Gesetzes und anhand der hinter der Neuregelung stehenden Zielsetzung übereinstimmende Entscheidungen getroffen werden konnten. Grundsätzlich hat sich somit anhand der vom Gesetzgeber zur Verfügung gestellten Hilfestellungen relativ schnell und unabhängig voneinander eine herrschende und überzeugende Ansicht gebildet.

Gleichwohl muss jedoch festgestellt werden, dass die offene Tatbestandsfassung es den Netzbetreibern trotzdem nach wie vor ermöglicht, sich auf verschiedenste Durchleitungsverweigerungsgründe zu berufen. Hiervon machen die Netbetreiber auch regen Gebrauch. Mangels genauerer Festlegung der möglichen Verweigerungsgründe berufen viele Netzbetreiber sich zumindest erst einmal auf vermeintliche Verweigerungsgründe und schließen so zumindest für einige Zeit die Petenten vom Wettbewerb aus. Der vom Gesetzgeber gewünschte Durchleitungsautomatismus hat sich dementsprechend noch nicht einmal annähernd durchgesetzt, was insbesondere auch durch die Vielzahl der gerichtlichen Entscheidungen belegt wird. Dies wird auch dadurch begünstigt, dass sich wegen der unklaren Gesetzesfassung vereinzelte abweichende Rechtsprechungsansichten bilden und einiges zumindest auf den ersten Blick nicht völlig unvertretbar erscheint. Die Netzbetreiber können grundsätzlich zunächst einmal eine Vielzahl von Gründen für eine Durchleitungsverweigerung anführen und tun dies auch. Hierdurch kommt es zu einer Verzögerung des Netzzuganges und angesichts der vollkommen offenen Tatbestandsfassung des § 6 Abs. 1 EnWG kommt es auch bei den Gerichten immer wieder zu vereinzelten abweichenden Ansichten. Hierbei muss zudem festgestellt werden, dass diese Gerichte die bereits ergangenen anders lautenden Entscheidungen – wie im Fall der Entscheidung des Landgerichts Nürnberg – Fürth – häufig schlicht ungeachtet lassen. Obwohl sich eine herrschende Rechtsprechungsansicht herausgebildet hatte, wurde diese vom Landgericht Nürnberg – Fürth einfach übergangen. Das Gericht hat sich in keiner Weise mit den Argumenten der herrschenden Rechtsprechungsansicht auseinander gesetzt. Die Nichtbeachtung bereits ergangener Entscheidungen hat – wie im Falle der Entscheidungen des Landgerichts Hannover – auch bereits mehrfach zur Verweigerung einstweiligen Rechtsschutzes geführt. Umgekehrt besteht die Gefahr, dass die Gerichte die Konkretisierung des Tatbestandes und die eigene Auseinandersetzung mit der offenen Tatbestandsfassung umgehen, indem sie die Gelegenheit nutzen, schlicht auf bereits ergangene Entscheidungen zu verweisen, ohne sich selbst angemessen mit der Problematik auseinander zu setzen.

Die offene Tatbestandsfassung des § 6 Abs. 1 EnWG hat dementsprechend zu einer Vielzahl unberechtigter Durchleitungsverweigerungen geführt und tut es noch. Der gewünschte effektive Wettbewerb wurde daher bislang noch nicht annähernd sichergestellt. Es wird im Gegenteil eine Blockierung des Wettbewerbs begünstigt. Dies obwohl die vom Gesetzgeber gegebenen Hilfestellungen häufig zu einer raschen Bildung übereinstimmender herrschender Rechtsprechungsansichten geführt hat. Im Ergebnis stellt die offene Tatbestandsfassung daher gleichwohl eine starke Gefährdung des Wettbewerbs und jedenfalls auch ein Erschwernis für die Gerichte und Kartellbehörden dar.

Es stellt sich somit die Frage, ob der Gesetzgeber dieser Situation hätte vorbeugen könne. Dies ist wohl zu bejahen. Obwohl zwar grundsätzlich eine möglichst flexible Regelung wünschenswert ist, um Einzelfallentscheidungen zu ermöglichen und keine Fallgestaltungen von vornherein auszuklammern, hätte der Gesetzgeber den § 6 Abs. 1 EnWG präziser fassen sollen und können. Wie bereits der Bundesrat im Gesetzgebungsverfahren zutreffend festgestellt hat, sind zur Gewährleistung eines effektiven Wettbewerbs die Netzzugangsvoraussetzungen möglichst eindeutig zu regeln[1]. Hierzu wäre aber nicht nur die Einführung einer speziellen Netzzugangsregelung, sondern auch eine genauere Konkretisierung der Verweigerungsmöglichkeiten erforderlich und wünschenswert gewesen. Um die Möglichkeit von Einzelfallentscheidungen nicht abzuschneiden, hätte sich insbesondere eine beispielhafte Aufzählung oder Negativabgrenzung (z.B.: nicht angeführt werden kann jedenfalls, ...) angeboten, denn bereits im Gesetzgebungsverfahren sind zumindest einige der möglichen und tatsächlich praxisrelevant gewordenen Fallgruppen bereits bekannt gewesen. Insoweit wurde beispielsweise bereits die Problematik des Direktleitungsbaus als lediglich gleichrangiges Instrumentarium sowie die Problematik der fehlenden Netzkapazität, der technischen Probleme, der Nichtzahlung eines angemessenen Entgelts oder sonstiges grob vertragswidriges Verhalten bei der Frage einer möglichen Durchleitungsverweigerung angesprochen und als mögliche Fallgruppe erkannt[2]. Auch andere Fallgruppen wären zumindest nahe liegend und erkennbar gewesen. Insoweit hätte sich daher eine genauere Erörterung bereits im Gesetzgebungsverfahren und sodann eine auf den gewonnenen Erkenntnissen beruhende beispielhafte (positive oder negative) Aufzählung im Gesetzestext angeboten. Zudem hätte es sich angeboten, die Begriffe der Unmöglichkeit und insbesondere den der Unzumutbarkeit genauer zu konkretisieren. Möglich und hilfreich gewesen wäre insoweit beispielsweise die

[1] BT-Drs. 13/7274, S. 28.

[2] BT-Drs. 13/9211, S. 24f.

klarstellende explizite Feststellung im Rahmen des § 6 Abs. 1 EnWG, dass ausschließlich eigene und nur das Netz selbst betreffende Belange, nicht etwa auch Belange der Vertriebsabteilung berücksichtigungsfähig sind, was die Problematik der Altverträge weitgehend entkräftet hätte. Diesbezüglich wäre auch eine gesetzgeberische Entscheidung bezüglich der Wirksamkeit dieser Altverträge wünschenswert gewesen. Hätte der Gesetzgeber diese Verträge als unwirksam eingestuft, könnten sich die Netzbetreiber jedenfalls nicht mehr ernsthaft hierauf berufen, was eine Vielzahl unberechtigter Durchleitungsverweigerungen vermieden hätte. Auch die zusätzliche Klarstellung im Gesetzestext selbst, dass die Durchleitungsverweigerungsgründe ein derartiges Gewicht haben müssen, dass ihnen trotz des besonderen Interesses an einer durch Wettbewerb erreichten preisgünstigen Versorgung Vorrang einzuräumen ist, wäre hilfreich gewesen und hätte erneut die erforderliche enge Anwendung der Verweigerungsmöglichkeiten verdeutlicht. Die Problematik der Forderung von Netzkundenverträgen wäre zudem beispielsweise dadurch zu entschärfen gewesen, dass im Gesetzestext der Grundsatz der Nichtdiskriminierung weiter ausgeführt worden wäre. Hier hätte nicht nur darauf abgestellt werden sollen, dass die Bedingungen nicht ungünstiger sein sollen, als sie in vergleichbaren Fällen für Leistungen innerhalb des Unternehmens oder gegenüber verbundenen oder assoziierten Unternehmen „tatsächlich oder kalkulatorisch in Rechnung gestellt werden". Dies kann zumindest auf den ersten Blick nämlich dahingehend missverstanden werden, dass eine Diskriminierung wohlmöglich nur hinsichtlich der erhobenen Kosten vermieden werden soll. Unmissverständlicher wäre eine Formulierung gewesen, die alle abweichenden ungünstigeren und behindernden Bedingungen untersagt hätte. Dann wäre zumindest in den Fällen, in denen der Netzbetreiber den Kunden einheitliche Verträge bietet, vom Petenten und seinem Kunden aber den Abschluss mehrerer Verträge fordert, eine Diskriminierung – auch für den Netzbetreiber – offensichtlicher gewesen. Obwohl sich diese spezielle Problematik nach der VV II (plus) zwar erledigt haben dürfte, wäre diese Klarstellung aber auch für andere Problemfälle jedenfalls begrüßenswert.

Wenn durch diese Vorschläge zwar nicht sämtliche Probleme und Schwierigkeiten beseitigt worden wären und im Gesetzgebungsverfahren auch nicht sämtliche von den Netzbetreibern angeführten Verweigerungsgründe erkennbar waren, wäre es dem Gesetzgeber so aber gleichwohl möglich gewesen, weitere Konkretisierungen vorzunehmen, um den Entscheidungsorganen einige weitere Anhaltspunkte und Hilfestellungen entsprechend dem herrschenden und überzeugenden[1] Meinungsbild der Rechtsprechungsorgane zu liefern und insbesondere auch den Netzbetreibern die Möglichkeit zu nehmen, sich unberechtigt auf verschiedene Durchleitungsverweigerungsmöglichkeiten zu berufen und so den Wettbewerber zumindest vorübergehend auszuschalten, ohne gleichzeitig den Anwendungsbereich der Norm zu sehr einzuschränken. Insbesondere hätte eine beispielhafte Aufzählung einiger bereits im Gesetzgebungsverfahren bekannter bzw. erkennbarer Fallgruppen zumindest insoweit unberechtigte Netzzugangsverweigerungen verhindert.

b) Änderung des Durchleitungstatbestandes durch Einfügung des Erfordernisses „guter fachliche Praxis"

Das Energiewirtschaftsgesetz hat nach wenigen Jahren durch Einführung einer Vermutungsregelung eine weitere Änderung erfahren. Die Netze sind nicht mehr nur diskriminierungsfrei, sondern auch zu Bedingungen zur Verfügung zu stellen, die guter fachlicher Praxis entsprechen. Dies wird wiederum bei Einhaltung der Kriterien der Verbändevereinbarung II (plus) vermutet. Es stellt sich die Frage, ob diese Änderungen begrüßenswert sind und ob sie die Entscheidungsfindung der Gerichte voraussichtlich erleichtern werden, oder ob sie vielmehr weitere Probleme bei Durchleitungsstreitigkeiten bereiten werden.

(1) Die Änderungen

Die erste Änderung des Energiewirtschaftsgesetzes hat auch zu einer Änderung des Wortlauts des § 6 Abs. 1 EnWG geführt. Nach dem Willen der Mehrheit des Bundestages sollten die Bedingungen, zu denen unabhängigen Stromlieferanten der Netzzugang eingeräumt werden soll, konkretisiert werden. Das Netz ist nach der Änderung daher – wie bereits angesprochen – nicht mehr nur diskriminierungsfrei, sondern auch zu Bedingungen „guter fachlicher Praxis" zur Verfügung zu stellen, die allerdings bei Einhaltung der Kriterien der Verbändevereinbarung vermutet werden. Dementsprechend lautet § 6 Abs. 1 EnWG nunmehr wie folgt:

---

[1] Die Rechsprechungsansichten wurden materiell – rechtlich bereits oben besprochen und einer eigenen Einschätzung unterzogen.

„Betreiber von Elektrizitätsversorgungsnetzen haben anderen Unternehmen das Versorgungsnetz für Durchleitungen zu Bedingungen zur Verfügung zu stellen, die guter fachlicher Praxis entsprechen und nicht ungünstiger sind, als sie von ihnen in vergleichbaren Fällen für Leistungen innerhalb ihres Unternehmens oder gegenüber verbundenen oder assoziierten Unternehmen, tatsächlich oder kalkulatorisch in Rechnung gestellt werden. (...) Die Bedingungen guter fachlicher Praxis im Sinne des Satzes 1 dienen der Erreichung der Ziele des § 1 und der Gewährleistung wirksamen Wettbewerbs. Bei Einhaltung der Verbändevereinbarung über Kriterien zur Bestimmung von Netznutzungsentgelten für elektrische Energie und über Prinzipien der Netznutzung vom 13. September 2001 (Bundesanzeiger Nr. 85b vom 08. Mai 2002) wird bis zum 31. Dezember 2003 die Erfüllung der Bedingungen guter fachlicher Praxis vermutet, es sei denn, dass die Anwendung der Vereinbarung insgesmat oder die Anwendung einzelner Regelungen der Vereinbarung nicht geeignet ist, wirksamen Wettbewerb zu gewährleisten"[1].

Eine entsprechende Regelung wurde auch in den neu eingefügten § 6a Abs. 2 EnWG aufgenommen, der in Umsetzung der Gasrichtlinie den Zugang zu Gasnetzen regelt. Zudem hat das Gesetz gegen Wettbewerbsbeschränkungen eine Änderung erfahren. An § 64 GWB wurde ein weiterer Teilsatz hinzugefügt, der die aufschiebende Wirkung von Beschwerden gegen die Untersagungsverfügungen der Kartellbehörden für Netzzugangsbegehren im Bereich der Strom- und Gaswirtschaft aufhebt, so dass die behördlichen Verfügungen im Interesse einer besseren und rascheren Wirksamkeit der Missbrauchsaufsicht sofort vollziehbar sind[2]. Auf diese Änderungen soll jedoch erst später – im Rahmen der prozessualen Fragen – eingegangenen werden.

Die Einfügung der Vermutungsregelungen war bereits in der vergangenen Legislaturperiode, in der das geplante Änderungsvorhaben vom Bundestag bereits erstmals beschlossen worden war[3], stark umstritten. Nach Ansicht der die Änderung befürwortenden Bundestagsfraktionen SPD und Bündnis 90/Die Grünen hat die überarbeitete Verbändevereinbarung II (plus), auf die im Normtext verwiesen wird, den Netzzugang nochmals verbessert und insbesondere den Lieferantenwechsel auch für Privatkunden vereinfacht. Strukturklassen wür-

---

[1] BGBl. 2003, Teil I, 686.

[2] BGBl. 2003, Teil I, 689; vgl. hierzu bereits BT-Drs. 14/9081, S. 5/17; 15/197, S. 5/10.

[3] Vgl. BT-Drs. 14/5960 und 14/9081.

den Transparenz über Preise des Netzzugangs und über Ursachen etwaiger Unterscheide schaffen, was eine Vermutung guter fachlicher Praxis durch eine normkonkretisierende Verweisung rechtfertige[1]. Der Bundesrat hat dem Gesetz in der vergangenen Legislaturperiode hingegen nicht zugestimmt. Der Bundestag hat den Einspruch des Bundesrates wegen Zeitmangels nicht mehr zurückweisen können, so dass das Änderungsvorhaben zunächst scheiterte und wegen des Grundsatzes der Diskontinuität in der 15. Legislaturperiode erneut verhandelt werden musste, bevor das Änderungsgesetz schließlich in Kraft treten konnte.

Der Bundesrat hatte in der vergangenen Legislaturperiode zur Begründung seiner ablehnenden Haltung – wie im übrigen auch die Monopolkommission in ihrem 14. Hauptgutachten 2000/20001[2] - angeführt, die Vermutungsregelungen würden den kartellbehördlichen Handlungsspielraum im Bereich der Missbrauchsaufsicht über marktbeherrschende Energieversorgungsunternehmen zu sehr einschränken. Aufgrund der damit zu befürchtenden faktischen Festschreibung der Netznutzungsentgelte in den Bereichen Strom und Gas bestehe die Gefahr einer Beeinträchtigung der Funktionsfähigkeit des Wettbewerbs zum Nachteil der Strom- und Gasverbraucher sowie zu Lasten neuer Anbieter auf diesen Märkten. Da sich der Wettbewerb in der Stromversorgung erst ansatzweise und in der Gasversorgung von Haushaltskunden überhaupt noch nicht etablieren konnte und nach wie vor die Unterstützung der Kartellbehörden benötige, sei es nicht zu rechtfertigen, dass alle durch die Verbändevereinbarungen Strom und Gas abgedeckten Verhaltensweisen der Versorgungsunternehmen hinsichtlich der Kalkulation der Netznutzungsentgelte weitestgehend einer kartellrechtlichen Kontrolle entzogen wären[3]. Der Bundesrat führte weiterhin aus, die Kriterien zur Bestimmung von Netznutzungsentgelten seien von einer Arbeitsgruppe ohne Beteiligung von Stromhändlern und Verbrauchervertretern umgearbeitet und unterzeichnet worden, dabei mache gerade im Kleinkundensegment das Netzentgelt den größeren Anteil des integrierten Strompreises aus. Praktische Erfahrungen mit der Anwendung der Preisfindungsprinzipien lägen zudem noch nicht vor. Sie würden ferner von der auf langjährigen Erfahrungen der Preisaufsicht beruhenden Rechtsansicht der Kartellbehörden in wesentlichen Punkten zu Gunsten der Netzbetreiber abweichen. Im Ergebnis drohten überhöhte Netzentgelte, was zu einem Rückzug von Stromanbietern ohne Netzbetrieb vom Markt führe und den Wettbewerb im Segment der Haushaltskunden zum Erliegen brächte. Bezüglich des

---

[1] BT-Drs. 14/9081, S. 10.

[2] Eine Zusammenfassung des Gutachtens ist abgedruckt in ZNER 2002, S. 251ff.

[3] BR-Drs. 611/02.

Gassektors sei eine fundierte Bewertung der neuen Verbändevereinbarung zum Netzzugang bei Erdgas zudem überhaupt noch nicht möglich[1].

(2) Eigene Einschätzung der Änderung und Ausblick

Die Einwände und Bedenken des Bundesrates und auch der Monopolkommission waren nicht unbegründet. Tatsächlich begegnet die nunmehr erfolgte „Verrechtlichung“ der Preisfindungskriterien der Verbändevereinbarungen Strom und Gas durch die in §§ 6 Abs. 1 Satz 4, 6 a Abs. 2 Satz 1 EnWG vorgesehene Vermutung erheblichen Bedenken.

Problematisch erscheint zum einen, – wie insbesondere Säcker und Boesche[2] zutreffend ausführen – dass das Bestehen einer „Praxis“ die Übung einer bestimmten einheitlichen Vorgehensweise nach bestimmten Leitlinien über einen längeren Zeitraum voraussetzt. Eine „Praxis“ muss sich also über einen gewissen Zeitraum überhaupt erst einmal entwickeln. Bereits dies ist aber fraglich, denn die Kriterien der Verbändevereinbarungen wurden in den letzen Jahren mehrfach geändert, zudem liegen sichere Erfahrungswerte über einen längeren Zeitraum gar nicht vor. Ferner kann eine „fachliche“ Praxis nicht von einem interessengeleiteten Verband allein erzeugt werden, sondern sie erfordert die Beteiligung aller betroffenen Verbände. Nur so kann eine ausreichende Objektivität gewährleistet werden[3]. Die Verbändevereinbarung II (plus) wurde jedoch nicht von sämtlichen Beteiligten, sondern lediglich von einer gewissen Auswahl von Verbänden aufgestellt. Insbesondere wurde sie ohne Beteiligung der Kartell- und Energieaufsichtsbehörde und auch ohne Hinzuziehung von Repräsentanten der Tarifkunden, die von den hohen Durchleitungsentgelten im Verteilernetzbereicht allerdings besonders betroffen sind, erarbeitet. Von einer objektiven Regelung kann dementsprechend tatsächlich keine die Rede sein. Die Verbändevereinbarung stellt vielmehr einen brancheninternen Kompromiss dar, der vor allem die Interessen der etablierten Netzbetreiber berücksichtigt und ausschließlich zugunsten der Netzbetreiber greift[4], so dass de

---

[1] BT-Drs. 14/9534, S. 1/2.

[2] Säcker / Boesche, ZNER 2002, S. 183ff., die sich ausführlich mit der Problematik beschäftigen.

[3] Säcker / Boesche, ZNER 2002, S. 183 (185).

[4] BT-Drs. 14/9534, S. 1; Säcker / Boesche, ZNER 2002, S: 183 (185); Boesche, Die zivilrechtsdogmatische Struktur des Anspruchs auf Zugang zu Energieversorgungsnetzen, S. 112; Monopolkommission, Kurzfassung des 14. Hauptgutachtens 2000/2001, ZNER 2002, S. 251; insoweit zustimmend Schwintowski, ZNER 2002, S 205 (206).

facto erhebliche Zweifel an einer „fachlichen“ Praxis bestehen. Des Weiteren bestehen verfassungspolitische Bedenken, da die materielle Entscheidung über die Kriterien der Verbändevereinbarung bei den Verbänden und nicht beim Parlament liegt. Ein Verstoß gegen das Demokratieprinzip liegt zwar nicht vor, da es sich um keine gleitende Verweisung auf die „jeweils“ geltende Fassung handelt[1], gleichwohl ist der Einflusses der demokratisch nicht legitimierten Verbände zumindest verfassungspolitisch bedenklich.

Ferner ist auch noch unklar, ob die vermeintlich durch die Verbändevereinbarung geübte Praxis überhaupt „gut“ ist. Auch insoweit ist den Ausführungen von Säcker und Boesche vollumfänglich zuzustimmen. Ob es sich um eine „gute“ Praxis handelt, steht mangels gesicherter empirischer Leitlinien gegenwärtig noch nicht fest. Insbesondere spricht allein die Häufigkeit einer Handhabung noch nicht für ihre Qualität. Die Verbändevereinbarung bietet angesichts der Vereinheitlichung marktrelevanter Aktionsparameter konkurrierender Unternehmen insbesondere auch keine ausreichende Gewähr dafür, dass sie sich überhaupt an den Grundsätzen wirksamen Wettbewerbs orientiert. Zu befürchten ist vielmehr, dass sie diesen tatsächlich dämpft[2]. Dass eine funktionierende Praxis guter wettbewerblicher Netznutzungsbedingungen derzeit tatsächlich noch nicht existiert, wird insbesondere durch die hohe Zahl der kartellrechtlichen Missbrauchsverfahren und Zivilrechtsstreitigkeiten sowie die nur durchschnittliche Preisentwicklung für die Endverbraucher seit der Liberalisierung belegt[3]. Zutreffend führt insoweit auch der Bundesrat aus, dass von der auf langjährigen Erfahrungen der Preisaufsicht beruhenden Ansicht der Kartellbehörden hinsichtlich der Kostenrechnung in wesentlichen Punkten zu Gunsten der Netzbetreiber abgewichen werde[4]. Auch dies lässt an einer „guten“ Praxis zweifeln. Von einer „Praxis“, an deren Vorliegen in der Stromwirtschaft bereits erhebliche Zweifel bestehen, kann zudem für den Gasbereich überhaupt noch keine Rede sein[5].

Eine Problematik, die sich insoweit voraussichtlich auch für die Rechtsprechungsorgane stellen wird, ist zudem insbesondere, dass die Verbändevereinbarung II (plus) selbst teilwei-

---

[1] Hierzu genauer Boesche, Die zivilrechtsdogmatische Struktur des Anspruchs auf Zugang zu Energieversorgungsnetzen, S. 118f.

[2] Säcker / Boesche, ZNER 2002, S. 183 (186/189).

[3] Boesche, Die zivilrechtsdogmatische Struktur des Anspruchs auf Zugang zu Energieversorgungsnetzen, S. 112ff.

[4] BT-Drs. 14/9534, S. 1.

[5] BT-Drs. 14/9534, S. 1.

se wettbewerbshemmende Faktoren enthält und somit tatsächlich „ungute" Bedingungen vorsieht, die bislang nicht beseitigt wurden[1]. Wenig glücklich erscheint in diesem Zusammenhang auch die Einschränkung „es sei denn, dass die Anwendung der Vereinbarung insgesamt oder die Anwendung einzelner Regelungen der Vereinbarung nicht geeignet ist, wirksamen Wettbewerb zu gewährleisten. Diese Formulierung birgt nicht unerhebliche Unklarheiten. Fraglich ist zudem, wie die Gerichte und Kartellbehörden mit der Vermutungsregelung umzugehen haben. Nicht unproblematisch für die Gerichte ist in diesem Zusammenhang insbesondere die Vermutungsregelung an sich, denn insoweit ist nicht ganz klar, um welche Art von Vermutung es sich überhaupt handelt. Insoweit könnte zum einen eine grundsätzlich widerlegliche Tatsachenvermutung i.S.d. § 292 ZPO vorliegen, bei der sich aber wiederum die Frage stellt, ob die Vermutung nur in jedem Einzelfall widerlegt werden kann, oder ob die einzelnen Regelungen der Verbändevereinbarung – wie beispielsweise die vorgesehenen Wechselentgelte – pauschal als wettbewerbswidrig und somit als im Widerspruch zur erforderlichen guten fachlichen Praxis stehend eingestuft werden können. Zum anderen könnte es sich bei der neu geplanten Vermutungsregelung aber auch um eine Rechtmäßigkeitsvermutung handeln, die keine Auswirkung auf die Beweislast hätte. Im Ergebnis ist nach dem gesetzgeberischen Willen wohl von einer Tatsachenvermutung auszugehen, die tatsächlich in jedem Einzelfall widerlegt werden muss und ausschließlich zugunsten des Netzbetreibers greift, jedoch bleibt insoweit jedenfalls eine weitere Unklarheit bestehen. Die zunächst geplante weitere Formulierung, nach der es heißen sollte „(…) Im übrigen bleiben § 19 Abs. 4 und § 20 Abs. 1 und 2 des Gesetzes gegen Wettbewerbsbeschränkungen unberührt (...)" ist letztendlich nicht in den Gesetzestext aufgenommen worden, was weitere Unklarheiten verhindert hat[2].

Die neu eingefügte Vermutungsregelung begegnet daher nicht unerheblichen Bedenken und begründet hierdurch eine nicht unproblematische Rechtslage. Insbesondere wird sie den Rechtsprechungsorganen neue Probleme und Fragestellungen bereiten, die jedoch für die hier behandelten Fragen der Durchleitungsverweigerung von untergeordneter Bedeutung sind. Insbesondere werden die Änderungen angesichts der weiter erforderlichen Änderung des Energiewirtschaftsgesetzes in Anbetracht der neuen EU-Richtlinien ohnehin von kurzer Dauer sein.

---

[1] Hierzu ausführlich Boesche, Die zivilrechtsdogmatische Struktur des Anspruchs auf Zugang zu Energieversorgungsnetzen, S. 112ff.

[2] vgl. BT-Drs. 14/9081, S. 11; hierzu auch Monopolkommssion, Kurzfassung des 14. Hauptgutachtens, ZNER 2002, S. 251; BR-Drs. 611/02.

5. Folgeprobleme im Zusammenhang mit dem Netzzugang

Selbst wenn Netzbetreiber und Durchleitungsinteressent sich grundsätzlich darüber einigen, dass der Zugang zum Netz gewährt wird, treten nicht selten Folgeprobleme im Rahmen der Abwicklung des Netzzugangs auf. Die sekundär auftretenden Probleme sind divers und sollen hier nicht abschließend erörtert werden. Im Folgenden soll lediglich auf zwei besonders relevante, immer wiederkehrende Fragestellungen eingegangen werden, die bereits mehrfach Gegenstand gerichtlicher bzw. kartellbehördlicher Verfahren waren. Zum einen geht es um die Frage der Zulässigkeit sogenannter Wechselgebühren, zum anderen um die Frage, ob die Kunden, die während der Zeit der ungeklärten Netznutzung von dem Altversorger im Rahmen der allgemeinen Anschluss- und Versorgungspflicht versorgt wurden, angesichts der §§ 2 Abs. 2, 32 AVBEltV ein weiteres Jahr an den Altversorger gebunden sind.

a) Fordern von Wechselgebühren

Die Netzbetreiber fordern für den Netzzugang teilweise ein so genanntes „Wechselentgelt" für den Wechsel des Stromkunden vom bisherigen Versorgungsunternehmen zum neuen Stromanbieter. Sie verlangen also für den Fall des Kundenwechsels eine spezielle Vergütung. Die Frage der Zulässigkeit solcher Wechselentgelte ist umstritten.

Das Wechselentgelt wird vom Netzbetreiber für den wechselbedingten Mehraufwand gefordert. Insoweit ist zwischen wechselbedingten Vertriebs- und Netzkosten zu unterscheiden. Vertriebskosten sind beispielsweise Kosten für die Bearbeitung und Bestätigung der Kündigung, Zählerablesekosten oder Kosten der Schlussrechnung. Zu den Netzkosten gehören beispielsweise Entgelte für den Abschluss eines Netznutzungsvertrages oder die Berechnung des Netznutzungsentgeltes[1]. Verlangt werden kann von den Netzbetreibern gem. § 6 Abs. 1 Satz 1 EnWG lediglich ein Entgelt für die Netzkosten, aber nicht für die Strombeschaffung und den Vertrieb, so dass wechselbedingte Vertriebskosten jedenfalls nicht als Wechselgebührt verlangt werden können. Insoweit stellen insbesondere die Landgerichte Düsseldorf[2] und Hamburg[3] klar, dass für Kosten, die die Vertragsbeendigung betreffen, je-

---

[1] Vgl. hierzu Horstmann, Netzzugang in der Energiewirtschaft, S. 155/156.

[2] Entscheidung vom 16. Mai 2001, Az.: 12 O 395/00, zusammengefasst in ET 2002, S. 115f.

[3] Entscheidung vom 06.10.2000, Az.: 406 O 44/00, RdE 2001, S. 31 (33).

denfalls sofern nicht ausdrücklich etwas anderes vereinbart worden ist, kein Ersatz verlangt werden kann. Dies ergibt sich auch aus § 1 Satz 1 AVBEltV, wonach Anspruchsgrundlage für Entgelte lediglich die allgemeinen Tarife und die AVBEltV selbst sind. Aus diesen Vorschriften ergibt sich gerade keine Grundlage für die Forderung von Vertriebskosten[1]. Somit kommen ohnehin allein Forderungen für wechselbedingte Netzkosten in Betracht.

(1) Ansicht der Mehrzahl der Gerichte und Kartellbehörden

Nach der herrschenden Rechtsprechungsansicht verstößt es aber auch gegen das Diskriminierungsverbot des § 6 Abs. 1 Satz 1 EnWG sowie gegen § 19 Abs. 1, Abs. 4 Nr. 1 und § 20 Abs. 1 GWB, wenn der Netzbetreiber von dem neuen Lieferanten oder dem wechselnden Kunden ein Wechselentgelt fordert, das die Netzkosten abdecken soll.

Das Landgericht Hamburg führt hierzu in einer ersten Entscheidung zur Frage der Zulässigkeit von Wechselentgelten vom 06.10.2000 aus, auch soweit das Wechselentgelt im Interesse des Geschäftsbereichs Netze geltend gemacht werde, verstoße dies gegen § 20 Abs. 1 GWB. Danach sei es Unternehmen mit gegenüber kleinen und mittleren Wettbewerbern überlegender Marktmacht untersagt, ihre Marktmacht dazu auszunutzen, solche Wettbewerber unmittelbar oder mittelbar unbillig zu behindern. Eine Wechselgebühr vermindere den Anreiz des Kunden, einen Vertrag mit einem anderen Stromlieferanten über die Belieferung mit elektrischer Energie abzuschließen oder erhöhe die Kosten beim neuen Anbieter, falls dieser die Wechselgebühr übernehme. Es werde damit den Wettbewerbern des ehemaligen Monopolisten erschwert, wenn nicht unmöglich gemacht, neue Kunden zu gewinnen bzw. Zugang zum Markt zu finden. Der Marktzutritt des neuen Lieferanten sei durch die Wechselgebühr zumindest erheblich behindert. Wenn dem Neukunden die Gebühr weiterberechnet würde, brächte erst ab einem hohen Jahresverbrauch ein Wechsel des Anbieters überhaupt wirtschaftliche Vorteile, obwohl der neue Anbieter günstigere Verbraucherpreise biete. Damit wäre das wirtschaftliche Interesse der bisherigen Kunden des Netzbetreibers an einem Wechsel des Stromanbieters empfindlich beeinträchtigt. Die Kosten seien auch nicht vom Neuanbieter zu tragen, ohne ihn in seiner wirtschaftlichen Betätigung empfindlich zu behindern[2].

---

[1] LG Düsseldorf, ET 2002, S. 115.

[2] LG Hamburg, RdE 2001, S. 31 (33).

Ähnlich argumentieren die Gerichte und Kartellbehörden in den folgenden Entscheidungen. Auch die bayerische Landeskartellbehörde geht in ihrer Verfügung vom 10.11.2000[1] ebenso wie das Landgericht Düsseldorf in der Entscheidung vom 16.05.2001[2] und die Oberlandesgerichte Naumburg in der Entscheidung vom 25.06.2001[3] und München im Beschluss vom 18.10.2001[4] von einer unbilligen Behinderung i.S.d. § 20 Abs. 1 GWB aus. Auch diese Gerichte bzw. Kartellbehörden führen aus, eine Wechselgebühr vermindere den Anreiz für die Kunden, einen Vertrag mit einem anderen Stromlieferanten über die Belieferung mit Elektrizität abzuschließen oder erhöhe die Kosten beim neuen Anbieter, falls dieser die Wechselgebühr übernehme. Dementsprechend werde es den Wettbewerbern des ehemaligen Monopolisten erschwert, neue Kunden zu gewinnen[5]. Demnach liege eine Behinderung i.S.d. § 20 Abs. 1 GWB vor. Diese sei auch unbillig. Ob eine Behinderung unbillig sei, ergebe eine umfassende Interessenabwägung unter Berücksichtigung der auf die Freiheit des Wettbewerbs gerichteten Zielsetzung des GWB. In diese Abwägung einzustellen seien die Interessen des Lieferanten und des Netzbetreibers, die Interessen der wechselwilligen Kunden sowie derjenigen, die Kunden des Netzbetreibers bleiben. Das Gesetz zur Neuregelung des Energiewirtschaftsgesetzes beinhalte im Kernbereich die Abschaffung der Monopole in der Elektrizitäts- und Gaswirtschaft. Durch die Abschaffung der Freistellungstatbestände der §§ 103, 103a GWB a.F. auf die Versorgung mit Elektrizität und die Begründung eines Anspruchs auf Durchleitung in § 6 Abs. 1 Satz 1 EnWG und des Verbots der Zugangsverweigerung zu Versorgungsnetzen seien grundlegend neue rechtliche Bedingungen für den Energiesektor gegenüber der bis dahin bestehenden Situation geschaffen worden. Der Wettbewerb sei ausdrücklich als gesetzgeberisches Ziel deklariert worden. Um diesen Wettbewerb zu ermöglichen, müsse der Betreiber von Stromversorgungsnetzen bzw. der Inhaber von sonstigen wesentlichen Einrichtungen diese Dritten zur Verfügung stellen. Insoweit habe der vom BGH in mehreren Entscheidungen aufgestellte Grundsatz, wonach auch ein marktbeherrschendes Untenehmen die Freiheit des Wettbewerbs für sich in Anspruch nehmen kann und grundsätzlich nicht verpflichtet ist, im Interesse eines anderen Unternehmens

[1] WuW 2001, S. 187 (187ff.).

[2] Az.: 12 O 395/00, zusammengefasst in ET 2002, S. 115 (115/116).

[3] Die Entscheidung des OLG Naumburg bestätigt die Entscheidung des LG Magdeburg vom 22. Dezember 2000, Az.: 7 O 49/00 und ist abgedruckt in RdE 2001, S. 226 (228ff.); zusammengefasst auch in ET .2001, S. 740ff.

[4] WuW 2002, S. 160 (163ff.) und ZNER 2001, S. 263 (264ff.).

[5] LG Düsseldorf, ET 2002, S. 115; LG Hamburg, RdE 2001, S. 31 (33); Bay. Landeskartellbehörde, WuW 2001, S. 187 (187/188).

tätig zu werden, über die bisher bereits anerkannten Einschränkungen seiner Betätigungsfreiheit einschließlich der Entscheidung über Preise und Konditionen eine weitere Modifikation erfahren. Diese dahinter stehende Zielsetzung des Gesetzgebers sei bei der Ausfüllung des unbestimmten Begriffes der „Unbilligkeit" zu berücksichtigen[1]. Es stünden sich bei der vorzunehmenden Interessenabwägung die folgenden Interessen gegenüber. Der neue Lieferant könne sich zunächst auf sein Interesse an einem ungehinderten Marktzutritt stützen. Die Marktzutrittschancen würden sich durch die Erhebung einer Wechselgebühr angesichts sinkender Wechselwilligkeit der Kunden bzw. sinkender Gewinnmargen bei einer Übernahme der Kosten deutlich verschlechtern. Auch die wechselbereiten Kunden hätten ein Interesse daran, dass der Wechsel des Stromversorgers nicht durch die Erhebung einer Wechselgebühr für sie wirtschaftlich unattraktiv werde[2]. Der Betreiber eines Stromversorgungsnetzes könne den Zugang Dritter grundsätzlich nicht mit der Begründung verweigern, er verliere hierdurch eigene Stromkunden an einen Wettbewerber, denn dies stünde im klaren Widerspruch zum gesetzgeberischen Ziel, durch Öffnung der Versorgungsnetze der Stromversorger für deren Konkurrenten den Wettbewerb auf dem Markt zu ermöglichen[3]. Zu berücksichtigen sei aber das erhebliche Wirtschaftsinteresse daran, nicht mit den durch den Kundenwechsel tatsächlich entstehenden Kosten belastet zu werden. Dem Netzbetreiber komme es also letztlich auf den vollen Ersatz der Mehrkosten an[4]. Ein wirtschaftliches Interesse des Netzbetreibers, die wechselbedingten Mehrkosten gerade dem wechselnden Kunden in Rechnung zu stellen, bestehe aber nicht. Das gleiche wirtschaftliche Ergebnis lasse sich erzielen, indem die Mehraufwendungen in das Netznutzungsentgelt der jeweiligen Spannungsebene eingerechnet und auf alle Nutzer dieser Spannungsebene oder auf die Netznutzungsentgelte der Lastprofilkunden umgelegt werde, also dadurch, dass diese Kosten „sozialisiert" würden[5]. Schließlich würden auch die Interessen der nicht wechselbereiten Kunden die Erhebung einer Wechselgebührt nicht rechtfertigen. Da für diese letztlich der Gesamtpreis für den Strombezug und nicht der reine Preis für das Nutzungsentgelt wirtschaftlich entscheidend sei, sei es unangemessen, lediglich auf deren Interesse daran abzustellen, nicht über eine Umlage der wechselbedingt entstehenden Kosten auf das Netznutzungsentgelt mit Mehrkosten belastet zu werden. Abzustellen sei vielmehr auf das Interesse, nicht insgesamt mit Mehrkosten belastet zu werden. Die Mehrkosten seien daher in Verhältnis zu

---

[1] OLG München, WuW 2002, S. 160 (164f.).

[2] LG Düsseldorf, ET 2002, S. 115 (115/116); Bay. Landeskartellbehörde, WuW 2001, S. 187 (189).

[3] OLG München, WuW 2002, S. 160 (165); OLG Naumburg, RdE 2001, S 226 (228).

[4] LG Düsseldorf, ET 2002, S. 115 (116); OLG Naumburg, RdE 2001, S. 226 (228).

[5] OLG Naumburg, RdE 2001, S. 226 (228f.); LG Düsseldorf, ET 2002, S. 115 (116).

setzen zu den wirtschaftlichen Vorteilen, die jeder Stromkunde durch die Senkung der Strompreise auf Grund des Wettbewerbsdrucks bei einem nicht durch Marktzutrittshindernisse verfälschtem Wettbewerb habe. Solche wettbewerbsbedingten Vorteile seien zu bejahen. Im Zuge der Liberalisierung seien die Stromkosten nämlich stark gesunken, so dass davon auszugehen sei, dass der durch eine Umlegung der wechselbedingten Kosten auf das Netznutzungsentgelt den nicht wechselwilligen Kunden entstehende wirtschaftliche Nachteil regelmäßig gänzlich kompensiert werde[1].

Im Ergebnis geht die Mehrzahl der Gerichte somit davon aus, dass das Interesse der Stromkunden und der Neulieferanten an der Belebung des Wettbewerbs auf dem Stromversorgungsmarkt überwiegen und dementsprechend eine unbillige Behinderung i.S.d. § 20 Abs. 1 Satz 1 GWB vorliegt. Aus den gleichen Gründen wird auch von einem Verstoß gegen § 19 Abs. 1, 4 Nr. 1 GWB bzw. §§ 19 Abs. 1, 4 Nr. 4 GWB, 6 Abs. 1 EnWG ausgegangen.

(2) Abweichende Ansicht

Eine andere Ansicht wird lediglich vom Landgericht Hamburg in seiner Entscheidung vom 02.02.2001[2] vertreten. In dieser Entscheidung geht das Gericht von einer Zulässigkeit der Wechselgebühren aus. Auch Teile der Literatur[3] sowie einzelne Verbände[4] sind der Ansicht, dass die Geltendmachung von Wechselgebühren kartellrechtlich nicht zu beanstanden sei.

Das Landgericht Hamburg führt in seiner Entscheidung vom 02.02.2001[5] aus, die Geltendmachung von Wechselkosten in Form von Zählerstandsermittlungskosten und Kosten einer einmaligen Registrierung verstießen nicht gegen § 19 Abs. 1 und 4 Nr. 1 GWB. Dass ein marktbeherrschendes Unternehmen bei einem Wechsel zu einem anderen Lieferanten für den dadurch entstehenden Aufwand die tatsächlich anfallenden Kosten verlangt, stelle keine Behinderung im Wettbewerb dar. Es sei insbesondere nicht ersichtlich, wieso die Geltendmachung real anfallender Kosten zur Annahme eines Missbrauchs einer marktbeherrschen-

[1] LG Düsseldorf, ET 2002, S. 115 (116); OLG Naumburg, RdE 2001, S. 226 (229); OLG München, ZNER 2001, S 263 (267).

[2] Az.: 416 O 252/00, abgedruckt in RdE 2001, S. 157ff.

[3] So etwa Gründel, RdE 2001, S. 129ff.

[4] Vgl. beispielsweise Verband der Bayrischen Elektrizitätswirtschaft e.V., Pressemitteilung vom 23.11.2000.

[5] RdE 2001, S. 157 (158/159).

der Stellung führen sollte. Die im Rahmen des § 20 Abs. 1 GWB vorzunehmende Interessenabwägung ergebe auch keine missbräuchliche Ausnutzung seitens des Netzbetreibers. Eine Wechselgebühr vermindere zwar den Anreiz des Kunden, einen Vertrag mit einem anderen Stromlieferanten über die Belieferung mit elektrischer Energie abzuschließen bzw. würde die Kosten beim neuen Anbieter, falls dieser die Wechselgebühr trage, erhöhen, womit den Wettbewerbern des ehemaligen Monopolisten der Marktzugang erschwert werde. Selbstverständlich hätten wechselwillige Kunden vorrangig ein Interesse daran, ohne zusätzliche Kosten den Versorger zu wechseln. Insoweit seien diese Interessen auch gleichgelagert mit der Zielsetzung des Gesetzes, eine Liberalisierung des Strommarktes zu bewirken. Nicht außer Acht gelassen werden dürften jedoch die weiteren beteiligten Interessen, diejenigen des nicht wechselnden Kunden, diejenigen des bisherigen Lieferanten und die der Allgemeinheit. Der Stamm der nicht wechselnden Kunden habe ein starkes Interesse daran, nicht in der Weise einer Sozialisierung mit den Kosten des Wechsels früherer Mitbezieher zu einem neuen Anbieter belastet zu werden. Eine solche Wirkung träte jedoch ein, wenn die zusätzlichen Kosten des Wechsels beim Netzbetreiber verblieben. Das hiergegen angeführte Argument, auch diejenigen, die beim Netzbetreiber verblieben, hätten langfristig den Vorteil, dass durch den Wettbewerb insgesamt das Preisniveau sinke und auch ihr Anbieter bei dem sie verblieben seien, niedrige Preise fordern werde, werde angeführt, ohne dass konkrete Berechnungen vorgelegt würden. Die Öffnung des Marktes müsse auch nicht zwangsläufig zur Folge haben, dass der bisherige Stromanbieter den Strompreis senkt. Dass die Sozialisierung der Wechselkosten eine Balance herstelle zwischen wechselbedingten Mehrkosten und wechselbedingten Einsparungen, sei nicht dargelegt worden und dürfe angesichts der Unwägbarkeiten der Marktentwicklung auch nicht möglich sein. Aus diesem Grund könne das Gericht nicht feststellen, dass die Sozialisierung der Wechselkosten durch einen allgemeinen Preisrückgang kompensiert würde.

Dass das Interesse des beteiligten Netzbetreibers nicht dahin gehe, mit den Kosten für den Wechsel der Abnehmer belastet zu werden, liege auf der Hand, ferner der Umstand, dass ihm tatsächlich entstehende Kosten ausgeglichen werden. Gegen eine Umlegung der Kosten spreche – wie erwähnt – das Interesse der nicht wechselnden Kunden. Für eine Auferlegung der Kosten auf den Netzbetreiber bestehe kein Grund. Zudem habe die Allgemeinheit ein Interesse daran, das Netz für alle Anbieter und für alle durch das Netz Versorgten gleichermaßen funktionsfähig zu erhalten. Hierzu bedürfe es einer gesunden Kalkulationsbasis für den Netzbetreiber, die gestört werde, wenn der Netzbetreiber mit Kosten belastet werde, die von Dritten verursacht worden seien, von diesen aber nicht getragen werden müssten. Eine

Verschlechterung des Netzzustandes ginge zu Lasten der Allgemeinheit. Insgesamt ergebe sich daher, dass das Interesse der neuen Anbieter auf dem Strommarkt und der wechselbereiten Kunden auch unter Berücksichtigung der Zielsetzung des EnWG dasjenige der nicht wechselnden Kunden und der Netzbetreiber nicht überwiegen würde.

Insbesondere Gründel stimmt der zuletzt dargestellten Ansicht des Landgerichts Hamburg vollumfänglich zu. Zudem führt er aus, gegen eine Überbürdung der Wechselentgelte auf die Netzkunden spreche auch das Prinzip verursachungsgerechter Kostenzuweisung. Sofern Kosten, die ausschließlich durch einen Kundenwechsel entstünden, in die allgemeinen Tarife eingestellt würden, würde das Kostenverursachungsprinzip in sein Gegenteil verkehrt. Eine isolierte und völlig eigenständige Leistungserbringung würde zu Lasten gerade derer gehen, die im Tarifverbund verbleiben. Dieses Ergebnis könne letztlich nicht vom Schutzzweck des GWB umfasst sein, da nicht Wettbewerb geschützt, sondern wettbewerbsverzerrende Zustände zu Lasten der Netzbetreiber gefördert würden[1].

(3) Eigene Einschätzung

Im Ergebnis ist der herrschenden Rechtsprechungsansicht zuzustimmen. Einigkeit besteht insoweit, als eine Behinderung des Wettbewerbs von allen Seiten anerkannt wird. Uneinigkeit besteht allerdings darüber, ob diese Behinderung auch unbillig i.S.d. § 20 Abs. 1 GWB ist. Hiervon ist im Ergebnis auszugehen. Tatsächlich muss die insoweit durchzuführende Interessenabwägung zu Gunsten der wechselwilligen Kunden und der Neulieferanten ausfallen. Angesichts des Verstoßes gegen das Behinderungsverbot des § 20 Abs. 1 GWB sind die Wechselgebühren auch nicht angemessen i.S.d. § 19 Abs. 4 Nr. 4 GWB bzw. es liegt ein Missbrauch einer marktbeherrschenden Stellung vor, da die vorliegende Beeinträchtigung angesichts des überwiegenden Interesses der neuen Lieferanten und wechselwilligen Kunden ohne sachlich gerechtfertigten Grund erfolgt.

Die Mehrzahl der Gerichte führen zunächst zutreffend aus, dass Wechselgebühren den Anreiz des Kunden, einen Vertrag mit einem anderen Stromlieferanten über die Belieferung mit Elektrizität abzuschließen, vermindert oder die Kosten beim neuen Lieferanten erhöht, falls dieser das Wechselentgelt übernimmt und es dem Wettbewerber des alten Lieferanten

---

[1] Gründel. RdE 2001, S. 129 (132).

dementsprechend erschwert wird, neue Kunden sowie Zugang zum Markt zu gewinnen. Dies steht nicht nur dem Interesse der wechselwilligen Kunden sowie der neuen Lieferanten, sondern auch der Zielsetzung der §§ 19, 20 GWB, 6 EnWG entgegen. Zudem kann der Netzbetreiber die ihm entstehenden Kosten durch eine Umlegung auf die allgemeinen Netznutzungskosten ersetzt bekommen, wodurch sein Interesse, nicht mit den durch den Kundenwechsel tatsächlich entstehenden Kosten belastet zu werden, ausreichend geschützt wird. Entgegen den Ausführungen des Landgerichts Hamburg in seiner Entscheidung vom 02.02.2001 stehen einer Sozialisierung auch nicht etwa Interessen der nicht wechselnden Kunden des Netzbetreibers entgegen, denn tatsächlich profitieren auch diese von der Liberalisierung des Strommarktes. Insoweit sind im Zuge der Liberalisierung des Strommarktes die Strompreise gesunken, so dass die wirtschaftlichen Nachteile regelmäßig gänzlich kompensiert werden. Diesbezüglich stehen verschiedene Berechnungen zur Verfügung, die eine tatsächliche Senkung der Stromkosten belegen. Insoweit wurde in den ergangenen Entscheidungen[1] beispielsweise auf die Feststellungen von Büdenbender[2] oder der Vereinigung Deutscher Elektrizitätswerke[3] verwiesen. Es liegen also tatsächlich entsprechende Zahlen und Erfahrungsberichte vor. Zudem liegt eine Preissenkung als Folge der Strommarktliberalisierung auch nahe, insbesondere kann auch auf Erfahrungen aus anderen Bereichen – wie beispielsweise dem Telekommunikationssektor – zurückgegriffen werden. Dies verkennt das Landgericht Hamburg in der Entscheidung vom 02.02.2001. Insbesondere trifft es nicht zu, dass die Herstellung einer Balance zwischen wechselbedingten Mehrkosten und wechselbedingten Einsparungen nicht möglich ist. Vielmehr wird eine Kompensation der Wechselkosten durch einen tatsächlichen Preisrückgang gerade durch entsprechende allgemein zugängliche Erfahrungsberichte belegt. Zudem entspricht dies allgemeiner Erfahrungen im Zuge von Liberalisierungen und entspricht ja auch gerade ihrem Ziel.

Schließlich kann auch der Grundsatz der verursachergerechten Kostenzuordnung nicht als vorrangiges Kriterium zugunsten der Netzbetreiber anerkannt werden. Insoweit führen insbesondere das Oberlandesgerichte München[4] und das Landgericht Hamburg in seiner Entscheidung vom 06.10.2000[5] zutreffend aus, dass ohnehin zumindest bei Teilen der von den Netzbetreibern regelmäßig in Rechnung gestellten Tätigkeiten Zweifel bestehen, ob diese

---

[1] Vgl. beispielsweise OLG Naumburg, RdE 2001, S. 226 (229); LG Düsseldorf, ET 2002, 115 (116).

[2] JZ 1999, S. 62ff.

[3] Pressemitteilungen vom 02.05.2000 und 27.03.2000.

[4] WuW 2002, S. 160 (168).

[5] RdE 2001, S. 31 (33f.).

überhaupt nach dem Prinzip der verursachergerechten Kostenzuordnung dem neuen Lieferanten im Rahmen der Nutzung des Netzes zugerechnet werden können oder ob es sich nicht vielmehr um Tätigkeiten handelt, die die Netzbetreiber als Nebenpflichten aus dem früheren Vertragsverhältnis mangels gegenteiliger vertraglicher Vereinbarung oder sonstiger gesetzlicher Grundlage im Verhältnis zum früheren Kunden ohnehin unentgeltlich zu erbringen haben. Jedenfalls kann aber auch insoweit nicht unberücksichtigt bleiben, dass durch die Wettbewerbsituation, die durch die nunmehr bestehende Möglichkeit, den Lieferanten zu wechseln, eröffnet wurde, auch für die bei dem bisherigen Monopolisten verbleibenden Kunden entsprechend der gesetzgeberischen Zielvorstellung eine tatsächliche Verbilligung des Strombezugs eingetreten ist, die durch ein gegenläufiges Verhalten wieder Einbußen erleiden kann, wenn der Wettbewerb um Kleinkunden durch entsprechende Behinderungen der neuen Anbieter zum Erliegen kommt. Hierauf weist auch das OLG Naumburg[1] mit weiterem Verweis auf die Arbeitsgruppe Netznutzung Strom der Kartellbehörden zutreffend hin. Der Grundsatz verursachungsgerechter Kosten ist nämlich kein Selbstzweck, sondern es ist vielmehr auf die kostenmäßige Auswirkung auf den Strombezug insgesamt abzustellen. Nach der gesetzgeberischen Wertung sollte durch den Wertbewerb und die Erzielung wettbewerbgerechter Preise insgesamt eine auch preislich optimale Versorgung der Verbraucher gewährleistet werden. Diese Erwartung hat sich – wie bereits erwähnt – tatsächlich erfüllt, so dass im Ergebnis auch die nicht wechselbereiten Kunden von dem Wettbewerbsdruck der wechselwilligen Kunden profitieren. Es kann also keine Rede davon sein, dass nicht der Wettbewerb geschützt, sondern wettbewerbsverzerrende Zustände zu Lasten der Netzbetreiber gefördert würden. Tatsächlich wird durch die Sozialisierung der Kosten verhindert, dass Anreize, den Lieferanten zu wechseln, im Keim erstickt werden. Nur durch diesen Wettbewerbsschutz wird auch gegenüber den verbleibenden Kunden eine stetige optimale Preisgestaltung gewährleistet. Auch insoweit soll nochmals darauf hingewiesen werden, dass – wie insbesondere auch das OLG München[2] zutreffend ausgeführt hat – bei Ausfüllung des Begriffes der „Unbilligkeit“ die Zielsetzung des Gesetzgebers zu berücksichtigen ist. Dieser hat den Wettbewerb ausdrücklich als gesetzgeberisches Ziel deklariert, so dass dieser in größtmöglichem Umfang zu gewährleisten ist. Dies wird durch eine Kostensozialisierung erreicht, die zudem die Interessen aller Beteiligten ausreichend berücksichtigt.

---

[1] RdE 2001, S. 226 (229).

[2] WuW 2002, S. 160 (164f.).

Dementsprechend besteht weder ein relevantes Interesse der Netzbetreiber, die die Kosten ja durch Umlegung ersetzt bekommen, noch ein solches der nicht wechselnden Kunden der Netzbetreiber, die ebenfalls von dem Wettbewerb profitieren und deren zusätzliche Kosten durch gesunkene Strompreise regelmäßig kompensiert werden. Im Ergebnis fällt die Interessenabwägung daher zugunsten der wechselnden Kunden und neuen Lieferanten, so dass eine unbillige Behinderung i.S.d. § 20 Abs. 1 GWB vorliegt. Aus denselben Gründen verstoßen Wechselentgelte auch gegen §§ 19 Abs. 1 und 4 Nr. 4 GWB, 6 Abs. 1 EnWG[1].

Dementsprechend ist mit der herrschenden Rechtsprechungsansicht von einer Unzulässigkeit der Forderung von Wechselentgelten auszugehen.

b) Neuer Stromliefervertrag durch faktischen Bezug gem. §§ 2 Abs. 2, 32 AVBEltV?

Eine weitere Problematik stellt sich häufig bei den sogenannten Übergangskunden. Diese ergibt sich dadurch, dass die Netzbetreiber zunächst den Netzzugang ohne rechtfertigenden Grund verweigern und den Kunden weiterhin mit eigenem Strom versorgen wobei sie sich sodann darauf berufen, dass infolge des erneuten Strombezugs die alten gekündigten Stromlieferverträge der wechselwilligen Kunden durch den Abschluss eines neuen Stromliefervertrages mit einer Mindestlaufzeit von einem Jahr gem. §§ 2 Abs. 2, 32 AVBEltV ersetzt worden seien. Die wechselwilligen Kunden seien nach Ansicht der Netzbetreiber als Neukunden zu behandeln und aufgrund der Regelungen der §§ 2 Abs. 2, 32 AVBEltV mindestens ein weiteres Jahr an den Netzbetreiber gebunden, so dass der Zugang zum Netz weiterhin verweigert werden und der Kunde weiterhin vom Netzbetreiber beliefert werden könnte.

Diese Position der Netzbetreiber ist unzutreffend. Insoweit muss zum einen erneut festgestellt werden, dass eine Durchleitungsverweigerung bereits nicht damit gerechtfertigt werden kann, dass ein weiterer Liefervertrag mit dem Netzbetreiber selbst besteht. Dies wurde bereits oben ausführlich dargestellt, insoweit soll auf die Problematik des Berufens auf bestehende Altlieferverträge verwiesen werden. Angesichts der Unbundling – Grundsätze

---

[1] Insoweit soll schließlich noch angemerkt werden, dass auch die Verbändevereinbarung eine Erhebung von Wechselkosten nicht vorsieht, wobei die VV II (plus) nunmehr sogar in Ziffer 2.2.6 unter Berücksichtigung der bislang ergangenen Rechtsprechung regelt, dass bis zu einer höchstrichterlichen Entscheidung keine Wechselentgelte mehr gefordert werden sollen.

können vermeintlich bestehende Zweitlieferverträge grundsätzlich nicht zur Begründung einer Durchleitungsverweigerung herangezogen werden, dies gilt auch in diesem Rahmen[1].

Darüber hinaus kommt durch den schlichten Weiterbezug des Stroms vom Netzbetreiber in Folge seiner unberechtigten Durchleitungsverweigerung aber ohnehin kein neuer Stromliefervertrag gem. §§ 2 Abs. 2, 32 AVBEltV zustande. Aus den Vorschriften der AVBEltV kann kein Neuabschluss von Stromlieferverträgen abgeleitet werden, dies wäre mit dem Liberalisierungsziel nicht zu vereinbaren. Zudem verstieße ein Berufen der Netzbetreiber auf den Abschluss eines neuen Liefervertrages nach unberechtigter Durchleitungsverweigerung jedenfalls gegen die Grundsätze von Treu und Glauben.

Hiervon gehen zutreffend auch die insoweit bislang angerufenen Gerichte aus. So führt beispielsweise das Landgericht Chemnitz in seiner Entscheidung vom 24.07.2000[2] aus, der Netzbetreiber könne sich nicht darauf berufen, die alten Verträge seien durch einen Neuabschluss mit einer Laufzeit von einem Jahr ersetzt worden. Diese durch die Durchleitungsverweigerung verursachte Folge sei mit dem Liberalisierungszweck des EnWG nicht vereinbar, da hierdurch faktisch das Monopol wiederhergestellt werde. Die behauptete Rechtsfolge sei auch aus den AVBEltV nicht herzuleiten. Die Vorschriften seien im Lichte der Ziele des Energiewirtschaftsgesetzes zu verstehen, die eine solche Neubindung, zumal mit einjähriger Befristung, nicht zuließen. Zu berücksichtigen sei hierbei auch, dass die Vorschrift der AVBEltV Zeiten des uneingeschränkten Strommonopols entstamme. Hier sei es sachgerecht gewesen, der Stromentnahme (konkludent) die Wirkung eines Abnahmevertrages mit dem alleinigen Lieferanten beizumessen. Ähnlich argumentierten die Landgerichte Leipzig[3] und Frankfurt/Oder[4]. Auch diese Gerichte führen insbesondere aus, die Liberalisierung des Strommarktes schließe eine Anwendung der § 2 Abs. 2, 32 AVBEltV aus, wobei zudem – wie auch das Landgericht Chemnitz – das Landgericht Frankfurt/Oder darauf hinweist, dass die Vorschriften aus Zeiten des uneingeschränkten Strommonopols entstammten[5].

---

[1] So auch Theobald / Zenke, Grundlagen der Strom- und Gaswirtschaft, S. 174.

[2] Az.: 4 HK O 3126/00, S. 14/16, auch abgedruckt bei Theobald / Zenke, Grundlagen der Strom- und Gaswirtschaft, S. 175/175.

[3] Beschluss vom 11.07.2000, Az.: 02 HK O 5313/00.

[4] Beschluss vom 10.07.2000 und bestätigendes Urteil vom 21.11.2000, Az.: 31 O 54/00 und 31 O 56/00.

[5] Beide Entscheidungen werden kurz dargestellt bei Theobald/Zenke, Grundlagen der Strom- und Gaswirtschaft, S. 175 und Theobald, GRUR 2001, S 482 (484).

Ähnlich argumentiert auch das OLG Dresden in seiner Entscheidung vom 08.02.2001[1]. Es führt aus, § 2 Abs. 2 AVBEltV gehe zwar von der Möglichkeit des Abschlusses eines Vertrages durch den Strombezug aus. Insoweit handele es sich um ein Zustandekommen eines Vertrages durch ein – als entsprechende Willenserklärung zu wertendes – sozialtypisches Verhalten, ohne dass es darauf ankomme, ob der Energieabnehmer den Willen habe, einen Vertrag zu schließen. Diese Grundsätze kämen jedoch nicht zum Tragen. Die Kunden des neuen Lieferanten hätten zuvor die mit dem Netzbetreiber geschlossenen Verträge gekündigt und mit dem neuen Lieferanten entsprechende Stromlieferverträge geschlossen. Bei der Abnahme der elektrischen Energie seien sie vor diesem Hintergrund davon ausgegangen, dass ihnen diese nicht vom Netzbetreiber, sondern tatsächlich vom neuen Lieferanten zur Verfügung gestellt wurde. Damit hätten sie die Bereitstellung der Energie als eine Leistung ihres Vertragspartners angesehen, während sie eine Vertragsbeziehung mit der Beklagten nicht hätten eingehen wollen. Anders als in den Fällen, in denen eine vertragliche Bindung von Stromkonsumenten nicht vorliegt, sei hier der entgegenstehende Wille der Verbraucher beachtlich. Diese setzten sich gerade nicht mit ihrem eigenen Verhalten in Widerspruch, sondern seien von den von ihnen geschlossenen Verträgen ausgegangen. Ähnliche Ausführungen finden sich auch in der Entscheidung des Brandenburgischen Oberlandesgerichts vom 07.03.2001[2]. Hier heißt es insbesondere, von einer konkludenten Willenserklärung könne nur dann ausgegangen werden, wenn die Tatbestandsmerkmale einer Willenserklärung vorlägen. Vorraussetzung sei insbesondere, dass der Erklärende mit Handlungswillen und Erklärungsbewusstsein gehandelt habe. Hier habe der Kunde bei der Entnahme der Energie aber ohne Erklärungsbewusstsein gehandelt, da er weiterhin davon ausgegangen sei, dass ein anderweitiges Vertragsverhältnis bestehe und erfüllt werde.

Die Gerichte führen schließlich an, es sei den Netzbetreibern jedenfalls auch nach § 242 BGB verwehrt, sich auf eine neu entstandenen vertragliche Bindung mit den Verbrauchern zu berufen, die auch mit dem neuen Lieferanten Verträge geschlossen hätten. So führt das

[1] GRUR – RR 2001, S. 190 (195ff.).

[2] RdE 2002, S. 20 (20/21). Die Entscheidung betrifft jedoch angesichts mehrerer Beteiligter einen speziell gelagerten Fall. Die Erwägungen des Gerichts betreffen aber im Kern dieselbe Problematik. Anders gelagert ist die Entscheidung des Brandenburgischen OLG vom 16.06.1999, Az.: 7 U 12/99, abgedruckt in RdE 2000, S. 72ff., in der es um die umgekehrten Fall einer konkludenten Annahme durch das Energieversorgungsunternehmen geht.

OLG Dresden[1] in der genannten Entscheidung aus, der Netzbetreiber sei seiner Pflicht zur Gestattung des Netzzugangs nicht nachgekommen. Wenn der Netzbetreiber zudem Strom gegenüber Dritten als Eigenbedarf behandele, obgleich der neue Lieferant diesen in das Netz des Betreibers eingespeist habe, habe der Netzbetreiber diesen also infolge der Durchleitungsverweigerung als eigenen behandelt. Das Herleiten von für ihn günstigen Rechtsfolgen im Verhältnis zu den Kunden des neuen Lieferanten stelle sich vor diesem Hintergrund als rechtsmissbräuchlich und damit als unzulässige Rechtsausübung dar. Insoweit sei es ihm auch verwehrt, an Stelle des neuen Lieferanten gegenüber den Kunden abzurechnen und ihnen gegenüber Zwangsmaßnahmen zu ergreifen. Den Grundsatz von Treu und Glauben führen auch die Landgerichte Chemnitz[2] und Frankfurt/Oder[3] in den bereits genannten Entscheidungen an. Insoweit führen auch sie aus, die Netzbetreiber hätten die Durchleitung zu Unrecht verweigert und dürften sich daher, da sie die Durchführung des neuen Vertrages vereitelt hätten, nach den Grundsätzen von Treu und Glauben nicht auf den Neuabschluss eine (Jahres-)Vertrages mit sich selbst berufen.

Dementsprechend gehen die Gerichte also davon aus, dass kein neuer Jahresvertrag gem. §§ 2 Abs. 2, 32 AVBEltV mit dem Netzbetreiber zustande kommt. Jedenfalls können die Netzbetreiber sich auf diesen nicht berufen (§ 242 BGB). Dementsprechend wurden gerichtlich auch der Versand von Rechnungen, Mitteilungen an Kunden, in denen mitgeteilt wird, dass ein neuer Liefervertrag mit dem Netzbetreiber zustande gekommen sei, der erst nach einem Jahr kündbar sei, oder die Drohung mit Liefersperren gerichtlich untersagt, da dieses Verhalten eine Beeinflussung der Kunden durch irreführende Angaben über den Bestand des Vertragsverhältnisses und somit eine Behinderung des Wettbewerbs beinhalte. Auch eine Rechnungslegung erwecke den Eindruck, es würde weiterhin eine vertragliche Lieferbeziehung bestehen, was eine Absatzbehinderung und Rufschädigung darstelle[4].

Den Ausführungen der Gerichte kann vollumfänglich zugestimmt werden. Gegen den Abschluss eines Stromliefervertrages gem. §§ 2 Abs. 2, 32 AVBEltV wurde zutreffend angeführt, dass einer konkludenten Erklärung der anders lautende Wille der wechselwilligen

[1] Entscheidung vom 08.02.2001, GRURR – RR 2001, S. 190 (196).

[2] Entscheidung vom 24.07.2000, Az.: 4 HK O 3126/00.

[3] Entscheidung vom 21.11.2000, Az.: 31 O 54/00 und 31 O 56/00.

[4] OLG Dresden, GRUR – RR 2001, S. 190(196); LG Frankfurt/Oder, Entscheidungen vom 10.07.2000 und 21.11.2000, Az.: 31 O 54/00 und 31 O 56/00, dargestellt auch bei Theobald / Zenke, Grundlagen der Strom- und Gaswirtschaft, S. 175.

Stromabnehmer entgegensteht. Dies ist auch dann der Fall, wenn mangels Durchleitung von den wechselwilligen Abnehmern Strom bei dem Netzbetreiber bezogen wurde, denn die wechselwilligen Kunden haben die alten Verträge gekündigt und wollen nunmehr Strom von den neuen Lieferanten beziehen, die sie auch als Leistende ansehen[1]. Den Kunden fehlt insbesondere das Erklärungsbewusstsein. Zwar ist dem Erklärenden grundsätzlich ein Verhalten auch dann als Willenserklärung zuzurechnen, wenn ihm das Erklärungsbewusstsein fehlt. Dies ist jedoch nur dann der Fall, wenn sich das Verhalten für den Erklärungsempfänger als Ausdruck eines bestimmten Rechtsfolgewillens darstellt. Dementsprechend ist schlüssiges Verhalten dem ohne Erklärungsbewusstsein Erklärenden nur zuzurechnen, wenn der Handelnde bei Erklärungsempfänger fahrlässig das Vertrauen auf einen bestimmten Erklärungsinhalt hervorgerufen hat[2]. In den hier relevanten Fällen wird ein derartiges Vertrauen gerade nicht hervorgerufen. Der Netzbetreiber weiß, dass der Kunde Strom allein vom neuen Lieferanten und gerade nicht vom Netzbetreiber beziehen will und diesen gerade nicht als Vertragspartner ansieht.

Darüber hinaus verstößt es – wie auch die Gerichte zutreffend ausführen – gegen den Grundsatz von Treu und Glauben gem. § 242 BGB, wenn der Netzbetreiber, der die Durchleitung von Strom unberechtigt verweigert, diese von ihm selbst geschaffene Lage dazu ausnutzen will, den Kunden weiterhin an sich zu binden indem er sich auf einen Stromliefervertrag mit sich selbst beruft. Es ist zweifellos rechtsmissbräuchlich, wenn der Netzbetreiber aus einer unberechtigten Durchleitungsverweigerung und somit einem Rechtsverstoß Vorteile für sich selbst ziehen will[3].

Der Netzbetreiber kann sich daher nicht auf den Neuabschluss eines Stromliefervertrages gem. §§ 2 Abs. 2, 32 AVBEltV berufen. Ein solcher kommt bereits nicht zustande, zudem verstieße es gegen den Grundsatz von Treu und Glauben, wenn der Netzbetreiber die wechselwilligen Kunden als eigene Stromkunden behandeln würde.

Dementsprechend sind auch Erklärungen oder Handlungen der Netzbetreiber unzulässig, die den Eindruck erwecken, es würde weiterhin eine Vertragsbeziehung bestehen. Durch diese irreführenden Angaben werden insbesondere die Möglichkeiten der Neulieferanten beein-

---

[1] So auch Horstmann, Netzzugang in der Energiewirtschaft, S. 170.

[2] Vgl. dazu BGHZ 91, 327; 109, 177; BGH, NJW 95, S. 953.

[3] So auch Horstmann, Netzzugang in der Energiewirtschaft, S. 171.

trächtigt, mit weiteren Kunden Lieferverträge abzuschließen, da diese vor allem drohende Doppelbeanspruchungen oder Stromsperren fürchten[1].

Abschließend soll noch auf einen besonders gelagerten Fall, der vom Landgericht Kiel[2] zu entscheiden war, hingewiesen werden. Ein Vertragsschluss durch schlüssige Erklärung kommt hiernach im Falle der Insolvenz eines Stromlieferanten in Betracht, wenn dem bisherigen Kunden des insolventen Lieferanten ein Angebot des für die betroffenen Abnahmestellen zuständigen Netzbetreibers auf Notversorgung gemacht wird. In diesem Fall, so führt das LG Kiel zutreffend aus, dürften die derart zustande gekommenen Verträge jedoch regelmäßig unter der auflösenden Bedingung der Aufnahme der Stromversorgung innerhalb eines angemessenen Zeitraumes durch ein anderes Stromlieferunternehmen stehen, mit dem die betroffenen Kunden neue Stromlieferverträge abschließen. Diese Bedingung tritt mit der Ermöglichung der Netznutzung ein.

6. Die Netzzugangsalternative der §§ 7, 8 EnWG

Neben dem System des verhandelten Netzzugangs lassen die §§ 7, 8 EnWG eine befristete Netzzugangsalternative in Form eines Alleinabnehmersystems mit Abnahmezwang zu. Dieses entspricht dem Alleinabnehmersystem mit Abnahmeverpflichtung des Alleinabnehmers, wie es in Art. 18 Abs. 2 EltRL vorgezeichnet ist[3]. Ein Alleinabnehmer ist hiernach eine vom Mitgliedstaat benannte juristische Person, die in einem ihr zugewiesenen Gebiet für den einheitlichen Betrieb des Übertragungssystems und/oder die zentralisierte Abnahme und den zentralisierten Verkauf von Elektrizität verantwortlich ist.

Durch die Erteilung der Bewilligung nach § 7 EnWG ist die Anwendung des § 5 EnWG ausgeschlossen, so dass die Bewilligung nach § 7 EnWG Ansprüche aus dem energierechtlichen Netzöffnungstatbestand des § 6 EnWG ausschließt. Dementsprechend ist es im Falle

---

[1] So auch Theobald /Zenke, Grundlagen der Strom- und Gaswirtschaft mit Verweis auf die Entscheidungen des LG Frankfurt/Oder vom 10.07.2000 und 21.11.2000, Az.: 31 O 54/00 und 31 O 56/00.

[2] Entscheidung vom 09.05.2001, Az.: 14 O Kart. 68/01, kurz dargestellt auch bei Horstmann, Netzzugang in der Energiewirtschaft, S. 170/171.

[3] Die Einfügung des Alleinabnehmersystems war im deutschen Gesetzgebungsverfahren nicht unumstritten, dies war auch schon im europäischen Rahmen der Fall. Sie geht insbesondere auf das französische „service public“ Verständnis zurück. Vgl. hierzu Büdenbender, DVBl. 1999, S. 7 (10).

einer Bewilligung nach § 7 EnWG nicht möglich, einen Wettbewerb zu Lasten des durch die Bewilligung begünstigten Unternehmens zu entwickeln. Ein solches EVU behält seine örtliche Monopolstellung als Vertragspartner und Lieferant seiner Kunden. Diese örtliche Monopolstellung ist allerdings mit besonderen Verpflichtungen des Alleinabnehmers belastet[1].

Obwohl die Einführung der Netzzugangsalternative im Gesetzgebungsverfahren umfassend diskutiert wurde und insbesondere auf Drängen vieler Kommunen eingeführt wurde, ist ihre bisherige praktische Bedeutung relativ gering und entspricht bei weitem nicht der Reichweite der Diskussion im Gesetzgebungsverfahren[2]. Auch in der gerichtlichen bzw. kartellbehördlichen Praxis spielt die Netzzugangsalternative bislang keine Rolle. Gleichwohl soll – da es sich insoweit um eine Ausschlussmöglichkeit des verhandelten Netzzugangs gem. §§ 5, 6 EnWG handelt – der Vollständigkeit halber zumindest überblickartig auf die Netzzugangsalternative eingegangen werden.

a) Hintergrund und Einführung der Netzzugangsalternative

Grund für de Einführung des Alleinkäufersystems in § 7 EnWG war die Befürchtung der Kommunen, im Modell des verhandelten Netzzugangs dem Wettbewerb schutzlos ausgeliefert zu sein. Die Zulassung beider Modelle beruhte dementsprechend auf einem politischen Kompromiss[3].

Hintergrund des Wunsches der Kommunen zur Einfügung der Netzzugangsalternative war folgendes: Im Alleinkäufersystem entfällt die Verpflichtung des Alleinkäufers, die unmittelbare Versorgung von Letztverbrauchern durch Dritte im Wege der Durchleitung gestatten zu müssen. Die §§ 5,6 EnWG werden verdrängt. Während bei System des verhandelten Netzzugangs der Drittlieferant das Versorgungsunternehmen des Stromversorgers und der Netzbetreiber Vertragspartner lediglich in Bezug auf den Einspeise- bzw. Entnahmevorgang ist, bleibt bei der Netzzugangsalternative der Alleinabnehmer das Versorgungsunternehmen des Stromkunden. Der Alleinabnehmer behält daher, indem er im Bewilligungsgebiet aus-

---

[1] Lippert, Energiewirtschaftsrecht, S. 551; Kasper, Pflichten und Verweigerungsmöglichkeiten der Elektrizitätsversorgungsunternehmen, S. 75f; hierzu unten genauer.

[2] Vgl. dazu Lippert, Energiewirtschaftsrecht, S. 551.

[3] Schneider, Liberalisierung der Stromwirtschaft, S. 476; Kühne / Scholtka, NJW 1998, S. 1902 (1906).

schließlich für die Versorgung von Letztverbrauchern zuständig ist, praktisch die Stellung als „Quasi-Gebietsversorger". Die kommunalen Unternehmen haben sich hierdurch erhebliche Vorteile im Vergleich zur Durchleitung versprochen, die sie insbesondere in der größeren Kundennähe und in besseren Steuerungsmöglichkeiten beim Lastmanagement gesehen haben[1].

Die Einführung des Alleinabnehmersystems war – wie bereits erwähnt - nicht unumstritten. Insbesondere herrschte zunächst noch Uneinigkeit darüber, ob die Aufnahme der Netzzugangsalternative europarechtlich überhaupt zulässig war. Insbesondere die Bundesregierung war der Auffassung, dass sich der Gesetzgeber zwischen dem Netzzugang gem. Art. 17 EltRL und dem Alleinabnehmermodell gem. Art. 18 EltRL entscheiden müsse[2]. Eine innerstaatliche Verknüpfung wurde als rechtlich unzulässig angesehen[3]. Unklarheit herrschte insbesondere über die Auslegung des Wortlauts des Art. 16 EltRL. Hiernach können die Mitgliedstaaten hinsichtlich des Netzzugangs zwischen den in Art. 17 „und/oder" den in Art. 18 genanten Systemen wählen. Teilweise wurde vertreten, die Wendung „und/oder" beziehe sich lediglich auf die in den Art. 17, 18 EltRL genauer geregelten verschiedenen Organisationsformen der Netzzugangssysteme und sehe lediglich insoweit Kombinationsmöglichkeiten vor, sie ermögliche hingegen keine Kombinationsmöglichkeit der einzelnen Netzzugangsalternativen[4]. Dem wurde aber zu Recht entgegengehalten, dass der Wortlaut der Richtlinie eine derartige Auslegung nicht nahe legt und auch Sinn und Zweck der Regelung für eine Zulässigkeit der Kombination von Netzzugangsalternativen sprechen. Ziel der Regelung ist die Errichtung und Förderung eines gemeinsamen Marktes auf dem Gebiet der Energiewirtschaft mit der Folge, dass nationale Grenzen gegenüber der europarechtlichen Durchdringung der Branchen langfristig zurücktreten. Zudem geht die Richtlinie selbst von einer Gleichwertigkeit der vorgesehenen Netzzugangssysteme aus. Wenn das Alleinabnehmersystem nach Ansicht des Richtlinienverfassers allein den Binnenmarkt nicht beeinträchtigt, ist aber nicht ersichtlich, warum eine Kombination der Systeme dies bewirken sollte[5].

---

[1] Vgl. Obernolte / Danner, EnWG, § 7 Rn. 4; Büdenbender, DVBl. 1999, S. 7 (11); Kühne / Scholtka, NJW 1998, S. 1902 (1906).

[2] So etwa in der Gegenäußerung zur Stellungnahme des Bundesrates zum Regierungsentwurf, BT-Drs. 13/7274.

[3] So auch Sächer / Busche, ET 1998, S. 18 (21f.); Uldall - Bericht, BT-Drs. 13/9211, S. 24.

[4] Säcker / Busche, ET 1998, S. 18 (21/22).

[5] Vgl. hierzu Lukes, ET 1998, S. 26 (27); Baur, ET 1997, S. 624 (628); Lippert, Energiewirtschaftsrecht, S. 553.

Dementsprechend ist die im deutschen Energiewirtschaftsrecht vorgenommene Kombination der Netzzugangssysteme auch europarechtlich zulässig[1]. Nachdem auch der bundesdeutsche Gesetzgeber seine Bedenken gegen die innerstaatliche Kombination zurückgestellt hatte und starke politische Kräfte sich für eine Institutionalisierung des Alleinabnehmermodells eingesetzt hatten, wurde die Netzzugangsalternative schließlich in das Energiewirtschaftsgesetz aufgenommen[2].

b) Bewilligung des Alleinabnehmerstatus und seine Wirkung

Die Einführung des Alleinkäufersystems des § 7 EnWG erfolgt durch eine auf Antrag zu erteilende Bewilligung. Zuständig für die Erteilung der Bewilligung ist die Landesenergieaufsichtsbehörde. Sie ist zu erteilen, wenn die Voraussetzungen der Bewilligung erfüllt sind, in diesem Fall besteht also ein Rechtsanspruch. Die Bewilligung darf zudem nur jeweils einheitlich für das gesamte Gebiet, in dem das EVU die allgemeine Versorgung durchführt, oder für die durch diese Unternehmen versorgten Gebiete der Gemeinde erteilt werden[3]. Obwohl die Vorschrift politisch auf Intervention der kommunalen Interessenvertreter zustande gekommen ist, kann die Bewilligung nicht nur von kommunalen Versorgern, sondern von allen EVU für die Versorgung von Letztverbrauchern beantragt werden[4]. Sie erfasst jedoch nicht die Belieferung von weiterverteilenden Unternehmen, also Zwischenhändlern, sondern ist vielmehr auf die Versorgung von Letztverbrauchern beschränkt. Das Merkmal des Letztverbrauchers ist auch bei einer Bündelung von Bezugsinteressen durch Einkaufsgemeinschaften oder verbundene Unternehmen erfüllt. Dies erfordert insbesondere die Parallelität zu § 6 EnWG, bei dem ebenfalls eine derartige Versorgung vorgesehen ist[5]. Die Bewilligung des Alleinabnehmerstatus wird nur auf Antrag erteilt, die Energieaufsichtsbehörde kann nicht von Amts wegen tätig werden[6].

---

[1] Zu den damals befürchteten praktischen Schwierigkeiten vgl. BT-Drs. 13/7274, S. 36/37; Eickhoff, Wirtschaftsdienst 1998, S. 18 (24).

[2] Uldall – Bericht, BT-Drs. 13/9211, S. 24; Lippert, Energiewirtschaftsrecht, S. 553.

[3] Schneider, Liberalisierung der Stromwirtschaft, S. 476; Kühne / Scholtka, NJW 1998, S. 1902 (1907).

[4] Büdenbender, DVBl. 199, S. 7 (11); Eickhof, Wirtschaftsdienst 1998, S. 18 (22).

[5] Büdenbender, DVBl. 1999, S. 7 (11).

[6] Lippert, Energiewirtschaftsrecht, S. 553.

Voraussetzung zur Erteilung der Bewilligung ist, dass die in § 7 EnWG genannten Voraussetzungen erfüllt sind. Hiernach muss der Netzzugang im Alleinkäufersystem zunächst zu gleichwertigen wirtschaftlichen Ergebnissen, zu einer vergleichbaren Marktöffnung sowie zu einem vergleichbaren Zugang zu den Elektrizitätsmärkten führen wie das System des verhandelten Netzzugangs. Insoweit ist auf die Bedürfnisse der Endverbraucher und der Lieferanten abzustellen[1]. Die Ergebnisse der Netzzugangsalternative sind in Bezug auf den Zugang zu den Elektrizitätsmärkten und die Marktöffnung dann mit denen des verhandelten Netzzugangs direkt vergleichbar, wenn die vom Alleinabnehmer aufgestellten Bedingung technischer und tariflicher Art das einspeisende Unternehmen und den oder die Letztverbraucher strukturell und mengenmäßig nicht schlechter stellen als im Falle der Durchleitung[2]. Der Tarif für die Nutzung des Versorgungsnetzes ist insofern eine wichtige Schlüsselgröße für die Frage, ob die Netzzugangsalternative zu wirtschaftlichen Ergebnissen führt, die mit denen des verhandelten Netzzugangs gleichwertig sind. Voraussetzung für die Bewilligung ist daher auch, dass der Tarif für die Nutzung des Netzes des Alleinabnehmers von der zuständigen Energieaufsichtsbehörde genehmigt und öffentlich bekannt gemacht wird[3]. Maßstab zur Festlegung des Tarif ist auch hier die eigene betriebswirtschaftliche Kostenlage. Das Entgelt darf nicht ungünstiger sein als dasjenige, das der Alleinabnehmer unternehmensintern in vergleichbaren Fällen tatsächlich oder kalkulatorisch in Rechnung stellt[4]. Die Alleinabnehmertätigkeit muss im Interesse erhöhter Transparenz und zur Erleichterung etwaiger Aufsichtsmaßnahmen gem. § 7 Abs. 4 EnWG getrennt von der Erzeugungs- und Verteilungstätigkeit verwaltet werden. Vorausgesetzt wird also eine getrennte Organisation. Zudem verbietet § 7 Abs. 4 EnWG die Übermittlung von Informationen, die aus der Geschäftstätigkeit als Alleinverkäufer erlangt worden sind, an andere Geschäftsbereiche bzw. Betriebsabteilungen des Betreibers, damit der Alleinkäufer hieraus keine Vorteile für andere Geschäftsbereiche ziehen kann. Eine Ausnahme gilt für solche Informationen, die zur Aufgabenerfüllung als Alleinkäufer erforderlich sind[5].

Durch die Erteilung der Bewilligung nach § 7 EnWG ist die Anwendung des § 5 EnWG ausgeschlossen, so dass die Bewilligung nach § 7 EnWG Ansprüche aus dem energierecht-

---

[1] Schneider, Liberalisierung der Stromwirtschaft, S. 476; Büdenbender, DVBl. 1999, S. 7 (12); Kühne / Scholtka, NJW 1998, S. 1902 (1907).

[2] Obernolte / Danner, EnWG, § 7 Rn. 7; Eickhof / Kreikenbaum, WuW 1998, S. 666 (668).

[3] Cronenberg, RdE 1998, S. 85 (87); Lukes, BB 1998, Beil. 12, S. 1 (8).

[4] Obernolte / Danner, EnWG § 7 Rn. 14.

[5] Salje, NVwZ 1998, S. 916 (918); Schulte – Beckhausen, RdE 1999, S. 51 (58f.).

lichen Netzöffnungstatbestand des § 6 EnWG ausschießt. Solange ein Antrag auf eine Bewilligung nach § 7 Abs. 1 EnWG nicht gestellt ist, unterliegt das betroffene Unternehmen jedoch dem Regelfall der §§ 5, 6 EnWG und ist dementsprechend grundsätzlich durchleitungsverpflichtet. Für die Praxis interessant und nicht unumstritten ist die Frage, ob die Sperrwirkung von § 7 EnWG zu Lasten von Durchleitungsinteressen bereits mit der Stellung eines Antrags nach § 7 EnWG gilt. Gerichtliche oder kartellbehördliche Entscheidungen finden sich zu dieser Problematik bislang jedoch noch nicht. Teilweise wird eine vorzeitige Sperrwirkung unter Hinweis auf eine erforderliche Sicherung des status quo ante begründet[1]. Für eine Vorverlagerung der Sperrwirkung findet sich jedoch keine gesetzliche Grundlage. Wie Tüngler[2] zutreffend ausführt führt nach allgemeinen verwaltungsrechtlichen Grundsätzen erst die Genehmigungserteilung zum Status Alleinversorger und somit zum Ausschluss des § 6 EnWG. Zudem kann nur so das Folgeproblem vermieden werden, nach welchen Maßstäben sich die Kapazitätsverteilung in den Fällen richtet, in denen der Netzzugang wegen der Antragstellung zunächst abgelehnt worden ist, sich aber im Laufe des Genehmigungsverfahrens das Nichtvorliegen der Tatbestandsvoraussetzungen des § 7 EnWG herausstellt[3]. Ein Unternehmen, das den Alleinabnehmerstatus beantragt hat, ist daher verpflichtet, bis zur behördlichen Genehmigung seines Antrags über Durchleitungsbegehren zu verhandeln und diese grundsätzlich zu akzeptieren.

c) Kontrahierungszwang des Alleinabnehmers und seine Grenzen

Wurde der Alleinabnehmerstatus bewilligt, erfolgt die Stromlieferung also ausschließlich durch den Alleinkäufer, der das alleinige Recht behält, Elektrizität zu verkaufen und das dafür notwendige Netz zu betreiben.

Dennoch kann der Kunde über Dreiecksgeschäfte den Vorteil eines preiswerteren Konkurrenzangebots nutzen, denn § 7 EnWG statuiert eine Abnahmepflicht des Alleinkäufers. Danach wird der Netzbetreiber verpflichtet, bestimmte von Kunden gewünschte Einspeisungen von einem anderen EVU anzukaufen und sodann entsprechende Mengen an den Kunden abzugeben[4]. Der Kunde schließt also zunächst mit einem günstigeren Stromanbieter einen

---

[1] So etwa Franke, ET 1999, S. 273 (276).

[2] Netzzugang in der Elektrizitätswirtschaft, S. 190ff.

[3] Hierzu auch Lippert, Energiewirtschaftsrecht, S. 553f.

[4] Kühne / Scholtka, NJW 1998, S. 1902 (1906); Walter / v. Keussler, RdE 1999, S. 190 (193).

Liefervertrag ab und bezieht danach die kontrahierte Elektrizitätsmenge vom Alleinkäufer. Der Kunde bezahlt sodann den ursprünglichen Preis an den Alleinabnehmer, der eine Nutzungsgebührt einbehält und den verbleibenden Betrag an den Konkurrenzanbieter weiterleitet, der dem Alleinabnehmer sodann die vereinbarte Elektrizitätsmenge überlässt. Der Konkurrenzanbieter gibt die Differenz zwischen der Zahlung des Alleinabnehmers und seinem günstigeren Angebot schließlich an den Kunden weiter. Der Kunde bezahlt so den geringeren Preis zuzüglich der Nutzungsgebühr, ohne dass der Alleinabnehmer Kenntnis über den Preis des Konkurrenzangebotes erhält. Möglich ist wohl auch eine Zahlung durch Aufrechnung und Abtretung[1].

Der Kontrahierungszwang des Alleinabnehmers findet seine Grenze in der Unmöglichkeit und Unzumutbarkeit des § 6 EnWG, denn die Ablehnungsgründe des § 6 Abs. 1 Satz 2 bis 4 und Abs. 3 EnWG werden durch § 7 Abs. 2 EnWG für entsprechend anwendbar erklärt. Dasselbe gilt wegen der Verweisung in Art. 4 § 3 EnWG auf § 7 EnWG für die Braunkohleverstromung. Bei einer Verdrängung von Braunkohle i.S.d. Art. 4 § 3 EnWG kann somit auch der Alleinabnehmer den Netzzugang verweigern. Dies gilt schließlich auch für eine Abnahme von aus dem Ausland gelieferter Elektrizität, wenn die Voraussetzungen des Art. 4 § 2 EnWG erfüllt sind, denn auch diese Norm spricht generell von Netzzugang und ist nicht auf das System des verhandelten Netzzugangs beschränkt[2].

d) Befristung

Das Alleinabnehmersystem wurde lediglich als befristete Netzzugangsalternative bis zum 31.Dezember 2005 zugelassen. Der Gesetzgeber hat gem. § 8 EnWG eine genaue Überprüfung der Erfahrungen mit dem Alleinabnehmersystem im Jahr 2003 angeordnet. Sofern der Gesetzgeber im Rahmen dieser Überprüfung keine andere Regelung trifft, treten die Bewilligungen des Alleinabnehmerstatus dementsprechend gem. § 8 Abs. 3 EnWG spätestens am 31. Dezember 2005 außer Kraft. Bislang erscheint dies angesichts einer weiterhin verbreiteten ablehnenden Haltung gegenüber dem Alleinabnehmersystem sowie angesichts der ohnehin lediglich geringen Bedeutung der Netzzugangsalternative als äußerst wahrscheinlich. Die Entwicklungen bleiben insoweit abzuwarten.

---

[1] Eickhof / Kreikenbaum, WuW 1998, S. 666 (668); Kühne / Scholtka, NJW 1998, S. 1902 (1907); Lukes, BB 1998, Beil. 12, S. 1 (9); siehe hierzu auch genauer Tüngler, Netzzugang in der Elektrizitätswirtschaft, S. 189f.

[2] Lukes, BB 1998, Beil. 12, S. 1 (9); Scholz, RdE 1999, S. 209 (215f.):

7. Exkurs: Die Wirksamkeit der Altverträge

Zwar kommt es für die Frage der Möglichkeit einer Durchleitungsverweigerung entsprechend der hier und auch von der Mehrzahl der Gerichte und von den Kartellbehörden vertretenen Auffassung nicht auf die Wirksamkeit der Altverträge an, gleichwohl soll im Rahmen eines Exkurses auch auf die Frage eingegangen werden, ob die Altverträge überhaupt noch Wirkung entfalten, oder ob diese nach der Energierechtsnovelle nunmehr nicht vielmehr ohnehin nichtig sind, denn jedenfalls diejenigen, die den Einwand des bestehenden Altvertrages als Durchleitungsverweigerungsgrund anerkennen, müssen sich mit der Frage der Wirksamkeit der Altverträge auseinandersetzen. Zudem steht die Frage der Wirksamkeit der Altverträge zumindest mittelbar mit der Problematik des Netzzugangs in Zusammenhang und ist zudem wiederholt Gegenstand gerichtlicher Auseinandersetzungen gewesen.

Nach Abschaffung der kartellrechtlichen Freistellung gem. §§ 103, 103a GWB a.F. von versorgungswirtschaftlichen Verträgen durch das Neuregelungsgesetz wurde die rechtliche Absicherung der geschlossenen Versorgungsgebiete beseitigt. Es stellt sich daher die Frage, inwieweit diese Neuregelung, die ein Kernelement der Energierechtsreform darstellt, Auswirkungen auf die bestehenden Energielieferverträge hat, die regelmäßig Gebietsschutzvereinbarungen kombiniert mit Gesamtbedarfdeckungsklauseln und langer Laufzeit sowie Kundenschutzklauseln enthalten.

Auch zu dieser Problematik hat sich – wie schon angesprochen – bereits eine gewisse Rechsprechungspraxis entwickelt. Zudem wird die Frage der Wirksamkeit der Altverträge nach der Novellierung des Energiewirtschaftsgesetzes auch in der Literatur lebhaft diskutiert. Im Folgenden soll daher auch eine Darstellung dieser Problematik sowie eine Auswertung der aktuellen Rechtsprechung erfolgen.

a) Die relevanten Klauseln der Altlieferverträge

Vor der Novellierung des Energiewirtschaftsgesetzes wurden regelmäßig langfristige Energiebezugsverträge abgeschlossen, aufgrund derer sich der Abnehmer verpflichtete, nahezu den gesamten Bedarf an elektrischer Energie bei seinem Vertragspartner zu beziehen. Eine typische Klausel wäre etwa „Der Abnehmer verpflichtet sich dazu, den gesamten Energiebedarf, den er für sein Versorgungsgebiet benötigt, bei dem Lieferanten zu beziehen"[1]. Üblich sind auch prozentuale Abstufungen gewesen. Typisch war dementsprechend auch die Klausel „Während der Vertragsdauer bezieht der Abnehmer mindestens 70 % des gesamten Bedarfs je Quartal und Tarifzeit an elektrischer Energie vom Lieferanten[2]". Die Bezugsverträge sind zudem häufig durch sog. „Take or Pay – Verpflichtungen" abgesichert worden, durch die der Käufer sich dazu verpflichtete, einen bestimmten Prozentsatz der Jahresvertragsmenge unabhängig davon zu bezahlen, ob diese Mengen tatsächlich abgenommen worden sind[3].

Regelmäßig wurden zudem sog. Gebietsschutzvereinbarungen getroffen, in denen sich der Lieferant dazu verpflichtete, dem Abnehmer die Energie allein für dessen Versorgungsgebiet zu liefern, so dass eine Bereitstellung von Energie für Gebiete außerhalb dieses Versorgungsgebietes nicht in Betracht kam. Des Weiteren verpflichteten sich die Parteien regelmäßig gegenseitig (oder auch einseitig) dazu, weder unmittelbar noch mittelbar über einen Dritten elektrische Energie an Kunden im Versorgungsgebiet des anderen Vertragspartners anzubieten oder abzugeben. Typisch war etwa eine Vereinbarung wie „Die Vertragspartner verpflichten sich gegenseitig, weder unmittelbar noch mittelbar über einen Dritten elektrische Energie an Kunden im Versorgungsgebiet des anderen Vertragspartners anzubieten oder abzugeben, sofern nicht eine besondere Vereinbarung hierüber getroffen wird"[4].

Die Verträge hatten ferner häufig Laufzeiten von über 10 Jahren. Üblich waren häufig sogar Vertragslaufzeiten bis hin zu 20 Jahren.

Schließlich enthalten die Verträge regelmäßig salvatorische Klauseln, die etwa lauten „Sollte in dem Vertrag irgendeine Bestimmung unwirksam sein, so wird die Wirksamkeit der übrigen Vertragsbestimmungen hierdurch nicht berührt. Die Vertragsparteien verpflichten sich vielmehr, die unwirksame Bestimmung durch eine ihr im wirtschaftlichen Erfolg möglichst gleichkommende wirksame Regelung zu ersetzen, die das bei Vertragsabschluss bestehende Verhältnis zwischen Leistung und Gegenleistung wiederherstellt[5]".

[1] Vgl. OLG Düsseldorf, RdE 2002, S. 44; LG Mannheim, RdE 1999, S 158.

[2] Vgl. OLG Dresden, ZNER 2002, S. 54.

[3] Vgl. OLG Düsseldorf, RdE 2002, S. 44; LG Köln, VuR 2000, S. 414.

[4] Vgl. OLG Dresden, ZNER 2002, S. 54.

[5] Vgl. OLG Stuttgart, ZNER 2002, S. 232; OLG Düsseldorf, RdE 2002, S. 44.

b) Verstoß der Klauseln gegen § 1 GWB

Eine Unwirksamkeit dieser in den Altlieferverträgen enthaltenen Klauseln kann sich insbesondere aus einem Verstoß gegen die Verbotsnorm des § 1 GWB ergeben.

(1) Tatbestandsvoraussetzungen

Gemäß § 1 GWB sind Verträge zwischen miteinander im Wettbewerb stehenden Unternehmen verboten, soweit sie eine Verhinderung, Einschränkung oder Verfälschung des Wettbewerbs bezwecken oder bewirken. Derartige Verträge sind gem. § 134 BGB i.V.m. § 1 GWB nichtig.

Erforderlich ist demnach zunächst, dass es sich bei den Vertragsparteien um aktuelle oder potentielle Wettbewerber handelt. Durch dieses im Rahmen der sechsten GWB – Novelle an die Stelle des Begriffs „zu einem gemeinsamen Zweck" getretene Tatbestandsmerkmal knüpft der Gesetzgeber an die vom BGH im Sinne einer Tatbestandsrestriktion des zu weiten Begriffs des gemeinsamen Zwecks vertretene Abgrenzung an[1]. Die Unternehmen müssen also bereits auf demselben sachlich relevanten Markt als Anbieter oder Nachfrager tätig sein oder es muss die Möglichkeit künftigen Wettbewerbs durch Marktzutritt des Unternehmens bestehen[2]. Soweit es sich um Vereinbarungen handelt, die zwischen Energieversorgungsunternehmen oder Energieversorgungsunternehmen und Gebietskörperschaften getroffen wurden, kann i.d.R. davon ausgegangen werden, dass zwischen diesen Unternehmen ein aktuelles oder potentielles Wettbewerbsverhältnis auf derselben Marktstufe vorliegt[3]. Derartige Unternehmen sind regelmäßig in der Lage, als Anbieter oder Nachfrager von Strom bzw. Gas auf derselben Marktstufe tätig zu werden. Entsprechendes führt auch das Landgericht Mannheim in der ersten gerichtlichen Entscheidung zur Frage der Wirksamkeit der Altverträge aus. Insbesondere steht die Tatsache, dass die Parteien mit der um-

---

[1] Vgl. LG Mannheim, RdE 1999, S. 158 mit Verweis auf die Rechtsprechung des BGH in WuW/E 2285, 2287f. – Spielkarten.

[2] Theobald / Zenke, Grundlagen der Strom- und Gaswirtschaft, S. 109; Horstmann, Netzzugang in der Energiewirtschaft, S. 293; Bechtold, GWB, § 1 Rn. 21; Langen / Bunte, GWB, § 1 Rn. 96.

[3] Horstmann, Netzzugang in der Energiewirtschaft, S. 294.

strittenen Bestimmung der Stromversorgungsverträge diesen Wettbewerb gerade ausgeschlossen haben, der Annahme eines Wettbewerbsverhältnisses nicht entgegen[1].

Des Weiteren muss durch die getroffenen Vereinbarungen der aktuelle oder potentielle Wettbewerb zwischen den beteiligten Unternehmen beschränkt werden, d.h. es muss eine spürbare Verhinderung, Einschränkung oder Verfälschung des Wettbewerbs bezweckt oder bewirkt werden. Eine Wettbewerbsbeschränkung i.S.d. § 1 GWB ist demnach dann gegeben, wenn die wettbewerbliche Handlungsfreiheit der miteinander im Wettbewerb stehenden Unternehmen verhindert, eingeschränkt, oder verfälscht wird[2].

Das Kartellverbot des § 1 GWB erfasst ferner nur sog. „horizontale Wettbewerbsbeschränkungen“. Dementsprechend ist eine Abgrenzung zu den §§ 14ff. GWB, insbesondere zu § 16 GWB erforderlich, der die sog. „vertikalen Wettbewerbsbeschränkungen“ erfasst. Die Vorschriften des § 1 GWB und § 16 GWB stehen nach der Rechtsprechung des BGH zueinander nicht im Verhältnis von lex specialis zu lex generalis, sondern sie schließen einander aus[3]. Fällt eine Vereinbarung unter § 1 GWB, so gilt das Verbotsprinzip, die Vereinbarung soll also als generell wettbewerbsschädlich grundsätzlich verboten sein. Für Vereinbarungen, die der flexiblen Regelung des § 16 GWB unterstellt sind, gilt hingegen das Missbrauchsprinzip, d. h. sie unterliegen der Missbrauchsaufsicht und können lediglich unter den dort genannten Bedingungen für unwirksam erklärt werden[4].

Ob die in den Altverträgen getroffenen Vereinbarungen unter § 1 GWB fallen oder als reine Vertikalvereinbarungen nur nach § 16 GWB von der zuständigen Kartellbehörde mit ex – nunc - Wirkung für unwirksam erklärt werden können, hängt nach der Rechsprechung des BGH davon ab, ob im Einzelfall bei wertender Betrachtungsweise im Hinblick auf die Freiheit des Wettbewerbs ein anzuerkennendes Interesse an der zu beurteilenden Verpflichtung

---

[1] LG Mannheim, RdE 1999, S. 158 (159).

[2] Horstmann, Netzzugang in der Energiewirtschaft, S. 297; Bechtold, GWB, § 1 Rn. 26ff., 37ff.; Langen /Bunte, GWB, § 1 Rn. 121ff.

[3] BGH, WuW 1997, S. 611 – Druckgussteile; WuW 1997, S. 617 – Bedside – Karten; WuW 1997, 721 – Sole; so auch LG Mannheim, RdE 1999, S. 158 (159).

[4] LG Mannheim, RdE 1999, S. 158 (159); Horstmann, Netzzugang in der Energiewirtschaft, S. 299.

besteht[1]. Ein solches Interesse wäre beispielsweise dann gegeben, wenn die Bezugsverpflichtung für das Erreichen eines mit dem Vertragsverhältnis erstrebten kartellrechtsneutralen Hauptzwecks sachlich geboten ist oder den Markteintritt neuer Wettbewerber fördert oder das Wettbewerbspotenzial marktschwächerer Anbieter stärkt[2].

(2) Verstoß gegen § 1 GWB

Es stellt sich also insbesondere die Frage, ob die in den Altverträgen enthaltenen Klauseln unter die Verbotsnorm des § 1 GWB fallen und die Tatbestandsvoraussetzungen erfüllen oder ob sie lediglich nach § 16 GWB zu beurteilen sind. An dieser Stelle gehen die Meinungen in Rechtsprechung und Literatur auseinander.

(a) Ansicht der Oberlandesgericht Düsseldorf, Stuttgart und des Landgerichts Mannheim

Nach Ansicht der Oberlandesgerichte Düsseldorf[3] und Stuttgart[4] sowie nach Ansicht des Landgerichts Mannheim[5] ergibt sich ein Verstoß der in den Altverträgen enthaltenen Klauseln gegen § 1 GWB. Diese Entscheidungen spiegeln wohl die tendenziell herrschende Meinung der Rechtsprechung wieder. Die meisten Gerichte gehen davon aus, dass es sich bei den Klauseln der Altverträge um „horizontale" Wettbewerbsbeschränkungen handelt, die nach der Novellierung des Energiewirtschaftsgesetzes nunmehr unter das Verbot des § 1 GWB fallen. Insoweit wird eine Gesamtbetrachtung aller in den jeweiligen Verträgen enthaltenen Klauseln für erforderlich gehalten. Anhand dieser Gesamtbetrachtung ergebe sich ein Verstoß gegen § 1 GWB.

---

[1] BGH, WuW 1997, 611 – Druckgussteile; WuW 1997, 617 – Bedside – Restkarten; so auch LG Mannheim, RdE 1999, S. 158 (159); OLG Düsseldorf, RdE 2002, S. 44 (45/46); OLG Stuttgart, ZNER 2002, S. 232 (234); Markert, EuZW 2000, S. 427 (430); Theobald / Zenke, Grundlagen der Strom- und Gaswirtschaft, S. 114.

[2] Markert, EuZW 2000, S. 427 (439), mit Verweis auf BGH, WuW 1997, 611 – Druckgussteile.

[3] Entscheidung vom 07.11.2001, RdE 1999, S. 44ff.

[4] Entscheidung vom 21.03.2002, ZNER 2002, S. 232ff.

[5] Entscheidung vom 16.04.1999, RdE 1999, S. 158ff.

Das Landgericht Mannheim[1] hatte in der ersten gerichtlichen Entscheidung zu dieser Problematik beispielsweise einen Vertrag zu beurteilen, der eine Gesamtbedarfsvereinbarung, eine Demarkationsabrede mit Kundenschutzklausel sowie eine Laufzeitvereinbarung von 20 Jahren enthielt. Insoweit führte das Gericht aus, die Vereinbarungen würden den Anforderungen für eine Zuordnung zu den nur der kartellamtlichen Kontrolle unterliegenden Vertikalvereinbarungen nicht genügen. Austauchverträge fielen dann nicht in den Anwendungsbereich des § 1 GWB, wenn für die in ihnen enthaltenen Wettbewerbsbeschränkungen ein anzuerkennendes Interesse bestehe. Die im vorliegenden Fall zu beurteilenden Wettbewerbsbeschränkungen würden diesen vom BGH dargelegten Anforderungen für eine Zuordnung zu den nur der kartellamtlichen Kontrolle unterliegenden Vertikalvereinbarungen aber nicht genügen. Nach Ansicht des Gerichts seien die einzelnen wettbewerbsbeschränkenden Absprachen insoweit nicht in zergliedernder Einzelbetrachtung darauf zu untersuchen, ob sie etwas zur Absicherung des an sich kartellrechtsneutralen Austauschzwecks beitragen können. Vielmehr sei in einer Gesamtschau aller wettbewerbsbeschränkenden Abreden, die sich aufeinander bezögen und ergänzten und gegenseitig absicherten, danach zu fragen, ob bei wertender Betrachtungsweise im Hinblick auf die Freiheit des Wettbewerbs heute und in Zukunft noch ein anzuerkennendes Interesse an diesen Vereinbarungen bestehe. Dies sei zu verneinen. Die übernommene Verpflichtung, bestimmte Kunden und bestimmte Gebiete nicht unmittelbar mit leitungsgebundener elektrischer Energie zu versorgen, könne nämlich nicht als bloße Absicherung einer Austauschbeziehung verstanden werden. Die Klägerin als Herstellerin der Ware „elektrischer Strom" habe insbesondere nicht dargetan, dass die Beklagte auf der nachgeordneten Handelsstufe erhebliche Aufwendungen für verkaufs- und imagefördernde Maßnahmen gehabt habe, für die sie die Chance erhalten soll, ihre Aufwendungen wieder zu erwirtschaften, ohne dass sie hierin von der Klägerin als Herstellerin behindert würde. Eine solche Fallgestaltung liege bei der Weiterverteilung von leitungsgebundener elektrischer Energie an Letztverbraucher auch völlig fern. Der Bezug elektrischer Energie sei Element der Daseinsvorsorge. Für den Letztverbraucher sei unerheblich, von wem er den Strom beziehe, denn zwischen dem Strom der Klägerin und dem anderer Erzeuger bestehe hinsichtlich der Qualität oder des Images kein signifikanter Unterschied, der es erfordern würde, der Beklagten als Absatzmittlerin durch die zu ihren Gunsten bestehende Gebietsschutzabrede sowie die Kundenschutzklausel einen Ausgleich dafür zu gewähren, dass sich die Klägerin als Herstellerin die Absatzbemühungen der Beklagten

---

[1] Entscheidung vom 16.04.1999, RdE 1999, S. 158ff; zustimmend LG Berlin, Entscheidung vom 27.06.2000, NJWE - WettbR 2000, S 270 (274).

wirtschaftlich zunutze machen würde. Anders als in den üblichen Fällen könne keine Rede davon sein, dass die Beklagte als Absatzmittlerin zusätzliche Leistungen neben dem bloßen Warenaustausch erbringen würde. Auch sei nichts dafür vorgetragen, durch den Einsatz der Beklagten werde – wie regelmäßig – eine Belebung des Wettbewerbs bewirkt, denn die Einsetzung der Beklagten als Weiterverteiler diene nicht dazu, dem Letztverbraucher ein zusätzliches Angebot zu machen. Schließlich solle der Beklagten durch den zu ihren Gunsten bestehenden Gebiets- und Kundenschutz auch kein Ausgleich für die Werbung von Kunden geboten werden. Vielmehr verhalte es sich so, dass die wettbewerbsbeschränkenden Abreden gerade dem Zweck dienten, Dritte daran zu hindern, im Gebiet der Beklagten und damit mittelbar im Gebiet der Klägerin als Stromversorgungsunternehmen tätig zu werden. Zum Nutzen beider Parteien sollte eine effektive Konkurrenz ausgeschlossen werden, dies zum Nachteil aller Letztverbraucher. Eine derartige, durch die Gesamtbezugsverpflichtung weiter verstärkte Absprache sei grundsätzlich schon wegen der Erschwerung des Marktzutritts für Dritte im Hinblick auf die Zielsetzung des Gesetzes gegen Wettbewerbsbeschränkungen nicht zu rechtfertigen. Für ein fehlendes anzuerkennendes Interesse spreche weiter die Tatsache der Abschaffung der Freistellung der Stromwirtschaft vom Kartellverbot durch das Gesetz zur Neuregelung des Energiewirtschaftsrechts. Die gesetzgeberische Zielsetzung der Aufhebung der Anwendung des § 103 GWB a.F., nämlich die Ermöglichung des Wettbewerbs – auch um die Letztverbraucher – im Bereich der Elektrizitätsversorgung, biete einen wesentlichen Anhaltspunkt für die vorzunehmende wertende Betrachtung. Eine Anerkennung von Marktaufteilungen im Rahmen von Stromversorgungsverträgen zwischen Erzeugern und Weiterverteilern würde dieses gesetzgeberische Ziel verfehlen und es der Stromwirtschaft erlauben, durch den Abschluss vertikaler Lieferverträge die bislang umfassend praktizierte Marktaufteilung fortzuschreiben. Damit wäre die gesetzlich erstrebte Liberalisierung des Strommarktes in einem wesentlichen Punkt verhindert. Dies könne nicht das Ergebnis einer durch normative Betrachtung gefundenen Einschränkung des Anwendungsbereichs von § 1 GWB sein. Dementsprechend folge aus § 1 GWB die Nichtigkeit der wettbewerbsbeschränkenden Abreden.

Ähnliches führt das OLG Düsseldorf[1] in seiner Entscheidung vom 07. November 2001 aus, in der ein ähnlicher Altliefervertrag auf seine Wirksamkeit zu überprüfen war. Auch das OLG Düsseldorf ist der Ansicht, es sei nicht sachgerecht, die Abreden einzeln daraufhin zu untersuchen, ob sie in den Anwendungsbereich des § 1 GWB oder des § 18 GWB a.F. fie-

[1] RdE 2002, S. 44ff.

len. Dies würde außer Acht lassen, dass die Abreden untereinander in einem engen Beziehungszusammenhang stehen und die vertraglichen Mittel seien, um zur Aufrechterhaltung des Systems der geschlossenen Versorgungsgebiete beizutragen. Die wettbewerbsbeschränkenden Abreden seien daher in einer Gesamtschau bei wertenden Betrachtungsweise daraufhin zu prüfen, ob im Hinblick auf die Freiheit des Wettbewerbs ein anzuerkennendes Interesse an ihnen (noch) bestehe oder – dann mit der Folge der Anwendbarkeit des § 1 GWB – nicht mehr bestehe. Auch nach Ansicht des OLG Düsseldorf lag ein anzuerkennendes Interesse nicht vor. Da die wettbewerbsbeschränkenden Abreden die vertraglichen Mittel darstellen würden, um einen Beitrag zur Aufrechterhaltung des Systems der geschlossenen Versorgungsgebiete zu leisten, würden sie nunmehr der Zielsetzung des Gesetzgebers widersprechen. Auch im Verhältnis der Parteien zueinander bestehe ein anzuerkennendes Interesse nicht mehr. Sinn und Zweck der Bezugsbindung der Beklagten sei allein die Sicherung des Absatzes der Klägerin, womit die Klägerin ihrem Sicherungsinteresse die Freiheit des bracheninternen Wettbewerbs unterordne. Unausgewogen und keinesfalls mehr anzuerkennen sei auch das Interesse an einem derart hohen Grad (100 %) der Bezugsbindung. Dass die beiderseitige Gebietsschutzvereinbarung als räumliche Marktaufteilung, verstärkt durch die sog. Sonderrevisionsbestimmung, besonders wettbewerbsschädlich wäre, bedürfe keiner weiteren Begründung. Es wäre auch falsch anzunehmen, dass vielleicht nur die Beklagte und weniger die Klägerin in Anbetracht ihrer aus einem großen Gasleitungsnetz resultierenden Marktvorteile an dem Gebietsschutz interessiert war. Da für die vier untereinander in enger Beziehung stehenden wettbewerbsbeschränkenden Abreden bei wertender Betrachtung ein anzuerkennendes Interesse nicht (mehr) bestanden habe, unterfielen sie in ihrer Gesamtheit dem § 1 GWB und seien unwirksam geworden. An der Spürbarkeit der Wettbewerbsbeschränkungen sei wegen der nicht unerheblichen Bedeutung des Einzelvertrages und der Eingliederung in ein System gleichartiger Verträge nicht zu zweifeln.

Die Ausführungen des OLG Düsseldorf werden vom OLG Stuttgart imWesentlichen übernommen[1]. Auch das OLG Stuttgart geht in seiner Entscheidung vom März 2002 davon aus, dass eine Gesamtschau aller wettbewerbsbeschränkenden Abreden sachgerecht sei. Bei wertender Betrachtung bestehe kein anerkennenswertes Interesse an den wettbewerbsbeschränkenden Abreden Gebietsschutz, Gesamtbezugspflicht, Laufzeit und propagierende Mindestabnahmemenge. Gerade die Klausel der wachsenden Mindestabnahmemenge mache das Äquivalent der Leistungsvorhaltung nicht mehr besonders risikobehaftet und sei damit im

---

[1] vgl. ZNER 2002, S. 232 (234ff).

Synallagma nicht sehr werthaltig. Allgemeine Zukunftsrisiken, Marketingaufwendungen zur Produktwerbung und Absatzförderung seien allgemeine unternehmerische Pflichten und Risiken und mit jedem Marktauftritt verbunden. Dies rechtfertige keine Kundenbindung und schon gar keine in dem vorliegenden Umfang. Für den erfolgten Monopolschutz gebe es kein anzuerkennendes Interesse, zudem verstießen die wettbewerbsbeschränkenden Abreden nunmehr gegen die ureigene gesetzgeberische Entscheidung.

Diese Gerichte gehen dementsprechend davon aus, dass die wettbewerbsbeschränkenden Abreden in ihrer Gesamtheit zu beurteilen sind und als horizontale Vereinbarungen gem. § 1 GWB nichtig sind.

(b) Ansicht des Oberlandesgerichts Dresden und der Landgerichte Leipzig, Rostock und Frankfurt/Main

Das Oberlandesgericht Dresden[1] sowie die Landgerichte Leipzig[2], Rostock[3] und Frankfurt/Main[4] gehen in ihren Entscheidungen hingegen von einem anderen Standpunkt aus.
Das Landgericht Leipzig[5] hatte einen Stromlieferungsvertrag zu beurteilen, der eine Laufzeit von 20 Jahren aufwies und zunächst eine Deckungspflicht in Höhe von 70 % des Strombedarfs vorsah, die in einer später erfolgten Zusatzvereinbarung auf 100 % erhöht wurde und eine Laufzeit von noch 10 Jahren hatte. In einem gesonderten Vertrag war eine Demarkationsvereinbarung abgeschlossen worden. Nach Ansicht des Landgerichts liege hierin kein Verstoß gegen § 1 GWB in Form einer unzulässigen Gesamtbedarfsdeckungsklausel. Es müsse zwischen dem ursprünglichen Stromliefervertrag und der später abgeschlossenen Zusatzvereinbarung unterschieden werden. Zwar sei durch die Zusatzvereinbarung faktisch tatsächlich eine Verpflichtung zum Bezug des gesamten Bedarfs begründet worden. Im ursprünglichen Vertrag sei aber nur eine 70% ige Bedarfsdeckungsverpflichtung enthalten gewesen. Dass die Parteien später schließlich tatsächlich durch die Zusatzvereinbarung einen 100% igen Bezug vereinbart hätten, möge zwar Zweifel an der Wirksamkeit

[1] Entscheidung vom 20.12.2001, ZNER 2002, S. 54ff.

[2] Entscheidung vom 02.08.2000, RdE 2001, S. 29ff. und vom 04.08.2000, zusammengefasst in ET 2001, S. 72ff.

[3] Entscheidung vom 15.06.2001, ZNER 2001, S. 176ff.

[4] Entscheidung vom 26.07.2001, WuW 2002, S. 1203ff.

[5] Entscheidung vom 02.08.2000, RdE 2001, S. 29ff.; zusammengefasst auch in ET 2001, S. 72/73.

der Zusatzvereinbarung wecken, die Frage der Wirksamkeit des ursprünglichen Vertrages sei hiervon jedoch zu trennen. Diese verpflichte lediglich zu einer Abnahme von 70 %, so dass keine Gesamtbedarfsdeckung vorliege. Die Unwirksamkeit könne auch nicht auf die Demarkationsvereinbarung gestützt werden. Dessen kartellrechtliche Wirksamkeit möge zumindest nach neuem Recht zwar zweifelhaft sein. Eine Unwirksamkeit würde sich aber jedenfalls nicht auf die Wirksamkeit des Stromlieferungsvertrages auswirken. Beide Vereinbarungen seien zwar am selben Tag geschlossen worden, auch stünden sie erkennbar in wirtschaftlichem Zusammenhang, dies ändere aber nichts daran, dass beide Vereinbarungen in gesonderten Verträgen getroffen worden seien, so dass die Unwirksamkeit der einen Vereinbarung auf die andere keinen Einfluss habe.

Auch das OLG Dresen[1] beurteilt die einzelnen Vertragsklauseln jeweils für sich und lehnt eine Gesamtbetrachtung der getroffenen Vereinbarungen ab. Es hebt ebenfalls hervor, dass eine Nichtigkeit der zwischen den Parteien getroffenen Demarkationsvereinbarung jedenfalls keinen Einfluss auf die Wirksamkeit des Stromlieferungsvertrages habe. Auch die getroffene Vereinbarung, nach der ein Bezug von mindestens 70 % des gesamten Bedarfs vorgesehen war, wobei die Parteien davon ausgingen, dass mindestens 30 % des Bedarfs in Eigenerzeugung hergestellt würde, verstoße nicht etwa deswegen gegen § 1 GWB. Die Beklagte werde durch diese Klausel nicht gezwungen, den Gesamtbedarf von der Klägerin zu beziehen. Bei der Quotenregelung handele es sich gerade um eine Austarierung der beiderseitigen Interessen der Parteien. Dass die Beklagte ein erhebliches Interesse daran habe, mindestens 30 % des Bedarfs selbst zu produzieren, um die bestehenden Blockheizkraftwerke wirtschaftlich sinnvoll betreiben zu können und dem gesetzgeberischen Anliegen der Förderung regenerativer Energien gerecht zu werden, könne nicht bedeuten, dass ihre Verpflichtung, den Rest anderweitig zu beziehen, als eine Gesamtbedarfsdeckungsverpflichtung anzusehen wäre. Die Quotenregelung bezwecke auch keine Verhinderung, Einschränkung oder Verfälschung des Wettbewerbs. Es lasse sich nämlich nicht feststellen, dass die Parteien bei Abschluss des Vertrages erwartet hätten, dass durch die Klauseln der Marktzugang für Dritte als Lieferanten erschwert würde. Die Vereinbarung bewirke zudem auch keine Wettbewerbsbeschränkung, denn sie sehe vor, dass bei Ermittlung des gesamten Bedarfes „die Einspeisung Dritter, zu deren Aufnahme und Vergütung das Verteilerwerk durch gesetzliche Regelung unmittelbar verpflichtet ist", nicht zu berücksichtigen sei. Damit hätten die Parteien eine flexible Regelung getroffen, die unabhängig von der geltenden Quotenre-

[1] Berufungsentscheidung vom 20.12.2001, ZNER 2002, S. 54ff.

gelung auf Anbieterseite einen Zugang für Dritte zum Versorgungsgebiet ermögliche. Auch die langjährige Laufzeit begründe dementsprechend keine über die Sicherung des Leistungsaustausches hinausgehende „überschießende" Wettbewerbsbeschränkung. Lasse der Stromliefervertrag einen Marktzugang für Dritte aber von Anfang an zu, komme der Laufzeit keine eigenständige kartellrechtsrelevante Bedeutung zu. Etwas anderes ergebe sich auch nicht daraus, dass das Neuregelungsgesetz in Kraft getreten sei. Dies führe im Ergebnis nicht zu einer strengeren kartellrechtlichen Beurteilung von in Energielieferverträgen enthaltenen Bezugsbindungen.

Ähnlich argumentiert das LG Rostock[1], das die einzelnen Vertragsklauseln ebenfalls jeweils einzeln auf ihre Wirksamkeit überprüft und ausführt, dass sich insbesondere die Unwirksamkeit des Demarkationsvertrages nicht auf die Wirksamkeit des Stromliefervertrages auswirke. Auch die zwanzigjährige Vertragslaufzeit führe nicht allein zur Nichtigkeit des Vertrages, insoweit obliege es insbesondere den Parteien, darüber zu entscheiden, wie lange sie sich vertraglich binden. Selbst wenn die Vertragslaufzeit unwirksam wäre, ergebe sich nicht ohne weiteres eine Gesamtnichtigkeit des Vertrages. Dieser sei vielmehr mit der zulässigen Laufzeit aufrecht zu erhalten. Auch liege in dem zu beurteilenden Fall gar keine Gesamtbedarfsdeckungsklausel vor. Entgegen dem Wortlaut („Für die Vertragsdauer verpflichten sich ... ihren gesamten Bedarf an elektrischer Energie für den Absatz im Versorgungsgebiet zur mittelbaren und unmittelbaren Elektrizitätsversorgung durch ausschließlichen Bezug von der ... zu decken.") bestehe keine 100% ige Bezugsbindung, denn Einspeisungen Dritter, zu deren Aufnahme und Vergütung die Stadtwerke durch gesetzliche Regelung verpflichtet seien sowie die Eigenerzeugung seien nicht zu berücksichtigen, so dass sich also eine flexible Quote ergebe. Da es sich bei der „restlichen" Bezugsverpflichtung um eine typische Ausschließlichkeitsbindung des Vertragspartners zum verbleibenden Bezug gegenüber nur einem Liefer - EVU handele, habe hier die Beurteilung nach § 16 GWB zu erfolgen und nicht nach § 1 GWB. Die zuständige Kartellbehörde habe den gegenständlichen Stromvertrag aber bisher nicht für unwirksam erklärt, so dass das Gericht von der kartellrechtlichen Wirksamkeit auszugehen habe.

Ähnlich argumentiert schließlich auch das Landgericht Frankfurt/Main[2]. Zum einen lehnt es die Anwendung des § 1 GWB bereits damit ab, dass es mangels technischer Ressourcen zur

---

[1] Entscheidung vom 15.06.2001, ZNER 2001, S. 176ff.

[2] Entscheidung vom 26.07.2001, WuW 2002, S. 1203 (1205/1206).

Stromversorgung von Endverbrauchern im in Frage stehenden Zeitpunkt bereits an einem Wettbewerbsverhältnis fehle. Zum anderen bilde nach Ansicht des Gerichts die Bezugsbindung jedenfalls das Äquivalent für die ständige Lieferbereitschaft des Lieferanten. Im übrigen stehe hinter dem Verzicht auf Eigenerzeugung oder Drittstrombezug, der in der Regel auch durch einen günstigeren Preis honoriert werde, das anerkennenswerte Interesse des Lieferanten, eine einigermaßen prognostizierbare Absatzmenge gesichert zu kontrahieren.

Die vorgenannten Gerichte gehen dementsprechend übereinstimmend davon aus, dass die in den Altverträgen enthaltenen Klauseln jeweils einzeln auf ihre Vereinbarkeit mit § 1 GWB zu untersuchen seien. Die einzelnen Klauseln werden jeweils als mit der Verbotsnorm vereinbar angesehen bzw. die Unwirksamkeit einzelner Klauseln soll jedenfalls keinen Einfluss auf die übrigen Vertragsbestandteile haben.

(c)Auswertung und eigene Einschätzung

Die zuletzt dargelegten Ausführungen, insbesondere die des Landgerichts Rostock überzeugen nicht. Eine Einzelbetrachtung der Klauseln ist unsachgerecht und läuft der Zielsetzung des Liberalisierungsgesetzes erkennbar entgegen. Die Aufrechterhaltung der langfristigen Altverträge stünde zudem dem Ziel des Gesetzgebers entgegen, durch die Aufhebung der kartellrechtlichen Freistellung für die leitungsgebundene Energieversorgung Wettbewerb auf dem Energiemarkt einzuführen. Die unter Monopolbedingungen geschlossenen Bezugsverträge würden den Wettbewerb der Lieferanten nicht nur stark einschränken, sondern auf einem sehr wesentlichen Teil des Elektrizitätsmarktes für lange Zeit vereiteln[1].

Ob die Bezugsverpflichtungen von Weiterverteilern unter § 1 GWB fallen oder als reine Vertikalvereinbarungen nur nach § 16 GWB von der zuständigen Kartellbehörde mit ex-nunc-Wirkung für unwirksam erklärt werden können, hängt nach der BGH-Rechtsprechung nämlich davon ab, ob im Einzelfall bei wertender Betrachtungsweise im Hinblick auf die Freiheit des Wettbewerbs ein anzuerkennendes Interesse an der zu beurteilenden Verpflichtung besteht. Ein solches Interesse ist beispielsweise gegeben, wenn die Bezugsverpflichtung für das Erreichen eines mit dem Vertragsverhältnis erstrebten kartellrechtsneutralen Hauptzwecks sachlich geboten ist oder den Markteintritt neuer Wettbewerber fördert oder

[1] So auch Theobald / Zenke, Grundlagen der Strom- und Gasdurchleitung, S. 115.

das Wettbewerbspotenzial marktschwächerer Anbieter stärkt[1]. Kein derartiges Interesse kann dagegen das bloße Absatzsicherungsinteresse für sich allein begründen, denn dies ist jeder Bindung immanent und kollidiert zudem mit der ebenfalls zu berücksichtigenden Freiheit des Wettbewerbs[2].

Darüber hinaus ist bei der Beurteilung der Klauseln im Strom- und Gassektor besonders das neu aufgenommene Liberalisierungsziel des Neuregelungsgesetzes zu beachten. Der Gesetzgeber hat sich ausdrücklich von der Prämisse abgekehrt, die Sicherheit und Preisgünstigkeit der Versorgung mit Strom und Gas sei am Besten unter Ausschluss des Wettbewerbs zu erreichen[3]. Auch in diesen Sektoren soll nunmehr das allgemeine Wettbewerbsrecht Anwendung finden, die kartellrechtliche Beurteilung von wettbewerbsbeschränkenden Abreden muss im Einklang mit der vom Gesetzgeber gewollten Schaffung eines brancheninternen effektiven Wettbewerbs bei Strom und Gas stehen. Die Abschaffung der kartellrechtlichen Freistellung für die Energiewirtschaft stellt gerade ein Kernelement der Energierechtsreform dar[4].

Ferner ist bei der Beurteilung der wettbewerbsbeschränkenden Wirkung einer Vereinbarung nach der Rechtsprechung des BGH gerade nicht nur auf die jeweils einzelnen Vertragsklauseln abzustellen, sondern es ist vielmehr der Gesamtzusammenhang aller Vereinbarungen maßgeblich[5]. Allein eine Gesamtschau aller in Zusammenhang mit dem Gesamtvertrag stehenden Klauseln wird nämlich der Tatsache gerecht, dass die einzelnen Vereinbarungen sich aufeinander beziehen, gegenseitig absichern und ergänzen[6]. Alle in den Altverträgen enthaltenen Klauseln stehen erkennbar in einem direkten und untrennbaren Zusammenhang und bezwecken die Aufrechterhaltung des Systems der geschlossenen Versorgungsgebiete. Hieran ändert sich auch nichts, wenn die Klauseln in gesonderten Verträgen enthalten sind, insbesondere dann nicht, wenn die Vereinbarungen sogar am selben Tag getroffen wurden. Entscheidend ist, dass die Klauseln sich aufeinander beziehen und sich ergänzen. Diese Ge-

---

[1] BGH, WuW 1997, 611 – Druckgussteile; WuW 1997, 617 – Bedside - Testkarten; Markert, EuZW 2000, S. 427 (430).

[2] Markert, EuZW 2000, S. 427 (430).

[3] BT-Drs. 13/7274, S. 24; Horstmann, Netzzugang in der Energiewirtschaft, S. 304.

[4] Horstmann, Netzzugang in der Energiewirtschaft, S. 305.

[5] Siehe auch Theobald / Zenke, a.a.O., mit Verweis auf WuW/E BGH 1367; Büttner / Däupner, ZNER 2001, S 310 (312).

[6] OLG Düsseldorf, RdE 2002, S. 45.

samtwirkung der Klauseln kann und darf nicht dadurch verwischt werden, dass die Vereinbarungen in unterschiedliche Vertragsurkunden aufgenommen werden. Eine rein formale Betrachtungsweise, wie sie beispielsweise vom Landgericht Leipzig vorgenommen wurde, würde zudem zur Umgehung des Kartellrechts geradezu einladen[1]. Dies haben die Oberlandesgerichte Düsseldorf[2] und Stuttgart[3] sowie das Landgericht Mannheim[4] zutreffend erkannt und festgestellt. Nicht nur die Gebietsschutzvereinbarungen sind daher nach neuem Recht wegen Verstoßes gegen § 1 GWB unwirksam, sondern auch die damit in untrennbarem Zusammenhang stehenden Kundenschutzklauseln, Bedarfsdeckungsklauseln und langfristigen Bezugsbindungen.

Alle Gerichte und auch die Parteien der Rechtstreite gehen gerade zutreffend übereinstimmend davon aus, dass die Demarkationsverträge nach Inkrafttreten des Neuregelungsgesetzes nunmehr gegen § 1 GWB verstoßen. Die kartellrechtliche Wirksamkeit der Demarkationsverträge wird auch von den Landgerichten Rostock[5] und Leipzig[6] bzw. dem Oberlandesgericht Dresden[7] als nach neuem Recht zumindest zweifelhaft beurteilt. Diese verkennen nun aber, dass dies auch auf die Wirksamkeit der übrigen Vertragsklauseln Einfluss hat. Durch die Neufassung des § 103 GWB fallen die Demarkationsvereinbarungen als „klassische" horizontale Wettbewerbsbeschränkungen unter die kartellrechtliche Verbotsnorm des § 1 GWB mit der Folge ihrer Nichtigkeit. Die Landgerichte Leipzig und Rostock sowie das OLG Dresden verkennen, dass zwischen den nunmehr unwirksamen Demarkationsvereinbarungen und den übrigen Vertragsklauseln eine inhaltliche Wechselwirkung dergestalt besteht, dass die getroffenen Vereinbarungen erkennbar in Zusammenhang stehen und sich nicht nur aufeinander beziehen, sondern sich gerade auch gegenseitig bedingen. Sinn und Zweck der Gesamtvertragswerke war eine möglichst umfassende Absicherung der Lieferunternehmen. Dementsprechend führt nicht nur der Zusammenhang der übrigen Vertragsklauseln mit den nunmehr nichtigen Demarkationsvereinbarungen, sondern insbesondere die Tatsache, dass die Klauseln durch ihre Verknüpfung insgesamt zu einer extremen Wettbewerbsbeschränkung und Verzerrung geführt haben und auch führen sollte zur Nichtigkeit

---

[1] So auch Büttner / Däupner, ZNER 2001, S. 210 (213).

[2] RdE 2002, S. 44 (45).

[3] ZNER 2002, S. 232 (234).

[4] RdE 1999, S. 158 (159).

[5] ZNER 2001, S. 176 (177).

[6] RdE 2001, S. 29 (30).

[7] ZNER 2002, S. 54 (55).

der gesamten Vereinbarungen wegen Verstoßes § 1 GWB. Durch die Gesamtbedarfsverpflichtungen werden die Abnehmer nämlich verpflichtet, den gesamten Energiebedarf oder zumindest einen ganz wesentlichen Anteil bei einem Lieferanten zu decken. Diese Abnehmer können wegen der Bindung an den Lieferanten nicht als Nachfrager am Elektrizitäts- und Gasmarkt auftreten. Es ist ihnen angesichts der Bindung an den Vorlieferanten verwehrt, Bezugsmöglichkeiten, die sich insbesondere wegen des nunmehr gesetzlich normierten Netzzugangsanspruchs eröffnen, zu nutzen[1]. Durch die Verpflichtungen zur Mindestabnahme wird die Gesamtbezugspflicht zudem auf das jeweils höchste Niveau festgeschrieben[2]. Unerheblich ist insoweit insbesondere auch, wenn eine Bezugsgröße von lediglich 70 % des Bedarfs festgelegt wird und die Parteien sich darüber im klaren sind, dass die verbleibenden 30 % durch Eigenherstellung gedeckt werden. Obwohl streng genommen keine Gesamtbedarfsverpflichtung vorliegt, ergibt sich die gleiche Situation wie bei einer 100% igen Verpflichtung, denn durch die Eigendeckung der verbleibenden Restkapazität scheiden auch in diesem Fall die Abnehmer als Nachfrager auf dem Markt aus. Auch diese Lieferverträge schließen somit jeden Fremdbezug bei Wettbewerbern des bindenden Lieferanten aus[3]. Dies verkennen die Landgerichte Leipzig, Rostock und auch das Oberlandesgericht Dresden in ihren Entscheidungen. Dieser Ausschluss von Drittwettbewerb wird zudem nicht nur objektiv bewirkt, sondern auch gerade bezweckt. Insbesondere konnten und haben die Parteien bereits bei Vertragsabschluss einen künftigen brancheninternen Wettbewerb für möglich gehalten[4]. Gerade die Tatsache, dass derartig einschneidende Vereinbarungen getroffen wurden, spricht dafür, dass ein Wettbewerb auf dem Strom- und Gasmarkt erwartet wurde. Etwas anderes ergibt sich auch nicht durch die üblichen Ausnahmeklauseln, nach denen bei der Ermittlung des Bedarfs Einspeisungen von Fremdstrom auf Grund gesetzlicher Regelungen nicht zu berücksichtigen sind. Tatsächlich wird auch hierdurch der Zugang für Dritte zum Versorgungsgebiet nicht eröffnet. Die Landgerichte Leipzig, Rostock und das Oberlandesgericht Dresden verkennen insoweit zum einen bereits die geringe Bedeutung derartiger Einspeisungen für den Wettbewerb auf dem relevanten Weiterverteilermarkt. Die Möglichkeit für die in diesem Gebiet tätigen Erzeuger von Strom aus regenerativen Energiequellen und Kraft-Wärme-Kopplung, diesen Strom im Wege der Einspeisung an Gebietsversorger liefern zu können, bestand zum anderen bereits kraft Gesetzes und ist nicht

---

[1] Theobald / Zenke, Grundlagen der Strom- und Gaswirtschaft, S. 111/112; Horstmann, Netzzugang in der Energiewirtschaft, S. 330/331.

[2] OLG Stuttgart, ZNER 2002, S. 232 (235).

[3] So auch Markert, Anmerkung zum Urteil des OLG Dresden, ZNER 2002, S. 59.

[4] Markert, Anmerkung zum Urteil des OLG Dresden, ZNER 2002, S. 59 (59/60).

etwa erst von den Parteien geschaffen worden. Eine entgegenstehende Vertragsregelung wäre vielmehr ohnehin gem. § 134 BGB nichtig. Tatsächlich handelt es sich daher nicht nur wegen der mengenmäßig nur begrenzten Verfügbarkeit bei diesem Strom um wettbewerbliche Bezugsalternativen, wie sie für Wettbewerbsmärkte kennzeichnend sind[1]. Auch in Fällen einer begrenzten Bezugsverpflichtung ist jedenfalls dann, wenn der restliche Bedarf durch Eigenherstellung gedeckt wird und außer der gesetzlich normierten üblichen Ausnahmeklausel keine weitere Regelung für die Zulassung anderer Wettbewerber getroffen wird, von einer Gesamtbedarfsverpflichtung auszugehen, die neben der Aufteilung des Marktes durch die Demarkationen und Kundenschutzklauseln allein zur Absicherung der Aufteilung des Martes und zum Ausschluss effektiver Konkurrenz dienen soll. Derartige Absprachen sind wegen der ganz erheblichen Erschwerung des Marktzutritts für Dritte im Hinblick auf die Zielsetzung des Gesetzes gegen Wettbewerbsbeschränkungen und insbesondere auch mit Hinblick auf die Zielsetzung des Liberalisierungsgesetzes nicht zu rechtfertigen[2].

Hinzu kommt die lange Laufzeit der Altverträge, die zu einer erheblichen Marktabschottung führt. Selbst Verträge mit einer Laufzeit von zwei Jahren können bereits nicht hinnehmbare Marktabschottungen bewirken[3]. Der Kunde wird für die Dauer der Vertragsbindung nämlich gänzlich als Nachfrager vom Markt genommen. Konkurrierende Lieferanten sind nicht in der Lage, diese Abnehmer als Kunden zu gewinnen. Bei Vertragslaufzeiten von 10 bis hin zu sogar 20 Jahren führt dies unzweifelhaft zu ganz erheblichen Wettbewerbsbeschränkungen, dies insbesondere, wenn man nicht nur die Vertragsdauer, sondern auch die daneben tretenden übrigen wettbewerbsbeschränkenden Vereinbarungen betrachtet. Angesichts der Erheblichkeit der durch die Gesamtvereinbarung bewirkten Wettbewerbsbeschränkung kann dementsprechend sogar eine relativ kurze Vertragslaufzeit von zwei Jahren zu einer nicht mehr hinnehmbaren Marktabschottung führen[4]. Dies hat das Landgericht Düsseldorf[5] in einem Rechtsstreit aus dem Jahr 2000 zutreffend festgestellt. Etwas anderes ergibt sich auch nicht etwa durch Klauseln, die dem Kunden das Recht einräumen, den Vertrag vor Ablauf der Festlaufzeit zu kündigen, sofern der Kunde ein günstigeres Konkurrenzangebot vorlegt und sich die Vertragsparteien nicht auf eine Anpassung des Vertrages einigen können, denn

---

[1] Markert, Anmerkung zum Urteil des OLG Dresden, ZNER 2002, S. 59 (61).

[2] So auch LG Mannheim, RdE 1999, S. 158 (160) mit Verweis auf BGH WuW/E 3137 (3139) – Sole.

[3] So das LG Düsseldorf, RdE 2000, S. 83 (84).

[4] So auch Theobald / Zenke, Grundlagen der Strom- und Gaswirtschaft, S. 112ff.

[5] RdE 2000, S 83 (84).

diese Klauseln dienen allein dazu, es dem Lieferanten zu ermöglichen, mit Konkurrenzangeboten gleichzuziehen und diese gezielt zu unterbieten. Der Lieferant ist berechtigt, den Preis dem Drittangebot anzupassen und den Kunden somit am Abschluss eines Vertrages mit dem Wettbewerber zu hindern. Er ist so – wie das Landgericht Düsseldorf zutreffend erkennt – in der Lage, in jedem Fall sicherzustellen, dass der Wettbewerber nicht zum Zug kommt[1].

Angesichts dieser ganz erheblichen Wettbewerbsbeschränkungen, die sich aus den in den Altverträgen enthaltenen Klauseln ergeben, besteht dementsprechend bei wertender Betrachtungsweise kein anerkennenswertes Interesse an den in den Altverträgen enthaltenen Abreden. Die bisher üblichen Vereinbarungen dienen in ihrer Gesamtheit allein dazu, die Systeme geschlossener Versorgungsgebiete aufrecht zu erhalten und widersprechen daher ab dem Inkrafttreten des reformierten Energiewirtschaftsgesetzes der Zielgebung des Gesetzgebers, der die Monopolstellung der Unternehmen der Strom- und Gaswirtschaft aufbrechen und den brancheninternen Wettbewerb fördern und ermöglichen will[2]. Nicht nur die Demarkationsvereinbarungen sind nach der Energierechtsreform unwirksam wegen Verstoßes gegen § 1 GWB, sondern auch die hiermit in Zusammenhang stehenden Kundenschutz-, Gesamtbedarfs- und Laufzeitklauseln, denn sie führen im Ergebnis zu einem völligen Ausschluss von brancheninternem Wettbewerb und dies über einen nicht hinnehmbaren Zeitraum. Die Einwände allgemeiner Zukunftsrisiken oder der Schutz getätigter Investitionen sind allgemeine unternehmerische Pflichten und Risiken, die mit jedem Marktauftritt verbunden sind. Sie rechtfertigen keine Kundenbindungen und erst recht keinen gänzlichen Ausschluss von Wettbewerbern. Das häufig ins Feld geführte Äquivalent der Leistungsvorhaltung ist zudem nicht mehr besonders risikobehaftet und damit – wie das OLG Stuttgart zutreffend festgestellt hat – im Synallagma nicht sehr werthaltig. Sinn und Zweck der Bezugsbindung ist vielmehr die Sicherung des Absatzes der Lieferanten, die der Freiheit des brancheninternen Wettbewerbs untergeordnet wird. Die Lieferanten bewirken durch die wettbewerbsbeschränkenden Abreden eine Rückführung des unternehmerischen Risikos bis an die Grenzen des Vorhersehbaren und errichten zudem eine Versorgungslandschaft, in der weiterhin eine monopolistische Versorgungsstruktur vorherrscht. Zu Nutzen beider Vertragsparteien dienen die wettbewerbsbeschränkenden Abreden in erster Linie dem Zweck, Dritte daran zu hindern, in den betroffenen Gebieten als Stromversorgungsunternehmen

[1] LG Düsseldorf, RdE 2000, S. 83 (84).

[2] OLG Stuttgart, ZNER 2002, S. 232 (235).

tätig zu werden. Durch die bewirkte vollständige Aufteilung des Marktes und die diese absichernde Gesamtbezugsverpflichtung wird angesichts der vereinbarten Laufzeit auf lange Zeit der Ausschluss effektiver Konkurrenz zum Nachteil aller Letztverbraucher abgesichert. Für diesen durch die Altverträge bewirkten Monopolschutz gibt es kein anzuerkennendes Interesse. Dies führen die Oberlandesgerichte Düsseldorf[1] und Stuttgart[2] sowie das Landgericht Mannheim[3] zutreffend aus. Schließlich würde die Wirksamkeit der alten Lieferverträge auch zu erheblichen Wettbewerbsverzerrungen führen. Theobald und Zenke[4] führen insoweit zutreffend an, dass Abnehmer, deren Verträge kurz nach der Liberalisierung ausgelaufen sind, vom Wettbewerb zwischen den Lieferanten profitieren können, während allen anderen Mitbewerbern dieser Vorteil zum Teil noch für Jahre versagt bliebe. Dies wäre unsachgerecht und mit der gesetzgeberischen Zielsetzung nicht zu vereinbaren.

Die Altverträge sind somit durch die in ihnen enthaltenen erheblich den Wettbewerb beschränkenden Klauseln, die sich aufeinander beziehen und sich gegenseitig absichern, als horizontale Vereinbarungen wegen Verstoßes gegen § 1 GWB nichtig.

(3) Verstoß der Klauseln gegen §§ 19, 20 GWB

Es ergibt sich aber nicht nur ein Verstoß der in den Altverträgen enthaltenen Klauseln gegen § 1 GWB, sondern diese verstoßen darüber hinaus auch gegen die §§ 19, 20 GWB.

Das missbräuchliche Ausnutzen einer marktbeherrschenden Stellung ist gem. § 19 Abs. 1 GWB verboten, wobei ein Missbrauch gem. § 19 Abs. 4 Nr. 1 GWB insbesondere dann vorliegt, wenn die Wettbewerbsmöglichkeiten anderer Unternehmen in einer für den Wettbewerb auf dem Markt erheblichen Weise ohne sachlich gerechtfertigten Grund beeinträchtigt werden. Gem. § 20 GWB ist es marktbeherrschenden Unternehmen zudem verboten, andere Unternehmen unbillig in einem einem gleichartigen Unternehmen üblicherweise zugänglichen Geschäftsverkehr zu behindern. Marktbeherrschenden Unternehmen ist also die missbräuchliche oder unbillige Behinderung ihrer Wettbewerber auf dem beherrschten Markt verboten.

---

[1] RdE 2002, S. 44 (46).

[2] ZNER 2002, S. 232 (235).

[3] RdE 1999, S. 158 (160).

[4] In: Grundlagen der Strom- und Gaswirtschaft, S. 115.

Um feststellen zu können, ob eines dieser Verbote greift, ist zunächst die Festlegung des relevanten sachlichen und räumlichen Marktes erforderlich, auf dem die Machtstellung des Normadressaten überprüft werden soll[1]. In der Rechtsprechung ist anerkannt, dass es sich bei Strom wegen der allenfalls geringen funktionellen Austauschbarkeit mit anderen Energiearten um einen eigenen sachlichen Markt handelt[2]. Das gleiche gilt für den Erdgassektor. Auch Erdgas ist jedenfalls aus Sicht der Weiterverteiler, der Nachfrager von Erdgas zwecks Belieferung ihrer gasverbrauchenden Kunden, funktionell nicht mit anderen Energiearten austauschbar[3]. Räumlich relevanter Markt ist nach wie vor das Netzgebiet und das damit verbundene Versorgungsgebiet der Lieferanten. Vor der Liberalisierung des Strom- und Gasmarktes resultierte dies aus der Tatsache, dass die Unternehmen wegen des Leitungseigentums sowie der Ausnahme der Demarkationsverträge und ausschließlichen Konzessionsverträge vom Kartellverbot des § 1 GWB keinem Wettbewerb ausgesetzt waren. Das Bundeskartellamt hält an dieser räumlichen Marktabgrenzung zutreffend weiterhin fest, da die bisherige Praxis der Abgrenzung der Märkte noch nicht entfallen ist[4]. Der Durchleitungswettbewerb hat tatsächlich noch nicht die Intensität erreicht, die es ermöglichen würde, die durch das Leitungseigentum des Gebietsversorgers vorgegebenen räumliche Marktabgrenzung aufzugeben. Solange Durchleitungen noch nicht automatisiert ablaufen, ist daher auszuschließen, dass das Leitungseigentum die Funktion einer Marktzutrittssperre verliert[5].

Die Lieferanten verfügen auf diesem sachlich und räumlich relevanten Markt auch nach dem Wegfall einer rechtlich abgesicherten Alleinstellung durch den Wegfall des Prinzips der geschlossenen Versorgungsgebiete noch über eine überragende Marktstellung. Bis zur Liberalisierung der Märkte verfügten sie über eine rechtliche Monopolstellung und einen damit verbundenen 100% igen Vorsprung im Zeitpunkt der Marktöffnung. Nach wie vor verfügen die Lieferanten über das Eigentum an den Versorgungsleitungen, zudem ist ihnen regelmäßig der besonders gute Zugang zu den Kunden in ihren bisherigen alleinigen Tätig-

---

[1] Zu den einzelnen Voraussetzungen hier zunächst überlickartig, unten wird hierauf noch genauer eingegangen werden.

[2] BGH, RdE 1998, S. 79 (81); KG WuW/E OLG, 2113 (2116); LG Düsseldorf, RdE 2000, S. 83.

[3] OLG Düsseldorf, RdE 2002, S. 44 (47) mit Verweis u.a. auf BKartA, Beschluss vom 03.07.2000, Az. B8 – 40000 – U – 309/99, Rn. 168 und Beschluss vom 14.10.1999, Az. B8 – 40200 – U 141/99, Rn. 13.

[4] BKartA, WuW/E DE-V 195 (198); DE-V 301ff.

[5] OLG Düsseldorf, RdE 2002, S. 44 (47); Theobald / Zenke, Grundlagen der Strom- und Gaswirtschaft, S. 117/118; Markert, EuZW 2000, S. 427 (431/432).

keitsgebieten erhalten geblieben und sie verfügen nach wie vor über einen sehr hohen Marktanteil von regelmäßig weit über 50 %. Diese überragende Marktstellung ist den Lieferanten auch regelmäßig noch für einen längeren Zeitraum gesichert[1]. Es kommt in der Regel auch nicht darauf an, ob die Lieferanten wesentlichem Wettbewerb ausgesetzt sind, denn ein Unternehmen gilt ohne den Nachweis, ob es noch wesentlichem Wettbewerb ausgesetzt ist, als marktbeherrschend, wenn sein Vorsprung gegenüber den Wettbewerbern – wie regelmäßig – hinreichend groß ist[2]. Die Marktbeherrschungsvermutung des § 19 Abs. 3 Satz 1 GWB kommt schließlich zur Anwendung, wenn die Lieferanten in ihrem ehemaligen Versorgungsgebiet noch über einen Marktanteil von mehr als einem Drittel verfügen. Die Lieferanten müssen dann substantiiert vortragen und gegebenenfalls unter Beweis stellen, warum sie trotz Erfüllung der Vermutungsvoraussetzungen keine überragende Marktstellung im Verhältnis zu ihren Wettbewerbern innehaben[3].

Durch die wettbewerbsbeschränkenden Abreden in den Altverträgen ergibt sich eine Beeinträchtigung anderer Unternehmen ohne sachlich gerechtfertigten Grund gem. § 19 Abs. 1, 4 Nr. 1 GWB sowie einen unbillige Behinderung anderer Unternehmen gem. § 20 Abs. 1 GWB. Die in den Verträgen enthaltenen Gesamtbedarfsverpflichtungen schließen während ihrer Laufzeit Wettbewerber von der Belieferung des gebundenen Abnehmers aus. Im Extremfall können sie zu einer völligen Marktabschottung führen, was der gesetzgeberischen Intention, den Markt zu öffnen, zuwider läuft. Dies ist umso gravierender, je länger die Bindung dauert. Ein anzuerkennendes Interesse für diese Bindung ist im Rahmen der Interessenabwägung der §§ 19, 20 GWB genauso wenig anzunehmen wie im Rahmen des § 1 GWB[4]. Auf die dortigen Ausführungen kann uneingeschränkt verwiesen werden.

Die wettbewerbsbeschränkenden Klauseln der Altverträge verstoßen demnach auch gegen die §§ 19 und 20 GWB n.F.

---

[1] LG Düsseldorf, RdE 2000, S. 83; OLG Düsseldorf, RdE 2002, S. 44 (47); Markert, EuZW 2000, S. 427 (432).

[2] LG Düsseldorf, RdE 2000, S. 83 (84).

[3] Theobald / Zenke, Grundlagen der Strom- und Gaswirtschaft, S. 118; Markert, EuZW 2000, S. 427 (432).

[4] LG Düsseldorf, RdE 2000, S. 83 (84); OLG Düsseldorf, RdE 2002, S. 44 (47); Theobald / Zenke, Grundlagen der Strom- und Gaswirtschaft, S. 120/121.

(4) Verstoß der Klauseln gegen Art. 81 EGV

Schließlich ergibt sich regelmäßig auch ein Verstoß der in den Altverträgen enthaltenen wettbewerbsbeschränkenden Klauseln gegen Art. 81 EGV. Hierauf stellt auch das LG Köln ganz wesentlich ab[1].

Gem. Art. 81 EGV sind mit dem Gemeinsamen Markt unvereinbar und verboten alle Vereinbarungen zwischen Unternehmen, Beschlüsse von Unternehmensvereinigungen und aufeinander abgestimmte Verhaltensweisen, welche den Handel zwischen den Mitgliedstaaten zu beeinträchtigen geeignet sind und eine Verhinderung, Einschränkung oder Verfälschung des Wettbewerbs innerhalb des Gemeinsamen Marktes bezwecken oder bewirken.

Eine Vereinbarung zwischen Unternehmen liegt regelmäßig unproblematisch vor, denn die betroffenen Unternehmen haben privatrechtliche Verträge und somit Vereinbarungen i.d.S. abgeschlossen. Ob vertikale oder horizontale Vereinbarungen vorliegen spielt i.R.d. Art. 81 EGV keine Rolle und bedarf an dieser Stelle somit, anders als i.R.d. § 1 GWB, keiner Feststellung[2].

Die wettbewerbsbeschränkenden Vertragsklauseln sind regelmäßig auch geeignet, den Handel zwischen den Mitgliedstaaten zu beeinträchtigen und bewirken eine Verhinderung bzw. Beschränkung des Wettbewerbs innerhalb des Gemeinsamen Marktes. Eine „Handelsbeeinträchtigung“ liegt vor, wenn sich anhand der Gesamtheit objektiver, rechtlicher oder tatsächlicher Umstände mit hinreichender Wahrscheinlichkeit vorhersehen lässt, dass die Vereinbarung unmittelbar oder mittelbar, tatsächlich oder möglicherweise den Warenverkehr zwischen den Mitgliedstaaten beeinflussen und dadurch die Errichtung eines einheitlichen Marktes erschweren kann[3].

Zum einen steht die Tatsache, dass es sich bei den Vertragspartnern regelmäßig um zwei deutsche Unternehmen handelt, der Annahme einer Eignung zur Beeinträchtigung des Handels nicht entgegen. Dies ergibt sich bereits daraus, dass in Folge des In-Kraft-Tretens des

---

[1] In: VuR 2000, S. 414ff.

[2] LG Köln, VuR 2000, S. 414 (417).

[3] Vgl. LG Köln, VuR 2000, S. 414 (417) mit Verweis auf EuGH, Rs. 56/65, Slg. 1966, 281 (303); Rs. 240/82, Slg. 1985, S. 3831 (3873f).

Energiewirtschaftsgesetzes und der Abschaffung der §§ 103ff. GWB a.F. ein europäischer Wettbewerbsmarkt auf sämtlichen Handelsstufen im Entstehen begriffen ist, der nicht auf einzelne Mitgliedstaaten begrenzt ist. Unerheblich ist auch, ob es bereits einen voll entwickelten Wettbewerb auf dem Versorgungsgebiet gibt, denn Art. 81 Abs. 1 EGV stellt allein darauf ab, ob die Vereinbarung geeignet ist, den zwischenstaatlichen Handel zu beeinträchtigen. Auch der potentielle Wettbewerb darf nicht beeinträchtigt werden. Darüber hinaus besteht regelmäßig auch eine gewisse Wahrscheinlichkeit für einen grenzüberschreitenden Austausch, der über die rein theoretische Möglichkeit grenzüberschreitender Lieferungen hinausgeht. Dies gilt jedenfalls immer dann, wenn Wettbewerber der betroffenen Lieferanten Strom bzw. Gas aus anderen EG-Mitgliedstaaten beziehen und/oder das Versorgungsgebiet an andere EU-Mitgliedstaaten grenzt[1].

Die Anforderungen an eine Eignung, den Handel zwischen den Mitgliedstaaten zu beeinträchtigen, sind nach der Rechtsprechung der europäischen Gerichte des weiteren nicht sehr hoch. Es genügt die hinreichende Wahrscheinlichkeit einer Behinderung. Die Beeinträchtigung muss zudem spürbar sein, um wirtschaftlich unbedeutende Störungen auszuklammern. Auch insoweit sind die Anforderungen relativ gering. Die Spürbarkeit, die sich nach der Wirkung der Beschränkung des nationalen Marktes bemisst, ist bereits bei einem gebundenen Absatzteil von ca. 30 % auf dem relevanten Markt gegeben, wenn dort außerdem noch erhebliche Marktzutrittsbeschwerungen bestehen[2]. Im Zusammenhang mit dem Kriterium der Spürbarkeit findet zudem die „Bündeltheorie“ Anwendung, wonach die betreffende Vereinbarung in ihrem wirtschaftlichen und rechtlichen Gesamtzusammenhang zu prüfen und eine kumulative Wirkung zu berücksichtigen ist, die sich gegebenenfalls aus dem Bestehen anderer vergleichbarer Vereinbarungen ergibt[3]. Angesichts des Umstandes, dass zum Zeitpunkt der Liberalisierung der Strom- und Gasmärkte die Lieferanten mit sämtlichen von ihnen belieferten Weiterverteilern Verträge nach dem beschriebenen Muster geschlossen hatten, ist von einer spürbaren Beeinträchtigung des zwischenstaatlichen Handels auszugehen. Dementsprechend tragen die Altverträge, die zu dem Bündel im wesentlich gleichartiger Verträge auf dem relevanten Markt gehören und durch die langfristigen erheblichen Bezugsverpflichtungen erhebliche Bezugsbindungen auferlegen, in einem für die Anwen-

---

[1] LG Köln, VuR 2000, S. 414 (417/418).

[2] Theobald / Zenke, Grundlagen der Strom- und Gaswirtschaft, S. 123/124 mit Verweis auf EuGH, Rs. 322/81, Slg. 1983, S. 3461 (3463); Rs. T-7/93, Slg. 1995 II 1533.

[3] LG Köln, VuR 2000, S. 414 (418) mit Verweis auf EuGH, Rs. C 393/92, RdE 1994, S. 182 (184); Rs. 234/89, Slg. 1991, S. 935 (984ff.).

dung der Bündeltheorie erheblichen Maße zu der Abschottungswirkung bei, die das Bündel der Verträge aufgrund ihres wirtschaftlichen und rechtlichen Gesamtzusammenhangs entfaltet. Dies insbesondere angesichts der früheren Aufteilung des Gebiets der Bundesrepublik Deutschland in Versorgungsgebiete. Es kann nicht davon ausgegangen werden, dass sich der bracheninterne Wettbewerb in den bis vor kurzem monopolistisch strukturierten Versorgungsbereichen schon befriedigend entwickelt hat. Dies reicht für die Feststellung, dass der sachlich relevante Markt an Weiterverteiler in Deutschland für in- und ausländische Lieferanten, die in den Markt eintreten wollen, immer noch schwer zugänglich ist[1].

Neben der spürbaren Beeinträchtigung zwischenstaatlichen Handelns muss eine Verhinderung, Einschränkung oder Verfälschung des Wettbewerbs bezweckt oder bewirkt werden. Erforderlich ist also ein ursächlicher Zusammenhang zwischen dem wettbewerbsbeschränkenden Verhalten einerseits und der Beeinträchtigung zwischenstaatlichen Handelns andererseits. Auch dieses Erfordernis ist regelmäßig erfüllt. Die beziehenden Kunden haben in der Regel grundsätzlich die Möglichkeit, ihren Strom- oder Gasbedarf bei anderen Anbietern zu decken. Dementsprechend bestehen grundsätzlich Ausweichmöglichkeiten, so dass der erforderliche Wettbewerb betroffen ist. Darüber hinaus wird auch eine Beschränkung dieses Wettbewerbs bezweckt. Die Gesamtbedarfsdeckungsklauseln hindern die Kunden, die entsprechenden Energiemengen von anderen (günstigeren) Anbietern zu beziehen, was insbesondere auch angesichts der langen Vertragsdauer zu einer langandauernden, ganz erheblichen Marktabschottung führt. Die langen Vertragsdauern sind auch nicht etwa zur Amortisierung getätigter Investitionen erforderlich. Auch sind die sich ergebenden Wettbewerbsbeschränkungen bezweckt, denn die relevanten Klauseln wurden bewusst vereinbart, um Einfluss auf den Wettbewerb zu nehmen. Dies war für die Parteien auch vorhersehbar[2].

Die in den Altverträgen enthaltenen Klauseln verstoßen somit regelmäßig auch gegen Art. 81 EGV.

---

[1] OLG Düsseldorf, RdE 2002, S. 44 (48); LG Köln, VuR 2000, S. 414 (418).

[2] LG Köln, VuR 2000, S. 414 (419/420).

(5) Wirkung der salvatorischen Klauseln

Sofern man – wie hier vertreten – der Ansicht ist, dass die wettbewerbsbeschränkenden Abreden der Altverträge gegen die oben genannten Normen verstoßen, stellt sich weiterhin die Frage, ob dies die Gesamtnichtigkeit der Lieferverträge zur Folge hat, oder ob diese gegebenenfalls aufgrund salvatorischer Klauseln oder einer geltungserhaltenden Reduktion zumindest teilweise wirksam bleiben. Im Ergebnis ist hier von einer Nichtigkeit der gesamten Lieferverträge ohne geltungserhaltene Reduktion auszugehen.

Rechtsgeschäfte, die gegen ein gesetzliches Verbot verstoßen, sind gem. § 134 BGB nichtig, wenn sich aus dem Gesetz nicht etwas anderes ergibt. Bei einem Verstoß gegen Art. 81 Abs. 1 EGV ergibt sich die Unwirksamkeit direkt aus Art. 81 Abs. 2 EGV. Aus § 139 BGB ergibt sich die Nichtigkeit des gesamten Rechtsgeschäfts bei Nichtigkeit eines Teils des Rechtsgeschäfts, wenn nicht anzunehmen ist, dass es auch ohne den nichtigen Teil vorgenommen sein würde. Salvatorische Klauseln können die gesetzliche Vermutung des § 139 BGB zwar regelmäßig umkehren. Eine solche Klausel führt aber nur dann zur Teilwirksamkeit des Vertrages, wenn der restliche Vertrag einen selbständigen geltungsfähigen Regelungsgehalt hat. Eine Teilwirksamkeit scheidet insbesondere dann aus, wenn die nichtigen Vertragsteile von grundlegender Bedeutung sind. Überlange Bindungen können zudem in Einzelfällen durch geltungserhaltende Reduktion auf eine angemessene Zeit beschränkt werden. Erforderlich ist, dass sich dann eine Vereinbarkeit mit den gesetzlichen Vorschriften ergibt[1].

Legt man diese Grundsätze zugrunde, ergibt sich eine Nichtigkeit der gesamten Lieferverträge. Selbst die regelmäßig vereinbarten salvatorischen Klauseln stehen einer Nichtigkeit des gesamten Liefervertrages nicht entgegen, denn nach Wegfall der wettbewerbsbeschränkenden Klauseln über Gebietsaufteilung, Kundenschutz, Langfristbindung und Gesamtbedarfsdeckung verbleibt für die Lieferverträge auch als Rahmenverträge kein sinnvoller Inhalt mehr. Die verbleibenden Regelungen über die technischen Anforderungen, Kosten der Anlagen oder Nebenbestimmungen des Vertrages sind nämlich ohne die wettbewerbswidrigen Klauseln sinn- und inhaltsleer geworden. Sie stellen keinen selbständigen Vertragsteil dar, der ohne die grundlegenden anderen Bestimmungen und die von diesen vorausgesetzten Ausschließlichkeitsregeln denkbar erscheint. Die Lieferverträge sollten mit den wettbewerbsbeschränkenden Abreden stehen und fallen, diese Klauseln sind für die Parteien uner-

[1] Hierzu auch Theobald / Zenke, Grundlagen der Strom- und Gaswirtschaft, S. 127f.

lässlich gewesen[1]. Eine salvatorische Klausel kann aber nur dann zur Teilwirksamkeit des Vertrages führen, wenn der restliche Vertrag einen selbstständigen, geltungsfähigen Regelungsgehalt hat. Da die nichtig gewordenen Klauseln aber von grundlegender Bedeutung waren, scheidet eine Teilwirksamkeit des Vertrages dementsprechend aus.

Des Weiteren ergibt sich die Gesamtnichtigkeit des Vertrages auch gem. § 139 BGB. Hiernach ist das gesamte Rechtsgeschäft nichtig, wenn nicht anzunehmen ist, dass es auch ohne den nichtigen Teil vorgenommen würde. Ausschlaggebend ist der hypothetische Parteiwillen zum Zeitpunkt des Vertragsabschlusses, so dass es darauf ankommt, worauf sich die Parteien vernünftigerweise bei Vertragsschluss geeinigt hätten, wenn ihnen damals die Teilnichtigkeit bekannt gewesen wäre. Die unwirksam gewordenen Klauseln stellen – wie bereits erwähnt – wesentliche Bestandteile der Lieferverträge dar, die das Gleichgewicht von Leistung und Gegenleistung bestimmen. Mit deren Wegfall ist somit das Äquivalenzverhältnis zwischen Leistung und Gegenleistung grundsätzlich wesentlich gestört. Die Vertragsparteien müssten dementsprechend über alle wesentlichen Vertragsbestimmungen neu verhandeln und sich über diese vollkommen neu verständigen. Die nichtigen Vorschriften lassen sich daher auch nicht durch eine Auslegung des Restvertrages ersetzen. Bezugsmengen, Laufzeit, Preise etc. sind nicht ermittelbar[2]. Ein hypothetischer Parteiwille lässt sich also gar nicht ermitteln. Will man die Lieferbeziehung aufrechterhalten, müssten die Vertragsverhandlungen dementsprechend völlig neu aufgenommen werden, so dass sich auch gem. § 139 BGB die Gesamtnichtigkeit des Vertrages ergibt.

Auch eine geltungserhaltende Reduktion im Sinne einer Verkürzung der Vertragslaufzeit ist nicht möglich. In den Altverträgen haben nicht allein die überlangen Bindungen, sondern vielmehr die Vielzahl und die Verzahnung der wettbewerbsbeschränkenden Klauseln ihre Nichtigkeit bewirkt. Auch eine Verkürzung der Vertragslaufzeit hätte regelmäßig weiterhin nicht hinnehmbare Wettbewerbsbeschränkungen zur Folge. Zudem genügt nach den Gruppenfreistellungsverordnungen bereits die Vereinbarung einer unzulässig langen Laufzeit, um eine Freistellung von Anfang an auszuschließen. Eine geltungserhaltende Reduktion ist mit diesen Vorschriften dementsprechend nicht zu vereinbaren[3].

---

[1] LG Mannheim, RdE 1999, S. 158 (161); LG Köln, VuR 2000, S. 414 (420).

[2] Theobald / Zenke, Grundlagen der Strom- und Gaswirtschaft, S. 131; im Ergebnis ebenso Horstmann, Netzzugang in der Energiewirtschaft, S. 347.

[3] Theobald / Zenke, Grundlagen der Strom- und Gaswirtschaft, S. 131.

c) Ergebnis

Die Altverträge verstoßen durch die in ihnen enthaltenen wettbewerbsbeschränkenden Klauseln gegen die §§ 1, 19 und 20 GWB sowie regelmäßig auch gegen Art. 81 EGV. Hierdurch ergibt sich ohne Rücksicht auf eventuell in den Verträgen enthaltene salvatorische Klauseln eine Nichtigkeit der gesamten Lieferverträge.

C) Der kartellrechtliche Netzzugang gem. §§ 19 Abs. 4 Nr. 4, 20 GWB

Neben den Regelungen des Energiewirtschaftsgesetzes befinden sich auch im deutschen Kartellrecht Vorgaben zur Gewährung des Netzzugangs.

I. Missbrauch einer marktbeherrschenden Stellung gem. § 19 Abs. 4 Nr. 4 GWB

Im Rahmen der 6. GWB – Novelle wurde zum 01.01.1999 in den Missbrauchskatalog des § 19 Abs. 4 GWB als eigenständiges Regelbeispiel der Tatbestand der Verweigerung des Zugangs zu sog. „wesentlichen Einrichtungen" aufgenommen (§ 19 Abs. 4 Nr. 4 GWB). Hierdurch wurde eine kartellrechtliche Rechtsgrundlage für Durchleitungsregelungen geschaffen. Diese spielte – bis zur Einfügung eines speziellen Gasdurchleitungstatbestandes in das Energiewirtschaftsgesetz – insbesondere bei Gasdurchleitungsbegehren die entscheidende Rolle.

1. Schaffung des § 19 Abs. 4 Nr. 4 GWB

Der Gesetzgeber hatte die Frage des Netzzugangs – wie bereits erwähnt – ursprünglich ausschließlich als allgemein kartellrechtliches Problem begriffen und wollte daher auf die Einfügung eines gesonderten Durchleitungstatbestandes verzichten. Unter dem Druck politischer Zwänge und europarechtlicher Vorgaben hat er sodann jedoch nicht nur eine ausdrückliche gesetzliche Netzöffnungspflicht für Betreiber von Stromnetzen in Form des § 6 EnWG in das Energiewirtschaftsgesetz aufgenommen, sondern zusätzlich im Rahmen der 6. GWB – Novelle in § 19 GWB n.F., der aus § 22 GWB a.F. hervorgegangen ist und nunmehr in einen unmittelbar geltenden Verbotstatbestandumgestaltet wurde, einen gesonderten durchleitungsbezogenen Tatbestand als Abs. 4 Nr. 4 eingefügt[1].

Ziel der GWB – Novelle und der Einfügung des § 19 Abs. 4 Nr. 4 GWB als Sonderregelung für den Zugang zu Netzen oder anderen Infrastruktureinrichtungen war die Anpassung an

[1] Schneider, Liberalisierung der Stromwirtschaft, S. 471; Kühne, RdE 2000, S. 1 (4).

das EG – Kartellrecht und die Aufnahme der im amerikanischen Recht entwickelten und aus dem europäischen Recht zu Art. 82 EGV bekannten Problematik der Verweigerung des Zugangs zu wesentlichen Einrichtungen („essential facilities“) in das deutsche Recht. Zudem sollte der wachsenden volkswirtschaftlichen Bedeutung sogenannter Netzindustrien und anderer Infrastruktureinrichtungen vor allem im Rahmen der globalen Informationsgesellschaft Rechnung getragen werden. Auch noch nicht absehbare Entwicklungen auf künftigen Märkten sollten wettbewerbsrechtlich bereits erfasst werden[1].

Das im Rahmen der 6. GWB – Novelle neu eingefügte Regelbeispiel aus § 19 Abs. 4 Nr. 4 GWB war im Gesetzesentwurf zunächst wesentlich weiter gefasst als in seiner jetzigen endgültigen Fassung[2]. Nunmehr bestimmt § 19 Abs. 4 Nr. 4 GWB, dass sich ein marktbeherrschendes Unternehmen missbräuchlich verhält, wenn es sich weigert, einem anderen Unternehmen gegen angemessenes Entgelt Zugang zu den eigenen Netzen oder anderen Infrastruktureinrichtungen zu gewähren, wenn es dem anderen Unternehmen aus rechtlichen oder tatsächlichen Gründen unmöglich ist, auf dem vor- oder nachgelagerten Markt als Wettbewerber des marktbeherrschenden Unternehmens tätig zu werden. Netze im Sinne dieser Vorschrift sind insbesondere auch Energieversorgungsnetze, so dass § 19 Abs. 4 Nr. 4 auch im Rahmen der Elektrizitätsversorgung anwendbar ist[3].

2. Verhältnis zu den energierechtlichen Vorschriften

Im Rahmen des § 19 Abs. 4 Nr. 4 GWB stellt sich zunächst die Frage, in welchem Verhältnis die Norm zu den §§ 5ff. EnWG steht und inwieweit insbesondere die energierechtliche Regelung des § 6 EnWG bei den kartellrechtlichen Wertungen zu berücksichtigen ist.

Insoweit stellt § 6 Abs. 1 Satz 4 EnWG ausdrücklich klar, dass die §§ 19 Abs. 4, 20 Abs. 1 GWB (§§ 22 Abs. 4, 26 Abs. 2 GWB a.F.) unberührt bleiben. Daneben stellt auch § 97 GWB klar, dass die Vorschriften des Energiewirtschaftsgesetzes der Anwendung der aus den §§ 22, 26 GWB a.F. hervorgegangenen §§ 19, 20 GWB n.F. nicht entgegenstehen. Dementsprechend ist die Vorschrift des § 6 EnWG nicht etwa als lex specialis zu verstehen,

---

[1] BT-Drs. 13/9720, S. 36 und 51; Lutz, RdE 1999, S. 102 (106); von Wallenberg, K & R 1999, S. 152 (152/153).

[2] Vgl. insoweit BT-Drs. 13/9720, S. 8, 73f., 79f.

[3] BT-Drs. 13/9720; S. 36.

durch die eine Anwendbarkeit des Kartellrechts ausgeschlossen würde, sondern es ist vielmehr von einer umfassenden Normenkonkurrenz zwischen § 6 EnWG und den §§ 19, 20 GWB auszugehen. Die energierechtlichen und kartellrechtlichen Durchleitungstatbestände sind somit als eigenständige Normenkomplexe zu behandeln. Der Missbrauchstatbestand des § 19 Abs. 4 Nr. 4 GWB wird auch vom Bundeskartellamt[1] und von den Zivilgerichten[2] als eigenständige Rechtsgrundlage neben § 6 EnWG für Netzzugangsansprüche herangezogen.

Zu beachten ist, dass der teleologische Gehalt keiner der beiden konkurrierenden Normenkomplexe auf der Strecke bleibt. Insbesondere ist bei der Anwendung der §§ 19, 20 GWB die Rechtslage nach dem Energiewirtschaftsgesetz mit zu berücksichtigen. Im Rahmen des Kartellrechts sind insofern die energierechtlichen Vorgaben, vor allem die Ziele des § 1 EnWG, in der Weise zu berücksichtigen, dass Widersprüche zu vermeiden sind[3]. Insbesondere ist das Liberalisierungsziel auch im Rahmen der kartellrechtlichen Prüfung mit einzubeziehen. Dies ergibt sich insbesondere auch aus den Gesetzgebungsmaterialen zur 6. GWB – Novelle, aus denen der Wille des Gesetzgebers ersichtlich ist, dass der Tatbestand der Verweigerung des Zugangs zu einer wesentlichen Einrichtung i.S.d. § 19 Abs. 4 Nr. 4 GWB auch im Interesse einer wirksamen Liberalisierung der leitungsgebundenen Energieversorgung geschaffen worden ist. Nach dem ausdrücklichen Willen des Gesetzgebers ist bei der Anwendung und Auslegung des § 19 Abs. 4 Nr. 4 GWB zu beachten, dass ein Missbrauch nicht vorliegt, wenn die Zugangsverweigerung aufgrund spezialgesetzlicher Regelungen zulässig ist[4]. Auch dies wird von den Kartellbehörden und Gerichten berücksichtigt und anerkannt. Insbesondere auch zur Vermeidung divergierender Behörden- und Gerichtsentscheidungen sind nach Ansicht der Gerichte und Kartellbehörden die energierechtlichen Regelungen des § 6 Abs. 1 EnWG, die Zielsetzungen des § 1 EnWG sowie die weiteren gesetzlichen Wertungen des Energiewirtschaftsgesetzes im Rahmen des § 19 Abs. 4 Nr. 4 GWB zu berücksichtigen[5]. Bei der Auslegung des § 19 Abs. 4 Nr. 4 GWB ist zudem die

---

[1] RdE 2000, S. 31 (37).

[2] Vgl. etwa LG Frankfurt/Main, RdE 2001, S. 51 (54); LG Magdeburg, RdE 2000, S. 206 (208); OLG Dresden, RdE 2001, S. 144 (148).

[3] Schneider, Liberalisierung der Stromwirtschaft, S. 471/474; Büdenbender, RdE 1999, S. 1 (19f.); Kühne, RdE 2000, S. 1 (5); Markert, ET 1998, S. 2525 (253).

[4] Vgl. BT-Drs. 13/9720, S. 36, 51f., 55, 73, 79.

[5] Vgl. insoweit beispielsweise die Grundsatzentscheidung des Bundeskartellamts, Beschluss vom 30.08.1999, B 8 – 40100 – T 99/99, abgedruckt in RdE 2000, S. 31 (37f.) und LG Dortmund, ZNER 2001, S. 101 (103).

Elektrizitätsbinnenmarktrichtlinie heranzuziehen, um der Zielsetzung des europäischen Gesetzgebers, den Strommarkt durch Öffnung des Netzzugangs zu liberalisieren, ausreichend Rechnung tragen zu können. Auch dies wird von den Gerichten beachtet und anerkannt[1].

Die energierechtliche Netzzugangsnorm und die kartellrechtlichen Vorschriften der §§ 19 Abs. 4, 20 GWB sind somit nach der geltenden Fassung des § 6 EnWG nebeneinander anwendbar und als einander ergänzende, wechselseitige Auffangordnungen zu verstehen, wobei die Vorgaben des EnWG im Rahmen des § 19 Abs. 4 Nr. 4 GWB zu berücksichtigen sind.

3. Die Voraussetzungen des § 19 Abs. 4 Nr. 4 GWB

Nach § 19 Abs. 4 Nr. 4 GWB verhält sich ein marktbeherrschendes Unternehmen missbräuchlich, wenn es sich weigert, einem anderen Unternehmen gegen angemessenes Entgelt Zugang zu den eigenen Netzen oder anderen Infrastruktureinrichtungen zu gewähren, wenn es dem anderen Unternehmen aus rechtlichen oder tatsächlichen Gründen unmöglich ist, auf dem vor- oder nachgelagerten Markt als Wettbewerber des marktbeherrschenden Unternehmens tätig zu werden. Die Norm ist nunmehr als unmittelbar geltendes Gebot ausgestaltet.

a) Inhalt und Rechtsnatur des § 19 Abs. 4 Nr. 4 GWB

Inhalt und Rechtsnatur der §§ 19 Abs. 4 Nr. 4 GWB und 6 EnWG sind – auch nach Ansicht der Rechtsprechung – deckungsgleich. So stellt beispielsweise das Landgericht Berlin[2] ausdrücklich klar, dass der Netznutzungsanspruch aus §§ 19 Abs. 4 Nr. 4, 33 GWB in seiner Rechtsfolge dem Anspruch aus § 6 EnWG entspricht. Dementsprechend gewährt § 19 Abs. 4 Nr. 4 GWB – jedenfalls nach der hier sowie auch von den meisten Gerichten vertretenen Ansicht – dem Netzzugangspetenten einen unmittelbaren und zivilrechtlich durchsetzbaren Rechtsanspruch gegen den beanspruchten Netzbetreiber auf Zugang zu dessen Netzen[3]. Lie-

[1] Vgl. LG Dortmund, BB 2000, S. 2325 (2327).

[2] RdE 2000, S. 237 (246).

[3] Vgl. LG Berlin, RdE 2000, S. 237 (246), LG Dortmund, BB 2000, S. 2325 (2326); LG Magdeburg, RdE 2000, S. 206 (208).

gen die Voraussetzungen der Norm vor, haben die Netzbetreiber folglich allen Unternehmen einen unmittelbaren Zugang zu ihren Energieversorgungsleitungen zu gewähren.

b) Durchleitungspflicht von marktbeherrschenden Unternehmen

Normadressat des § 19 Abs. 4 Nr. 4 GWB und somit durchleitungsverpflichtet sind alle marktbeherrschenden Unternehmen. Ob eine marktbeherrschende Stellung vorliegt, ist unter Anwendung der allgemeinen gesetzlichen Regelungen in § 19 Abs. 2 GWB unter Beachtung der Vermutungstatbestände in § 19 Abs. 3 GWB zu untersuchen.

(1) sachlich und räumlich relevanter Markt

Hierzu ist zunächst eine Abgrenzung des Marktes in sachlicher und räumlicher Hinsicht erforderlich. Nach dem sog. Bedarfsmarktkonzept kommt es zur Bestimmung des sachlich und auch des räumlich relevanten Marktes auf die funktionelle Austauschbarkeit der Güter aus Verbrauchersicht an[1]. Zum sachlich relevanten Markt gehören hiernach alle Waren und Dienstleistungen, die sich nach ihren Eigenschaften, ihrem wirtschaftlichen Verwendungszweck und ihrer Preislage so nahe stehen, dass der verständige Verbraucher sie für die Deckung seines bestimmten Bedarfs als gleich geeignet ansieht[2]. Bei den in Frage stehenden Durchleitungsbegehren begehrt der Netzzugangsinteressent von den Netzbetreibern die Durchleitung der Energie, um die mit seinen Kunden geschlossenen Lieferverträge erfüllen zu können. Es geht somit um den Transport von Strom und die damit verbundenen Netzdienstleistungen[3].

Die Gerichte und Kartellbehörden haben den Strommarkt wegen der allenfalls geringen funktionellen Austauschbarkeit mit anderen Energiearten als eigenen sachlichen Markt anerkannt[4]. Das gleiche gilt für den Erdgassektor. Auch Erdgas ist jedenfalls aus Sicht der Weiterverteiler, der Nachfrager von Erdgas zwecks Belieferung ihrer gasverbrauchenden

---

[1] Wiedemann, Handbuch des Kartellrechts, § 23 Rn. 6f.

[2] Vgl. etwa WuW/E BGH 1445 (1447); WuW/E BGH 2150 (2153).

[3] Dazu ausführlich Horstmann, Netzzugang in der Energiewirtschaft, S. 224ff.

[4] BGH, RdE 1998, S. 79 (81); KG WuW/E OLG, 2113 (2116); LG Düsseldorf, RdE 2000, S. 83.

Kunden, funktionell nicht mit anderen Energiearten austauschbar[1]. Als sachlich relevanter Markt nach dem Bedarfsmarktkonzept wird dementsprechend genauer der Durchleitungs- bzw. Netznutzungsmarkt anerkannt. So führt beispielsweise das Bundeskartellamt aus, dass der relevante Markt sachlich durch die Elektrizitätsversorgungsanlagen der Netzeigentümerin bestimmt wird. Die sachliche Existenz eines solchen Marktes ergebe sich jedenfalls aus § 6 Abs. 1 Satz 1 EnWG[2]. Das OLG Dresden führt aus, sachlich relevanter Markt sei der Markt für die Belieferung von Letztverbrauchern mit Strom[3]. Auch das LG Dortmund spricht vom sachlich relevanten Markt der Durchleitung[4]. Ebenso gehen die Landgerichte Düsseldorf und Frankfurt/Main davon aus, dass der sachlich relevante Markt der Markt für die Belieferung von Endabnehmer mit Strom ist[5].

Auch der räumlich relevante Markt bestimmt sich nach dem sog. Bedarfsmarktkonzept. Entscheidend ist dementsprechend die räumlich gegebene funktionelle Austauschbarkeit aus Sicht der Abnehmer. Es kommt also grundsätzlich auf das Gebiet der Leitungsverbindungen auf der Strecke zwischen dem Einspeise- und Entnahmepunkt an. Dabei ist zu beachten, dass der räumlich relevante Markt keine bestimmte Größe aufweisen muss[6].

Als räumlich relevanter Markt ist dementsprechend nach wie vor das Netzgebiet und das damit verbundene Versorgungsgebiet der Lieferanten anzusehen. Vor der Liberalisierung des Strom- und Gasmarktes resultierte dies aus der Tatsache, dass die Unternehmen wegen des Leitungseigentums sowie der Ausnahme der Demarkationsverträge und ausschließlichen Konzessionsverträge vom Kartellverbot des § 1 GWB keinem Wettbewerb ausgesetzt waren. Das Bundeskartellamt hält an dieser räumlichen Marktabgrenzung zutreffend weiterhin fest, da die bisherige Praxis der Abgrenzung der Märkte noch nicht entfallen ist[7]. Der Durchleitungswettbewerb hat noch nicht die Intensität erreicht, die es ermöglichen würde, die durch das Leitungseigentum des Gebietsversorgers vorgegebene räumliche Marktabgrenzung aufzugeben. Solange Durchleitungen noch nicht automatisiert ablaufen, ist daher

---

[1] OLG Düsseldorf, RdE 2002, S. 44 (47) mit Verweis u.a. auf BKartA, Beschluss vom 03.07.2000, Az. B8 – 40000 – U – 309/99, Rn. 168 und Beschluss vom 14.10.1999, Az. B8 – 40200 – U 141/99, Rn. 13.

[2] Bundeskartellamt, Beschluss vom 30.08.1999, B – 8 – 40100 – T – 99/99, S. 8.

[3] OLG Dresden, RdE 2001, S. 144 (148).

[4] LG Dortmund, GRUR – RR 2001, S. 43 (44).

[5] LG Düsseldorf, RdE 2000, S. 83; LG Frankfurt/Main, RdE 2003, S. 51 (54).

[6] Vgl. hierzu genauer Horstmann, Netzzugang in der Energiewirtschaft, S. 227ff. m.w.N.

[7] BKartA, WuW/E DE-V 195 (198); DE-V 301ff.

auszuschließen, dass das Leitungseigentum die Funktion einer Marktzutrittssperre verliert[1]. Dies ist auch in der zivilgerichtlichen Rechtsprechung allgemein anerkannt. So führt beispielsweise das OLG Dresden aus, dass der räumlich relevante Markt das Netzgebiet der Netzeigentümerin sei[2]. Ebenso stellen beispielsweise die Landgerichte Magdeburg, Dortmund und Düsseldorf darauf ab, dass die Netzbetreiber die alleinigen Betreiber des Versorgungsnetzes in ihrem Gebiet sind[3].

(2) marktbeherrschende Stellung

Erforderlich ist nun eine marktbeherrschende Stellung des Netzbetreibers auf diesem sachlich und räumlich relevanten Markt.

Ein Unternehmen ist gem. § 19 Abs. 2 Satz 1 Nr. 1 GWB auf diesem abgegrenzten Markt marktbeherrschend, wenn es ohne Wettbewerber ist oder keinem wesentlichen Wettbewerb ausgesetzt ist oder es eine im Verhältnis zu seinen Wettbewerbern überragende Marktmacht hat (sog. doppelter Marktbeherrschungsbegriff)[4]. Netzbetreiber sind dementsprechend insbesondere dann marktbeherrschend, wenn parallele Netze nicht bestehen. In diesen Fällen sind sie ohne Wettbewerber. Da dies regelmäßig nach wie vor der Fall ist, verfügen die Betreiber von Elektrizitätsversorgungsnetzen regelmäßig über eine überragende Marktstellung auf dem räumlich abgegrenzten Stromverteilermarkt und disponieren als Netzeigentümer über die wesentliche Marktzutrittsschranke gegenüber Unternehmen, die auf die Inanspruchnahme des Versorgungsnetzes zur Belieferung ihrer Kunden angewiesen sind[5]. Eine marktbeherrschende Stellung kann sich aber auch daraus ergeben, dass die Netzeigentümer zumindest keinem wesentlichen Wettbewerb ausgesetzt sind. Teilweise werden mehrere Versorgungsnetze von unterschiedlichen Betreibern auf dem relevanten Markt geeignet sein, die konkret nachgefragte Durchleitung zu ermöglichen. In diesen Fällen kommt es

---

[1] OLG Düsseldorf, RdE 2002, S. 44 (47); Theobald / Zenke, Grundlagen der Strom- und Gaswirtschaft, S. 117/118; Markert, EuZW 2000, S. 427 (431/432).

[2] OLG Dresden, RdE 2001, S. 144 (148).

[3] LG Magdeburg, WuW 2000, S. 1006 (1008); LG Dortmund, GRUR – RR 2000, S. 43 (44); LG Düsseldorf, RdE 2000, S. 83.

[4] Baron, WuW 1998, S. 651 (652); Bechtold, NJW 1998, S. 2769 (2771); Kahlenberg, BB 1998, S. 1593 (1596).

[5] Büdenbender, RdE 1999, S. 1 (9); Lutz, RdE 1999, S. 102 (106).

darauf an, ob der Netzbetreiber eine übberagende Marktstellung hat. Die Marktbeherrschung des Netzbetreibers kann insoweit insbesondere durch die Marktbeherrschungsvermutung des § 19 Abs. 3 Satz 1 GWB indiziert werden. Diese kommt zur Anwendung, wenn die Lieferanten in ihrem ehemaligen Versorgungsgebiet noch über einen Marktanteil von mehr als einem Drittel verfügen. Die Lieferanten müssen dann substantiiert vortragen und gegebenenfalls unter Beweis stellen, warum sie trotz Erfüllung der Vermutungsvoraussetzungen keine überragende Marktstellung im Verhältnis zu ihren Wettbewerbern innehaben[1]. Schließlich kann die marktbeherrschende Stellung des Netzbetreibers auch auf der Grundlage des Oligopoltatbestandes angenommen werden. Ein Netzbetreiber ist als Mitglied eines Oligopols gem. § 19 Abs. 2 Satz 2 GWB marktbeherrschend, wenn auf dem relevanten Netznutzungsmarkt zwischen mehreren Netzbetreibern, also im Innenverhältnis, kein wesentlicher Wettbewerb besteht. Zudem ist der Nachweis der Marktbeherrschung dieser Oligopolgruppe von Netzbetreibern gegenüber sonstigen Netzbetreibern, also im Außenverhältnis, erforderlich[2].

Eine Marktbeherrschung der Netzbetreiber ist regelmäßig zu bejahen. Auch die Rechtsprechung geht nach wie vor davon aus, dass die Lieferanten auf dem sachlich und räumlich relevanten Markt auch nach dem Wegfall der rechtlich abgesicherten Alleinstellung durch den Wegfall des Prinzips der geschlossenen Versorgungsgebiete weiterhin über eine überragende Marktstellung verfügen. Insoweit wird teilweise auf das Leitungsmonopol der Netzbetreiber gem. § 19 Abs. 2 Satz 1 Nr. 1 GWB bzw. ihre nach wie vor überragende Marktstellung i.S.d. § 19 Abs. 2 Satz 1 GWB oder auch auf ihre Mitgliedschaft im Oligopol abgestellt.

Das Bundeskartellamt hat den beanspruchten Netzbetreiber in seinem Beschluss vom 30.08.1999 beispielsweise als marktbeherrschend eingestuft, da dieser bei der Erbringung der Durchleitungsleistung ohne Wettbewerber sei. Es sei weder vorgetragen noch ersichtlich, dass andere Unternehmen in dem entscheidenden Gebiet über Elektrizitätsversorgungsnetze verfügen würden, durch die die Kunden beliefert werden könnten[3]. Auch das Landgericht Magdeburg hat die marktbeherrschende Stellung der beanspruchten Netzbetrei-

---

[1] Theobald / Zenke, Grundlagen der Strom- und Gaswirtschaft, S. 118; Markert, EuZW 2000, S. 427 (432).

[2] Hierzu ausführlich Horstmann, Netzzugang in der Energiewirtschaft, S. 235ff.

[3] Bundeskartellamt, B – 8 – 40100 – T 99/99, S. 8.

berin damit begründet, dass diese die alleinige Betreiberin eines Versorgungsnetzes in ihrem Gebiet sei[1].

Von einer marktbeherrschenden Stellung der beanspruchten Netzbetreiberin aufgrund einer überragenden Marktstellung im Sinne von § 19 Abs. 2 Satz 1 Nr. 2 GWB geht beispielsweise das OLG Dresden aus. Insoweit führt es aus, dass die Netzbetreiberin bis zum Inkrafttreten des EnWG eine rechtliche Monopolstellung inne gehabt habe. Der damit verbundene 100 % ige Vorsprung im Zeitpunkt der Öffnung des Marktes und die sich daraus ergebenden Ressourcenvorteile wie das Leitungseigentum und die Schwierigkeiten, die einer Umstellung der Bezugsverhältnisse entgegenstünden, würden der Netzbetreiberin noch für einen längeren Zeitraum eine im Verhältnis zu ihren Mitbewerbern überragende Marktstellung sichern[2]. Ebenso hatte zuvor bereits das LG und später auch das OLG Düsseldorf ausgeführt, dass die Netzbetreiber bis zur Liberalisierung der Märkte über eine rechtliche Monopolstellung und einen damit verbundenen 100% igen Vorsprung im Zeitpunkt der Marktöffnung verfügten und nach wie das Eigentum an den Versorgungsleitungen besäßen. Zudem sei ihnen regelmäßig der besonders gute Zugang zu den Kunden in ihren bisherigen alleinigen Tätigkeitsgebieten erhalten geblieben und sie verfügten nach wie vor über einen sehr hohen Marktanteil von regelmäßig weit über 50 %. Diese überragende Marktstellung sei den Lieferanten auch regelmäßig noch für einen längeren Zeitraum gesichert[3]. Es komme in der Regel auch nicht darauf an, ob die Lieferanten wesentlichem Wettbewerb ausgesetzt seien, denn ein Unternehmen gelte ohne den Nachweis, ob es noch wesentlichem Wettbewerb ausgesetzt ist, als marktbeherrschend, wenn sein Vorsprung gegenüber den Wettbewerbern – wie regelmäßig – hinreichend groß ist[4].

Das Landgericht Dortmund stellt schließlich insbesondere auf die Mitgliedschaft in einer Oligopolgruppe ab. Insoweit führt es aus, die Netzbetreiberin sei auf dem sachlich und räumlich relevanten Markt der Durchleitung marktbeherrschend als Monopolistin oder als Mitglied eines Oligopols. Schon die gerichtsbekannte Tatsache, dass das Eigentum an den Transportnetzen in Deutschland bei nur ganz wenigen Unternehmen, unter anderem der Netzbetreiberin als Eigentümerin von zwei großen Pipelines liege, rechtfertige die Annahme

[1] LG Magdeburg, RdE 2000, S. 206 (208).

[2] OLG Dresden, RdE 2001, S. 144 (148).

[3] LG Düsseldorf, RdE 2000, S. 83; OLG Düsseldorf, RdE 2002, S. 44 (47);so auch Markert, EuZW 2000, S. 427 (432).

[4] LG Düsseldorf, RdE 2000, S. 83 (84).

einer marktbeherrschenden Stellung im Sinne von § 19 Abs. 2 Satz 2 GWB. Das Leitungseigentum habe, worauf auch das Bundeskartellamt zu Recht abstelle, auch nach der Öffnung des Energieversorgungsmarktes durch die Energierechtsnovelle von 1998 seine langfristig wirksame Bedeutung als Marktzutrittsschranke nicht verloren. Ob der Durchleitungspetentin alternativ Durchleitungswege zur Verfügung stünden, sei für die Frage der überragenden Marktstellung der Netzbetreiberin unbeachtlich. Eine marktbeherrschende Stellung entfalle nicht, weil Ausweichmöglichkeiten bestünden. Insbesondere könnten Mitglieder eines Oligopols ihre Inanspruchnahme nicht durch Hinweis auf eine Leistungsmöglichkeit durch andere Mitglieder des Oligopols verweigern[1].

c) Tätigkeit des Netzbetreibers auf den abgeleiteten Märkten

Die Missbrauchsvorschrift des § 19 Abs. 4 Nr. 4 GWB erfordert schließlich noch, dass der Inhaber des Netzes oder der anderen Infrastruktureinrichtung auf den abgeleiteten Märkten tätig ist. In diesem Zusammenhang stellt sich die Frage, ob auch in diesen Bereichen eine marktbeherrschende Stellung bestehen muss. Teilweise wird vertreten, dass das den Zugang verweigernde Unternehmen auch auf diesen Märkten marktbeherrschend sein müsse, erst dann sei § 19 Abs. 4 Nr. 4 GWB einschlägig[2]. Nach Ansicht der herrschenden Meinung kommt es hingegen ausschließlich darauf an, dass eine Marktbeherrschung als Netzbetreiber gegeben ist[3]. Allein diese Auffassung entspricht auch dem Sinn und Zweck der Vorschrift, in Anbetracht der gesetzlichen Zielsetzung den Zugang zu für die Aufnahme des Wettbewerbs wesentlichen Einrichtungen umfassend zu gewährleisten. Zudem widerspräche das Erfordernis einer „doppelten Marktbeherrschung“ auch dem Wortlaut des § 19 GWB[4]. Tatsächlich kommt es auf diese Fragestellung jedoch häufig gar nicht an, da die Netzbetreiber regelmäßig auch auf den abgeleiteten Märkten marktbeherrschend sind.

Dementsprechend hat das Bundeskartellamt es bislang offen gelassen, ob nur diejenigen Unternehmen Normadressaten des § 19 Abs. 4 Nr. 4 GWB sind, die auch auf den abgeleiteten Märkten eine marktbeherrschende Stellung innehaben. In den bislang beurteilten Fällen

---

[1] LG Dortmund, GRUR – RR 2001, S. 43 (44).

[2] So beispielsweise von Wallenberg, K & R 1999, S. 152 (155).

[3] Vgl. insoweit Lutz, RdE 1999, S. 102 (106/107); Schultz, ET 1999, S. 750 (752); Schwintowski, WuW 199, S. 842 (851); Horstmann, Netzzugang in der Energiewirtschaft, S. 248ff.

[4] So auch Horstmann, Netzzugang in der Energiewirtschaft, S. 250f.

war diese Frage nicht entscheidend, da auch insoweit jeweils eine marktbeherrschende Stellung vorlag. So führte das Bundeskartellamt beispielsweise in dem Beschluss vom 30.08.1999 aus, dass die beanspruchte Netzbetreiberin auch auf dem nachgelagerten Markt keinem wesentlichen Wettbewerb ausgesetzt sei, weil sie im Bereich des relevanten Teilnetzes bisher keine wettbewerbsbegründende Durchleitung zugelassen habe. Soweit einzelne Kunden, die über das fragliche Netz mit Strom beliefert würden, bereits mit anderen Stromanbietern einen Stromliefervertrag abgeschlossen hätten, sei deren Belieferung bisher nur in der Weise möglich gewesen, dass der alternative Lieferant die hierfür benötigte Elektrizität von der Netzbetreiberin beziehe. Jedenfalls verfüge diese deshalb weiterhin über eine überragende Marktstellung, weil sie über die wesentlichste Marktzutrittschranke disponiere, die für andere Anbieter in ihrem bisherigen Versorgungsgebiet bestehe. Sie sei Eigentümerin der für die Belieferung der Kunden in ihrem Versorgungsgebiet erforderlichen Elektrizitätsversorgungsnetze[1].

Die Zivilgerichte haben zu der Frage teilweise Stellung bezogen und übereinstimmend ausgeführt, dass § 19 Abs. 4 Nr. 4 GWB ausschließlich eine Marktbeherrschung als Netzbetreiber erfordere. So führt beispielsweise das Landgericht Dortmund aus, es sei ausreichend, dass der auf Durchleitung in Anspruch genommene Leitungseigentümer auf dem nachgelagerten Produkt- oder Dienstleitungsmarkt tätig sei. Sinn der Netzöffnungsregelung in § 19 Abs. 4 Nr. 4 GWB sei, zu verhindern, dass bestehende Marktmacht auf dem Infrastrukturmarkt sich auf den nachgelagerten Versorgungsmarkt auswirke[2]. Auch das OLG Naumburg führt aus, dass die marktbeherrschende Stellung auf dem Markt der Netzleistungsdienstleistungen bereits ausreichend sei, um die Anwendbarkeit des § 19 GWB zu rechtfertigen[3]. Dieser Ansicht sind beispielsweise auch das KG Berlin[4] sowie das LG Nürnberg – Fürth[5].

---

[1] Bundeskartellamt, B – 8 – 40100 – T 99/99, S. 8/9.

[2] LG Dortmund, GRUR – RR 2001, S. 43 (44).

[3] OLG Naumburg, Entscheidung vom 25.06.2001, Az. 1 U (Kart) 1 /01, S. 5, insoweit nicht abgedruckt in WuW 2002, S. 175ff.

[4] WRP 2002, S. 564 (567).

[5] ZNER 2001, S. 99 (100).

d) Missbrauch der marktbeherrschenden Stellung – Energieversorgungsleitungen als essential facilities

Schließlich ist der Missbrauch dieser marktbeherrschenden Stellung erforderlich.

Insoweit muss es dem den Zugang begehrenden Unternehmen ohne die Mitbenutzung der Netze oder anderen Infrastruktureinrichtungen des marktbeherrschenden Unternehmens gem. § 19 Abs. 4 Nr. 4 GWB aus rechtlichen oder tatsächlichen Gründen unmöglich sein, auf den abgeleiteten Märkten tätig zu werden. Die Mitbenutzung muss also erforderlich sein, um Zugang zu dem Markt zu finden, der mit der wesentlichen Einrichtung erschlossen wird. Über dieses Erfordernis hat die sog. „essential facilities" – Doktrin Eingang in das deutsche Kartellrecht gefunden. Ziel der Regelung des § 19 Abs. 4 Nr. 4 GWB ist es, bisher als natürlich angesehene Netzmonopole zu öffnen, um damit die notwendigen Voraussetzungen für einen wirksamen Wettbewerb auf den abgeleiteten Märkten zu schaffen. Es soll Wettbewerb auf den Märkten gewährleistet werden, die den sogenannten „wesentlichen Einrichtungen" vor- und nachgelagert sind und auf denen der Inhaber der wesentlichen Einrichtung selbst tätig ist[1]. Der Missbrauchstatbestand des § 19 Abs. 4 Nr. 4 GWB soll insbesondere auch der Liberalisierung der leitungsgebundenen Energieversorgung dienen. Unter den im Gesetz nicht weiter definierten Begriff der Netze und Infrastruktureinrichtungen fallen daher auch alle Elektrizitäts- und Gasversorgungsnetze[2].

Es muss dem Netzzugangspetenten aus rechtlichen oder tatsächlichen Gründen ohne die Mitbenutzung dieser Energieversorgungsnetze unmöglich sein, auf dem vor- oder nachgelagerten Markt tätig zu werden. Ob der Antragsteller auf das Netz bzw. die Infrastruktureinrichtung angewiesen ist, bestimmt sich nach objektiven Kriterien[3]. Im Gegensatz zu § 6 EnWG statuiert § 19 Abs. 4 Nr. 4 GWB einen grundsätzlichen Vorrang des Direktleitungsbaus. Um einen Missbrauch annehmen zu können, muss bei objektiver Betrachtungsweise somit der Bau eigener Leitungen grundsätzlich tatsächlich oder rechtlich unmöglich sein. Im Bereich der Elektrizitätswirtschaft kommt dieser Problematik allerdings nur eine sehr untergeordnete Bedeutung zu. Selbst wenn rechtliche Hindernisse nicht bestehen, kommt eine

---

[1] BT-Drs. 13/9720, S. 73/74.

[2] Horstmann, Netzzugang in der Energiewirtschaft, S. 237; dies ergibt sich auch aus den Gesetzgebungsmaterialen, vgl. insoweit BT-Drs. 13/9720, S. 35, 51, 73.

[3] BT-Drs. 13/9720, S. 51; Bechtold, NJW 1998, S. 2769 (2772); Kahlenberg, BB 1998, S. 1593 (1597); Lutz, RdE 1999, S. 102 (107).

Neuverlegung regelmäßig aus wirtschaftlichen oder zeitlichen Gründen, oder auch aus Gründen des Landschaftsschutzes nicht in Betracht[1]. Die Möglichkeit des Direktleitungsbaus scheidet im Bereich der Elektrizitätswirtschaft somit auch im Rahmen des § 19 Abs. 4 Nr. 4 GWB regelmäßig aus. Dies hat auch die Rechtsprechung klargestellt und ausgeführt, dass die Netzzugangsinteressenten nach dem Sinn und Zweck des § 19 Abs. 4 Nr. 4 GWB nicht erfolgreich auf die Errichtung eigener Netze verwiesen werden können, da dies aus betriebswirtschaftlichen Erwägungen nicht zumutbar und aus volkswirtschaftlicher Sicht bedenklich wäre. Auch das Bestehen alternativer Durchleitungswege wird als unbeachtlich qualifiziert[2]. Die wirtschaftliche Unzumutbarkeit, eigene parallele Leitungen zu errichten oder alternative Leitungen zu benutzen, steht nach der Rechtsprechung somit der tatsächlichen Unmöglichkeit, auf den abgeleiteten Märkten tätig zu werden, gleich[3].

Den Netzzugangspetenten ist es dementsprechend in der Regel ohne die Mitbenutzung der Energieversorgungsnetze der Netzbetreiber rechtlich oder tatsächlich unmöglich, auf den abgeleiteten Märkten tätig zu werden, sie sind regelmäßig auf die bestehenden Netze angewiesen. Die Netzbetreiber treten aufgrund ihres Leitungsmonopols nämlich regelmäßig als Alleinanbieter in der Marktstufe des Transports und der Verteilung von Energie auf. Somit ist der Zugang zu den Netzen erforderlich, um auf den abgeleiteten Märkten einen effektiven brancheninternen Wettbewerb zu ermöglichen[4]. Auch die Kartellbehörden und Gerichte charakterisieren die Elektrizitäts- bzw. Gasversorgungsnetze – teilweise auch stillschweigend – als wesentliche Einrichtungen im Sinne des § 19 Abs. 4 Nr. 4 GWB, auf deren Mitbenutzung die Netzzugangsinteressenten angewiesen sind, um auf den abgeleiteten Märkten tätig zu werden. So führen die meisten Gerichte und das Bundeskartellamt regelmäßig schlicht aus, ohne die Benutzung des fraglichen Netzes sei es den Durchleitungsinteressen-

[1] Lutz, RdE 1999, S. 102 (107); Schultz, ET 1999, S. 750 (752); Walter / v. Keussler, RdE 1999, S. 190 (194).

[2] Vgl. etwa LG Dortmund, BB 2000, 2325 (2327); GRUR – RR 2001, S. 43 (44); LG Nürnberg – Fürth, ZNER 2001, S. 99 (100); jedenfalls wird die Unzulässigkeit der Verweises auf die Schaffung eigener Infrastruktureinrichtungen von den Gerichten und Kartellbehörden regelmäßig stillschweigend angenommen, vgl. etwa OLG Dresden, RdE 1999, S. 144 (148); LG Magdeburg, RdE 2000, 206 (208); Bundeskartellamt, Beschluss vom 30.08.1999, B – 8 – 40100 – T – 99/99, S. 9.

[3] So auch Holtorf/Horstmann, RdE 2002, S. 264 (270).

[4] Horstmann, Netzzugang in der Energiewirtschaft, S. 240.

ten unmöglich ihre in deren Netzgebiet ansässigen Kunden mit elektrischer Energie zu versorgen[1].

Anzumerken ist noch, dass der Zugang zu den bestehenden Netzen nur dann zu gewähren ist, wenn das den Zugang begehrende Unternehmen ein angemessenen Entgelt bezahlt. Die Bemessung des Entgelts wird kartellrechtlich nicht näher geregelt, sondern durch das unbestimmte Tatbestandsmerkmal „angemessen" definiert, während § 6 EnWG auf die Vergleichbarkeit mit der internen Kostenverrechnung abhebt. Der Bundesrat vertrat in seiner Stellungnahme zur Entgelthöhe die Auffassung, dass dieses nicht diskriminierend sein dürfe. Dritte dürften auch i.R.d. § 19 Abs. 4 Nr. 4 GWB nicht anders behandelt werden, als der Inhaber der wesentlichen Einrichtung[2]. Diese Aussage gibt den Inhalt des kartellrechtlichen Diskriminierungsverbots allerdings nicht zutreffend wieder. Kartellrechtlich gelten konzerninterne Verrechnungspreise gerade nicht als relevanter Maßstab für die Behandlung dritter Unternehmen. Auch aus dem Begriff der Angemessenheit geht nicht hervor, dass hiermit unternehmensintern verrechnete Kosten gemeint sind. Dies hätte, nachdem § 6 EnWG zum Zeitpunkt der 6. GWB – Novelle bereits galt, auch explizit nach dessen Vorbild geregelt werden können. Daher ist auch im Rahmen des § 19 Abs. 4 Nr. 4 GWB auf die allgemeinen kartellrechtlichen Regeln abzustellen. Insofern wird auf das Missbrauchsverbot des § 19 Abs. 4 Nr. 1 – 3 GWB, insbesondere auf den Maßstab des Als – Ob – Wettbewerbspreises und das Vergleichsmarktprinzip der Preismissbrauchsaufsicht verwiesen[3]. Prüfungsmaßstab ist also das Marktverhalten, wobei hier im Einzelfall Preisunterschiede durchaus gerechtfertigt sein können.

4. Möglichkeiten der Durchleitungsverweigerung

Liegen die Voraussetzungen des § 19 Abs. 4 Nr. 4 GWB vor, ist grundsätzlich Zugang zu den Netzen oder Infrastruktureinrichtungen zu gewähren. Der Netzzugang kann allerdings dann verweigert werden, wenn der Netzbetreiber nachweist, dass die Gewährung der Mitbe-

---

[1] OLG Dresden, RdE 1999, S. 144 (148); Bundeskartellamt, Beschluss vom 30.08.1999, B – 8 – 40100 – T – 99/99, S. 9; ohne nähere Begründung beispielsweise auch LG Magdeburg, RdE 2000, S 206 (208); LG Berlin, RdE 2000, S. 237 (246); LG Kiel, ET 2001, S 662 (663).

[2] BT-Drs. 13/9720, S. 74; so auch Markert, ET 1998, S. 252 (254).

[3] Büdenbender, RdE 1999, S. 1 (9); Lutz, RdE 1999, S. 102 (109/110); Schultz, ET 1999, S. 750 (753).

nutzung nicht möglich oder nicht zumutbar ist. Auch im Rahmen des § 19 Abs. 4 Nr. 4 GWB liegt die Darlegungs- und Beweislast beim Netzbetreiber.

Die Zugangsverweigerung kann gem. § 19 Abs. 4 Nr. 4 GWB somit grundsätzlich auf die Gesichtspunkte gestützt werden, die auch in § 6 Abs. 1 Satz 2 EnWG benannt werden. Der einzige Unterschied besteht darin, dass § 19 Abs. 4 Nr. 4 GWB nicht ausdrücklich auf die Ziele des § 1 EnWG verweist. Gleichwohl ergeben sich insoweit keine grundsätzlichen Unterscheide zum energierechtlichen Netzzugang. Das Fehlen des Hinweises auf die Ziele des § 1 EnWG hat grundsätzlich keinen Einfluss auf die Entscheidung über einzelne Durchleitungsbegehren. Insoweit wurde bereits ausgeführt, dass bei der Anwendung der §§ 19, 20 GWB die Rechtslage nach dem Energiewirtschaftsgesetz mit zu berücksichtigen ist und im Rahmen des Kartellrechts die energierechtlichen Vorgaben, vor allem die Ziele des § 1 EnWG, in der Weise zu berücksichtigen sind, dass Widersprüche zu vermeiden sind[1]. Bei der Beurteilung der Zulässigkeit der Netzzugangsverweigerung sind somit auch im Rahmen des § 19 Abs. 4 Nr. 4 GWB neben der auf die Freiheit des Wettbewerbs gerichteten Zielsetzung des GWB insbesondere auch die energierechtlichen Regelungen der §§ 1, 6 Abs. 1 Satz 1, 2 und Abs. 3 und auch die Art. 4 § 2 und § 3 EnWG zu berücksichtigen. Für den Netzzugang bei Gasversorgungsnetzen sind allerdings zusätzlich die Besonderheiten der Gaswirtschaft zu berücksichtigen[2].

Dementsprechend ist eine Netzzugangsverweigerung in der Stromwirtschaft im Rahmen des § 19 Abs. 4 Nr. 4 EnWG grundsätzlich dann gerechtfertigt bzw. ungerechtfertigt, wenn dies auch gem. § 6 Abs. 1 Satz 2 EnWG der Fall ist, so dass grundsätzlich auf die oben bereits ausführlich dargestellte Darstellung der Netzzugangsverweigerungsgründe verwiesen werden kann. Auch die Gerichte und Kartellbehörden gehen davon aus, dass eine Netzzugangsverweigerung grundsätzlich kartellrechtlich missbräuchlich i.S.d. § 19 Abs. 4 Nr. 4 GWB ist, soweit ein Netzzugangsanspruch gem. § 6 Abs. 1 Nr. 1 EnWG besteht bzw. wenn die Ablehnung nicht von § 6 Abs. 1 Satz 2, Abs. 3 EnWG oder Art. 4 § 2 oder § 3 des Neuregelungsgesetzes gedeckt ist[3]. Eine Netzzugangsverweigerung ist somit unter dem Kartell- und Energierecht grundsätzlich gleich zu beurteilen.

---

[1] Schneider, Liberalisierung der Stromwirtschaft, S. 471/474; Büdenbender, RdE 1999, S. 1 (19f.); Kühne, RdE 2000, S. 1 (5); Markert, ET 1998, S. 2525 (253).

[2] So auch Horstmann, Netzzugang in der Energiewirtschaft, S. 254.

[3] Vgl. statt vieler OLG Dresden, RdE 2000, S. 144 (148); Beschluss des Bundeskartellamts vom 30.08.1999, B 8 – 40100 – T – 99/99, S. 9ff.; siehe insoweit auch Holtorf/Horstmann, RdE 2002, S. 264 (271) m.w.N.

Auch bei der Gasdurchleitung bzw. ihrer Verweigerung konnten bislang die im Rahmen des Netzzugangsanspruchs gem. § 6 Abs. 1 EnWG dargestellten Erwägungsgründe auf den Netzzugangsanspruch gem. § 19 Abs. 4 Nr. 4 GWB übertragen werden. Allerdings waren bei der Gasdurchleitung stets die Besonderheiten der Gaswirtschaft zu beachten. So konnten die Betreiber von Gasversorgungsnetzen den Netzzugang nach Ansicht der Rechtsprechung bislang insbesondere nicht wegen fehlender Reziprozität verweigern, da ein entsprechender Verweigerungsgrund nicht existiere und eine dahingehende Auslegung der Erdgasbinnenmarktrichtlinie nicht zulässig sei. So führt beispielsweise – wie auch oben bereits ausgeführt – das LG Dortmund aus, eine spezialgesetzliche, ein generelles Durchleitungsverweigerungsrecht begründende Reziprozitätsregelung bestehe nicht. Die Erweiterung der bereits bestehenden Schutzregelung im Strombereich auf den Gasbereich durch den Gesetzesentwurf zur Änderung des Gesetzes zur Neuregelung des Energiewirtschaftsgesetzes vom 24.04.1998 sei noch nicht vom Bundestag beschlossen. Ob, wann und wie der Gesetzesentwurf geltendes Recht werde, sei unklar. Auch aus der Reziprozitätsregelung in Art. 19 Gasrichtlinie ergebe sich kein allgemeines Durchleitungsverweigerungsrecht. Diese sei weder unmittelbar anwendbar, noch im Wege richtlinienkonformer Auslegung für die Zumutbarkeitsabwägung des § 19 Abs. 4 Nr. 4 GWB relevant. Die Gasbinnenmarktsrichtlinie lasse den Mitgliedstaaten die Möglichkeit, Reziprozitätsregelungen für bestimmte Übergangszeiten zu schaffen, eine Verpflichtung der Mitgliedstaaten ergebe sich nicht[1]. Entsprechende Auffassungen vertreten – wie ebenfalls bereits ausgeführt – auch die Oberlandesgerichte Düsseldorf und München[2]. Dementsprechend ist nach Ansicht der Gerichte in der Gaswirtschaft ein Berufen auf fehlende Reziprozität regelmäßig ohne Erfolg sein. Änderungen haben sich auch nicht durch die Novellierung des EnWG ergeben, da die Reziprozitätsregelung des Art. 4 § 2 EnWG nach wie vor auf Energieversorger beschränkt geblieben ist.

5. Ergebnis

Ein Durchleitungsanspruch lässt sich somit regelmäßig neben § 6 EnWG auch auf § 19 Abs. 4 Nr. 4 GWB gründen. Bis zur Änderung des Energiewirtschaftsgesetzes bildete die Norm zudem die entscheidende Anspruchsgrundlage für Gasdurchleitungsbegehren. Eine Durchleitungsverweigerung ist regelmäßig – jedenfalls bei der Stromdurchleitung – aus den glei-

[1] LG Dortmund, ZNER 2001, S. 101 (102).

[2] OLG Düsseldorf, RdE 2002, S. 214 (218); OLG München, GRUR - RR 2002, S. 181.

chen Gründen gerechtfertigt bzw. zurückzuweisen wie im Rahmen von § 6 Abs. 1 EnWG. Insbesondere sind die Wertungen des EnWG trotz der Selbständigkeit der Normen auch im Rahmen von § 19 Abs. 4 Nr. 4 GWB zu beachten.

II. Diskriminierungs- und Behinderungsverbot des § 20 GWB

Neben § 19 Abs. 4 Nr. 4 GWB kommt im Rahmen der Netzzugangsfragen als weiterer kartellrechtlicher Norm auch § 20 GWB Bedeutung zu.

Diese Norm, die sich inhaltlich weitgehend mit § 26 Abs. 2 GWB a.F. deckt, statuiert ein Diskriminierungs- und Behinderungsverbot und verbietet marktbeherrschenden Unternehmen insbesondere, ein anderes Unternehmen unbillig zu behindern oder gegenüber gleichartigen Unternehmen ohne sachlich gerechtfertigten Grund unterschiedlich zu behandeln. Dementsprechend kann die Verweigerung des Netzzugangs durch ein marktbeherrschendes Unternehmen auch eine unbillige Behinderung oder Diskriminierung des Durchleitungspetenten gem. § 20 Abs. 1 GWB darstellen. Die Unbilligkeit der Behinderung ist durch eine Interessenabwägung zu beurteilen, wobei für eine eventuelle Rechtfertigung der Durchleitungsverweigerung das zu § 19 Abs. 4 Nr. 4 GWB Gesagte gilt, da das Diskriminierungsverbot des § 20 GWB ein Unterfall des Missbrauchs gem. § 19 GWB ist. Zu beachten ist jedoch, dass der Adressatenkreis durch die Einbeziehung von Fällen relativer Marktmacht noch weiter definiert wird, was im Rahmen der Durchleitungsproblematik jedoch regelmäßig wegen der bereits geschilderten Abgrenzung des räumlich und sachlich relevanten Marktes keine Rolle spielt. Auch die Rechtsprechung zieht neben den §§ 6 EnWG, 19 Abs. 4 Nr. 4 GWB, teilweise sogar ausschließlich, bei der Überprüfung von Durchleitungsbegehren § 20 Abs. 1 GWB heran[1].

---

[1] Vgl. beispielsweise OLG Naumburg, WuW 2002, S. 175 (177f.); LG Düsseldorf, RdE 2000, S. 83f.; OLG München, RdE 2002, S. 69 (71).

D) Die Durchsetzung der Ansprüche auf Netzzugang und einzelne Verfahrensfragen

Abschließend stellt sich nun die Frage, welche Möglichkeiten dem Durchleitungsinteressenten zur Durchsetzung seiner Netzzugangsansprüche im Falle einer rechtswidrigen Durchleitungsverweigerung zur Verfügung stehen. Die Verfahrensfragen bilden bei Durchleitungsbegehren einen wesentlichen Schlüssel. Dem Netzzugangsinteressenten stehen insoweit insbesondere zwei Möglichkeiten zur zwangsweisen Durchsetzung seiner Durchleitungsansprüche zur Verfügung. Zum einen besteht die Möglichkeit des zivilrechtlichen Rechtsschutzes, wobei neben der Durchsetzung der Ansprüche im Hauptsacheverfahren insbesondere der einstweilige Rechtsschutz von Bedeutung ist. Zum anderen hat der Durchleitungsinteressent die Möglichkeit der Kartellbeschwerde. Diese Verfahren bieten die üblichen und praxisrelevantesten Vorgehensmöglichkeiten der Durchleitungspetenten, auf die daher im Folgenden genauer eingegangen werden soll. Daneben besteht in einigen Fällen auch die Möglichkeit einer Beschwerde gegenüber der Europäischen Kommission. Schließlich bestehen im Rahmen des Netzzugangs auch bestimmte Anordnungsbefugnisse der Landesenergiebehörden. Diese wenig praxisrelevanten Alternativen sollen hier jedoch vernachlässigt werden[1].

I. Klage vor den Zivilgerichten

Eine erste Möglichkeit der Durchsetzung der Ansprüche auf Netzzugang ist – wie bereits erwähnt – die Klage vor den Zivilgerichten.

1. Hauptsacheverfahren

Insoweit besteht zunächst die Möglichkeit der Anstrengung eines Hauptsacheverfahrens. Hierbei ist jedoch zu beachten, dass die Durchsetzung der Durchleitungsansprüche im normalen zivilgerichtlichen Verfahren erhebliche Zeit in Anspruch nehmen kann, wobei es neben den üblichen Verfahrenszeiten insbesondere auch durch eventuell eingelegte Rechts-

---

[1] Vgl. hierzu Theobald / Zenke, Grundlagen der Strom- und Gaswirtschaft, S. 153; Büdenbender, ZIP 1999, S. 1469ff.

mittel zu erheblichen zeitlichen Verzögerungen kommen kann. Insgesamt können bis zu einem rechtskräftigen Urteil daher durchaus mehrere Jahre vergehen[1]. Die Anstrengung eines Hauptsacheverfahrens ist angesichts der Schnelllebigkeit des Stromhandels daher grundsätzlich eine wenig effektive Rechtsschutzmöglichkeit.

a) materiellrechtliche Ansprüche und Formulierung der Klageanträge

Es stellt sich für den Petenten zunächst die Frage, welche Ansprüche er geltend machen kann und wie die Klageanträge zu formulieren sind.

Oben wurden die materiellrechtlichen Ansprüche auf Netzzugang bereits genauer erörtert, so dass insoweit auf die obigen Ausführungen zu den Anspruchsnormen der §§ 6 EnWG, 19 Abs. 4 Nr. 4, 20 Abs. 1 GWB verwiesen werden kann.

Interessanter ist die Frage der Antragstellung. Hier sind insbesondere drei Varianten praxisrelevant.

Zum einen besteht die Möglichkeit einer Klage auf Vertragsschluss, bei der die Annahmeerklärung des Vertragspartners durch Rechtskraft des Urteils ersetzt wird, § 894 ZPO. Sowohl aus § 6 Abs. 1 EnWG, als auch aus § 19 Abs. 4 Nr. 4 GWB ergibt sich zunächst ein Anspruch auf Abschluss eines Netznutzungsvertrages, denn das Wesen des verhandelten Netzzugangs gem. § 6 Abs. 1 EnWG ist grundsätzlich der Abschluss eines Vertrages. Dementsprechend kann der Netzzugangsinteressent bei fehlender Einigung grundsätzlich zunächst auf den Abschluss eines konkret auszuformulierenden und der Klage beizufügenden Vertrages klagen. Die Annahmeerklärung des Netzbetreibers zu dem konkreten Durchleitungsangebot wird sodann gem. § 894 ZPO durch die formelle Rechtskraft des Urteils ersetzt. Diese Klagemöglichkeit wird sich jedoch nur dann anbieten, wenn damit gerechnet werden kann, dass der Netzbetreiber diesen so zustande gekommenen Vertrag dann auch erfüllen wird, denn bei beharrlicher Weigerung des Netzzugangs nach Begründung des Durchleitungsvertrages mittels § 894 ZPO muss der Durchleitungspetent erneut auf Gewährung der Durchleitung klagen[2].

---

[1] vgl. insoweit auch Theobald / Zenke, Grundlagen der Strom- und Gasdurchleitung, S. 133f.

[2] Büdenbender, ZIP 1999, S. 1469 (1473); Theobald / Zenke, Grundlagen der Strom- und Gaswirtschaft, S. 139.

Aus Gründen der Prozessökonomie wird daher in der Regel eine sofortige Klage auf Bereitstellung der Netze vorzugswürdig sein. Dies ist jedenfalls dann möglich, wenn man – wie hier vertreten – von einem gesetzlichen unmittelbaren Netzzugangsanspruch ausgeht. Auch die Mehrzahl der Gerichte geht zutreffend – wie oben bereits ausgeführt – davon aus, dass ein unmittelbarer Zugangsanspruch zu den bestehenden Netzen gem. § 6 Abs. 1 EnWG gewährt wird, insoweit wird auf die obigen Ausführungen verwiesen. Dementsprechend wird der Petent in der Regel unmittelbar Ansprüche auf ein zur Verfügung Stellen des Versorgungsnetzes für die begehrte Durchleitung bzw. die Gewährung des Netzzugangs geltend machen. Die Klage ist dann auf Bereitstellung des Netzes für die konkrete Durchleitung Zug um Zug gegen Zahlung eines angemessenen Entgeltes zu richten[1]. Dementsprechend tenoriert beispielsweise das LG Potsdam im Urteil vom 02.02.2000 antragsgemäß in einem einstweiligen Verfügungsverfahren:

„Der Verfügungsbeklagten wird geboten, der Verfügungsklägerin per sofort und bis zu einer Entscheidung in der Hauptsache die Durchleitung elektrischer Energie vom Einspeiseknoten UW – Neuenhagen 220 kV (...) bis zu den in der Anlage ASt1 ersichtlichen Abnahmestellen auf der Basis wie folgt berechneter Fahrpläne zu gestatten und die entsprechend eingespeiste Menge elektrischer Energie entgegenzunehmen:

- für Kunden mit Leistungsmessung nach den von der Verfügungsklägerin aufgegebenen Arbeitswerten (kWh) und Leistungswerten (kW),
- für Kunden ohne Leistungsmessung auf Basis geeigneter branchenüblicher Lastprofile wie beispielsweise den von der VDEW zur Verfügung gestellten bundeseinheitlichen Lastprofilen für die Leistung (kW) und entsprechend den Aufgaben der Verfügungsklägerin für die Arbeit (kWh).

Zug um Zug gegen Zahlung eines angemessenen Entgelts für den Netzzugang. (...)“[2].

Insoweit ist auch die Formulierung „Zug um Zug gegen Zahlung eines angemessenen Entgelts“ ausreichend bestimmt[3], worauf später noch genauer eingegangen werden soll.

---

[1] So auch Theobald / Zenke, Grundlagen der Strom- und Gaswirtschaft, S. 137f.; Büdenbender, ZIP, S. 1469 (1473); Ungemach / Weber, RdE 1999, S. 131 (131/134).

[2] LG Potsdam, WuW 2000, S. 518; vgl. auch LG Magdeburg, RdE 2000, S. 206f.; LG Dortmund, GRUR – RR 2001, S. 43ff.

[3] LG Potsdam, WuW 2000, S. 518 (519).

Neben der Möglichkeit einer Klage auf Vertragsschluss sowie einer unmittelbaren Klage auf Netzzugang besteht grundsätzlich noch die Möglichkeit einer Klage auf Feststellung einer Durchleitungsverpflichtung. So beantragte beispielsweise die Netzzugangsinteressentin im sog. Fortum - Verfahren vor dem LG Berlin

„festzustellen, dass die Beklagte verpflichtet ist, das in ihrem Eigentum stehende Versorgungsnetz ihr – der Klägerin – für die Durchleitung von Strom nach Maßgabe der Netznutzungsanträge Nr. 31 – 45 vom 06.06.2000 (als Anlagen K 87 – K 94) bis zum 31.12.2001 zu Bedingungen zur Verfügung zu stellen, die nicht ungünstiger sind, als sie von ihr in vergleichbaren Fällen für Leistungen innerhalb ihres Unternehmens oder gegenüber verbundenen oder assoziierten Unternehmen tatsächlich oder kalkulatorisch in Rechnung gestellt werden, hilfsweise (...)".

Der Antrag auf Feststellung der Durchleitungsverpflichtung mit Bezug auf konkret gestellte Durchleitungsanträge wurde vom Gericht gem. § 256 ZPO als zulässig erachtet[1]. Die Klage auf Feststellung der Durchleitungsverpflichtung ist insbesondere zur Vorbereitung eines Prozesses auf Geltendmachung eines Schadensersatzanspruches bedeutsam, ansonsten aber nicht vollstreckbar[2]. Auf die Zulässigkeitsvoraussetzungen der Feststellungsklage im Rahmen von Durchleitungsbegehren soll unten genauer eingegangen werden.

Letztendlich kann der Petent sein Begehren auch dahingehend formulieren, dass das Berufen auf bestimmte Netzzugangsverweigerungsgründe nicht zulässig ist. Das Landgericht Frankfurt entschied beispielsweise dahingehend, dass es dem Netzbetreiber untersagt sei, sich gegenüber dem Durchleitungsbegehren der Lieferantin darauf zu berufen, dass sie über einen rechtswirksamen Stromlieferungsvertrag mit der Antragstellerin verfüge, der diese verpflichte, ihren Bedarf an elektrischer Energie ausschließlich bei der Antragsgegnerin zu decken[3]. Schließlich besteht noch die Möglichkeit einer Forderung der Aufnahme von Verhandlungen über die Bereisstellung des Netzes[4]. Beide Varianten sind jedoch insbesondere angesichts der Beschränkungen wenig praxisrelevant.

---

[1] Vgl. LG Berlin, Entscheidung vom 27.06.2000, WuW 2000, S. 997 (999).

[2] Vgl. auch Theobald / Zenke, Grundlage der Strom- und Gaswirtschaft m.w.N. sowie Ungemach / Weber, RdE 1999, S. 131 (133ff.).

[3] LG Frankfurt, Beschluss vom 07.01.2000, Az. 2-06 O 8/00; entsprechend entschied auch das LG Mainz, Az. 11 HK. O 16/00 Kart.; vgl. Hierzu auch Theobald/Zenke, Grundlagen der Strom- und Gaswirtschaft, S. 141.

[4] Zu beiden Varianten genauer Theobald / Zenke, Grundlagen der Strom- und Gaswirtschaft, S. 140 /141.

b) Bestimmtheitserfordernis und Leistungsklage

Entscheidet der Petent sich für einen Leistungsantrag, muss dieser gem. § 253 Abs. 2 ZPO bestimmt genug sein. Dies gilt nicht nur für das Hauptsacheverfahren, sondern ist auch im Verfahren des einstweiligen Rechtsschutzes zu beachten, so dass die Ausführungen insoweit entsprechend gelten[1].

Klageanträge – und auch Verfügungsanträge – sind gem. § 253 Abs. 2 Nr. 2 ZPO nur dann zulässig, wenn sie hinreichend bestimmt sind. Der erhobene Anspruch muss dementsprechend nach Inhalt und Umfang konkret bezeichnet werden[2]. Der Klageantrag muss eine taugliche Grundlage für die Bestimmung des Inhalts und des Umfangs der materiellen Rechtskraft darstellen und eine spätere Zwangsvollstreckung ermöglichen.

Der Netzzugangsinteressent hat dementsprechend insbesondere die begehrte Durchleitungsleistung zu bestimmen. Die begehrte Durchleitung ist mengenmäßig, räumlich und zeitlich hinreichend konkret zu beschreiben. Grundsätzlich festzulegen ist daher zum einen die Durchleitungsstrecke, wobei die konkrete Bezeichnung der Einspeise- und Entnahmepunkte genügt. Zum anderen bedarf es der Bestimmung der Durchleitungsmenge. Dies ist vor allem im Fall einer Vollversorgung, bei der die tatsächliche Inanspruchnahme der Durchleitung nur grob prognostizierbar ist und bei der sich die durchzuleitende Energiemenge nach dem schwankenden Bedarf des belieferten Endverbrauchers bzw. Weiterverteilers richtet, nicht unproblematisch. Die Leistungsangabe ist für den Netzbetreiber aber von erheblicher Bedeutung, denn durch sie wird festgelegt, welche Leistungskapazität äußerstenfalls vom Petenten in Anspruch genommen wird. So kann festgestellt werden, ob überhaupt über die entsprechenden Kapazitäten verfügt wird. Im Fall der Vollversorgung ist daher die maximal in Anspruch genommene Netzkapazität als Durchleitungsleistung anzugeben. Diese Angabe ist ausreichend, denn der Netzbetreiber weiß dann, in welchem Rahmen er zur Ermöglichung der Durchleitung elektrizitätswirtschaftliche Leistungen erbringen soll[3]. Nicht angegeben werden müssen vom Netzzugangspetenten hingegen genauere Details zum Netzbetrieb und Lastmanagement. Ausschließlich Systemdienstleistungen, die nicht durchleitungsimmanent sind, also vom Netzbetreiber nicht zwingend bereit zu stellen sind, müssen im

---

[1] Vgl. hierzu insbesondere Engel, Verhandelter Netzzugang, S. 26f.

[2] Vgl. Zöller, ZPO, 22. Aufl., § 253 Rn. 44f.

[3] Ungemach / Weber , RdE 1999, S. 131 (132f.).

Leistungsantrag angegeben werden. Auch das Durchleitungsentgelt muss grundsätzlich nicht genauer bestimmt werden[1].

Diese Grundsätze sind mittlerweile auch von den Zivilgerichten anerkannt worden.

So führt das OLG Dresden zur Frage der Bestimmtheit des Klageantrags aus, erforderlich sei die konkrete Bezeichnung der Einspeise- und Entnahmepunkte sowie der Durchleitungsmenge, wobei die Angabe der maximal in Anspruch zu nehmenden Leistungskapazität ausreichend sei, da der Netzbetreiber anhand dieser Angabe feststellen könne, ob er über entsprechend freie Leistungskapazitäten verfüge[2].

Das Landgericht Potsdam führt in der Entscheidung vom 02.02.2000 aus, Zweifel an der möglichen Vollstreckungsfähigkeit des Antrags – der dem oben bereits dargestellten Tenor des LG Potsdam entsprach – bestünden nicht. Insbesondere könne von der Petentin nicht bereits im Antrag die genaue Angabe der Durchleitungsmenge gefordert werden. Insoweit wurde vom Gericht die Bezugnahme auf branchenübliche Lastprofile als zulässig angesehen[3].

Auch das Landgericht Leipzig[4] und das OLG Dresden[5] sehen die Bezugnahme auf branchenübliche Lastprofile nicht als Verstoß gegen das Bestimmtheitsgebot des § 253 Abs. 2 ZPO an. So führt das OLG Dresden aus, der Antrag sei dahingehend formuliert, dass für Kunden ohne Leistungsmessung auf der Basis geeigneter „branchenüblicher Lastprofile" die Durchleitung zu gestatten sei. Insoweit enthalte der Klageantrag zwar mit der Branchenüblichkeit einen Begriff, der auf der Erfüllungsebene einen Spielraum eröffne. Gleichwohl scheitere daran nicht eine fehlende inhaltliche Bestimmtheit des Klageantrags. Zum einen verweise die Klägerin in ihrem Antrag beispielhaft auf die von der VDEW zur Verfügung gestellten bundeseinheitlichen Lastprofile. Zum anderen handele es sich auch bei der Beklagten um ein Energieversorgungsunternehmen, dem die Erstellung von Lastprofilen gera-

---

[1] Ungemach / Weber, RdE 1999, S. 131 (133f.).

[2] OLG Dresden, GRUR – RR 2001, S. 190 (192); so auch LG Leipzig, ZNER 2001, S 57 (58), in diesem Rechtsstreit wurde den formulierten Anforderungen allerdings nicht genüge getan.

[3] LG Potsdam, RdE 2000, S. 203 (204).

[4] ZNER 2001, S. 57(58).

[5] GRUR - RR 2001, S. 190ff.

de auch zur eigenen Abrechnung mit Kunden obliege, so dass über die Reichweite des Gebots keine Unklarheiten bestehen könnten[1].

Schließlich führt das OLG Dresden in einer anderen Entscheidung zutreffend aus, in technischer Hinsicht setze die Durchleitung die Aufrechterhaltung eines stabilen Netzzustands voraus, wofür umfangreiche Leistungen des Netzbetreibers im Netzbetrieb erforderlich seien. Deren Beschreibung aber sei dem Durchleitungspetenten schon wegen der ihm nicht zugänglichen Sphäre des Netzbetreibers nicht möglich. Unter Berücksichtigung dieses Hintergrunds sei eine nähere Umschreibung der vorzunehmenden Handlung nicht bei zwingend beizustellenden Systemdienstleistungen, sondern lediglich bei übrigen Systemdienstleistungen, die entweder selbst zu erbringen, von Dritten beistellen zu lassen oder dem Netzbetreiber zu vergüten seien, als erforderlich anzusehen[2].

Nach zutreffender Ansicht der Rechtsprechung ist bei der Antragstellung zudem eine Bezugnahme auf Anlagen zulässig, sofern diese hinreichend genau bezeichnet sind und ihr Inhalt den Bestimmtheitsanforderungen genügt. So muss der Netzzugangsinteressent nicht sämtliche Einzelheiten des begehrten Netzzuganges in seinen Klageantrag aufnehmen. Dementsprechend führt beispielsweise das OLG Dresden in der Entscheidung vom 08.02.2001 aus, den geforderten Anforderungen werde der Klageantrag durch die Bezugnahme auf die Anl. AS 2 durchaus noch gerecht. Dem Schreiben vom 27.07.2000 und der ihr zugehörigen Belieferungsliste ließen sich die erforderlichen Daten entnehmen. Angegeben würden neben der sog. Jahresarbeit die Leistung sowie der Bilanzkreis und die Bilanzkreiszugehörigkeit, wobei auch die Einspeisung aus dem Netz der e AG deutlich werde. Aus der sog. Belieferungsliste ergäben sich die einzelnen Entnahmestellen der Verbraucher, denen konkrete Angaben zu der Abnahmemenge zuzuordnen seien. Eine derartige Bezugnahme auf eine Anlage eines Schriftsatzes sei zulässig. Der Kläger sei nicht verpflichtet, sämtliche Einzelheiten in den Klageantrag aufzunehmen, sondern könne sich mit der Bezugnahme auf ein Schriftstück begnügen, sofern dieses hinreichend bezeichnet werde und sein Inhalt selbst den Bestimmtheitsanforderungen entspreche. In diesen Fällen sei sowohl den Beklagten eine umfassende Verteidigung wie auch eine Zwangsvollstreckung möglich[3].

---

[1] OLG Dresden, GRUR – RR 2001, S. 190 (192).

[2] OLG Dresden, Entscheidung vom 13.09.2001, GRUR – RR 2002, S. 85 (86), a.A wohl nur LG Leipzig, Urteil vom 08.06.2001, RdE 2002, S 24 (25).

[3] Des Weiteren wird ergänzend ausgeführt, soweit die Beklagte in diesem Zusammenhang rüge, dass ihr das Schreiben vom 27.07.2000 ohne eine Belieferungsliste zugegangen sei, sei dies unerheblich. Der Kläger be-

Uneinigkeit besteht bei den Zivilgerichten nun aber darüber, ob eine begehrte Verurteilung zur Netznutzung Zug um Zug gegen Zahlung eines „angemessenen Entgelts“ als Verstoß gegen das Bestimmtheitsgebot anzusehen ist. Hintergrund der unterschiedlichen Beurteilung ist insbesondere die Bedeutung des § 315 BGB[1].

Teilweise sind die Gerichte der Auffassung, dass sich die Betragshöhe des Netznutzungsentgelts bei einer Leistungsbestimmung nach § 315 BGB nicht unmittelbar aus dem Vollstreckungstitel ergebe und ein Antrag ohne genaue Betragsangabe unbestimmt und unzulässig sei. So führt beispielsweise das OLG Düsseldorf aus, der Hauptantrag genüge nicht dem Bestimmtheitserfordernis des § 253 Abs. 2 Nr. 2 ZPO, der entsprechend für Anträge auf Erlass einer einstweiligen Verfügung gelte, und sei daher unzulässig. Denn mit der Bezeichnung der gem. dem Antrag für die begehrte Leistung (rechtlich übrigens richtigerweise) Zug um Zug zu erbringenden Gegenleistung als „Zahlung eines angemessenen Entgelts“ sei die Geldleistung der Antragstellerin vom Betrag her nicht bestimmt und auch nicht für die Zwecke und Bedürfnisse eines funktionsfähigen Vollstreckungsverfahrens ohne weiteres (etwa mit Hilfe allgemeinkundiger Daten) berechenbar. Damit stehe nicht bestimmt oder ohne weiteres berechenbar im Vorhinein fest, ab welcher (Zug um Zug) zu zahlenden Geldbetragshöhe die Antragsgegnerin die begehrte Durchleitung nicht mehr verweigern dürfe, ohne gegen die beantragte (und vom LG erlassene) einstweilige Verfügung zu verstoßen. Ein durchaus nicht fern liegender (und nach den Meinungsverschiedenheiten in der Senatsverhandlung sogar eher wahrscheinlicher) Streit der Parteien über das materiell – rechtliche Element der angemessenen Entgelthöhe würde durch die bisherige Formulierung des Verfügungstenors in das Vollstreckungsverfahren verlagert. Das sei nicht zulässig. An dieser Rechtslage ändere sich auch dann nichts, wenn die Ansicht des LG zuträfe, dass der Antragsgegnerin nach § 315 BGB ein Leistungsbestimmungsrecht zustehe. Denn auch dann ergäbe sich die Betragshöhe der von der Antragstellerin zu erbringenden Entgeltzahlung, deren Zug - um - Zug - Leistung eine dennoch erklärte Verweigerung der verfügten Durchleitung als Rechtsverstoß der Antragsgegnerin als Rechtsverstoß erscheinen lasse, nicht aus der einstweiligen Verfügung – dem Vollstreckungstitel – selbst. Ferner wären (auch) für das Vollstreckungsorgan Ungewissheit und Unsicherheit durchaus möglich, ob die von der An-

ziehe sich in seinem Antrag auf eine Anlage AS 2, die in diesem Rechtsstreit eingereicht worden sei und deren Bestandteil auch eine Belieferungsliste bilde. Allein dies sei für die Frage der Bestimmtheit des Klageantrages maßgebend; vgl. hierzu OLG Dresden, Urteil vom 08.02.2001, GRUR – RR 2001, S. 190 (192); angeführt auch bei Holtorf / Horstmann, RdE 2002, S. 264 (272).

[1] Vgl. hierzu auch Holtorf / Horstmann, RdE 2002, S. 264 (273) m.w.N.

tragsgegnerin getroffene Leistungsbestimmung der Billigkeit entspreche (§ 315 Abs. 1 und Abs. 3 Satz 1 BGB), ganz zu schweigen von den Schwierigkeiten bei verzögerter Leistungsbestimmung (vgl. § 315 Abs. 3 Satz 2 Halbs. 2 BGB). All das sei ebenfalls unzulässig. Es verstehe sich von selbst, dass die nach § 315 Abs. 3 Satz 2 BGB durch Urteil zu treffende Bestimmung der Entgelthöhe, dass die Leistungsbestimmung durch die Antragsgegnerin nicht der Billigkeit entspreche oder verzögert werde, nicht dem Vollstreckungsverfahren überlassen werden könne, ganz abgesehen davon, dass sich ein solches „Zwischenverfahren" nicht mit der Eilbedürftigkeit der Durchsetzung der einstweiligen Verfügung vertrage. Schließlich könne nach Auffassung des Gerichts der Gefahr, im Antrag ein zu hohes Entgelt zu bestimmen, jedenfalls dadurch begegnet werden, dass ein Rückforderungsvorbehalt in den Antrag aufgenommen wird[1].

Richtigerweise geht jedoch die wohl überwiegende Zahl der Gerichte davon aus, dass eine begehrte Verurteilung Zug – um – Zug gegen Zahlung eines „angemessenen Entgelts" wegen des dem Netzbetreiber zustehenden Leistungsbestimmungsrechts nicht gegen das Bestimmtheitsgebot verstößt. Die Auffassung des OLG Düsseldorf beruht auf einem falschen Verständnis des § 315 BGB.

So führt beispielsweise das Landgericht Potsdam insoweit zutreffend aus, auch gegen das Begehren einer Zug – um – Zug – Verurteilung gegen Zahlung eines angemessenen Entgeltes bestünden keine Bedenken. Zwar gingen sowohl § 6 Abs. 1 Satz 1 EnWG als auch die Verbändevereinbarung (...) von einer einvernehmlichen Entgeltbestimmung unter Berücksichtigung der insbesondere in der Verbändevereinbarung dargelegten Grundsätze aus. Allerdings würden diese Grundsätze auch zeigen, dass es zunächst Sache des Netzbetreibers sei, ein angemessenes Entgelt für die Stromdurchleitung vorzuschlagen. Der die Durchleitung Begehrende verfüge hingegen regelmäßig nicht über einen derart vertieften Kenntnisstand hinsichtlich der dem Netzbetreiber durch die Fremdstromdurchleitung entstehenden Kosten. Daher beschränke sich seine Rolle in der Preisfindung vorrangig auf die Überprüfung des vorgeschlagenen Entgeltes. Darüber lasse die Vorschrift des § 315 BGB ausdrücklich die Möglichkeit der Übertragung der Leistungsbestimmung auf einen der Vertragsschließenden zu, so dass auch aus diesem Grund keine Zweifel an der Bestimmtheit des Antrages bestünden. Wenn die Verfügungsbeklagte insoweit vortrage, das Entgelt sei nicht so einfach zu bestimmen, wie es der Verfügungsklägerin offensichtlich vorschwebe, könne

[1] OLG Düsseldorf, RdE 2002, S. 214 (215).

hieraus kein Argument gegen eine mögliche Verurteilung Zug um Zug gegen Zahlung eines angemessenen, von der Verfügungsbeklagten unter Berücksichtigung der Vorgaben der Verbändevereinbarung über Kriterien zur Bestimmung von Netznutzungsentgelten für elektrische Energie zu bestimmenden Entgeltes, hergeleitet werden[1].

Entsprechend äußert sich beispielsweise auch das LG Dortmund in seinen Entscheidungen vom 12.04.2001[2] und 01.09.2000[3]. Auch hier heißt es jeweils zutreffend, der Antrag sei auch zulässigerweise auf Leistung Zug – um – Zug gegen Zahlung eines angemessenen nicht näher bestimmten Entgelts gerichtet. Da der Verfügungsbeklagten nach § 315 BGB ein Leistungsbestimmungsrecht zustehe, sei die Zug – um – Zug – Leistung auch ohne Angabe einer Entgelthöhe nicht unbestimmt. Die Verfügungsbeklagte habe von ihrem Leistungsbestimmungsrecht ohne weiteres Gebrauch machen können, wie das Vorgehen der Parteien betreffend die Entgeltfrage nach Erlass der einstweiligen Verfügung zeige.

Abschließend soll noch darauf hingewiesen werden, dass ein Verstoß gegen das Bestimmtheitsgebot nach zutreffender Ansicht der Gerichte jedenfalls dann nicht vorliegen soll, wenn die Entgeltfrage überhaupt nicht Gegenstand des Antrags ist bzw. das Entgelt nur dergestalt „bestimmt" ist, dass es nicht ungünstiger sein darf, als die gegenüber verbundenen oder assoziierten Unternehmen tatsächlich oder kalkulatorisch in Rechnung gestellten Entgelte. Auch insoweit haben die Gerichte zutreffend darauf hingewiesen, dass das Entgelt gegebenenfalls nach § 315 BGB vom Netzbetreiber bestimmt werden müsse und der Streit über die Höhe des Netznutzungsentgelts in diesen Fällen keinen vollstreckungsrechtlichen Charakter habe. Dies soll auch gelten, wenn die Abgabe einer Willenserklärung gefordert wird und dem Netzbetreiber auf Grund des Vertrages ein Leistungsbestimmungsrecht gem. § 315 BGB zusteht[4].

---

[1] LG Potsdam, RdE 2000, S. 203 (204).

[2] ZNER 2001, S. 101f.

[3] GRUR - RR 2001, S. 43f.

[4] Vgl. hierzu Holtorf / Horstmann, RdE 2002, S. 264 (273) mit Verweis u.a. auf LG Berlin, NJWE - WettbR 2000, S. 270ff; LG Potsdam, RdE 2000, S. 203ff.; KG Berlin, WRP 2002, S. 564ff.

c) Feststellungsklage

Kann der Durchleitungsinteressent dem Bestimmtheitserfordernis des § 253 Abs. 2 ZPO nicht genügen, kommt die Erhebung einer Feststellungsklage gem. § 256 ZPO in Betracht, die gegebenenfalls auch hilfsweise erhoben werden kann. Bei der Feststellungsklage wird im Rahmen von Durchleitungsstreitigkeiten auf Feststellung des Bestehens oder Nichtbestehens des Durchleitungsschuldverhältnisses geklagt. Im Einzelfall werden an die Erhebung der Feststellungsklage im Rahmen der Bestimmtheit nicht so hohe Anforderungen gestellt wie an die Erhebung einer Leistungsklage[1]. Gleichwohl muss auch der Feststellungsantrag grundsätzlich hinreichend bestimmt sein. Zudem besteht ein schutzwürdiges Interesse an der Erhebung einer Feststellungsklage nur dann, wenn eine Leistungsklage nicht zulässig und möglich wäre[2].

Eine Feststellungsklage war beispielsweise Gegenstand eines Verfahrens vor dem Landgericht Berlin. Die Klägerin hatte in diesem Verfahren beantragt, festzustellen, dass ihr die Beklagte das Energieversorgungsnetz für Durchleitungen zur Verfügung zu stellen habe. Das Gericht ging hier von einem umfassenden, alle konkret gestellten Durchleitungsanträge einschließenden Leistungsbegehren aus und hat die Erhebung dieser Feststellungsklage für zulässig erachtet und ausgeführt, der Antrag auf Feststellung der Durchleitungsverpflichtung mit Bezug auf konkret gestellte Durchleitungsanträge sei gem. § 256 ZPO zulässig. Der gestellte Hauptantrag sei gem. § 253 Abs. 2 Nr. 2 ZPO bestimmt genug. Ein Feststellungsantrag müsse die Identität und damit den Umfang der Rechtskraftwirkung des begehrten Feststellungsausspruchs klar erkennen lassen. Das streitige Rechtsverhältnis dürfe nicht abstrakte Rechtsfragen ohne Bezug auf ein konkretes Rechtsverhältnis betreffen. Auch mache die Verwendung unbestimmter Rechtsbegriffe, die weder in der Begründung der Entscheidung konkretisiert werden, noch hinsichtlich ihres Inhalts und ihrer Bedeutung zwischen den Parteien außer Streit stehen, den Verbotstenor unbestimmt. Diesen Anforderungen genüge der gestellte Feststellungsantrag. Insoweit erachtet das Gericht auch eine Bezugnahme auf den Wortlaut des § 6 Abs. 1 Satz 1 EnWG für zulässig, dies trotz der aus dem Recht des unlauteren Wettbewerbs bekannten Zurückhaltung der Rechtsprechung in Bezug auf die Zulässigkeit gesetzeswiederholender Klageanträge[3]. Das Landgericht führt aus, zwar

---

[1] Ungemach / Weber, RdE 1999, S. 131 (134f.) m.w.N.

[2] Thomas / Putzo, ZPO, § 256 Rn. 7/18.

[3] Vgl. hierzu auch Holtorf / Horstmann, RdE 2002, S. 264 (273).

nehme der Feststellungsantrag im Wesentlichen Bezug auf den Wortlaut des § 6 Abs. 1 Satz 1 EnWG. Die im Kern begehrte Feststellung bestehe tatsächlich aber gerade darin, dass die Regelung des § 6 Abs. 1 Satz 1 EnWG zwischen den Parteien zur Anwendung komme und nicht durch die Ausnahmevorschrift des § 6 Abs. 1 Satz 2 EnWG („Dies gilt nicht, soweit ...“) ausgeschlossen werde. Die Frage, ob sich die Beklagte für die Verweigerung der Durchleitung auf diesen Ausnahmetatbestand berufen könne, stelle den eigentlichen Streitpunkt zwischen den Parteien dar. Nur die dahingehende Feststellung solle nach dem erkennbaren Willen der Klägerin in Rechtskraft erwachsen. Eine weitere Konkretisierung erfolge durch die Bezugnahme auf zeitlich befristete Durchleitungsanträge für die Belieferung namentlich benannter Kunden. Dies ermögliche es der Beklagten, eine etwaige Unzumutbarkeit der Durchleitung für den Einzelfall und unter Berücksichtigung ihrer augenblicklichen wirtschaftlichen Situation darzulegen und dem Durchleitungsanspruch entgegenzuhalten. Dagegen seien die Modalitäten, also das „wie“ der Durchleitung nach Maßgabe des § 6 Abs. 1 Satz 1 EnWG zwischen den Parteien hier nicht im Streit (...)[1].

Nach Ansicht des Landgerichts Berlin konnte die Klägerin insbesondere auch nicht auf die Möglichkeit einer Leistungsklage verweisen werden, denn die Formulierung eines konkreten Leistungsbegehrens sei der Klägerin unter den gegebenen Umständen nicht möglich, jedenfalls nicht zumutbar. Mit einem konkreten Leistungsantrag liefe die Klägerin Gefahr, dass dieser sich entweder im laufenden Verfahren wegen Zeitablaufs erledige oder aber wegen Unbestimmtheit des Begehrens gem. § 253 Abs. 2 Nr. 2 ZPO unzulässig wäre. So sei im vergleichbaren Fall eines Leistungsantrags auf Belieferung mit bestimmten Waren erforderlich, dass die Annahme eines konkreten Kaufangebots verlangt werde, in dem die zu liefernde Ware nach Gegenstand und Zahl genau bestimmt sei (...). Die dargestellten Grundsätze zur Belieferung mit Waren würden gleichermaßen für einen Vertrag gelten, der die Durchleitung bestimmter Strommengen durch ein Leitungsnetz (...) zum Gegenstand haben solle. Auch hier könne eine konkrete Leistungsbeziehung nur auf Grundlage der jeweils konkret begehrten Durchleitungsmenge begründet werden. Dazu bedürfe es detaillierter Durchleitungspläne, die stundenweise die durchzuleitenden Strommengen angeben müssten, da diese ihrerseits sich nach dem schwankenden Bedarf der Abnehmer richte. All dies müsste für eine Leistungsklage der Klägerin in ihren Klageanträgen enthalten sein, um die Beklagte überhaupt gem. § 894 ZPO zur Annahme eines entsprechenden Durchleitungsvertrags verurteilen zu können. Daran fehle es hier. Die Komplexität des konkreten Durchlei-

[1] LG Berlin, NJWE - WettbR 2000, S. 270 (272).

tungsbegehrens zeige sich auch darin, dass die von der Klägerin bisher gestellten Durchleitungsanträge jeweils umfangreiche Anlagen enthielten, die den Schriftsätzen als Anlage nicht beigefügt gewesen seien. Es entspreche den Grundsätzen der Prozessökonomie, den Rechtstreit um die Verpflichtung der Beklagten auf Gewährung des Zugangs zu ihren Stromnetzen im Rahmen einer Feststellungsklage durchzuführen[1].

Auch in zwei weiteren Verfahren vor dem LG Berlin wurde eine Feststellungsklage erhoben. Diese wurden mit identischer Begründung ebenfalls als zulässig erachtet[2].

d) Rechtsschutzbedürfnis

Teilweise ist auch die Frage des Vorliegens des Rechtsschutzbedürfnisses bei Durchleitungsklagen fraglich.

Rechtsschutzbedürfnis bedeutet ein berechtigtes Interesse des Klägers daran, zur Erreichung des begehrten Rechtsschutzes ein Zivilgericht in Anspruch zu nehmen. Es folgt regelmäßig aus der Nichterfüllung des behaupteten Anspruchs[3]. Die Netzbetreiber berufen sich teilweise darauf, dass das Rechtsschutzbedürfnis des Netzzugangsinteressenten fehle, denn die Bereitstellung des Netzes sei nicht abgelehnt worden, sondern man habe immer zum Ausdruck gebracht, das Netz für Durchleitungen öffnen zu wollen bzw. die begehrte Leistung, nämlich die Abgabe eines Angebots für einen Durchleitungsvertrag, sei bereits abgegeben worden[4]. Hier ist jedoch zu beachten, dass die Abgabe eines Angebotes zum Abschluss eines Durchleitungsvertrags das Rechtsschutzbedürfnis des Netzzugangsinteressenten dann nicht entfallen lässt, wenn das vermeintliche Angebot zugleich unzumutbare Bedingungen oder auch Vorbehalte enthält. So beispielsweise, wenn der Netzbetreiber sich zwar bereit erklärt, sein Netz öffnen zu wollen, dies jedoch „ohne Anerkennung einer Rechtspflicht" oder unter dem Vorbehalt des Nachweises, dass die Reziprozitätsklausel nicht greift[5]. In diesem Fall will der Netzbetreiber sich schlicht seiner Darlegungs- und Beweispflicht entziehen, indem er die Netznutzung vom Nachweis der Reziprozität abhängig macht. Des

---

[1] LG Berlin, NJWE - WettbR 2000, S. 270 (272f.).

[2] LG Berlin, Entscheidungen vom 25.07.2000, Az.: 16 O 749/99 und 16 O 750/99.

[3] BGH, NJW – RR 1993, S. 1130; Thomas / Putzo, ZPO, Vorb. § 253 Rn. 26.

[4] Vgl. etwa LG Leipzig, NJWE - WettbR 2000, S. 279 (280).

[5] Vgl. hierzu Theobald / Zenke, Grundlagen der Strom- und Gasdurchleitung, S. 135.

Weiteren entfällt das Rechtsschutzbedürfnis beispielsweise auch dann nicht, wenn der Netzbetreiber sich mit der Netzöffnung zwar einverstanden erklärt, dies jedoch an unzumutbare Bedingungen knüpft.

Zur Frage des Rechtsschutzbedürfnisses und der Akzeptabilität des Angebotes des Netzbetreibers hat sich beispielsweise das LG Leipzig in seiner Entscheidung vom 03.07.2000 geäußert. Dieses führt aus, die Klägerin habe ein berechtigtes Interesse an der Klageerhebung gehabt. Dies fehle nicht etwa deshalb, weil die Beklagte die begehrte Leistung, Abgabe eines Angebots für einen Durchleitungsvertrag zu angemessenen Bedingungen i.S.v. § 6 Abs. 1 EnWG, bereits abgegeben habe. Der tatsächlich abgeschlossene Durchleitungsvertrag habe die Vermutung für sich, zu Konditionen geschlossen worden zu sein, die gem. § 6 Abs. 1 EnWG in vergleichbaren Fällen üblich sind. Das Angebot der Beklagten, das zum Abschluss dieses Vertrages geführt habe, datiere allerdings erst vom 17.05.2000, sei also nach Klageerhebung abgegeben worden. Auf die vorangegangenen Angebote der Beklagten komme es demnach nicht an. Sie allen seien für die Klägerin nicht akzeptabel gewesen und hätten daher nicht zum Vertragsschluss geführt[1].

Auch das OLG Dresden hat sich mit der Frage des Rechtsschutzbedürfnisses auseinandergesetzt. Hier war jedoch eine andere Konstellation betroffen. Das Gericht hat das Rechtsschutzbedürfnis der Klägerin für einen Antrag abgelehnt, der im Verhältnis zu einem weiteren von der Klägerin gestellten und begründeten Antrag lediglich ein Minus darstellte und somit in diesem bereits enthalten war. Das Gericht führt aus, dem Antrag 2 fehle das Rechtsschutzbedürfnis. Mit diesem Antrag begehre die Klägerin, es der Beklagten zu untersagen, die Durchleitung von elektrischer Energie durch deren Netz an die sich aus dem Anlagenkonvolut AS 5 ergebenden Unternehmen deshalb zu verweigern, weil zwischen diesen Unternehmen und der Beklagten ein wirksamer Stromlieferungsvertrag bestehe. Die in dem Anlagenkonvolut AS 5 erwähnten Kunden fänden jedoch auch in der so genannten Belieferungsliste Erwähnung, auf welche sich der Antrag 3 beziehe, mit welchem die Klägerin gerade die Gestattung der Durchleitung elektrischer Energie begehre. Der Antrag 2 sei daher im Verhältnis zum Antrag 3 ein Minus. Für eine Geltendmachung des Antrags 2 neben dem Antrag 3, der unter Berücksichtigung der nachfolgenden Ausführungen begründet ist, sei somit ein Rechtsschutzbedürfnis nicht erkennbar[2]. Nicht ganz unproblematisch erscheint

[1] LG Leipzig, NJWE - WettbR 2000, S. 279 (280).

[2] OLG Dresden, GRUR - RR 2001, S. 190 (192).

hier, dass im Rahmen der Erörterung des Rechtsschutzbedürfnisses bereits auf die Begründetheit des weiter gefassten Antrags eingegangen wird. Richtigerweise besteht jedoch tatsächlich kein Rechtschutzbedürfnis für einen Antrag, der bereits in einem weiteren Antrag enthalten ist. Anderes kann sich allenfalls dann ergeben, wenn die Anträge in ein Verhältnis von Haupt- und Hilfsantrag gestellt worden wären.

e) Schadensersatz und Sicherheitsleistung

Kurz hingewiesen soll schließlich noch darauf, dass der Durchleitungspetent gem. § 717 Abs. 2 ZPO das Risiko der verschuldensunabhängigen Haftung für den aus der Vollstreckung eines nur vorläufigen erstinstanzlichen Urteil entstehenden Schadens beim Netzbetreiber trägt. Lässt er das erstinstanzliche Urteil also gegen Sicherheitsleistung vorläufig vollstrecken, muss diese in ihrer Höhe nach dem Schadensersatz gemessen werden, den der Netzbetreiber erhält, wenn das Urteil nicht vom Berufungsgericht bestätigt wird. Umgekehrt steht dem Durchleitungsinteressenten ein Schadensersatzanspruch zu, wenn die Durchleitungsverweigerung nicht gerechtfertigt war. Dieser Schadensersatzanspruch folgt aus § 33 i.V.m. §§ 19, 20 GWB[1].

2. Einstweiliger Rechtsschutz

Da die Durchsetzung der Durchleitungsansprüche der §§ 6 Abs. 1 EnWG, 19 Abs. 4 Nr. 4 GWB, wie bereits erwähnt, im Zivilverfahren erhebliche Zeit in Anspruch nehmen kann, kommt dem Eilrechtsschutz besondere Bedeutung zu. Die Geschwindigkeit, mit der die Durchleitungsansprüche durchgesetzt werden können, ist zur Etablierung eines effektiven Wettbewerbs von ganz entscheidender Bedeutung, so dass viele Netzzugangsbegehren tatsächlich auch im Rahmen von einstweiligen Rechtsschutzverfahren geltend gemacht werden. Insoweit versucht der die Durchleitung Begehrende regelmäßig, eine einstweilige Verfügung gem. §§ 935, 940 ZPO zu erlangen[2]. Hierbei besteht das Rechtsschutzziel typischerweise darin, für die Dauer der gerichtlichen Auseinandersetzung in der Hauptsache

---

[1] Vgl. hierzu auch Büdenbender, ZIP 1999, S. 1469 (1471); Giefers, ET 1999, S. 481 (482); Ungemach / Weber, RdE 1999, S. 131 (135); genauer zur Möglichkeit des Einforderns von Schadensersatz auch Theobald / Zenke, Grundlagen der Strom- und Gasdurchleitung, S 155ff.

[2] Vgl. hierzu auch Engel, Verhandelter Netzzugang, S. 27f.

oder für einen Teil davon, vorläufig den vermeintlichen Durchleitungsanspruch zu verwirklichen, so dass es dem Petenten regelmäßig um die Erlangung einer Leistungsverfügung geht[1].

Bislang haben bereits mehrfach Durchleitungsinteressenten ihre Durchleitungsbegehren im Wege einstweiliger Verfügungsverfahren durchzusetzen versucht, dies jedoch mit ganz unterschiedlichem Erfolg. Durchleitungsansprüche werden, wie bereits erwähnt, ganz überwiegend im Verfahren des einstweiligen Rechtsschutzes geltend gemacht. Dies ist rechtsstaatlich nicht unproblematisch, denn der einstweilige Rechtsschutz nimmt in diesen Fällen beinahe unvermeidlich die Hauptsache vorweg. Befriedigungsverfügungen sind zwar nicht kategorisch ausgeschlossen, jedoch sind die Anforderungen an den Verfügungsgrund besonders streng. Das Anliegen des Verfügungsklägers muss also besonders dringlich sein. Ferner sind die Anforderungen an die Bestimmtheit des Antrags besonders hoch. Hieran sind bereits im Hauptsacheverfahren gewisse Anforderungen zu stellen, die im Verfahren des Eilrechtsschutzes mindestens ebenso hoch sind. Keinesfalls sind sie mit Blick auf die Eilbedürftigkeit des einstweiligen Rechtsschutzes abzusenken[2]. Im Rahmen des einstweiligen Rechtsschutzes ist jedoch insbesondere die Beurteilung des Vorliegens eines Verfügungsgrundes von entscheidender Bedeutung.

a) Vorliegen eines Verfügungsgrundes

Problematisch ist, wie bereits angeführt, dass Leistungsverfügungen bereits zur vorläufigen Befriedigung des geltend gemachten Anspruchs und damit zu einer Vorwegnahme der Hauptsache führen, was ihrem bloßen Sicherungscharakter eigentlich widerspricht. Hieraus ergibt sich aber noch keine Unzulässigkeit sog. Leistungsverfügungen, denn es sind besondere Situationen denkbar, die es dem Gläubiger aus Gründen effektiven Rechtsschutzes unzumutbar machen, irreparable Nachteile infolge eines langfristigen Hauptverfahrens in Kauf zu nehmen. Zur Waffengleichheit der Parteien trägt insoweit insbesondere die in § 945 ZPO festgelegte Pflicht um Schadensersatz bei, sollte sich die vollstreckte einstweilige Verfügung nachträglich als ungerechtfertigt erweisen[3]. Auch ein Leistungsanspruch ist daher im

[1] Büdenbender, ZIP 1999, S. 1469 (1471); Giefers, ET 1999, S. 481 (482); Ungemach / Weber, RdE 1999, S. 131 (135).

[2] Engel, Verhandelter Netzzugang, S. 28.

[3] Engel, Verhandelter Netzzugang, S. 27.

Wege des einstweiligen Verfügungsverfahrens möglich und von den Gerichten auch im Rahmen von Durchleitungsbegehren anerkannt. So führt beispielsweise das LG Potsdam aus, das Begehren der Verfügungsklägerin, ihr die Durchleitung von Strom durch das Elektrizitätsversorgungsnetz der Verfügungsbeklagten zu gestatten, sei als grundsätzlich statthafter Antrag auf Erlass einer Leistungsverfügung anzusehen, da die begehrte Gestattung der Stromdurchleitung sich als Leistung der Verfügungsbeklagten darstelle. Zwar könne eine einstweilige Verfügung im Regelfall nur zur Sicherung des Hauptanspruchs oder zur vorläufigen Regelung eines Zustandes in Bezug auf ein streitiges Rechtsverhältnis erlassen werden (vgl. §§ 935, 940 ZPO). Die Rechtsprechung habe aber gerade im Rahmen des Kartellrechts in Analogie zu zahlreichen sonstigen Ausnahmevorschriften (vgl. etwa § 1615o BGB; § 940a ZPO) auch Leistungsverfügungen, gerichtet auf eine Belieferung, für zulässig erklärt. Es könne an dieser Stelle offen bleiben, ob sich der von der Verfügungsklägerin geltend gemachte Anspruch auf Durchleitung des Stroms auf Vorschriften des GWB stützen lasse, oder ob ein solcher möglicherweise aus dem EnWG selbst folge. Denn auch eine auf das EnWG gestützte Leistungsverfügung wäre hier im Grundsatz zuzulassen, da die Interessenlage mit der einer kartellrechtswidrigen Belieferungssperre vergleichbar sei[1].

Die Gerichte erkennen Leistungsverfügungen auch bei Durchleitungsbegehren grundsätzlich allgemein an[2]. Sie fordern im Rahmen dieser Leistungsverfügung teilweise zunächst ein erfolgloses Verhandeln, teilweise wird aber auch die bloße Ablehnung der Netznutzung für ausreichend gehalten. Der Ausspruch des Gerichts beschränkt sich sodann grundsätzlich auf das vorläufige Bereitstellen des Stromnetzes[3]. So gestattet beispielsweise das Landgericht Potsdam die vorläufige Durchleitung bis zu einer Entscheidung in der Hauptsache[4]. Unterschiedlich hoch sind jedoch die Voraussetzungen, die die Gerichte sodann an das Vorliegen eines Verfügungsgrundes stellen. Bei der Leistungsverfügung ist zu beachten, dass diese angesichts der vorläufigen Erfüllung des Anspruchs nur unter besonderen Voraussetzungen

---

[1] LG Potsdam, RdE 2000, S. 203 (204).

[2] Vgl. beispielsweise OLG Dresden, GRUR – RR 2001, S. 190 (197); LG Potsdam, RdE 2000, S. 203 (204); WuW 2000, S. 518; LG Hannover, RdE 2002, S. 247 (248); ZNER 2001, S. 97; LG Magdeburg, NJWE-WettbR 2000, S. 199 (200); LG Dortmund, WuW 2000, S. 1233 (1234f); LG Hamburg, RdE 2000, S. 231; OLG München, WuW 2002, S. 1208 (1211).

[3] Theobald / Zenke, Grundlagen der Strom- und Gasdurchleitung, S. 149 m.w.N.; Büdenbender, ZIP 1999, S. 1469 (1477); Giefers, ET 1999, S. 481 (482); Ungemach / Weber, RdE 1999, S. 131 (135).

[4] LG Potsdam, WuW 2000, S. 518.

ergehen kann[1]. Insoweit gehen auch die Gerichte übereinstimmend davon aus, dass eine Vorwegnahme der Hauptsache mittels einer Leistungsverfügung nur in Ausnahmefällen und nur unter strengen Voraussetzungen zulässig ist, nämlich dann, wenn für den Antragsteller eine Notlage besteht. Wann eine solche Notlage besteht, wird wiederum unterschiedlich beurteilt. Einigkeit besteht aber zunächst insoweit, als eine Notlage grundsätzlich für erforderlich gehalten wird.

So führt beispielsweise das bereits angeführte LG Potsdam aus, im Rahmen eines auf eine Leistungsverfügung gerichteten Antrages würden an das Vorliegen eines Verfügungsgrundes strenge Anforderungen gestellt, da diese aufgrund der einem Klageverfahren vorweggenommenen Anspruchsbefriedigung über den im Gesetz ausdrücklich vorgesehenen Rahmen hinausgehe und den Antragsgegner bzw. Verfügungsbeklagten aufgrund eines summarischen Verfahrens die Erbringung von Handlungen oder Vermögensopfern auferlege, die später in der Regel nicht oder zumindest nicht vollständig rückgängig gemacht werden könnten. Erforderlich sei daher in der Regel, dass der Antragsteller bzw. Verfügungskläger auf die sofortige Erfüllung seines Leistungsanspruchs dringend angewiesen sei und bei Zurückweisung des Antrages so erhebliche wirtschaftliche Nachteile erleiden würde, dass ihm ein Zuwarten auf eine Hauptsacheentscheidung oder eine Verweisung auf die spätere Geltendmachung von Schadensersatzansprüchen nach Wegfall des ursprünglichen Erfüllungsanspruchs nicht zumutbar sei, er sich mithin in einer entsprechenden „Notlage" befinde[2].

Das LG Hannover führt weiter aus, in die rechtliche Beurteilung einzubeziehen sei auch, inwieweit die Ablehnung einer Befriedigungsverfügung zu einer Rechtsverweigerung führe. Der Erlass einer Befriedigungsverfügung rechtfertige sich nicht schon allein aus dem Umstand, dass die geschuldete Leistung nur innerhalb eines bestimmten Zeitraums vorzunehmen und die Erwirkung eines Titels im ordentlichen Verfahren nicht möglich sei. Dem Interesse des Gläubigers an der Gewährung effektiven Rechtsschutzs stehe das schutzwürdige Interesse des Schuldner gegenüber, nicht in einem mit nur eingeschränkten Erkenntnis- und Beweismöglichkeiten ausgestalteten summarischen Verfahren zu einer Erfüllung des reklamierten Anspruchs verpflichtet zu werden (...). Der Erlass einer auf endgültige Befriedigung des Erfüllungsanspruchs gerichteten einstweiligen Verfügung komme deshalb nur dann in

---

[1] Hierzu auch Büdenbender, ZIP 1999, S. 1469 (1477f.); Giefers, ET 1999, S. 481 (482); Ungemach / Weber, RdE 1999, S. 131 (135).

[2] LG Potsdam, RdE 2000, S. 203 (204).

Betracht, wenn der dem Antragsteller aus der Nichterfüllung drohende Schaden außer Verhältnis zu demjenigen Schaden stehe, der dem Antragsgegner aus der sofortigen Erfüllung drohe[1].

Ähnliche Ausführungen finden sich auch in den übrigen Entscheidungen, die im Eilverfahren entschieden wurden[2]. Zum Teil wird zudem darauf hingewiesen, dass den Erfolgsaussichten im Hauptsacheverfahren schon bei der Feststellung der Zulässigkeit eines Verfügungsverfahrens erhebliche Bedeutung zukomme[3].

Die Gerichte stellen jedoch – wie bereits angesprochen - unterschiedlich hohe Anforderungen an das Vorliegen einer sonach erforderlichen „Notlage“.

Ein Teil der Gerichte geht davon aus, dass im Ergebnis dem Interesse des Netzbetreibers, nicht in einem nur mit eingeschränkten Erkenntnis- und Beweismöglichkeiten ausgestatteten Verfahren verpflichtet zu werden, der Vorrang einzuräumen sei und lehnt den Erlass von Durchleitungsverfügungen ab. Insoweit führen die Gerichte insbesondere an, aus der einzelnen Netzzugangsverweigerung ergäben sich keine irreparablen Schäden bzw. eine existenzielle Notlage des Petenten. Zudem lassen sie es auch regelmäßig unberücksichtigt, dass eine Verweigerung der Netznutzung die Marktchancen des Petenten beeinträchtigen kann.

So führt beispielsweise das Landgericht Nürnberg – Fürth aus, wegen der in ihr liegenden Vorwegbefriedigung dürfe eine Leistungsverfügung nur angeordnet werden, wenn der den einstweiligen Rechtsschutz begehrende Nachteile darlege und erforderlichenfalls glaubhaft mache, die über wirtschaftliche Einbußen wie etwa Umsatzausfall hinausgingen. Vorliegend sei zwar unstreitig, dass die Klägerin zur Erfüllung der gegenüber der V-AG eingegangenen Lieferverpflichtung auf die Nutzung des Netzes der Beklagten angewiesen sei. Die Klägerin habe jedoch keine Umstände vorgetragen, aus denen geschlossen werden könnte, dass ihr aus der Weigerung der Beklagten, das Netz zu benutzen, weitere Nachteile entstünden, als

---

[1] LG Hannover, RdE 2002, S. 247 (248).

[2] Vgl. beispielsweise LG Magdeburg, NJWE - WettbR 2000, S. 199 (200); LG Dortmund, WuW 2000, S. 1233 (1234f.); LG Hamburg, RdE 2000, S. 231; OLG München, WuW 2002, S. 1208 (1211); LG Nürnberg – Fürth, RdE 2002, S. 52 (53); LG Hannover, ZNER 2001, S 97; OLG Düsseldorf, RdE 2002, S 21ff.

[3] vgl. beispielsweise OLG Düsseldorf, RdE 2002, S. 21ff.; LG Hannover, RdE 2002, S. 247 (248) und ZNER 2001, S 97.

der, dass sie diese Abnahmestelle der V-AG nicht beliefern könnte und somit insoweit diesen Kunden verlieren würde[1].

Das Brandenburgische OLG führt in der Entscheidung vom 24.09.2002 aus, dass die Verfügungsklägerin dringend auf den sofortigen Netzzugang zur Belieferung der Kundin angewiesen sei, andernfalls ihr eine existenzielle Notlage drohe, sei von ihr nicht hinreichend dargelegt worden. Inwiefern das Fehlschlagen dieser neu initiierten Lieferbeziehung mit der Kundin bei der Verfügungsklägerin Unternehmensverluste in berücksichtigungsfähigem Umfang auslösen könnte, sei nicht ohne weiteres einleuchtend. Substantiierter Vortrag zur finanziellen Situation ihres Unternehmens, zum Umfang der Deckung ihrer Aufwendungen durch erhofften Umsatz mit der Neukundin und zur generellen finanziellen Bedeutung der neu initiierten Geschäftsbeziehung fehle. Dass die geforderte Leistung zwingend kurzfristig zu erbringen sei, sie bei einem Zuwarten bis zur Entscheidung in der Hauptsache ihren Sinn verliere, sei ebenfalls nicht hinreichend dargetan. Es sei bereits nicht ohne weiteres davon auszugehen, dass die von ihr geworbene Neukundin unwiederbringlich verloren sei, wenn deren Belieferung durch die Verfügungsklägerin nicht sofort erfolge. Die Neukundin befinde sich in keiner Versorgungsnotlage und werde nicht ohne weiteres wegen einer geringen zeitlichen Verzögerung abspringen. Dass die Neukundin der Verfügungsklägerin etwa unter Androhung des Abbruches der Geschäftsbeziehung eine Ausschlussfrist gesetzt habe, trage die Verfügungsklägerin nicht vor. Auch drohende, unverhältnismäßig große irreparable Schäden seien von der Verfügungsklägerin nicht hinreichend dargetan worden. Substantiierter Vortrag zu existenzgefährdenden Unternehmensverlusten fehle. Auch der von der Verfügungsklägerin vorgetragene Gesichtspunkt der generellen Erschwernis ihres Marktzutrittes und der beeinträchtigten Entwicklung ihrer Wettbewerbsfähigkeit auf dem Energiemarkt sei nicht geeignet, zu einer anderen rechtlichen Beurteilung der zitierten Anforderungen zu Gunsten der Verfügungsklägerin zu führen. Dass eine einstweilige Durchleitungsverfügung allgemein geeignet sei, den Wettbewerb zu beleben und damit einen Beitrag zur Verwirklichung der mit der Energierechtserform verfolgten Ziele leiste, könne im Verfügungsverfahren nicht berücksichtigt werden. Im Zivilprozess gehe es allein um die individuellen Belange der Parteien, öffentliche Interessen würden keine Rolle spielen. Insbesondere sei die

---

[1] LG Nürnberg – Fürth, RdE 2002, S. 52 (53); wobei allerdings die Besonderheit bestand, dass es sich bei der Klägerin um ein relativ starkes Unternehmen und nicht um einen absoluten Neuling im Energiegeschäft handelte.

einstweilige Verfügung nicht dazu da, die Wettbewerbssituation auf dem Energiemarkt „aufzubrechen". Für die bloße Verbesserung von Marktchancen sei sie nicht zulässig[1].

Teilweise wird insbesondere auch darauf abgestellt, dass die Verfügungsklägerin sich letztlich durch die Weigerung, bestimmte Forderungen der Verfügungsbeklagten zu erfüllen, selbst die Möglichkeit genommen habe, die Kunden beliefern zu können. So führt das Landgericht Hannover in verschiedenen Verfahren aus, die Verfügungsklägerin benutze das einstweilige Verfügungsverfahren, um ihre Anspruchsposition zu optimieren, nicht aber dazu, sie erst einmal sicherzustellen. Es gehe ihr um die Klärung der Rechtsfrage, ob die Beklagte die Durchleitung in ihrem Netzgebiet vom Abschluss eines Netznutzungsvertrages mit dem Endkunden abhängig machen dürfe oder nicht. Dafür bestehe im einstweiligen Verfügungsverfahren kein Rechtsschutzbedürfnis. Die engen Voraussetzungen für den Erlass einer Leistungsverfügung lägen nicht vor. Durch die Weigerung der Beklagten – ohne den Abschluss von Netzkundenverträgen keinen Netzzugang zu gewähren – bestünde oder drohe kein Notstand der Klägerin, eine außergewöhnliche Notlage liege nicht vor. Die Klägerin habe nach wie vor die Möglichkeit, nach Maßgabe des Rahmenvertrages Strom an Kunden im Netz der Beklagten zu liefern und tue dies auch. Ihr sei es unter Abwägung der Interessen der Parteien zuzumuten, bis zu einer Entscheidung im Hauptsacheverfahren den seinerzeit mit der Beklagten abgeschlossenen Rahmenvertrag weiter zu praktizieren (...). Ob für die Klägerin durch die im Rahmenvertrag festgelegte Abwicklung der Stromdurchleitung eine existenzbedrohende Notlage bestehe, könne im Rahmen der hierzu treffenden Entscheidung nicht abstrakt im Hinblick auf potentielle Kunden beurteilt werden, es komme auf den Inhalt der beantragten Leistung an, denn zur Rechtfertigung der Leistungsverfügung gehöre es, dass die angebliche besondere Notlage nur durch die Gewährung vorläufigen Rechtsschutzes aufgehalten werden könne, jede andere Entscheidung zu spät käme. Würde aber die beantragte Leistungsverfügung erlassen, dann würde damit lediglich die Belieferung der vier neuen Kunden durch die Klägerin ermöglicht werden. Der Verlust der neu gemeldeten vier Kunden im Falle der Nichtrealisierung der Durchleitung bedeute für die Klägerin noch keine Existenzgefährdung oder gar Existenzvernichtung. Sei die Weigerung der Beklagten nicht gerechtfertigt, werde sie der Klägerin den durch den Verlust dieser Kunden entstandenen Schaden ersetzen müssen. Es sei von der Klägerin auch nicht dargetan, wie viele Wechselkunden den Abschluss von Netzkundenverträgen ablehnen würden und von dem neuen Stromlieferanten ein „All – Inclusive – Angebot" erwarteten bzw. for-

[1] Brandenburgisches OLG, ZNER 2002, S. 326 (327).

derten. Die von der Klägerin ins Feld geführte verhältnismäßig geringe Nachfrage nach einem Wechsel des Stromlieferanten seit Öffnung der Strommärkte lasse nicht ohne weiteres die Schlussfolgerung zu, die bisherigen Stromlieferanten behinderten durch die Forderung des Abschlusses mehrerer Verträge den Wettbewerb (...). Auch der Hinweis, dass eine Anzahl von Stromlieferanten wegen der Marktsituation insolvent geworden seien, rechtfertige nicht ohne weiteres die Annahme, missbräuchliches Marktverhalten der netzbetreibenden Stromlieferanten sei der Grund dafür (...). Der Klägerin werde dadurch, dass sie sich bis zur Klärung der Streitfrage mit der Regelung im Rahmenvertrag begnügen müsse, ihre vermeintliche Rechtsposition zudem nicht endgültig vereitelt. Die Klägerin möge den einen oder anderen Kunden verlieren (...). Aber selbst wenn das Beharren der Beklagten auf Aufteilung in Stromlieferungsvertrag und Netznutzungsvertrag auf potentiell wechselwillige Stromkunden jedenfalls dann abschreckend wirken sollte, wenn ihnen von ihrem bisherigen Versorger eine einheitliche vertragliche Lösung angeboten werde, müsse dies einstweilen hingenommen werden (...). Schließlich könne auch keine Rede davon sein, dass die Rechtslage völlig zweifelsfrei zu Gunsten der Klägerin sei (...)[1].

Auf den zuletzt genannten Punkt stellt auch das OLG Düsseldorf ganz wesentlich ab und verneint den Netzzugang insbesondere deshalb, weil der geltend gemachte Versorgungsanspruch nicht zweifelsfrei bestehe und diese Tatsache im Rahmen der Abwägung über die Zulässigkeit eines Verfügungsantrages zu berücksichtigen sei. Auch dieses Gericht lässt es zudem unberücksichtigt, dass eine Verweigerung des Netzzugangs die Marktchancen des Durchleitungsinteressenten gerade in der Liberalisierungsphase erheblich beeinträchtigen kann[2].

Andere Gerichte räumen im Ergebnis hingegen dem Interesse des Netzzugangsinteressenten an der Gewährung effektiven Rechtsschutzes grundsätzlich den Vorrang ein und berücksichtigen im Rahmen der erforderlichen Interessenabwägung insbesondere auch, dass eine Verweigerung der Netznutzung die Marktchancen des Petenten im Netzgebiet des Netzbetreibers regelmäßig gerade in der Liberalisierungsphase in erheblichem Umfang beeinträchtigen kann. Dies ist auch grundsätzlich vorzugswürdig. Insbesondere wird nur so berücksichtigt, dass sich eine Nichtbelieferung neu gewonnener Kunden tatsächlich auch auf andere potentielle zukünftige Kunden in erheblichem Umfang negativ auswirken kann und

[1] LG Hannover, ZNER 2001, S. 97ff.; RdE 2003, S. 23ff.; ZNER 2002, S. 329ff.; RdE 2002, S. 219ff.

[2] OLG Düsseldorf, RdE 2002, S. 21ff.

dass gerade in der Liberalisierungsphase der Zugang zu den bestehenden Netzen existentiell für die Etablierung effektiven Wettbewerbs ist. Die zuvor genannten Entscheidungen lassen diese naheliegende Tatsache unberücksichtigt und stellen zu eingeschränkt allein auf die Auswirkungen bezüglich des konkret betroffenen Kunden ab, ohne zu berücksichtigen, dass es zum einen nahe liegt, dass auch weitere interessierte Kunden von den zurückgewiesenen Durchleitungswünschen abgeschreckt und somit von einem Wechsel abgehalten werden und dementsprechend die ohnehin noch immer eingeschränkte Wechselbereitschaft der belieferten Stromkunden weiterhin beeinträchtigt wird. Zum anderen bleibt aber auch unberücksichtigt, dass jeder Kunde gerade in der noch immer nicht abgeschlossenen Liberalisierungsphase für den einzelnen Netzzugangsinteressenten von großer Bedeutung ist. Dementsprechend kann nicht schlicht der durch den eventuellen Absprung dieses Kunden eintretende Verlust zahlenmäßig im Sinne eines gewissen Betrages berücksichtigt werden, sondern in die Interessenabwägung muss auch einfließen, dass jeder neu gewonnene Kunde enorm wichtig für den Petenten und den vom Gesetzgeber gewünschten Liberalisierungsprozess ist. Letzterer ist – entgegen der Ansicht der o.g. Gerichte – auch in diesem Rahmen zu berücksichtigen ist. Nur durch den Zugang zu den bestehenden Netzen kann der Wettbewerb, bei dem jeder einzelne Kunde eine große, über den einzelnen wirtschaftlichen Faktor hinausgehende Bedeutung hat, entstehen. Insbesondere ist zu berücksichtigen, dass jeder Wechselkunde weitere Kunden zum Lieferantenwechsel bewegen und so den Wettbewerb entstehen lassen bzw. ausbauen kann, wobei zu bedenken ist, dass gerade am Anfang der Lieferbeziehung die ordnungsgemäße Vertragserfüllung von entscheidender Bedeutung ist. Schließlich ist auch zu bedenken, dass der einzelne Durchleitungswunsch für den Petenten – wie soeben dargestellt – von großer Bedeutung ist, während auf Seiten des Netzbetreibers diesem demgegenüber durch die konkret gewünschte Durchleitung nur marginale Nachteile entstehen.

Diese Gesichtspunkte, insbesondere auch der gesetzgeberische Liberalisierungswunsch, werden auch von den Gerichten, die sich im Ergebnis für das Vorliegen eines Verfügungsgrundes entscheiden, richtigerweise mitberücksichtigt.

So führt beispielsweise das OLG Dresden in seiner Entscheidung vom 08.02.2001 aus, mit der Verweigerung der Durchleitung würden die Marktchancen der Klägerin in dem Netzgebiet der Beklagten erheblich beeinträchtigt. Gerade bei der Aufnahme einer Kundenbeziehung sei die ordnungsgemäße Erfüllung der neu eingegangenen Vertragsbezeichnung von maßgeblicher Bedeutung. Könne die Klägerin ihre Verträge mit den neu gewonnenen Kunden nicht erfüllen, so habe dies nicht nur in Bezug auf diesen, sondern auch auf potentielle zukünftige Kunden nachteiligen Einfluss. Diese würden sich kaum auf einen bezogen auf die Abwicklung risikobehafteten Vertrag einlassen. Hinzu komme, dass die von der Klägerin geschlossenen Lieferverträge auch nicht mehr im Nachhinein erfüllbar seien und ihr damit insoweit ein endgültiger Rechtsverlust drohe. Insoweit würde auch die gerade durch die Gesetzesänderung gewollte Durchsetzungsmöglichkeit der Durchleitung, die als Regel zu verstehen sei, unterlaufen[1].

Ähnlich äußert sich das Landgericht Hamburg und führt an, im Streitfall gehe es um die Durchleitung für insgesamt fünf Kunden. Es sei nicht zu erkennen, dass gewichtige Interessen der Antragsgegnerin durch das Gebot verletzt würden. Andererseits wären die Kunden, wenn sie auf den (Hauptsache-)Klageweg verwiesen würden, langfristig an die Antragsgegnerin gebunden, wobei die Antragsgegnerin hoffen dürfe, dass die Kunden angesichts dessen den Klageweg scheuen würden, so dass der Stromlieferungsvertrag mit der Antragstellerin zu Makulatur erstarren würde. Im Übrigen sei anzumerken, dass grundsätzlich bei der Beurteilung der Zulässigkeit das durch den Gesetzgeber verfolgte Liberalisierungsziel maßgeblich sei. Der Gesetzgeber habe mit dem am 29.04.2998 in Kraft getretenen Gesetz zur Neuregelung des Energiewirtschaftsrechts das Ziel verfolgt, in der Strom- und Gaswirtschaft den brancheninternen Wettbewerb anzuregen, der bislang durch ein System der geschlossenen Versorgungsgebiete unterdrückt worden wäre. Stünde der Antragstellerin zur Durchsetzung ihres Durchleitungsanspruchs nicht der einstweilige Rechtsschutz zur Verfügung, müsste sie angesichts der langen Dauer kartell- und zivilrechtlicher Verfahren mit schwerwiegenden Nachteilen rechnen. Zu den konkret zu befürchtenden Nachteilen für die Antragstellerin zähle neben der Gefahr, dass die Netzeigentümer den Markt in der Zwischenzeit weiterhin beherrschten, auch die Gefahr, dass die wechselwilligen Abnehmer aufgrund der Versorgungs- und Rechtsunsicherheit praktisch gezwungen seien, ihren Strom auch weiterhin bei der H. bzw. dem mit ihr verbundenen Unternehmen zu beziehen. Da vor dem Hintergrund der monopolistischen Strukturen des Strommarktes mit schwerwiegenden Nachteilen für die Antragstellerin gerechnet werden müsse, stehe ihr der einstweilige Rechtsschutz offen[2].

---

[1] OLG Dresden, GRUR - RR 2001, S. 190 (197); ähnlich auch in der Entscheidung vom 13.09.2001, GRUR - RR 2002, S 85 (87f.).

[2] LG Hamburg, RdE 2000, S. 231f.

Entsprechend äußert sich das LG Potsdam und führt unter anderem aus, die Verfügungsklägerin habe als neuer Wettbewerber auf dem liberalisierten Strommarkt derzeit noch einen gegen 0 % tendierenden Marktanteil. Die von ihr im Netzbereich der Verfügungsbeklagten gewonnenen Stromkunden würden somit ein erhebliches Potential in der wirtschaftlichen Entwicklung der Verfügungsklägerin darstellen. Soweit ihr die Durchleitung zu den von ihr akquirierten Kunden weiterhin verwehrt und die Verfügungsklägerin auf einen Hauptsacheprozess bzw. auf die Geltendmachung von Schadensersatzansprüchen verwiesen werde, drohe ihr nicht allein die Gefahr des endgültigen Verlustes dieser bereits gewonnenen Kunden. Vielmehr bestehe darüber hinaus die ernsthafte Gefahr, dass potentielle Neukunden von einem generellen Wechsel ihres Stromanbieters bzw. zumindest von einem derartigen Wechsel zur Verfügungsklägerin vorerst für unbestimmte Zeit oder gar dauerhaft Abstand nämen. Da die Entscheidung des Kunden für einen Stromanbieter zumeist einhergehe mit dem Abschluss eines längerfristigen Stromlieferungsvertrages, drohe bei einer weiteren Netzzugangsverweigerung eine Verfestigung der bisherigen, von einem Stromlieferungsmonopol der Verfügungsbeklagten ausgehenden Marktsituation, die sowohl zum jetzigen Zeitpunkt als auch nach einer positiven Hauptsacheentscheidung für die Verfügungsklägerin ganz erhebliche Wettbewerbsnachteile nach sich ziehe, welche durch die Geltendmachung eines etwaigen Schadensersatzanspruches nicht oder zumindest nicht adäquat ausgeglichen werden könnten (...)[1].

Auch das OLG Schleswig – Holstein stellt umfassend auf die Auswirkungen der Zugangsverweigerung ab und führt aus, der Klägerin drohten Wettbewerbsnachteile hinsichtlich der Akquisition neuer Kunden. Die Klägerin habe zwar nur einen einzigen konkreten potentiellen Kunden benannt. Erhebliche wirtschaftliche Nachteile könnten für sie allerdings daraus erwachsen, dass sie wegen Unsicherheiten bezüglich der inhaltlichen Gestaltung der abzuschließenden Verträge in Hinsicht auf die Akquisition neuer Kunden eingeschränkt sei. Solange sie nicht wisse, zu welchen Bedingungen sie die Nutzung des Stormnetzes der Beklagten erlange, könne sie ohne wirtschaftliches Risiko keine Verträge mit Verbrauchern abschließen. Dies sei ihr nicht zuzumuten. Die Klägerin müsse für die Akquisition und den Vertragsabschluss mit Neukunden jetzt wissen, zu welchen Bedingungen sie abschließen könne. Dabei seien die Kosten der Netznutzung ein wichtiger preisbildender Faktor. Das Gericht nimmt sodann Bezug auf das OLG Dresden und führt aus, auch dieses habe die Voraussetzungen des erforderlichen besonderen Verfügungsgrundes bejaht mit der Begrün-

[1] LG Potsdam, RdE 2000, S. 203 (205).

dung, mit der Verweigerung der Durchleitung würden die Marktchancen der Klägerin in dem Netzgebiet der Beklagten erheblich beeinträchtigt, gerade bei der Aufnahme einer Kundenbeziehung sei die ordnungsgemäße Erfüllung der neu eingegangenen Vertragsbeziehung von maßgeblicher Bedeutung[1].

Ähnliche Ausführungen finden sich beispielsweise auch in den Entscheidungen des Landgerichts Dortmund[2] und des Oberlandesgerichts München[3].

Das Landgericht Magdeburg lässt es sogar im Wesentlichen genügen, dass der Netzzugangsanspruch der Verfügungsklägerin von dieser hinreichend dargelegt und glaubhaft gemacht wurde und führt aus, das Interesse der Verfügungsklägerin an einer vertragsgemäßen Lieferung von Energie an ihren Kunden sei höher zu bewerten als das Interesse der Verfügungsbeklagten an der Unterlassung einer zum jetzigen Zeitpunkt vertraglich nicht geregelten Nutzung ihres Versorgungsnetzes. Denn die Verfügungsklägerin habe nicht nur sämtliche Voraussetzungen für einen Durchleitungsanspruch vorgetragen und glaubhaft gemacht, sondern dem Interesse der Verfügungsbeklagten vor allem durch das Angebot einer unter Vorbehalt erfolgenden Zahlung eines Durchleitungsentgelts hinreichend Rechnung getragen. Demgegenüber habe die Verfügungsbeklagte keine sie zur Verweigerung der Durchleitung berechtigende Gründe nach § 6 Abs. 1 Satz 2 EnWG dargelegt und glaubhaft gemacht[4].

b) Glaubhaftmachung des Verfügungsanspruchs

Schließlich ist auch das Vorliegen eines Verfügungsanspruchs erforderlich. Insoweit ist es erforderlich, dass ein materiellrechtlicher Netzzugangsanspruch dargelegt und glaubhaft gemacht wird. Der Netzzugangsinteressent muss also schlüssig die Voraussetzungen des § 6 Abs. 1 EnWG bzw. § 19 Abs. 4 Nr. 4 GWB vortragen und glaubhaft machen. Es ist nicht der volle Beweis zu führen, wobei zu beachten ist, dass nur präsente Beweismittel berück-

---

[1] OLG Schleswig – Holstein, RdE 2002, S. 75 (77).

[2] WuW 2000, S. 1233 (1235).

[3] WuW 2002, S. 1208 (1211).

[4] LG Magdeburg, NJWE - WettbR 2000, S. 199 (200).

sichtigte werden. Das wichtigste Glaubhaftmachungsmittel ist hier wohl die eidesstattliche Versicherung[1].

II. Verfahren vor den Kartellbehörden

Neben der Möglichkeit der zivilgerichtlichen Verfahren bietet zudem das Kartellverwaltungsverfahren eine Möglichkeit zur Durchsetzung der Durchleitungsansprüche. Die Kartellbehörde kann gem. §§ 32 i.V.m. 19 Abs. 4 Nr. 4 bzw. 20 Abs. 1 GWB ein missbräuchliches Verhalten bzw. eine unbillige Behinderung durch einen marktbeherrschenden Netzbetreiber untersagen.

Das Kartellverwaltungsverfahren kann insoweit zum einen gem. § 54 GWB von der zuständigen Kartellbehörde von Amts wegen eingeleitet werden. Möglich ist zum anderen aber auch, dass der Netzzugangsinteressent gem. § 54 GWB die Kartellbehörde anruft, diese wird auch auf Antrag tätig. Das Bundeskartellamt ist zuständig, wenn die Wirkungen des wettbewerbsbeschränkenden oder diskriminierenden Verhaltens über das Gebiet eines Landes hinaus reicht und die Zuständigkeit keiner bestimmten Kartellbehörde durch das GWB gesondert bestimmt wird. Im übrigen sind die Landeskartellbehörden zuständig[2].

Zur Frage der Zuständigkeit und der Frage der über das Gebiet eines Landes hinausreichenden Wirkungen äußerte sich auch das Bundeskartellamt in seiner Entscheidung vom 30.08.1999. Hier führt es umfassend aus, es sei gem. § 48 Abs. 2 Satz 1 GWB zuständig, da die Wirkungen des zu überprüfenden Verhaltens über das Gebiet des Bundeslandes Berlin herausreichen würde. Der Strom, den die Beteiligte zu 1 an die K.AG zu liefern begehre, solle außerhalb Berlins erzeugt und über das 380 – kV – Verbundnetz anderer Unternehmen zum Elektrizitätsversorgungsnetz der Beteiligten zu 2 durchgeleitet werden. Das außerhalb Berlins in Anspruch genommene Verbundnetz umfasse auch die 380 – kV – Doppelleitung von Wolmirstedt nach Teufelsbruch, die zwar im Eigentum der VEAG stehe, an der der Beteiligten zu 1. aber unstreitig weitgehende Nutzungsrechte zustünden. Das Verhalten der Beteiligten zu 1. habe daher auch Auswirkungen auf die Inanspruchnahme von Energiever-

---

[1] Hierzu genauer Theobald / Zenke, Grundlagen der Strom- und Gasdurchleitung, S. 144.

[2] Vgl. § 48 Abs. 2 GWB.

sorgungsanlagen außerhalb Berlins, die zur Durchleitung der Elektrizität zum Elektrizitätsversorgungsnetz der Beteiligten zu 1. benutzt werden müsse. Die Entscheidung des BGH vom 15.11.1994 stehe dieser Beurteilung nicht entgegen (...). Der BGH habe grundsätzlich klargestellt, dass die Zuständigkeit nicht davon abhänge, in welchem räumlichen Bereich das die Durchleitung verweigernde Unternehmen insgesamt tätig oder in welchem räumlichen Umfang es marktbeherrschend sei. Es komme allein darauf an, ob ein Verhalten des verweigernden Unternehmens beurteilt werde, das über die Grenzen eines Bundeslandes hinausgehe. Der BGH habe dies daraus abgeleitet, dass das die Durchleitung verweigernde Unternehmen auch außerhalb Sachsens an dem Gasleitungsteilstück von der Entnahmestation im Ausland bis zur sächsischen Grenze Transitrechte besessen habe. Die Durchleitungsverweigerung habe sich daher seiner Ansicht nach auch auf Leitungsbereiche außerhalb Sachsens ausgewirkt. So liege der Sachverhalt auch hier. Der Beteiligten zu 1. stünden an der 380 – kV – Anbindungsleitung Wolmirstedt/Teufelsbruch, die sie finanziert habe, unstreitig Transitrechte zu, so dass sich auch unter diesem Gesichtspunkt ihre Weigerung der Stromdurchleitung auch außerhalb des Bundeslandes Berlin auswirke. Der BGH habe in seiner Entscheidung „Gasdurchleitung“ darüber hinaus unter Berufung auf die Regierungsbegründung grundsätzlich festgestellt, dass entgegen dem Wortlaut der Zuständigkeitsregelung nach ihrem Sinn und Zweck stets solche Angelegenheiten, deren Bedeutung über das Gebiet eines Landes hinausreichen würden, der Entscheidung des Bundeskartellamtes als Bundesbehörde vorbehalten sein solle. Die Weigerung der Beteiligten zu 1., Strom durch ihr Netz durchzuleiten, habe eine derartige Bedeutung. Sie nehme hier der Beteiligten zu 2. generell die Möglichkeit, außerhalb Berlins erzeugten Strom zum Zwecke der Belieferung der K. AG zu handeln. Zudem stelle die Verweigerungshaltung keinen Einzelfall dar. Sie sei vielmehr Bestandteil einer generellen, auch alle anderen Energieversorgungsunternehmen betreffenden Strategie. Alle anderen Energieversorgungsunternehmen müssten ihre Vertriebsstrategie und ihr Handeln an der generellen Verweigerungshaltung der Beteiligten zu 1. ausrichten[1].

Wird das Kartellverfahren auf Antrag des Petenten eingeleitet, so besteht nach dem Wortlaut des Gesetzes und dem allgemeinen Verständnis des § 54 GWB keine Verpflichtung zur Verfahrenseinleitung. Die Einleitung des Missbrauchsverfahrens steht also grundsätzlich im

[1] BKartA, Entscheidung vom 30.08.1999, Az.: B – 8 – 40100 – T – 99/99; insoweit nur unvollständig abgedruckt in RdE 2000, S. 31f.

Ermessen der Kartellbehörde[1]. Möglich ist jedoch eine Untätigkeitsbeschwerde dem. § 63 GWB, wenn auf Antrag des Netzzugangsinteressenten keine Entscheidung ergeht.

Diskutiert wird, ob angesichts der Vorgaben der EU – Binnenmarktrichtlinie Strom in Art. 20 die als Ermessensnorm ausgestaltete Einschreitmöglichkeit der Kartellbehörde dahingehend zu interpretieren ist, dass sich das ursprünglich gegebene Aufgreifermessen auf „Null" verdichtet und ob sich somit bei Durchleitungsfragen nicht doch ein Anspruch des zurückgewiesenen Netzzugangspetenten auf ein Tätigwerden ergeben könnte. Insbesondere Theobald und Zenke plädieren wohl dafür, die Kartellbehörden als neutrale Streitschlichtungsstellen i.S.d. Art. 20 Abs. 3 EltRL anzusehen, wobei sie jedoch insbesondere auf die dann nicht unproblematische personelle Unterbesetzung der Behörden hinweisen[2]. Demgegenüber wird ein grundsätzlicher Anspruch auf ein Tätigwerden im Rahmen von Durchleitungsverweigerungen beispielsweise von Ungemach und Weber abgelehnt, weil die Kartellbehörden allein dem öffentlichen Interesse dienen würden und nicht zivilrechtliche Ansprüche durchsetzen sollten. Zum anderen könne der Geschädigte die Ansprüche im Klagewege verfolgen. Schließlich sei das Kartellverwaltungsverfahren gegenüber der zivilrechtlichen Klagemöglichkeit „subsidiär"[3]. Dem ist im Ergebnis zuzustimmen, denn es ist insbesondere richtigerweise davon auszugehen, dass die Funktion einer nationalen Streitbeilegungsstelle bereits von den Landesenergiebehörden wahrgenommen wird und ein Umsetzungsdefizit, das eine Ermessensreduzierung der Kartellbehörden begründen würde, somit gar nicht gegeben ist[4].

Hinsichtlich der Anordnungsbefugnisse der Kartellbehörden ist noch anzumerken, dass sie gem. § 32 GWB grundsätzlich allein zu negativen Untersagungen ermächtigt sind und – anders als die Energiebehörden – keine positiven Handlungsgebote aussprechen dürfen. Es muss dem betroffenen Unternehmen überlassen bleiben, in welcher Form er sein Geschäftsgebahren ändert, um der Verfügung nachzukommen. Konkrete Gebotsverfügungen sind daher kartellrechtlich im Regelfall unzulässig. Auch als Verbote verkleidete Gebote, die dem Adressaten ein bestimmtes Handeln auferlegen, können grundsätzlich nicht ausgespro-

---

[1] Dementsprechend werden auch wohl nur relativ wenige Verfahren beispielhaft aufgegriffen werden; vgl. zur Ermessensausübung auch die Ausführungen des BKartA im Verfahren B – 8 – 40100 – T – 99/99, RdE 2000, S 31 (39).

[2] Theobald / Zenke, Grundlagen der Strom- und Gasdurchleitung, S. 151.

[3] Ungemach /Weber, RdE 1999, S. 11 (14).

[4] a.A. Ungemach / Weber, RdE 1999, S. 11 (14).

chen werden[1]. Allein dann, wenn im konkreten Einzelfall nur eine einzige kartellrechtskonforme Möglichkeit besteht, das beanstandete Verhalten abzustellen, kann eine konkrete Gebotsverfügung im Einzelfall zulässig sein[2]. Dies wird bei Durchleitungsbegehren wegen der Vielzahl der möglichen Absprachen hinsichtlich technischer und rechtlicher Modalitäten jedoch im Regelfall nicht gegeben sein. Auf der anderen Seite ist zu beachten, dass ein allgemeines Verbot, etwa „den Abschluss eines Vertrages zu verweigern", weder rechtsstaatlichen Bestimmtheitsanforderungen, noch dem Ziel einer wirksamen Kontrolle genügen würde. Die Grenzen sind daher fließend[3].

Eine mögliche Formulierung einer Untersagungsverfügung bei Durchleitungsfragen findet sich beispielsweise in der Entscheidung des Bundeskartellamts vom 30.08.1999, welches ausgesprochen hat,

„in den Zeiten, in denen der Beteiligten zu 1. Nutzungsbegehren für die 380 – kV – Verbundnetzanbindung Wolmirstedt/Teufelsbruch/Reuter vorliegen, die unter Einschluss ihrer eigenen beabsichtigten Nutzung die im Hinblick auf die Verfügung der Energieaufsichtsbehörde des Landes Berlin vom 24.Juni 1999 bereitstehenden Einleitungskapazitäten ihres West-Berliner Teilnetzes (maximal 400 MW) übersteigen, wird der Beteiligten zu 1. untersagt, der Beteiligten zu 2. für die Strombelieferung der K. AG den Zugang zu ihrem Elektrizitätsversorgungsnetz in Höhe von 20,3 % der von der K. AG jeweils benötigten Strommenge (Leistung in MW) gegen Zahlung eines Entgeltes, das sich höchstens auf einen Betrag beläuft, der sich aus den von de Beteiligten zu 1. veröffentlichten Durchleitungsentgelten ergibt, zu verweigern (...)[4].

Gegen die Untersagungsverfügungen der Kartellbehörden ist die Beschwerde zulässig. Diese hatte gem. § 63 Abs. 1 Nr. 1 GWB bislang aufschiebende Wirkungen. Im Zuge des Änderungsgesetzes ist der Gesetzgeber jedoch den Forderungen des Bundesrates, eine Anordnung der sofortigen Vollziehbarkeit von kartellbehördlichen Untersagungen vorzusehen, nachgekommen[5].

---

[1] Schneider, Liberalisierung der Stromwirtschaft, S. 473; Büdenbender, ZIP 1999, S. 1469 (1471).

[2] WuW/E BGH 2906; WuW/E 2951.

[3] Hierzu noch genauer Büdenbender, ZIP 1999, S. 1469 (1471); Ungemach / Weber, RdE 1999, S. 11 (14f.).

[4] Beschluss B 8 – 40100 – T – 99/99.

[5] BGBl. 2003, Teil I, 689; vgl. auch BT-Drs. 13/9720, S. 77f.

Da die Dauer des Kartellverfahrens und eines anschließenden Beschwerdeverfahrens sich noch als Hindernis bei der Durchsetzung von Durchleitungsansprüchen erweist, hatte die Möglichkeit des Ausspruchs der sofortigen Vollziehung zur Überwindung der aufschiebenden Wirkung in diesem Rahmen besondere praktische Bedeutung erlangt[1]. Auch im Rahmen des Kartellverwaltungsverfahrens ist zudem die Möglichkeit des einstweiligen Rechtsschutzes bei der Durchsetzung von Durchleitungsansprüchen von besonderer Bedeutung. Vor der endgültigen Entscheidung über eine Verfügung gem. § 32 GWB kann die Kartellbehörde gem. § 60 Abs. 3 GWB einstweilige Anordnungen zum Zwecke der Regelung eines einstweiligen Zustandes treffen[2]. Erforderlich ist insoweit ein öffentliches Interesse bzw. ein überwiegendes Interesse eines Beteiligten, das dem Interesse des betroffenen Netzbetreibers vorgeht. Da durch die einstweilige Anordnung zumindest teilweise das Entscheidungsergebnis vorweggenommen wird, werden an ihre Zulässigkeit jedoch strengere Maßstäbe angelegt, als an die Anordnung der sofortigen Vollziehung gem. § 65 GWB. Zu beachten ist insoweit auch, dass ein Interesse an der Erfüllung seines Begehrens grundsätzlich jeder Rechtssuchende hat und daher ein zusätzliches Interesse hinzukommen muss. Ob ein öffentliches Interesse an der Durchsetzung des Durchleitungsanspruches oder ein überwiegendes Interesse des Durchleitungspetenten vorliegt, hängt von den Umständen des Einzelfalles ab.

Im Rahmen der §§ 60, 65 GWB war bei der erforderlichen Interessenabwägung vor allem zu prüfen, ob ernstliche Zweifel am Bestehen eines Durchleitungsanspruches und damit an der Rechtmäßigkeit einer kartellbehördlichen Durchleitungsverfügung bestehen. Schon geringste Zweifel an der Rechtmäßigkeit können zur Unzulässigkeit führen, jedoch bestehen derartige Zweifel grundsätzlich nicht schon dann, wenn die Rechtslage offen ist. Der Sofortvollzug ist zudem nicht schon allein durch wesentliche finanzielle oder wettbewerbliche Nachteile gerechtfertigt, wenn diese durch Schadensersatz sinnvoll behoben werden können[3].

Die Frage der sofortigen Vollziehbarkeit hat auch in der Entscheidung des Bundeskartellamts vom 30.08.1999 eine Rolle gespielt. Das Bundeskartellamt hat die sofortige Vollziehbarkeit der Verfügung gem. §§ 64, 65 GWB vor Einreichung der Beschwerde angeordnet.

---

[1] vgl. hierzu auch die Ausführungen des BKartA in dem Verfahren B – 8 – 40100 – T – 99/99, RdE 2000, S. 31 (40f.).

[2] S. dazu auch Büdenbender ZIP 1999, S. 1469 (1479); Giefers, ET 1999, S. 481 (482); Ungemach / Weber, RdE 1999, S. 11 (15).

[3] Vgl. hierzu Giefers, ET 1999, S. 481 (482); Ungemach / Weber, RdE 1999, S. 11 (16f.).

Insoweit stellt es insbesondere auf das Vorliegen eines öffentlichen Interesses an der sofortigen Vollziehung ab, wobei der gesetzgeberische Wille der Liberalisierung des Strommarktes als entscheidendes Argument angeführt wird.

Das Kartellamt führte insoweit aus, die Anordnung der sofortigen Vollziehbarkeit sei im öffentlichen Interesse geboten. Dabei könne zwar nicht darauf abgestellt werden, dass die sofortige Vollziehung zur Ermöglichung der Kundengewinnung im konkreten Einzelfall erforderlich wäre. Durch die sofortige Vollziehung werde die Petentin jedoch von dem Zwang entbunden, sich hinsichtlich der Energiebeschaffung zur Versorgung ihrer Kunden in die Abhängigkeit der Netzbetreiberin zu begeben. Ein in die Zukunft gerichtetes, gewichtiges öffentliches Interesse, könne in der Erhaltung der Wettbewerbstrukturen liegen und sich insbesondere aus Gefahren für den Erhalt einer gesunden Marktstruktur ergeben. Insoweit sei bei der Beurteilung, ob ein hinreichendes öffentliches Interesse vorliege, das vom Gesetzgeber mit dem EnWG und der Einführung des § 19 Abs. 4 Nr. 4 GWB verfolgte Ziel der Überführung abgeschotteter Versorgungsgebiete in Märkte mit wettbewerblichen Bedingungen zu berücksichtigen. So sei in Betracht zu ziehen, dass im Beeich des Zugangs zu Elektrizitätsversorgungsnetzen vom Gesetzgeber durch § 6 Abs. 1 EnWG eine besondere Zugangsregelung geschaffen worden sei, die das besondere, über § 19 Abs. 4 Nr. 4 GWB grundsätzlich zum Ausdruck kommende öffentlichen Interesse an der Funktionsfähigkeit gerade des Durchleitungswettbewerbs in diesem Bereich zeige. Zwar hätte sich die Forderung nach einem gesetzlichen Sofortvollzug im Gesetzgebungsverfahren nicht durchsetzen können. Dennoch seien sich alle am Gesetzgebungsverfahren Beteiligten einig gewesen, dass der Anordnung der sofortigen Vollziehung im Einzelfall ein besonderes Gewicht und eine hohe Bedeutung für die Schaffung von Wettbewerb zukomme. Stromdurchleitungen hätten sich derzeit noch nicht als selbstverständliches Instrument des Wettbewerbs im Bereich der Elektrizitätswirtschaft durchgesetzt. Deshalb sei, gerade wenn die Durchleitung generell verweigert werde, bei festgestellter Unrechtmäßigkeit der Verweigerung ein besonderes öffentliches Interesse an der sofortigen Vollziehbarkeit gegeben, um dem gesetzgeberischen Willen in angemessener Zeit Geltung zu verschaffen. Nur so werde gewährleistet, dass Verträge von Wettbewerbern des Netzbetreibers mit in dessen Netzgebiet gelegenen Kunden auch im Wege der Durchleitung zu einer normalerweise mit einem solchen Lieferantenwechsel verbundenen Verschiebung der Ausnutzung eigener Strommengen führten, die allein Gewähr dafür biete, dass dauerhaft Konkurrenzangebote abgegeben und gegebenenfalls Verträge mit Wettbewerbern der Netzbetreiberin abgeschlossen werden könnten. Nur durch die sofortige Vollziehung entstehe eine Situation, in der die Teilnahme am Wettbewerb mit der Netzbetreiberin für die Petentin und andere Anbieter dauerhaft in hinreichender Weise wirtschaftlich sinnvoll sei. Ohne die Möglichkeit der Anordnung der sofortigen Vollziehung wäre zu erwarten, dass über das Netz der Betreiberin versorgte Kunden von den Vorteilen wesentlicher Wettbewerbsmaßnahmen ausgenommen wären, da insoweit die Netzbetreiberin wegen des Fehlens hinreichenden Wettbewerbs nicht mehr gehalten wäre, substantielle Preissenkungen auch für die von ihr belieferten Kunden vorzunehmen. Insoweit komme der Verfügung eine Signalwirkung auch für andere Fälle zu, die auch ein besonderes Interesse an der Anordnung der sofortigen Vollziehbarkeit begründet[1].

Da der schnellen Durchsetzung der Netzzugangsansprüche bei der Liberalisierung ein besonderes Gewicht und eine hohe Bedeutung für die Schaffung von Wettbewerb zukommt, ist die Neufassung des § 65 GWB durch das Änderungsgesetz insoweit zu begrüßen. Dem Eilrechtsschutz kommt zur Verwirklichung effektiven Wettbewerbs eine entscheidende Rolle zu, dies vor allem, weil Stromdurchleitungen sich immer noch nicht als selbstverständliches Instrument des Wettbewerbs in der Elektrizitätswirtschaft durchgesetzt haben. Die Neuregelung wird den Liberalisierungsprozess weiter vorantreiben. Tatsächlich besteht trotz der bisherigen Möglichkeit der gesonderten Anordnung der sofortigen Vollziehbarkeit auch ein Bedürfnis nach einer noch besseren und rascheren Wirksamkeit der Missbrauchsaufsicht. Die sofortige Vollziehbarkeit wird stärker dazu beitragen, dass Netzbetreiber, die sich missbräuchlich verhalten, nicht allein durch langjährige Rechtsstreitigkeiten Wettbewerber erfolgreich vom Marktzutritt abzuhalten vermögen.

[1] BKartA, RdE 2000, S. 31 (40f.).

E) Zusammenfassung

Die Vorschriften der §§ 5ff. EnWG und der §§ 19 Abs. 4 Nr. 4, 20 Abs. 1 GWB gewähren den Petenten Zugangsansprüche zu den bestehenden Netzen.

Nach zutreffender Rechtsprechungsansicht statuiert die energierechtliche Netzzugangsvorschrift des § 6 EnWG einen unmittelbaren Netzzugangsanspruch, wobei eine generelle Durchleitungspflicht besteht und Verweigerungen der Netzöffnung nur in Ausnahmefällen in Betracht kommen und zudem vom Netzbetreiber besonders dargelegt werden müssen. Der zwischen Netzbetreiber und Petent abzuschließende Vertrag lässt sich – auch nach Ansicht des sich hierzu äußernden Oberlandesgerichts Dresden – als Geschäftsbesorgungsvertrag mit werkvertraglichem Charakter einordnen. Zudem gehen die Gerichte zutreffend davon aus, dass der Netzbetreiber neben der bloßen Durchleitung weitere Systemdienstleistungen zu erbringen hat. Ferner sind die geltend gemachten Durchleitungsverweigerungsrechte nach richtiger Ansicht der Gerichte vom Netzbetreiber als Einrede geltend zu machen.

Die unbestimmten Rechtsbegriffe der betriebsbedingten „Unmöglichkeit und Unzumutbarkeit“ der Durchleitung haben durch die Gerichte und Kartellbehörden, denen angesichts der offenen Tatbestandsfassung eine entscheidende Rolle bei der Entwicklung der Liberalisierung zukommt, erste Konkretisierungen erfahren. Verschiedene von den Netzbetreibern angeführte Durchleitungsverweigerungsmöglichkeiten sind von den Zivilgerichten und Kartellbehörden überprüft worden, so dass sich eine bereits beachtliche Rechtsprechung zur Frage der Netzzugangsverweigerungsmöglichkeiten entwickelt hat. Insoweit ist festzustellen, dass Durchleitungsverweigerungsrechte bislang nur für eng begrenzte Ausnahmefälle anerkannt werden. In der ganz überwiegenden Zahl der Fälle wird ein Berufen auf eine Zugangsverweigerung als unzulässig erachtet, insbesondere werden bzw. wurden auch die ins Energiewirtschaftsgesetz aufgenommenen Schutzklauseln von der Rechtsprechung sehr eng ausgelegt. Dementsprechend wurde die Liberalisierung durch die wettbewerbsfreundliche Entscheidungspraxis der Gerichte und Kartellbehörden bislang grundsätzlich nicht unerheblich unterstützt.

Angesichts der offenen Tatbestandsfassung des § 6 Abs. 1 EnWG und der lediglich geringen Hilfestellungen des Gesetzgebers ist die Entscheidungsfindung für die Gerichte und

Kartellbehörden jedoch nicht immer einfach. Insbesondere finden sich trotz der relativ raschen Entwicklung übereinstimmender herrschender Rechtsprechungsansichten vereinzelt abweichende Meinungen verschiedener Gerichte, wodurch die Neigung der Netzbetreiber, sich angesichts der offenen Tatbestandsfassung des § 6 Abs. 1 EnWG auf verschiedenste Verweigerungsgründe zu berufen, um so zumindest vorübergehend die Wettbewerber auszuschalten, unterstützt wird. Hierdurch kann bislang noch immer nicht von einem Durchleitungsautomatismus die Rede sein. Dem hätte der Gesetzgeber durch verschiedene Konkretisierungsmöglichkeiten entgegenwirken können. Diese Möglichkeit hat er jedoch auch im Rahmen des Änderungsgesetzes nicht wahrgenommen. Vielmehr scheinen sich insoweit neue Fragestellungen und Erschwernisse herauszubilden. Die Entwicklungen bleiben abzuwarten, jedoch wird die Neuregelung angesichts der neuen EU-Richtlinien ohnehin nur von begrenzter Dauer sein.

Im Rahmen der Netzzugangsproblematik werden die Gerichte und Kartellbehörden auch mit verschiedenen Folgeproblemen sowie mit der Frage der Wirksamkeit der Altverträge konfrontiert. Die relevantesten Folgeprobleme sind die Frage der Zulässigkeit von Wechselgebühren sowie die Frage, ob es bei den sog. Interimskunden zum Abschluss eines neuen Vertrages gem. §§ 2 Abs. 2, 32 AVBEltV kommt. Beides wird von der herrschenden Rechtsprechung zutreffend abgelehnt, ebenso tendieren die Gerichte wohl überwiegend zutreffend dazu, die Wirksamkeit der Altlieferverträge zu verneinen.

Ferner ziehen die Gerichte und Kartellbehörden neben § 6 Abs. 1 EnWG die kartellrechtlichen Vorschriften der §§ 19, 20 GWB bei der Frage des Netzzugangs heran. Eine marktbeherrschende Stellung der Netzbetreiber wird von den Entscheidungsorganen zutreffend regelmäßig angenommen. Die Durchleitungsverweigerungsmöglichkeiten werden zudem richtigerweise parallel zu den energierechtlichen Vorschriften beurteilt, wobei die zwischen den kartellrechtlichen und energierechtlichen Netzzugangsvorschriften bestehende Wechselwirkung zutreffend erkannt wird.

Schließlich haben sich die angerufenen Gerichte und Kartellbehörden neben den materiellrechtlichen Aspekten des Netzzugangs auch vielfach zu verfahrensrechtlichen Fragen im Zusammenhang mit der gerichtlichen Durchsetzung von Netzzugangsansprüchen geäußert. Insoweit ist festzustellen, dass angesichts der Schnelllebigkeit des Energiegeschäfts die Verfahren des einstweiligen Rechtsschutzes besondere Bedeutung erlangt haben. Die Netzzugangsinteressenten waren bei der Durchsetzung der Ansprüche auf Netznutzung im Wege einstweiliger Verfügungsverfahren bislang jedoch sehr unterschiedlich erfolgreich. Insbesondere stellen die angerufenen Gerichte unterschiedlich hohe Anforderungen an das Bestehen einer Notlage. Insoweit zeigt wohl aber die Mehrzahl der Gerichte eine relativ großzügige Handhabung und räumt dem Interesse der Netzzugangspetenten an der Gewährung effektiven Rechtsschutzes richtigerweise regelmäßig den Vorrang ein.

Literaturverzeichnis

Baur, Jürgen F.	Schicksal der Lieferverträge nach Wegfall der Ausschließlichkeitsabrede, RdE 1997, S. 41.
Bechtold, Rainer	Das neue Kartellgesetz, NJW 1998, S. 2769.
Becker, Peter/ Riedel, Martin	Europarechtliche Mindestvorgaben für die Regulierung und die Schaffung nationaler Regulierungsbehörden mit Überlegungen zu einer möglichen Umsetzung in nationales Recht.
Boesche, Katharina Vera	Die zivilrechtsdogmatische Struktur des Anspruchs auf Zugang zu Energieversorgungsnetzen, Berlin 2002.
Dies.	Keine Verpflichtung zum Abschluss von Netznutzungsverträgen, ZNER 2003, S. 33.
Böhnel, Gisela	Netzzugang nach Energiewirtschaftsgesetz und Verbändevereinbarung, ET 2001, S. 293.
Dies.	Netznutzungsentgelt und Netznutzungsvertrag aus Sicht der Arbeitsgruppe Netznutzung Strom der Kartellbehörden des Bundes und der Länder: Darstellung und Kritik, RdE 2001, S. 176.
Böwing, Andreas	Rechtsfragen des Netzzugangs und der Netzbenutzung im Energiebereich, insbesondere bei Stromnetzen, In: Schwarze, Der Netzzugang für Dritte im Wirtschaftsrecht, Baden-Baden 1999.
Büdenbender, Ulrich	Durchleitungen in der Elektrizitätswirtschaft und Eigentumsschutz, WuW 2000, S. 119.

Ders. — Die Entwicklung des Energierechts sei In-Kraft-Treten der Energierechtsreform von 1998, DVBl. 2001, S. 952.

Ders. — Möglichkeiten zur Durchsetzung des Netzzugangs in der Elektrizitäts- und Gaswirtschaft, ZIP 1999, S. 1469.

Ders. — Die Kontrolle von Durchleitungsentgelten in der leitungsgebundenen Energiewirtschaft, ZIP 2000, S. 2225.

Ders. — Energierecht nach der Energierechtsreform, JZ 1999, S. 62.

Ders. — Schwerpunkte der Energierechtsreform 1998, Köln 1999.

Ders. — Die Kartellaufsicht über die Energiewirtschaft, Köln 1995.

Cronenberg, Martin — Das neue Energiewirtschaftsrecht, RdE 1998, S. 85.

De Wyl, Christian/ Neveling, Stefanie — Regulierung der Zugangsbedingungen zu den Strom- und Gasnetzen, ZNER 2003, S. 182.

Eickhof, Norbert — Die Neuregelung des Energiewirtschaftsrechts, Wirtschaftsdienst 1998, S. 18.

Eikhof, Norbert/ Kreikenbaum, Dieter — Die Liberalisierung der Märkte für leitungsgebundene Energien, WuW 1998, S. 666.

Engel, Christoph — Verhandelter Netzzugang, 1. Auflage, Baden-Baden 2002.

Fischer-Zernin, Cornelius/ Ende, Lothar — Praktische Rechtsprobleme der Stromdurchleitung, ZUR 1999, S. 205.

Frank, Torsten/ Ziller, Gereon — Zur Rechtsnatur des energierechtlichen Anspruchs auf Zugang zu Gasversorgungsnetzen und des Gasdurchleitungsvertrages, RdE 2002, S. 91.

Giefers, Patrick — Durchleitung und einstweilige Verfügung, ET 1999, S. 481.

Giermann, Heiko — Der diskriminierungsfreie Durchleitungsanspruch gemäß § 6 Abs. 1 EnWG und die Verweigerung der Durchleitung in der Praxis, RdE 2000, S. 222.

Gründel, Mirko — Zur Frage der kartellrechtlichen Zulässigkeit sogenannter „Wechselgebühren" im Stromhandel, RdE 2001, S. 129.

Harms, Wolfgang — Zur Anwendung der Schutzklauseln für Öko-, KWK- und Braunkohlestrom im Neuregelungsgesetz vom 24.4.1998, RdE 1999, S. 165.

Haus, Florian C. — Stromdurchleitung bei der Bewag – ein Präjudiz für § 19 IV Nr. 4 GWB?, WuW 1999, S. 1190.

Herrmann, Bodo J./ Dick, Claudia — Die Kundenbündelung und ihre Bedeutung für das Energie- und Konzessionsabgabenrecht, BB 2000, S. 885.

Horstmann, Karl-Peter — Netzzugang in der Energiewirtschaft, Köln 2001.

Horstmann, Karl-Peter/ Holtor, Marc — Aktuelle Entscheidungspraxis über prozessuale und materiell-rechtliche Aspekte des Netzzugangs in der Energiewirtschaft, RdE 2002, S. 264.

Kahlenberg, Harald — Novelliertes deutsches Kartellrecht, BB 1998, S. 1593.

Kasper, Oliver — Durchleitung von Strom, Pflichten und Verweigerungsmöglichkeiten der Elektrizitätsversorgungsunternehmen, Aachen 2001.

Kellerhoff, Jens/ Rinze, Jens P. — Möglichkeiten und Hindernisse für den europäischen Stromhandel und die Schutzklausel nach Art. 4 § 2 EnWG, RIW 1999, S. 738.

Klemm, Andreas	Storm aus dem Ausland, Ein Beitrag zu Art. 4 § 2 des Gesetzes zur Neuregelung des Energiewirtschaftsrechts, EuZW 2000, S. 69.
Klimisch, Anette/ Lange, Markus	Zugang zu Netzen und anderen wesentlichen Einrichtungen als Bestandteil der kartellrechtlichen Missbrauchsaufsicht, WuW 1998, S. 15.
Köhler, Helmut	Zulässigkeit von Wettbewerbsbeschränkungen beim Energievertrieb, WuW 1999, S. 445.
Kühne, Gunther	Der Netzzugang und seine Verweigerung im Spannungsfeld zwischen Zivilrecht, Energierecht und Kartellrecht, RdE 2000, S. 1.
Kühne, Gunther/ Scholtka, Boris	Das neue Energiewirtschaftsrecht, NJW 1998, S. 1902.
Kuxenko, Michael	Liberalisierung und Deregulierung im Energiewirtschaftsrecht, DöV 2001, S. 141.
Langen, Eugen/ Bunte, Hermann-Josef	Kommentar zum deutschen und europäischen Kartellrecht, 9. Auflage, Neuwied, Kriftel 2001.
Lippert, Michael	Energiewirtschaftsrecht: Gesamtdarstellung für Wissenschaft und Praxis, Köln 2002.
Lückenbach, Andreas	Anzuerkennendes Interesse für Wettbewerbsbeschränkungen in Lieferverträgen zwischen Energieversorgungsunternehmen (EVU)?, RdE 2000, S. 101.
Lukes, Rudolf	Liberalisierung des Strommarkts – Realität oder Utopie?, BB 1998, S. 1.

Ders.	Die Neuregelung des Energiewirtschaftsrechts, BB 1998, S. 1217.
Ders.	Strom- und Gasimport aus Drittstaaten, RIW 1998, S. 581.
Lutz, Helmut	Drrchleitung von Gas nach Inkrafttreten des Gesetzes zur Neuregelung des Energiewirtschaftsrechts und der Sechsten GWB-Novelle, RdE 1999, S. 102.
Markert, Kurt	Langfristige Bezugsbindungen für Strom und Gas nach deutschem und europäischem Kartellrecht, EuZW 2000, S. 427.
Ders.	Verbändevereinbarung Strom II und Kartellrecht, BB 2001, S. 105.
Ders.	Die Thyssengas/STAWAG-Entscheidung des OLG Düsseldorf – ein Fehlurteil?, WuW 2002, S. 578.
Meier, Hermann	Verordneter oder freier Netzzugang, ET 1998, S. 41.
Meinhold, Wilko	Nur Zuspruch statt Vorrang für KWK-Strom im neuen EnWG, ZNER 1998, S. 2.
Micklitz, Hans-W./ Rott, Peter	Die rechtliche Stellung des Verbrauchers bei der Durchleitung von Strom, VuR 2000, S. 389.
Müller-Kabisch, Susanne	Die Ausgestaltung der Netznutzung bei „All-Inclusive"-Verträgen, RdE 2001, S. 184.
Neveling, Stefanie/ Theobald, Christian	Aktuelle Entwicklungen des europäischen Energiehandels: Die Vorschläge der EG-Kommission zur Anpassung der Strom- und Gasrichtlinien, EuZW 2002, S. 106.

Obernolte, Wolfgang/ Danner, Wolfgang | Energiewirtschaftsrecht, Kommentar, Stand: 2002, München.

Palandt, Otto | Bürgerliches Gesetzbuch, 61. Auflage, München 2002.

Papier, Hans-Jürgen | Durchleitungen und Eigentum, BB 1997, S. 1213.

Piltz, Harald | Rechtsfragen der Braunkohleschutzklausel im neuen Energiewirtschaftsrecht, ZNER 1999, S. 70.

Raabe, Frank | Energielieferverträge im Wettbewerb, ET 2000, S. 770.

Rapp-Jung, Barbara | Die EU Richtlinie für Elektrizität im Spannungsfeld zwischen den Wettbewerbsregeln des Vertrags und den verbliebenen energiepolitischen Befugnissen der Mitgliedstaaten, RdE 1997, S. 133.

Reinholz, Hans | Die rechtliche Einordnung des Energielieferungsvertrages, RdE 1999, S. 64.

Ritter, Leonard | Langfristige Gasbezugsverträge: Zulässigkeit, Teilnichtigkeit oder Gesamtnichtigkeit, WuW 2002, S. 362.

Rosin, Peter | Vertragsgestaltung bei der Stromdurchleitung – Gegenwart und Zukunft, ET 2001, S. 390.

Säcker, Franz Jürgen/ Boesche, Katharina Vera | Der Gesetzesbeschluss des Deutschen Bundestages zum Energiewirtschaftsgesetz vom 28. Juni 2002 – ein Beitrag zur „Verhexung des Denkens durch die Mittel unserer Sprache“?, ZNER 2002, S. 183.

Salje, Peter | Stromlieferverträge nach Wegfall der kartellrechtlichen Freistellung, ET 19999, S. 768.

Ders. | Der Durchleitungsvertrag, RdE 1998, S. 169.

Ders.	Die Transformation der Binnenmarktrichtlinie Erdgas in deutsches Recht – Gasnovelle 2003.
Schneider, Jens-Peter	Liberalisierung der Stromwirtschaft durch regulative Marktorganisation: Eine vergleichende Untersuchung zur Reform des britischen, US-amerikanischen, europäischen und deutschen Energierechts, Baden-Baden 1999.
Schneider, Jens-Peter/ Theobald, Christian	Handbuch zum Recht der Energiewirtschaft, 1. Auflage, München 2003.
Scholtka, Boris	Die Entwicklung des Energierechts in den Jahren 2000 und 2001, NJW 2002, S. 483.
Scholz, Ulrich	Stromimporte via Durchleitung – Die Reziprozitätsklausel des Artikel 4 § 2 NeuregelungsG, RdE 1999, S. 209.
Schulte–Beckhausen, Sabine	Stromhandel – Möglichkeiten und Grenzen im neuen europäischen und nationalen Ordnungsrahmen für Energie, RdE 1999, S. 51.
Schulz-Gardyan, Olaf	Gerichtliche Billigkeitskontrolle von Netznutzungsentgelten nach § 315 Abs. 3 BGB?, RdE 2003, S. 9.
Schwintowski, Hans-Peter	Gurte fachliche Praxis oder „Verhexung des Denkens, ZNER 2002, S. 205.
Ders.	Rechtsprechungshinweise, VuR 2000, S. 412.
Theobald, Christian	Wettbewerbsrechtliche Leitplanken in der Energiewirtschaft, GRUR 2001, S. 482.

Theobald, Christian/ De Wyl, Christian/ Deschler, Sebastian	Der Netznutzungsvertrag, ZNER 2001, S. 24.
Theobald, Christian/ Hummel, Konrad	Entgeltregulierung im künftigen Energiewirtschaftsrecht, ZNER 2003, S. 176.
Theobald, Christian/ Zenke, Ines	Grundlagen der Strom- und Gasdurchleitung, Die aktuellen Rechtsprobleme, München 2001.
Dies.	Wettbewerb in Stromnetzen: Eine Rechtsprechungsübersicht, NJW 2001, S. 797.
Dies.	Braunkohleklausel: unzulässige Durchleitungsverweigerung und Schadensersatzansprüche, ET 2000, S. 530.
Dies.	Das Landgericht Berlin und die 12 Eckpunkte zur rechtswidrigen Durchleitungsverweigerung der VEAG, ZNER 2000, S. 156.
Thomas, Heinz/ Putzo, Hans	Zivilprozessordnung, Kommentar, 21. Auflage, München 1998.
Tüngler, Stefan	Der Netzzugang in der Elektrizitätswirtschaft auf der Grundlage des Energiewirtschaftsgesetzes, Göttingen 2001.
Ungemach, Manfred/ Weber, Thomas	Verfahrensfragen des Netzzugangs bei Elektrizität und Gas, RdE 1999, S. 11ff./131ff.
Ungemach, Manfred/ Wissmann, Martin/ Cameron, Peter/ Styles, Peter	Mehr Mut zur Reform, Anmerkungen zum Stand der Diskussion über die Liberalisierung des deutschen Elektrizitäts- und Gasmarktes, ET 1997, S. 364.

Von Wallenberg, Gabriela — Diskriminierungsfreier Zugang zu Netzen und anderen Infrastruktureinrichtungen, K&R 1999, S. 152.

Walter, Karl Maria/
von Keussler, Julia — Der diskriminierungsfreie Zugang zum Netz: Reichweite des Anspruchs auf Durchleitung, RdE 1999, S. 191ff./223ff.

Zöller, Richard — Zivilprozessordnung, Kommentar, 22. Auflage, Köln 2001.

Rechtsprechungsübersicht

Gericht	Entscheidungsdatum	Aktenzeichen	Fundstelle
Bay. Landeskartell-behörde	10.11.2000	5555d5 – W/1b – 36409	WuW 2001, S. 187ff.
Brandenburgisches OLG	24.09.2002	2 O 50/02	ZNER 2002, S. 326ff.
Brandenburgisches OLG	16.06.1999	7 U 12/99	RdE 2000, S. 72ff.
Brandenburgisches OLG	07.03.2001	13 U 202/00	RdE 2002, S. 20ff.
Bundeskartellamt	30.08.1999	B 8 – 40100 – T – 99/99	RdE 2000, S. 31ff.
BVerfG	27.04.2000	2 BvR 801/99	NVwZ 2000, S. 789ff.
KG Berlin	24.10.2001	Kart. U 6516/00	WRP 2002, S. 564ff.
LG Berlin	27.06.2000	16 O 652/99	NJWE-WettbR 2000, S. 270ff. / RdE 2000, S. 237ff. / ZNER 2000, S. 142ff. / WuW 2000, S. 997ff.
LG Berlin	25.07.2000	16 O 750/99	
LG Berlin	25.07.2000	16 O 749/99	

LG Chemnitz	24.07.2000	4 HK O 3126/00	
LG Dortmund	01.09.2000	13 O 134/00	GRUR-RR 2001, S. 43ff. / ZNER 2000, S. 208ff. / WuW 2000, S. 1233ff.
LG Dortmund	12.04.2001	13 O 36/01 (Kart.)	ZNER 2001, S. 101ff.
LG Düsseldorf	29.09.1999	12 O 412/99 Kart.	RdE 2000, S. 83ff. / ZNER 2000, S. 136ff.
LG Frankfurt/Main	21.08.2002	38 O 122/02	RdE 2003, S. 51ff.
LG Frankfurt/Main	26.07.2001	38 O 102/00	WuW 2002, S. 1203ff.
LG Hamburg	03.02.2000	406 O 17/00	RdE 2000, S. 231ff.
LG Hamburg	06.10.2000	406 O 44/00	RdE 2001, S. 31ff.
LG Hamburg	02.02.2001	416 O 252/00	ZNER 2001, S. 58ff./ RdE 2001, S. 157ff.
LG Hannover	19.04.2002	21 O 29/02 Kart.	RdE 2002, S. 247ff.
LG Hannover	21.12.2002	21 O 5997/01 (121) Kart.	RdE 2002, S. 219ff.

LG Hannover	14.05.2001	21 O 2176/01 (46) Kart.	ZNER 2001, S. 97ff.
LG Hannover	24.06.2002	21 O 35/02 Kart.	ZNER 2002, S. 328ff. / RdE 2002, S. 290ff.
LG Hannover	30.08.2003	21 O 55/02 Kart.	RdE 2003, S. 22ff.
LG Kiel	31.01.2001	14 O Kart. 135/00	ET 2001, S. 662ff.
LG Kiel	09.05.2001	14 O Kart. 68/01	ET 2002, S. 116ff.
LG Köln	07.06.2000	28 O (Kart.) 559/99	RdE 2000, S. 233ff. / VuR 2000, S. 414ff.
LG Leipzig	03.07.2000	05 O 3364/00	NJWE-WettbR 2000, S. 279ff.
LG Leipzig	02.08.2000	06 HK O 10271/99	RdE 2001, S. 29ff. / ET 2001, S. 72ff.
LG Leipzig	02.08.2000	06 HKO10272/99	ET 2001, S. 72ff.
LG Leipzig	04.10.2000	06 HKO 7953/00	WuW 2001, S. 500ff.
LG Leipzig	16.02.2001	02 HKO 552/01	ZNER 2001, S. 57
LG Leipzig	16.03.2001	06 HKO 553/01	ZNER 2001, S. 57ff.
LG Leipzig	08.06.2001	02 HKO 3151/01	RdE 2002, S. 24ff.

LG Magdeburg	14.04.2000	7 O 8/00	RdE 2000, S. 206ff. / WuW 2000, S. 1006ff. / NJWE-WettbR 2000, S. 199ff.
LG Mannheim	16.04.1999	7 O 372/98	RdE 1999, S. 158ff.
LG Nürnberg-Fürth	15.10.2001	3 O 8002/01	RdE 2002, S. 52ff.
LG Nürnberg-Fürth	23.05.2001	3 O 2257/01	ZNER 2001, S. 99ff.
LG Potsdam	02.02.2000	51 O 2/00	RdE 2000, S. 203ff. / WuW 2000, S. 518ff./ ZNER 2000, S. 139ff.
LG Potsdam	04.07.2001	2 O 362/00	RdE 2001, S. 241ff. / ZNER 2001, S. 173ff. / ET 2001, S. 660ff.
LG Rostock	15.06.2001	5 O 130/99	ZNER 2001, S. 176ff. / ET 2002, S. 432ff.
OLG Dresden	13.09.2001	U 1693/01 Kart.	GRUR-RR 2002, S. 85ff. / RdE 2002, S. 49ff.

OLG Dresden	08.02.2001	U 2978/00 Kart.	ZNER 2001, S. 168ff. / GRUR-RR 2001, S. 190ff. / RdE 2001, S. 144ff.
OLG Dresden	23.02.2001	W 290/01 Kart.	WuW 2001, S. 864
OLG Dresden	20.12.2001	U 55301 Kart.	ZNER 2002, S. 54ff.
OLG Dresden	25.10.2001	U 1962/01 Kart.	ET 2002, S. 263ff.
OLG Düsseldorf	05.12.2001	U (Kart) 34/01	RdE 2002, S. 214ff. / GRUR-RR 2002, S. 176ff. / RdE 2002, S. 214ff. / WuW 2002, S. 487ff.
OLG Düsseldorf	07.11.2001	U (Kart) 31/00	RdE 2002, S. 44ff. / ZNER 2001, S. 255ff.
OLG München	15.11.2001	U (K) 3825/01	WuW 2002, S. 748ff. / RdE 2002, S. 212ff.
OLG München	22.11.2001	Kart. 1/00	ZNER 2001, S. 263ff. / RdE 2002, S. 69ff. / WuW 2002, S. 160ff.
OLG München	11.04.2002	U (K) 2124/02	WuW 2002, S. 1208ff.

OLG Naumburg	25.06.2001	1 U (Kart.) 1/01	RdE 2001, S. 226ff. / NJW-RR 2001, S. 1617ff. / JuS 2002, S. 298ff. / ET 2001, S. 740ff. / WuW 2002, S. 175ff.
OLG Schleswig – Holstein	20.02.2001	6 U Kart. 79/00	RdE 2001, S. 155ff. / ZNER 2001 S. 55ff.
OLG Schleswig – Holstein	09.10.2001	6 U Kart. 38/01	RdE 2002, S. 75ff. / ET 2002, S. 114ff.
OLG Stuttgart	21.03.2002	2 U 136/01	ZNER 2002, S. 232ff. / RdE 2002, S. 182ff.